国际技术贸易

孙玉涛　编著

清华大学出版社
北　京

内 容 简 介

本书在广泛吸收和借鉴同类教材的基础上，较为全面和系统地介绍了国际技术贸易的理论与实践，反映了国际技术贸易领域的新发展。首先，介绍了国际技术贸易的基本概念和基本理论，以及国际技术贸易中与知识产权保护相关的国际机构与国际公约，让读者对技术贸易和知识产权保护的产生和发展有一个全面和深入的了解。其次，介绍了专利权、商标权、专有技术、计算机软件等国际技术贸易的标的，以及许可贸易、国际BOT和特许经营等国际技术贸易的方式。再次，结合国际技术贸易实践介绍了国际技术贸易的价格、税费和程序，并结合不同类型国家的实践介绍了部分发达国家和新兴国家的技术贸易法律与政策。最后，新增了科技型企业跨国并购专题，以丰富现有国际技术贸易的理论体系。

图书在版编目(CIP)数据

国际技术贸易 / 孙玉涛 编著. —北京：清华大学出版社，2017（2022.1重印）
ISBN 978-7-302-46383-2

Ⅰ.①国…　Ⅱ.①孙…　Ⅲ.①国际贸易－技术贸易　Ⅳ.①F746.17

中国版本图书馆 CIP 数据核字(2017)第 021572 号

责任编辑：施　猛　王旭阳
封面设计：常雪影
版式设计：方加青
责任校对：曹　阳
责任印制：丛怀宇

出版发行：清华大学出版社
网　　址：http://www.tup.com.cn，http://www.wqbook.com
地　　址：北京清华大学学研大厦 A 座　　邮　　编：100084
社 总 机：010-62770175　　邮　　购：010-62786544
投稿与读者服务：010-62776969，c-service@tup.tsinghua.edu.cn
质 量 反 馈：010-62772015，zhiliang@tup.tsinghua.edu.cn
印 装 者：北京鑫海金澳胶印有限公司
经　　销：全国新华书店
开　　本：185mm×260mm　　印　　张：24.25　　字　　数：560 千字
版　　次：2017 年 3 月第 1 版　　印　　次：2022年 1 月第 5 次印刷
定　　价：69.80 元

产品编号：066346-03

序

1996年，经济合作与发展组织(OECD)在题为《以知识为基础的经济》(The Knowledge-based Economy)的报告中首次提出了“知识经济”的概念，认为知识经济是建立在知识和信息的生产、分配和使用之上的经济。知识经济是和农业经济、工业经济相对应的概念，是当今世界一种新型富有生命力的经济形态。知识价值的发现不仅改变了传统的国家经济生产和分配方式、国际贸易标的和方式等，同时也改变了经济学、管理学以及相关学科的研究和教学工作。以智力/知识资源占有和配置为中心的知识经济是国际技术贸易产生和兴起的母体。

中国作为全球最大的新兴经济体已经成为全球技术贸易网络中的重要节点。2014年，中国高科技产品出口占全球的43.7%，取得了巨大突破，但是背后的真相并不为人所知。自改革开放以来，中国在科学技术和高技术产业发展方面的进步显而易见，2014年研发投入占国内生产总值的比重已经达到2.05%，通过技术引进与消化吸收实现的技术追赶和跨越让“中国模式”闪耀全球。与此同时，我们应该清晰地认识到中国的高科技产品主要是外资企业和合资企业的贡献，本土国有企业和民营企业的贡献比较小；中国出口的很多高技术产品的核心零部件仍需要从其他国家进口，我们在产品价值增值中的贡献比较小。

中国技术进口基本实现从“硬”向“软”的转变，但技术出口的国际竞争力亟待提高。近年来，中国的技术引进已由以关键设备、成套设备为主转向以专有技术许可、技术咨询和技术服务为主，而技术出口则是以计算机软件出口(即软件外包)为主，专有技术许可、技术咨询和服务的规模尚小。受经济发展水平及科技创新能力的制约，中国技术贸易多年来处于逆差状态。2012年，全国技术进出口金额达736亿美元，技术贸易逆差约150亿美元。中国企业在走向国际市场的过程中面临技术性贸易壁垒的挑战。《中国技术性贸易措施年度报告(2014)》指出，2013年中国有38%的出口企业受到国外技术性贸易措施影响；企业为适应进口国要求而进行技术改造、检验、检疫、认证等的新增成本为242.5亿美元。

自主创新是高技术产业发展和技术出口竞争力提升的基石。自2006年我国提出“自主创新”战略以来，中国企业的技术创新能力得到了大幅度提升，已经出现了一些在行业内具有显著国际影响力的企业。2016年3月通过的《国民经济和社会发展第十三个五年规划纲要》提出“创新发展”理念，把发展基点放在创新上，要发挥科技创新在全面创新中的引领作用，加强基础研究，强化原始创新、集成创新和引进消化吸收再创新，着力增强自主创新能力，为经济社会发展提供持久动力。没有自主创新的国际技术贸易只能是无源之水。

20年前OECD提出“知识经济”的概念，10年前我国提出“自主创新”战略，2016年“创新发展”理念被列为五大发展理念①之首，中国正在积极面对知识经济形态带来的挑战，而国际技术贸易是知识经济活动的重要组成部分。国际技术贸易不仅涉及丰富的理论而且具有非常强的实务性，不仅需要一定的理工科背景而且涉及创新管理、国际贸易和知识产权法等多个学科。中国的创新发展离不开熟练掌握国际技术贸易知识的复合型人才。本书从创新管理的视角透析国际技术贸易活动，希望能够为经济管理学相关专业的教学和研究提供参考。

---

① 2015年10月，党的第十八届五中全会提出，实现“十三五”时期发展目标，必须牢固树立并切实贯彻“创新、协调、绿色、开放、共享”五大发展理念。

目　录

第1章
国际技术贸易导论

本章主要介绍国际技术贸易的内涵，包括概念、特征、作用以及规范；国际技术贸易与国际商品贸易、国际投资、知识产权以及跨国公司之间的关系；国际技术贸易的产生过程以及美日欧和中国的技术贸易发展。

1.1 技术的内涵

1.1.1 技术的概念

技术是指根据生活实践经验和自然科学原理而形成的各种工艺操作方法与技能，如电工技术、木工技术、激光技术等(1999年版《辞海》)。从广义上来讲，技术包括相应的生产工具和其他物资设备，以及生产的工艺过程、作业程序和方法。

世界知识产权组织(WIPO)于1977年出版的《供发展中国家使用的许可证贸易手册》(Licensing guide for developing countries：A guide on the legal aspects of the negotiation and preparation of industrial property licenses and technology transfer of developing countries)指出："技术是指制造一种产品的系列知识，所采用的一种工艺或提供一项服务，不论这种知识是否反映在一项发明、一项外形设计、一项实用型或者一种植物的新品种，或者反映在技术情况或技能中，或者反映在专家为设计、安装、开办、维修、管理一个工商企业而提供的服务或协助等方面。"

鉴于上述解释，本书把技术简单地定义为：技术是指人们在实践活动中制造某种产品、应用某种工艺或提供某种服务的系统知识。技术的表现形态可以是文字、语言、表格、数据、公式等有形形态，也可以是实际生产经验、个人的专门技能或头脑中的概念等无形形态，但必须是可以传授，可以用于生产并产生一定的经济效果，不依附个人生理特点的知识。

1.1.2 技术与相关概念的关系

1. 科学、技术与知识

科学和技术属于知识范畴，但不是所有的知识都是科学或者技术，同时科学与技术的知识形态存在显著的差异。科学侧重对客观存在的物质及其运动规律的认识，进化论者达尔文指出："科学就是整理事实以便从中得出普遍的规律和结论。"通俗地说，科学是认识客观世界的知识，如数学、天文学、化学、物理学。科学的任务是回答"是什么"和"为什么"，揭示客观过程的因果性、规律性。技术是人类在对物质世界进行科学认识的基础上所掌握的改造和利用自然的知识。技术的任务是解决"做什么"和"怎样做"，追求满足主体需要的功利性。

经济合作与发展组织(OECD)将知识划分为4种类型：Know What(知道是什么)；Know Why(知道为什么)；Know How(知道怎样做)；Know Who(知道谁会做)。它明确指出，知道"是什么"和"为什么"是科学知识；知道"怎样做"和"谁会做"是技术知识。

2. 技术研发、技术创新与技术进步

《弗拉斯卡蒂手册》(Frascati Manual)[①]对研究与开发(Research & Development，R&D)的定义是：在系统基础上从事的创造性工作，以增加科技知识储备量，并运用这些知识储备设计新的应用。区分研发活动和非研发活动的标准在于是否具有新颖性或创造性。

技术创新是指将一种新思想转化为一种新的或改进的可出售产品或工艺方法的过程，具体包括研发、中试、批量生产、市场营销和技术扩散等环节。根据美籍奥地利经济学家熊彼特(J. A. Schumpeter)在他的《经济发展理论》(The Theory of Economic Development)(1912)一书中的定义，生产新产品或改善原有产品的质量；采用一种新的生产方法、新技术或新工艺；开拓新市场等创新活动均属于技术创新范畴。

技术进步是指技术所涵盖的各种形式知识的积累与改进，表示技术水平、质量和效率的提高。在开放经济中，技术进步的途径包括技术创新、技术引进和技术扩散等。

1.1.3 技术的特征

技术是人类从事生产活动所必不可少的知识，甚至决定了人类对世界的认识程度、对自然的改造和利用程度以及人类的生活质量。

1. 技术具有系统性

技术是人类在长期的生产实践活动中积累起来的一整套已经系统化的知识，它不仅是某一产品、某一零件或某一生产环节的知识，而且包含产品的构思、设计、生产、销售、服务以及储存等全部过程所需的知识、技能、方法和程序等。因此可以说，技术是生产活动中一种复杂的系统工程。

2. 技术具有无形性

技术本身是无形的，它虽然可以用文字、图表、数据和配方等来表示，但技术在对物质发挥作用时必须以人为载体。只有人掌握了文字、图表、数据和配方等，才能将技术应用于生产，也就是说，科学仪器和设备等都是人类利用技术制造出来的，而这些仪器和设

① 经济合作与发展组织. 弗拉斯卡蒂手册[M]. 北京：科学技术文献出版社，2010.

备并非技术。由于利用技术可以制造出上述如此多的生产工具，看不见的技术变成人类的一种无形资产。

3. 技术具有私有性

技术虽然是人类的财富，但并非为人类社会中的每一个人所拥有。人们在身体和智力上存在差异，而且在不同的地域和不同的环境中生活和成长，这就使每个人拥有的技能不同，或掌握技能所需的时间不同，甚至有些技术对于某些人来说根本无法掌握和拥有。这就决定了技术的私有性特征。

4. 技术具有商品性

人们需要通过智力、实践、学习、培训等投资活动才能掌握技术，而且掌握技术的人在市场经济的环境中可以创造更高的经济价值，这使技术必须通过有偿的传授或转让才能被掌握和使用。技术在科学日益发达的人类社会是最有价值的商品，当然技术的复杂程度、先进程度和时效又决定了技术的价格。

5. 技术具有实用性

技术作为一种无形的知识，同时也是生产力，因为它是用于生产或有助于生产活动的知识；但技术是间接的生产力，它必须通过人来发挥生产力的作用，因为掌握和使用技术的是人，只有掌握和运用技术才能提高生产力，甚至有些产品的生产在没有技术的情况下是无法进行的。

1.1.4　技术的分类

根据不同的划分标准，技术可以被划分为若干类型。

1. 按技术的公开程度划分

按公开程度技术可分为：公开技术、半公开技术和秘密技术。公开技术是指技术内容已经被人们普遍知悉并掌握的技术。从古至今，人类的众多发明创造早已被人们广泛应用于工农业生产和日常生活之中，这些技术已经进入共有领域。半公开技术在这里特指专利技术。一般来说，专利技术的主要内容要写在专利说明书中并进行公告。一方面，专利技术内容处于一种公开状态；另一方面，专利技术又受到《专利法》的保护，任何人未经许可不得擅自使用。秘密技术是指专有技术，它是一种保密的、未公开的技术。

2. 按技术的功能划分

按功能技术可分为：生产性技术和非生产性技术。生产性技术是指用于产品的生产和设备、装置等操作的技术。非生产性技术是指生产性技术之外的其他技术，例如服务技术。

3. 按技术的形态划分

按形态技术可分为：软件技术和硬件技术。软件技术是一种无形的技术知识，如专利、商标、专有技术、计算机程序等单纯的知识产权技术。硬件技术是指包含在产品和设备中的技术，是通过产品、机器设备等物质形式表现出来的技术。

4. 按技术的先进程度划分

按先进程度技术可分为：尖端技术、先进技术和普通技术。尖端技术、先进技术和普通技术都有时间性，它们在不同时期有着不同的内容和划分标准，而且不断变化。

20世纪70年代初，美国率先提出“高新技术”的概念。高新技术同尖端技术有所不同，它是指建立在综合科学研究基础之上，处于当代科学技术前沿，对发展生产力、促进社会文明、增强国家综合实力起先导作用的新技术群。根据《高技术产业(制造业)分类(2013)》，我国高技术产业(制造业)包括医药、航空航天及设备、电子及通信设备、计算机及办公设备、医疗仪器设备及仪器仪表、信息化学品制造业六大类。根据《高技术产业(服务业)分类(2013)》，我国高技术产业(服务业)包括信息服务、电子商务服务、检验检测服务、专业技术服务业中的高技术服务、研发设计服务、科技成果转化服务、知识产权及相关法律服务、环境监测及治理服务和其他高技术服务九大类。

1.2 国际技术贸易的内涵

1.2.1 国际技术贸易的概念

技术贸易的概念与技术转移和技术转让的概念相关，因而要理解国际技术贸易的含义首先要了解国际技术转移和国际技术转让的内涵。

1. 国际技术转移

技术转移(Technology Transfer)是指技术地理位置的变化，既可以是技术在同一国家内不同地区的移动，也可以是在世界范围内不同国家间的移动。国际技术转移是指技术在不同国家间的移动。国际技术转移可以分为人们为了生存或生产活动而进行的有意识行为，以及人们被动无意识的行为。例如，技术人员到工作条件或生活条件更优越的地区或国家谋生，其本身就无意识地成为技术的载体，将技术移往异地或异国。

2. 国际技术转让

技术转让(Technology Assignment)是指拥有技术的一方通过某种方式将其技术出让给另一方使用的行为。联合国在《国际技术转让行动守则(草案)》(International Code of Conduct on the Transfer of Technology)(1985年拟定)中，把技术转让定义为：“转让关于制造一项产品、应用一项工艺或提供一项服务的系统知识，但不包括只涉及货物出售或只涉及货物出租的交易。”技术转让是技术供方将技术转让给接受方的行为，因此它是有意识的主动行为。与物品转让不同，技术转让一般只是技术使用权的转让。原物主只能完整地将一件物品的所有权转让给一个接受方，同时丧失对该物品的所有权。一项技术的所有者可同时将技术使用权转让给多个被许可方，且技术持有者并不因转让而失去对该技术的所有权。

技术转让活动的形式多种多样，可以概括为以下几种。

(1) 技术转让按其有偿性可分为商业性技术转让和非商业性技术转让。凡是通过双边政府间的带有援助性的经济合作或科学技术交流等形式所进行的技术转让，都属于无偿的或非商业性的技术援助；而通过贸易途径并以企业为交易主体的技术转让属于商业性或有偿的技术转让。

(2) 技术转让按其方向可分为横向技术转让和纵向技术转让。横向技术转让属于企业之间的技术转让；而纵向技术转让则是母公司向其子公司或科研机构向企业进行的技术转让。

(3) 技术转让按其是否跨国界可分为国内技术转让和国际技术转让。技术转让可以发生在一个国家内的供方与受方之间，称为国内技术转让；也可以发生在不同国家的当事人之间，称为国际技术转让。也就是说，国际技术转让是带有涉外因素跨越国境的转让。

国际技术转让是国际技术转移的一种特殊形式。国际技术转移是指技术从一个国家向另一个国家的移动；而国际技术转让则是有特定双方的，以援助、赠予或出售为方式的一类技术转移形式，是指一国的技术所有者将技术的所有权或使用权转让给另一国的其他人，即技术的所有权或使用权的转让。技术的所有权和使用权属于知识产权的范畴，一般将人为有意识的技术转移称为技术转让。

3. 国际技术贸易

有偿的国际技术转让实际上是一种贸易活动，因此也被称为国际技术贸易。国际技术贸易(International Technology Trade)是指不同国家的当事人之间按一般商业条件进行的技术跨越国境的转让或许可行为。虽然技术是一种无形的商品，但在国际技术贸易的实际运作中，只有发达国家间的技术贸易是以单纯的软件技术贸易为主；发展中国家由于技术落后和应用科学技术的能力较差，往往是软件技术和硬件技术贸易相结合，并且以硬件设备为主。许多发展中国家为解决资金的严重短缺问题，又往往将引进技术、设备与利用外资相结合。

1.2.2 国际技术贸易的特征

“科学技术就是生产力”已经成为普遍共识，后发国家竞相引进国际先进技术，国际技术市场的竞争日趋激烈。国际技术贸易呈现以下几个方面的特征。

1. 发达国家在国际技术市场上占有统治地位

长期以来，国际技术转让活动主要集中在发达国家之间，发达国家的技术贸易额占世界技术贸易额的80%以上，而且主要集中在美、英、法、日、德等少数几个国家。2005年，美、英、法、日、德这5国的技术贸易额就占发达国家技术贸易总额的20%以上，虽然近年来中国等新兴发展中国家广泛参与国际技术贸易，但是五大工业强国之间的技术贸易仍然主导全球技术流动。①这是因为它们既是技术的出口大国，也是技术的进口大国。从1995年至2005年的数据统计来看，发展中国家的技术进出口无论在数量上还是在种类上都有所增长，但它们在国际技术市场上的份额仍极为有限，一般不超过国际技术贸易总额的10%，而这10%的技术贸易额还局限于少数几个新兴工业化国家。受2008年国际金融危机的影响，发达国家之间的技术转让有所减少，但仍占据主导地位。实际上，发展中国家在国际技术市场上主要扮演的是接受者的角色，这主要与它们经济发展水平低和技术水平落后有关。

2. 软件技术在国际技术贸易中的比重日益提高

20世纪80年代以前，国际技术贸易主要是通过引进和出口先进设备等硬件来进行的，以软件为交易对象的交易较少，进口国常常是以购买设备等硬件为目的兼买软件。进入20世纪80年代以后，这种状况发生了根本性的变化，以许可贸易形式进行的软件交易占据主导地位，技术的进口国常常为了购买某项专利或专有技术而附带进口一些设备。尤其是发达国家间的技术贸易，软件技术的转让已占其技术贸易额的80%以上，其中美国的软件技术销售额每年递增30%以上。近几年来，发展中国家开始注重技术引进的效益，减少硬件技术的引进。从1985年到1999年，硬技术引进在中国的技术引进中一直占主导地位，相比之下软技术所占比例非常小。从2001年开始，硬件引进开始回落，技术许可和转让、技术咨询和服务等软件引进开始上升，逐渐占主导地位。②

3. 发达国家的跨国公司是国际技术贸易平台

国际技术贸易不仅集中在少数几个发达国家，而且被这些国家的跨国公司所控制。据联合国国际投资和跨国公司委员会(U.N. Commission on International Investment and Transnational Corporations) 统计，发达国家的跨国公司控制着发达国家技术贸易的80%，而发展中国家技术贸易的90%也控制在发达国家跨国公司手中。这主要与它们资金雄厚、技术力量强大、重视技术开发并拥有众多的专利技术有关。正是由于跨国公司在技术贸易中的垄断地位，使它们在技术转让的谈判中处于有利地位，它们往往以垄断高价向发展中国家出售其技术，并附加一些诸如限制性采购等条件。跨国公司转让技术一般与资本输出和商品输出相结合，通过在东道国建立子公司或合资公司进行。

4. 国际技术贸易竞争日趋激烈

国际技术市场上的竞争主要表现为发达国家之间的竞争。美国的技术出口遍及全球，日本的技术市场主要是亚洲，法国多向非洲国家出口技术，东欧则是德国的技术市场。发达国家为了保持原有的技术市场或扩大其技术市场份额，都在不断地进行技术开发。美国为保持其对尖端技术的垄断，严格控制本国先进技术的外流，并经常用国家安全机密法和

---

① 孙玉涛，张帅，尹彤. 本土研发努力和国际技术流动模式演化及效应[J]. 科学学研究，2015，33(8)：1151-1160.

② 孙玉涛，刘凤朝. 能力导向的中国技术引进溢出效应[J]. 科学学与科学技术管理，2011，32(9)：11-16.

出口管制法来限制某些先进技术的出口。日本为保持自己在微电子技术等方面的领先地位，也加强了对技术出口的限制。与此同时，英、法、德三国也不甘寂寞，为了争取市场份额，它们经常进行联合开发与研究，如20世纪70年代合作研制的空中客车飞机已对美国航空技术的垄断地位提出了挑战。国际技术领域中的竞争成为新一轮贸易战的主要焦点。

1.2.3 国际技术贸易的作用

当前，国际技术贸易已发展成为国际贸易的重要组成部分，且呈现迅速发展之势，在一国经济发展中有着重要的地位和作用。国际技术转移与贸易有着悠久的历史，如中国、埃及、印度和古巴比伦等文明古国的很多技术发明传播到西方。现代国际技术贸易在第二次世界大战以后蓬勃发展，近30年来得到了飞速发展。无论在加强国际科技合作、传播科学技术、提高各国科学技术水平，还是在促进国际贸易和各国经济的发展等方面，国际技术贸易都发挥着不可忽视的重要作用。

1. 扩散科学技术并推动科技发展

国际技术贸易是扩散科学技术的重要方式。一国国际技术贸易的快速发展可以有效地扩散本国的科学技术成果并推动科技发展。人类社会的发展进程，尤其是近代和现代科学技术发展的实践充分证明了这一点。自18世纪以来，世界上发生了三次大的科学技术革命。第一次是18世纪中叶，以在英国出现蒸汽机和纺织机为代表；第二次始于19世纪末，主要标志是电和磁的应用；第三次发生在20世纪中叶，以电子技术、原子能、空间技术的发明和应用为标志。现代信息技术、生物技术、新材料技术、新能源技术、空间技术、海洋开发技术等高新技术正在以前所未有的规模和速度发展，并且越来越深刻地影响世界经济和社会发展的进程。每次科学技术革命不仅使科学技术迅猛发展，同时也使以贸易为基础的科学技术快速扩散。国际技术贸易加速了科学技术突破国家界限的应用，一国的科学技术发展机构可以获得丰厚的经济利润和社会回报。

2. 促进国际合作并缩短后发国家追赶进程

在世界科学技术突飞猛进的今天，技术贸易已成为一国扩大对外经济合作与交流的一项重要内容。许多国家经济发展的道路充分说明，引进外国先进技术并使之本土化是提高本国生产水平、加速本国企业现代化、缩短与世界先进水平的差距、发展本国经济的有效途径。

早在18世纪，美国就从英国引进了蒸汽机技术、炼铁技术、机械制造技术等，并根据本国资源特点进行消化、吸收和创新，发展了蒸汽机船、无烟煤炼铁等技术。20世纪初，美国发展成为世界第一经济大国和科学技术中心。20世纪60年代，美国技术贸易额几乎占国际技术贸易额的50%。

日本是通过国际技术贸易发展本国经济的又一范例。第二次世界大战使日本经济遭到严重破坏，战后其科学技术水平落后于美国等西方先进国家二三十年。从1952年起，日本大量引进国外先进技术。据日本贸易振兴会的统计资料显示，1996年日本技术引进总

(2) 贸易标的的产生目的不同。技术贸易供方即技术开发者，通常也是技术的使用者。在大多数情况下，供方在自己的生产活动中创造出新技术，开发技术的目的一般并不是为了转让，而且只是在某些特定的情况下，例如为了获取更多的利润或者即将淘汰该技术时，才转让给他人。商品贸易的卖方始终是以销售其商品为目的，即专门制造、销售某产品的厂家或其代理商始终是以销售商品为目的来制造商品。

(3) 贸易当事人的关系不同。技术贸易的当事人一般是同行，因为只有同行，技术受方才会对用该技术制造和销售的产品感兴趣，同时也才有能力使用这项技术制造和销售产品。商品贸易的买卖双方则不一定是同行。在合同期内，技术贸易双方是既合作又竞争的关系。技术贸易双方当事人在传授和使用技术的过程中，形成较长时间的合作关系。与此同时，双方之间又存在很大的矛盾，受方希望从供方那里获得最先进的技术，从而提高自己的生产能力和水平，制造出更新、更好的产品，满足国内市场及出口的需要；而技术供方既不希望受方成为自己的竞争者，又想通过转让技术获得更多的利润。商品贸易的买卖双方一般不存在上述性质的合作和竞争的双重关系。

(4) 贸易涉及问题的复杂程度和难度不同。①除包括供求双方的责任、权利和义务外，技术贸易还涉及对工业产权的保护、对技术秘密的保守、限制与反限制以及技术风险和使用费的确定等特殊而复杂的问题。有些事项的执行，贯穿在技术转让合同的整个有效期间，并不因提供了技术、支付了使用费而终止。有的合同有效期长达几年，甚至十几年，使用费的支付也可能要延续若干年。②技术贸易所涉及的法律比一般商品贸易的相关法律复杂，除合同法外，还有工业产权法、税法、投资法、技术转让法等。③政府干预的程度不同。技术进出口对技术进出口国家的影响较大，政治性和政策性较强。许多发展中国家都在有关技术转让的法律中规定，凡重要的技术引进协议都必须呈报政府主管部门审查、批准或登记后才能生效；对于一般商品贸易合同则没有这种要求。发展中国家通过立法做出这样的规定，主要是想以立法手段维护自己的政治利益和经济利益，因为在技术引进中，发展中国家因受本国科学技术发展水平的限制，一般都处于谈判的劣势地位。技术出口国家主要是一些发达国家，为了控制尖端、保密技术的外流往往会对技术出口合同进行审查、批准，在政策或法律上做出许多限制性或禁止性的规定。

2. 国际技术贸易与国际商品贸易的联系

国际技术贸易与国际商品贸易虽然有着很大的区别，但两者也有着密切的联系。国际技术贸易与国际商品贸易都是国家间的企业、经济组织或个人通过商业途径进行的交易活动，都是国际贸易的重要组成部分，在实际交易中有时相互结合。具体来说，两者的联系主要表现在以下几个方面。

(1) 国际商品贸易本质上是各种形式的技术流动。在国际商品市场上，商品的竞争力表现在价格和质量上，但最根本的是体现在商品的技术上。例如，成套设备的贸易可以说都是商品贸易与技术贸易的有机结合。纵观一个国家的进出口贸易发展过程，大致的规律是从出口产品发展到出口技术；进口也大多是先进口产品，再进口技术。因此，可以说技术贸易是国际商品贸易发展到一定规模条件下的产物，而随着技术贸易的开展，又进一步促进了国际商品贸易在更广泛的基础上发展。

目前，国际上通常用产业“相对优势”理论解释商品在国际市场上的竞争力，即国内某产业部门在技术上相对优于世界其他国家，则该产业部门的产品在国际市场上的竞争力就强；反之，竞争力则弱。因此，许多国家进行技术贸易的动力之一，就在于加强本国商品在国际市场上的竞争力，巩固和提高本国商品在国内外市场的地位和占有率。另一方面，通过引进技术来加强本国处于“相对劣势”的产业部门，或改变这些部门的生产方向，使之更好地适应国际市场的需要。

(2) 国际技术贸易促进商品贸易规模扩大化。国际技术贸易的发展可以提高有关国家商品贸易的数量和金额，从而促进商品贸易的发展。国际技术贸易合同中的一些商务性条款绝大多数和商品贸易合同中的商务性条款相同或相近，可以成为疏通商品贸易的重要手段。具体做法包括：为了获得稳定可靠的原材料来源，必须提供技术；为了进入某一产品市场击败竞争对手，必须与当地企业合作，向当地企业提供技术；针对某国对直接进口商品的限制，通过向当地企业提供技术，在当地制造商品，迂回地进入该国市场等。

(3) 国际技术贸易促进商品贸易方式多样化。随着技术贸易的开展，产生了人力、物力和资金三大要素密切结合的多种国际贸易方式，使商品贸易的方式多样化。具体做法包括：商品贸易与技术转让的结合，加工贸易与技术转让的结合，合作生产、技术转让与商品贸易的结合，投资、技术转让和商品贸易的结合等。

(4) 国际技术贸易促进商品贸易结构高级化。目前，发展中国家大多以出口初级产品或凝结熟练劳动和生产经验等的低级技术产品为主，而发达国家则以出口技术密集型产品为主。这种商品贸易结构对发展中国家的经济发展起着很大的抑制作用。发展中国家为了尽快摆脱阻碍本国经济发展的桎梏，纷纷引进国外先进技术，以改变本国商品贸易的结构，进而改变在国际市场上的不利处境。新加坡、韩国、巴西和中国台湾、中国香港等国家和地区就是很好的例证。

1.3.2　国际技术贸易与国际投资的关系

发展中国家通过引进、消化、吸收和再创新来达到发展本国技术的目的。但是，国际技术贸易也存在诸多不利因素，例如外汇资金短缺影响技术引进的规模；资金安排不合理，有的企业只关注直接引进资金的安排，不关注后续资金的安排，致使引进技术的消化、吸收和再创新成为比较薄弱的环节。为此，一些国家提出“利用外资、引进技术”的战略方针，将利用外商直接投资与国际技术贸易结合起来，具体表现如下所述。

1. 直接联系

(1) 国际技术转让是投资的一种方式。一般来说，投资者应以提供资金作为主要的投资方式，而实际上投资者往往以技术、设备和技术服务等折合成当地货币作为股金入股。我国的《中外合资经营企业法》对此有明确规定，允许国外投资者以一定比例的现金、技术和设备作为投资，即技术资本化。技术资本化，是指国外投资者将工业产权技术或非工业产权技术折合为东道国货币，建立新企业或购买现有企业的股份或股权的行为。

(2) 国际投资方向通常与技术转让方向一致。在国家或企业新建项目或技术改造项目中，为了使技术起点比较高，便于产品出口，一般都考虑引进国外的先进技术，或者将引进技术与利用外资结合起来。这样，需要外资的企业也是需要引进国外技术的企业，投资和技术转让在产业领域和产品上具有一致性。

2. 间接联系

外商直接投资与海外技术引进的间接联系是发展中国家利用外资模式的创新。将外资作为引进技术的手段，让外资发挥直接引进技术的作用。

(1) 外商直接投资的技术扩散效应。外商直接投资的技术扩散效应，是指外国投资企业直接带来了新技术、新设备、新标准和新的管理理念，带动了东道国生产力的增强和生产技术水平的提高，影响整个产业部门的发展。从深层意义上，投资方不自觉地将技术扩散到东道国，逐步打破母国的技术垄断，进一步影响东道国企业的技术选择、技术标准选择、企业管理人员和工程技术人员素质的提高、技术信息的传递和东道国投资环境的改善。

(2) 外商直接投资的技术溢出效应。外商直接投资的技术溢出效应，又称技术波及效应，是指外商直接投资企业客观上无意识地将其掌握的新技术传授给东道国的非技术引进企业，促进了相关企业技术水平的提高和人才培养。这种效应具体表现在以下三个方面：①外资企业吸收了大量东道国人员，他们学会了外资企业的管理经验和技术知识。当他们离开外资企业为本国企业效力时，就将所掌握的经验和技术知识带给本国企业，促进了本国企业管理水平和技术水平的提高。②外资企业与上下游企业发生业务关系，从而间接地影响和制约东道国企业的管理和技术。例如，在上海“大众”汽车周围有多家为其生产零部件的厂家，它们都要按“大众”的要求和技术标准进行生产，这就自然地提高了这些厂家的管理水平和技术水平。③外资企业的成功会吸引更多的外国投资。例如，德国大众汽车在中国取得成功后，吸引了美国通用汽车公司等一大批技术水平很高的外资项目进入上海，起到了“以外引外”的作用。

(3) 外商直接投资的技术创新效应。外商直接投资的技术创新效应，是指外资企业不断进行新技术、新产品的研制和开发，带动其他企业的新技术和新产品开发，甚至为现有生产要素重新配置或改变配置的比例，培育了良好的社会技术创新环境。技术创新效应是一个过程，随着外国直接投资的增加和投资领域的不断扩大，技术创新效应会逐步显现出来，从而对东道国经济的各个领域产生长远的重大影响。技术创新效应可以归纳为以下几个方面：①外商直接投资有助于东道国企业的技术进步。外商直接投资有助于东道国企业建立技术开发体系，引导外资投向高新技术产业，创建高科技企业，共同开发在市场上有竞争力的技术并加速技术成果的商品化。跨国公司是外商直接投资的主力，其技术转让也多是通过直接投资形式进行的。它们在东道国投资新建企业，对现有企业进行收购、参股、控股，并对现有企业进行技术改造。②外商直接投资加速了国外技术与本土条件的融合。例如，微电子技术和计算机技术具有非常广阔的应用范围，能够打破行业间的界限。外国企业在本行业技术的基础上加快吸收和融合本土条件，可以开拓新的技术领域，开发新的产品系列，推动产业向高水平、高层次发展。③外商竞争压力迫使本土企业转型升级。外资企业的建立对东道国企业造成竞争压力和生存危机，迫使它们不得不努力发挥本企业的技术潜力，提高现有产品的质量；促进企业升级转型，使企业由劳动密集型向资本密集型、由资本密集型向技术密集型、由技术密集型向知识密集型转变。

1.3.3 国际技术贸易与知识产权的关系

国际技术贸易与知识产权的关系十分密切，因为知识产权保护的对象有很多属于技术贸易的标的。技术贸易与知识产权保护相互作用、相互影响。

1. 部分知识产权是国际技术贸易的标的

知识产权法保护的对象可以成为技术贸易的标的。知识产权调整人们智力活动中社会关系的法律规范，它是从传统民法中对物质财产的法律保护扩大到对智力成果的法律保护，并且在确认智力成果创造者人身权利的同时，确认了创造者对其成果所享有的财产权利和其他权利。这就使得智力成果作为一种特殊商品进行有偿交换成为可能。换言之，受知识产权法律保护的具有财产权利的成果及其创造者所享有的权利，可以成为技术贸易的标的，如专利权、商标权、外观设计权等。

知识产权法保护的对象并不都属于技术贸易标的的范畴。知识产权法保护的范围比较广，但可以作为技术贸易标的的智力成果比较少。一般认为，知识产权包括版权和工业产权，版权保护的对象(除计算机软件外)都不属于技术贸易标的，工业产权保护的对象和非工业产权的专有技术、商业秘密等属于技术贸易标的。也就是说，技术贸易标的只是知识产权保护对象的一部分。

2. 国际技术贸易促进知识产权国际保护

以《保护工业产权巴黎公约》(Paris Convention for the Protection of Industrial Property)(以下简称《巴黎公约》)为标志的国际知识产权制度的建立正是顺应了当时技术和技术商品跨国流动的客观要求。例如，一个德国发明家有专利，其产品要转让许可和出口给英国客户，但由于知识产权的地域性问题，这些专利无法得到英国的保护，一旦泄露很可能被外国人抢先申请专利，因而限制了国际技术转让及其商品的贸易活动。为了解决这一问题，一些国家呼吁签订国际协议，建立知识产权国际保护制度，进而促使《巴黎公约》的诞生，推动了知识产权国际保护的发展。随着科学技术的进步，国际经济、技术和科学的交流与合作日益加强，国际技术市场规模也在不断扩大，这就需要不断加强对知识产权的国际保护。从最初的《巴黎公约》到今天的世界贸易组织(WTO)的《与贸易有关的知识产权协议》(Agreement on Trade-Related Aspects of Intellectual Property Rights，TRIPs)(以下简称《知识产权协议》)，国际知识产权公约的数量日益增多，保护的内容标的范围不断扩大，保护的能力和协调作用也得到加强。

3. 知识产权国际保护促进国际技术贸易

随着世界范围内科技成果向商品化、产业化和国际化趋势发展，知识产权制度成为现代国际社会经济与科技合作的基本条件之　。不仅在国际技术贸易领域，而且在国际货物贸易、国际服务贸易及其他领域都需要加强对知识产权的保护。国际知识产权公约的签订，尤其是WTO《知识产权协议》的产生，对各国加强知识产权保护起到极大的促进作用，为技术的跨国移动创造了良好的环境，进一步促进了国际技术贸易的发展。

国际技术贸易合同必须符合知识产权法律保护原则。技术贸易合同中规定当事人的权利和义务不得超出知识产权法授予的权利范围，例如，权利的有效性、权利的地域性、权利的时效性和对侵权的处理等均不得违背知识产权法的规定，否则将不受到法律的有效保护。

中国为了加入WTO和履行《知识产权协议》的规定，全面清理和修改了原有的知识产权法律及规定，在很短的时间内建立起一套新的、完整的保护知识产权的法律制度。根据商务部外资司的统计资料显示，随着中国知识产权保护的加强和投资环境的改善，外商来华投资规模不断扩大，由1983年的638个项目，实际使用外资金额9.16亿美元，增加到2011年实际使用外资金额1 240亿美元，再到2015年，全国设立外商投资企业26 575家(同比增长11.8%)，实际使用外资金额1 262.7亿美元(同比增长6.4%)。①伴随外商投资进入中国的不仅是资金，还有技术、管理经验、经营理念和人才，这为我国经济的发展注入了活力，发挥了不可替代的作用。

1.3.4 国际技术贸易与跨国公司的关系

第二次世界大战后，随着科学技术的发展和世界市场的形成和完善，跨国公司和国际贸易在规模上呈现井喷式发展。②

1. 国际贸易发展促使跨国公司产生

随着社会的进步和生产力的发展，贸易活动几乎遍及全球，使世界日益形成一个统一的大市场。本地化企业面对激烈的全球市场竞争，不得不站在全球视角进行经营，向跨国企业方向努力。跨国公司的生产体系是企业内部的国际范围内分工。作为一个国际化生产体系，跨国公司的母公司与国外的分子公司之间、各分子公司之间必须通过内部交易才能正常运转。国际贸易的特点影响了跨国公司的经营方式。随着生产力的发展和商品生产、交换范围的不断扩大，产生了货币，商品交换由物物交换变成以货币为媒介的商品流通；随着私有财产的产生与商品流通范围的扩大，产生了专门从事贸易的商人；随着国家的出现，商品流通超出国界，产生了对外贸易，也就出现了跨国经营。在资本主义原始积累时期，国际贸易的特点是资本主义国家获取原始材料和资本积累，而且向殖民地进行商品的倾销，独占殖民地的贸易；随着产业革命的兴起，国际分工日益扩大，促进了对外贸易，也弥补了要素分布不均的不足。第三次科技革命引起国际分工的巨大变化，使国际贸易的方式逐渐发生重大的变化。国际分工过去受到要素禀赋限制，现在则以科技优势为转移，

---

① 商务部，http://wzs.mofcom.gov.cn/.

② 王晓萍. 国际贸易与跨国公司的关系初探[J]. 兰州学刊，2005(2)：98-99.

科技进步减轻甚至摆脱了对自然资源的依赖，科学技术在生产要素中占据主导地位。所以，当前的跨国公司在海外生产并不以获得自然资源优势作为主要的战略目标，更重要的是为了市场竞争及科研发展等。这主要表现为资源及初级产品在世界贸易中的地位下降，而服务和技术贸易在贸易结构中的比重上升。

2. 跨国公司发展促进国际贸易繁荣

当前，国际贸易的三分之一是在跨国公司内部进行，三分之一是在跨国公司之间进行，三分之一是在非跨国公司之间进行。也就是说，与跨国公司有关的贸易已占国际贸易的三分之二。由此可见，跨国公司的发展推动了国际贸易的同步增长，跨国公司已经在国际贸易中占据举足轻重的地位。跨国公司在扩大国际市场规模、完善市场交易规则以及采用新的交易技术等方面所做的努力，拓展了国际市场的边界，创造了新的市场与新商品的国际贸易。

自第二次世界大战结束以来，国际贸易获得了迅速的发展，这突出地表现在其增长速度一直高于世界工业生产和国内生产总值的增长速度。第一，跨国公司利用国际分工来实现国际生产的专业化、协作化，使得企业内部的各种零部件半成品和制成品的相互往返运输大大增加，而这种跨国公司内部的跨国界的商品交易，增加了跨国公司的内部贸易量，也使国际贸易量增加。同时，跨国公司内部贸易带来的交易成本的降低能够产生与国际贸易、规模经济相同的效应。第二，跨国公司为了实现对外扩张获取高利润的目的，不断在海外投资兴建、扩建、兼并和重组企业，使大量的机器设备、商品和劳务流向国外的分公司和子公司，从而促进国际贸易的扩大。第三，为了绕过实行贸易保护国家的关税和非关税壁垒，跨国公司采取就地生产、就地销售的方针，不仅将自己的产品在东道国的市场上进行销售，而且利用东道国的对外贸易渠道扩大对其他国家的出口，这样既利用了东道国廉价的资源和劳动力，又保证了生产的延续性，促进了全球的商品生产和流通，从而促进了国际贸易的扩大。第四，跨国公司通过大企业合作的方式，进入更完善的国际销售渠道。第五，跨国公司为占领全球竞争制高点，不断地进行研究开发，推动了国际技术贸易的迅速发展。

1.4　国际技术贸易的产生和发展

1.4.1　国际技术贸易的产生

作为生产要素的技术，一经问世就产生扩散或转让的问题。技术的扩散和转让与生产力的发展水平有内在联系，在特定的生产力水平下受到生产方式、社会形态和发达程度的制约。从横向看，在同一时代，各地区技术未必都处于同一个水平上，一般都存在不同程度的差异，这种差异是技术转让的原动力。要了解国际技术贸易的产生与发展过程，就需要结合国际技术转让的发展历史来研究。

1. 原始的技术转让

早在远古时代，就出现了技术转让的迹象，当时由于国家还没有出现，所谓技术转让也只是在部落之间通过居住地迁移而实现。由于当时尚无记载技术的文字资料，模仿就成为传播知识和技术的唯一方式。受到生产力发展水平的限制，这一时期的技术转让活动只是一些简单的、偶然的活动，传播速度相当缓慢，对社会经济发展的影响不大。

2. 工业革命之前的技术转让

国际范围的技术转让有着悠久的历史。早在公元6世纪左右，我国就有养蚕、织丝的技术，后来通过“丝绸之路”传到了中亚、西亚和欧洲。我国发明的造纸、火药、印刷术在公元12世纪至15世纪先后传到了欧洲。意大利于公元13世纪发明了眼镜技术，到16世纪传到了日本。16世纪初，德国发明了机械表技术，在100多年后的17世纪初，日本和中国先后获得了这种技术。引起欧洲农业革命的耕作方法，源自中国公元6世纪的“精耕细作”。由于受交通工具的限制和国际语言文字的障碍，技术传播的速度非常缓慢。18世纪以前的技术转让还不属于现代意义上的技术贸易，这主要表现在两个方面：一是转让的手段落后，国际技术转让主要是工匠技能的传播，而不是许可权的转让；二是传播的时间较长，如中国的养蚕和丝织技术用了1800多年才传到欧洲，造纸、火药和印刷术传到欧洲也用了600多年，而意大利的眼镜和德国的机械表技术则分别用了300多年和100多年才传到日本和中国。

3. 现代意义上的技术贸易

现代意义上的技术贸易是通过技术的商品化，并伴随资本主义商品经济的发展而逐步发展起来的。18世纪初至19世纪中叶的英国工业革命使技术贸易发生了革命性的变化，成为技术贸易的分水岭和转折点。英国工业革命的成功使世界经济、工业生产、科学技术都有了极大的进步。据统计，1820—1860年，全世界工业生产量增加了5倍。如1850年，世界船舶总吨位已达900万吨，航海技术的进步大大促进了洲际联系。电报的出现，无疑是这个时代通信技术最伟大的进步。新技术的革命对国际技术转让起到巨大的推动作用，国际技术的转让活动从原始的“梯度式”发展到现代的“跳跃式”，即技术的转让不受地理条件的限制，可以越过邻国，通过现代化的电信传输手段在很短的时间内把技术直接从供方转移到受方。英国工业革命之前，技术转让主要依靠“人的流动”实现。英国工业革命后，技术转让不仅依靠人的流动，而更多的是依靠商品贸易实现。技术物化在商品中，随着商品的流动而流动。贸易发达了，技术转让活动也就增多了。

专利制度的建立是国际进行大规模技术转让活动的重要前提，极大地推动了技术转让活动的开展。将技术知识作为一种商品来进行买卖最早出现在18世纪的西欧。当时，西欧专利制度的形成和《专利法》的颁布使专利买卖得以产生，并逐步发展为现代的专利技术许可证贸易。此后，许可证贸易的内容由专利技术扩大到专有技术和商标。到19世纪，技术贸易在一些科学技术发达、国内市场广阔的西方工业发达国家有了进一步的发展，但当时主要是在国内市场进行。直到19世纪末20世纪初，当大多数西方工业国家都建立了以鼓励发明创造和保护发明者权利为宗旨的专利制度后，以许可证贸易为主要形式的技术贸易才在这些国家间迅速展开。

4. 第二次世界大战以后的技术贸易

第二次世界大战后，整个世界政治、经济形势发生了巨大的变化。在这种情况下，国际技术贸易不论其内涵还是方式都有了巨大变化，国际政治、军事的因素开始影响技术贸易。国际化经营兴起后，直接投资、技术转让便自然而然地成为当代企业经营战略上可供选择的经济活动内容。跨国公司在国际经济活动中举足轻重的地位以及它们所拥有的庞大资本、先进技术，决定它们成为当代国际技术贸易的重要实体。

在第三次科技革命的推动下，国际技术贸易得到迅速发展，成为战后国际贸易发展的一个显著特征。从20世纪70年代开始，发达国家的对外贸易就开始向技术贸易方向发展。据世界银行数据库的统计显示[①]，1965年国际技术贸易总额仅约30亿美元；1975年达到110亿美元；1985年增加到约500亿美元；1995年上升到2 600亿美元；1999年达到5 400亿美元；而到了2007年，国际技术贸易额突破了1.2万亿美元。自20世纪60年代以来，国际商品贸易额年均增长10.5%，而同期国际技术贸易额年均增长16.5%，增长速度远远超过商品贸易额的增长速度。国际技术贸易在国际贸易中的比重迅速上升，由1965年的1%上升至2005年的10%以上。

20世纪80年代以来，以信息产业、新能源、新材料等为主导的新技术革命突飞猛进，全球经济进入新的发展时期。各国之间的经济竞争，归根到底是技术水平、科技竞争力的较量。只有科技进步，才能推动经济以最快的速度发展。因此，许多国家都大力发展科技，增加科技投资，积极扩大高新技术及其产品的出口。高新技术体现了强大的生命力，1975—1985年的10年间，主要发达国家技术出口额平均增长73.1%，而1985—2005年的20年间，技术出口额的平均增长速度达到219.2%，其中日本、美国和法国的增长速度都超过两倍以上。高新技术产业发展促进了国际技术贸易迅猛发展。

5. 2008年国际金融危机以后的技术贸易

2008年国际金融危机以后，受国际经济下滑的不利影响，国际技术投资额轻微下降。例如，美国2008年的技术出口额出现了“负增长”的现象，较2007年减少了3%。2009年第一季度和第二季度我国也出现了高新技术产品出口额大幅下降的现象。然而，随着全球经济的复苏，国际技术贸易逐渐走出金融危机的阴霾，重新呈现强劲增长的态势。截至2009年年底，国际注册簿上有效的国际商标注册为515 562件，比2008年增加24%，为国际技术转让增添了新的活力；有国际贸易晴雨表之称的国际专利授权量在2010年蓬勃发展，为国际技术贸易提供了良好的信息平台。国际技术贸易额稳步回升，高新技术涨势明显。例如，俄罗斯2010年上半年高新技术产品对华出口额同比增长高达174%；2009年11月份和12月份，我国高新技术产品出口额同比增长分别为14%和40.7%，技术出口额领先于总出口额回升。高新技术产业仍是国际贸易中富有活力的重要组成部分。

---

① 世界银行，http://www.worldbank.org.cn/.

由于新能源、新材料等高新技术对资源环境的作用日益突显，有关“绿色能源”“低碳技术”的技术贸易额急剧增加，国际技术贸易已经成为推动经济可持续发展的重要力量。2008年度中国清洁发展机制(Clean Development Mechanism，CDM)项目获得联合国CDM执行理事会签发的核证减排量为7 420万吨二氧化碳当量，占当年全球签发总量的53.8%，其中，75%的CDM项目通过技术转移的方式执行。在新形势下，国际技术贸易呈现更为复杂的状况，表现出更强的发展势头，主要体现在以下几个方面：①东西、南北关系让技术贸易问题掺杂在一起；②知识量积累速度空前加快，技术生命周期大大缩短，新技术不断涌现，为技术贸易增添了丰富的内容；③对技术贸易的学术研究空前活跃。

进入20世纪，先是一批社会学家投入到对技术转让问题的研究中，从社会学的角度提出一些见解；后来，从事经济学研究的学者越来越多地关注技术转让和技术贸易问题，纷纷从经济学角度深入研究国际技术贸易，取得了不少成果，使技术贸易成为一门独立的科学。

1.4.2 美日欧国际技术贸易的发展

在全球化的知识经济时代，任何国家的发展都难以独善其身，只将目光局限于国内资源研究已经不能满足创新驱动发展的需求。如何利用全球资源提升国家在全球创新网络中的位置成为后发国家关注的重要议题。长期以来，国际技术贸易发展的格局没有改变，发达国家技术贸易额占整个国际技术贸易额的比重很大，尤其是美国、日本、德国、英国和法国是世界主要技术进口国和出口国，对国际技术贸易的发展起到举足轻重的作用。借鉴现有的研究①，采用技术国际收支(Technology Balance of Payments) 作为国际技术流动的衡量指标。技术国际收支包括技术国际支出(Payments) 和技术国际收入(Receipts) 两个指标。在本书中，出口额即技术国际收入，进口额即技术国际支出，贸易差额即出口额减去进口额，贸易收支比即出口额与进口额的比值。

1. 美国技术贸易的发展

美国作为世界上经济、科技最发达的国家，其技术贸易长期保持世界第一的位置。这一方面得益于美国在基础研发方面的长期投入和对科技人才的高度重视，另一方面与美国在技术转移方面有完善的法律制度和科学的管理机制密切相关。作为发达国家的代表，美国管理技术出口的法规和方法很有典型性，值得包括中国在内的技术转移后起国家学习借鉴。

1) 美国技术贸易的发展现状

(1) 技术进出口。美国技术进出口经历了相当长一段时间的快速发展(见表1.2)。1981年，美国技术进出口总额为79.34亿美元，其中，出口额为72.84亿美元，进口额为6.5亿美元，贸易收支比为11.21；2013年，美国技术进出口总额为2 141.34亿美元，增长了将近27

① 孙玉涛，张帅，尹彤. 本土研发努力和国际技术流动模式演化及效应[J]. 科学学研究，2015，33(8)：1151-1160.

倍；其中技术出口额为1 265.17亿美元，进口额为876.17亿美元，贸易收支比为1.44。由此可以看出，美国已经从一个技术出口大国，变成一个技术出口和进口相对均衡的国家，技术贸易收支比已经从11.21下降到1.44。

表1.2　1981—2013年美国技术贸易发展的情况

百万美元

年度	出口额	进口额	贸易差额	贸易收支比
1981	7 284	650	6 634	11.21
1982	5 603	795	4 808	7.05
1983	5 778	943	4 835	6.13
1984	6 177	1 168	5 009	5.29
1985	6 678	1 170	5 508	5.71
1986	8 113	1 401	6 712	5.79
1987	10 183	1 857	8 326	5.48
1988	12 146	2 601	9 545	4.67
1989	13 818	2 528	11 290	5.47
1990	16 634	3 135	13 499	5.31
1991	17 819	4 035	13 784	4.42
1992	20 841	5 161	15 680	4.04
1993	21 695	5 032	16 663	4.31
1994	26 712	5 852	20 860	4.56
1995	30 289	6 919	23 370	4.38
1996	32 470	7 837	24 633	4.14
1997	33 228	9 161	24 067	3.63
1998	35 626	11 235	24 391	3.17
1999	39 670	13 107	26 563	3.03
2000	43 233	16 468	26 765	2.63
2001	47 442	18 963	28 479	2.50
2002	52 650	22 381	30 269	2.35
2003	56 364	23 443	32 921	2.40
2004	66 278	29 044	37 234	2.28
2005	74 826	31 851	42 975	2.35
2006	75 699	42 994	32 705	1.76
2007	85 930	50 128	35 802	1.71
2008	94 453	57 509	36 944	1.64
2009	93 949	61 884	32 065	1.52
2010	100 569	69 577	30 992	1.45
2011	119 936	81 826	38 110	1.47
2012	122 586	83 957	38 629	1.46
2013	126 517	87 617	38 900	1.44

资料来源：OECD：Main Science and Technology Indicators，http: //stats.oecd.org/Index.aspx#.

(2) 高技术产品进出口。美国政府规定的高技术产品包括10类，即生物技术、光电子技术、电子技术、航空航天技术、生命科学技术、柔性制造技术、信息通信技术、尖端材料技术、武器技术与核技术。由图1.1可以看出，2010年，随着美国经济出现复苏势头，高技术产品进出口额恢复了增长。2010年，美国高新技术产品出口额为2 733.11亿美元，进口额为3 542.53亿美元，技术贸易逆差为809.42亿美元；2015年，上述金额分别为3 129.62亿美元、3 971.13亿美元和841.51亿美元。不难看出，金融危机以来，美国高技术产品进出口额以及差额都在波动中增长。

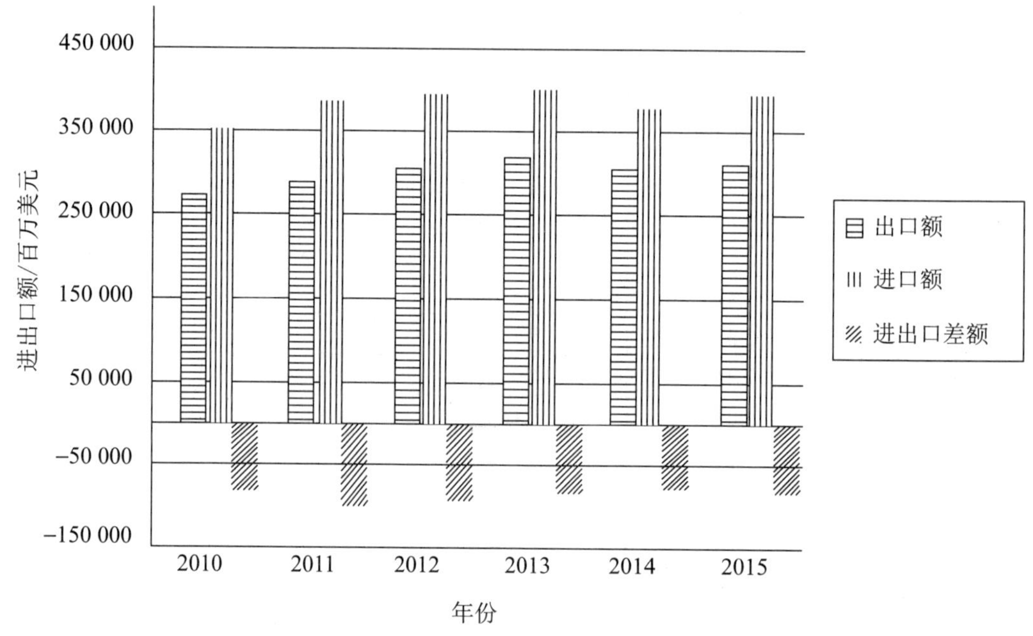

图1.1　2010—2015年美国高技术产品进出口额

资料来源：美国普查局，https: //www.census.gov/foreign-trade/balance/c0007.html.

值得注意的是，美国高技术产品逆差扩大并不意味着美国的技术出口能力弱，这与美国高技术产业在国外直接投资有关。由于美国劳动力成本及环境成本太高，再加上开拓海外市场，很多美国企业都将其生产基地转移到发展中国家或者接近目标市场的地方，只把研发中心留在美国本土，从而最大限度地降低生产成本，更有效地拓展国际市场。例如，英特尔公司就将其生产基地转移到韩国，在韩国建立了亚洲生产基地，现在又把韩国的生产基地转移到中国，其目的就是开拓市场和降低成本。美国跨国公司将企业总部、研发基地和生产基地分开的做法，导致美国向发展中国家出口核心部件，然后从发展中国家进口高技术产品的贸易模式，从而使其高技术产品贸易逆差不断扩大。

2) 美国技术贸易的主要特点

(1) 美国的技术贸易进出口总额一直居世界首位，既是世界上最大的技术输出国，也是世界上最大的技术贸易顺差国。1981年，美国技术贸易出口额为72.84亿美元，进口额为6.5亿美元，技术贸易顺差为66.34亿美元，日本、德国和法国的技术贸易收支则都是逆差。1981年，美国的技术贸易收支比为11.21，大大高于英国的1.21、法国的0.53、日本的

0.67和德国的0.63，是技术贸易收支比最高的国家。2013年，美国技术出口额为1 265.17亿美元，进口额为876.17亿美元，技术贸易顺差为389亿美元，继续保持世界第一技术出口大国的地位，技术贸易收支比为1.44。

美国技术出口和技术贸易顺差一直保持增长并长期位居世界第一，技术贸易收支比也一直大于1。这与美国的科技实力和鼓励创新的科技政策有很大的关系。第二次世界大战后，美国一直是世界上科学技术最发达的国家，与其他国家相比保持着巨大的技术优势。与此同时，美国政府大力增加科技投入、重视基础研究、提倡创新，推行普及技术的科技政策，不断缩短技术的生命周期，使一些新技术在较短的时间内就进入标准化阶段，因而加快了技术的对外扩散速度。此外，美国在产业与军事、产业与科研之间保持协作的政策，使美国一方面不断发展新技术，另一方面不断推进原有技术的对外转移。

(2) 国际技术转移的主要方式和基本途径是对外直接投资。第二次世界大战以后，美国一直是世界第一对外直接投资大国。1980—2013年，美国对外直接投资余额占世界的比重虽然趋于下降，但仍高于其他发达国家。对外直接投资是国际技术转移的基本途径和主要载体。因此，在美国对外直接投资规模迅速扩大的过程中，对外直接投资成为美国对外技术转移的主要方式和基本途径。

(3) 跨国公司是国际技术转移的主体。跨国公司在世界各地投资生产，在国际技术转移中发挥着重要的作用。伴随美国对外直接投资的迅速发展，美国企业从20世纪60年代起就开始了大规模的全球性扩张。全球化经营的美国企业不仅成为对外直接投资的主体，而且成为对外技术转移的主体，在全球对外直接投资和技术转移中长期保持垄断的地位。1956年，《幸福》杂志统计的100家最大的工业跨国公司中，美国占79家，处于绝对优势地位。2015年，最新《财富》世界500强排行榜中，美国企业有128家，沃尔玛公司排名世界第一。①

(4) 国际技术转移的主要对象是日本、西欧及少数发展中国家。美国技术转移的主要对象一直是日本和欧盟各国等发达国家，这些国家都是西方世界的成员，在美苏对立的冷战时期一直站在美国一边，在政治、军事、经济以及技术方面，都依赖美国的支持和援助。就技术引进而言，日本、欧盟各国以及其他发达国家最大的技术引进来源国都是美国。以日本为例，直到2010年，其技术进口额中仍有76%是来自美国的技术转移。在发展中国家，美国技术出口的主要对象多年来一直是亚洲“四小龙”和被称为“美国后院”的墨西哥、巴西、阿根廷等中南美国家。

2. 日本技术贸易的发展

1) 日本技术贸易的发展过程

20世纪50年代后期，日本政府推行重化工业化政策，引进石油化学联合企业所必需的各种化学工业技术，同时以家电制品为中心积极引进生产大众消费产品所需的技术。日本技术引进经历了一段高速发展时期，1956—1960年的5年间，技术费支付额达到28 100万美元，比20世纪50年代前期增加了4.2倍。引进技术件数是前5年的1.5倍，企业引进

---

① http：//www.fortunechina.com/fortune500/c/2015-07/22/content_244435.htm.

国外技术的要求日益强烈。

20世纪70年代以后，随着技术引进自由化的发展，日本技术转让进入新的发展时期，技术费收支的赤字额减少，收支比由1972年的20%提高到1978年的64%，首次超过50%。随着技术引进速度放慢，日本技术出口迅速扩大，技术费收支进一步得到改善。1978年，日本技术费收入首次突破1 000亿日元，达到1 200亿日元。1971—1980年，日本技术出口额增加了5.9倍，出口额最多的产业依次是化学工业、建筑业、电气机器工业、运输机械工业和钢铁工业。日本技术输出迅速扩大的原因主要是产业技术能力迅速提高，建筑业、钢铁工业、化学工业、机械工业等设备出口额增加的影响显著。

进入20世纪80年代，日本加快了技术进出口的步伐，技术进出口贸易的增长速度高于世界技术贸易的平均水平。1980年，由于日本设备出口额增加，技术费收入约达600亿日元，相当于1973—1980年全产业增加额的1/3。1981年，日本技术进出口总额为4 347.38亿日元，其中，出口额为1 751.06亿日元，进口额为2 596.32亿日元，贸易差为-845.26亿日元，贸易收支比为0.67；1989年，日本技术进出口总额为6 592.73亿日元，其中技术出口额为3 293.48亿日元，是1981年的2.27倍，进口额为3 299.25亿日元，是1981年的1.27倍，贸易差为-5.77亿日元，贸易收支比为1.00，日本技术进出口贸易历史上第一次实现了收支平衡。其后的几年，虽然日本技术进口额又超过技术出口额，出现贸易赤字，但贸易收支比始终维持在0.91以上的水平(见表1.3)。

表1.3 1981—2013年日本技术贸易发展的情况

亿日元

年度	出口额	进口额	贸易差	贸易收支比
1981	1 751.06	2 596.32	-845.26	0.67
1982	1 849.21	2 826.13	-976.92	0.65
1983	2 408.87	2 792.80	-383.93	0.86
1984	2 775.12	2 814.47	-39.35	0.99
1985	2 342.20	2 931.73	-589.53	0.80
1986	2 240.78	2 605.77	-364.99	0.86
1987	2 155.75	2 832.45	-676.7	0.76
1988	2 462.55	3 121.95	-659.4	0.79
1989	3 293.48	3 299.25	-5.77	1.00
1990	3 393.52	3 719.07	-325.55	0.91
1991	3 705.52	3 946.61	-241.09	0.94
1992	3 776.91	4 139.08	-362.17	0.91
1993	4 003.62	3 629.74	373.88	1.10
1994	4 621.28	3 706.93	914.35	1.25
1995	5 620.77	3 917.15	1 703.62	1.43
1996	7 030.33	4 511.69	2 518.64	1.56
1997	8 315.63	4 384.00	3 931.63	1.90
1998	9 160.98	4 300.54	4 860.44	2.13
1999	9 608.00	4 102.96	5 505.04	2.34

(续表)

年度	出口额	进口额	贸易差	贸易收支比
2000	10 578.53	4 432.87	6 145.66	2.39
2001	12 468.14	5 483.79	6 984.35	2.27
2002	13 867.69	5 417.13	8 450.56	2.56
2003	15 121.89	5 637.64	9 484.25	2.68
2004	17 694.28	5 676.43	12 017.85	3.12
2005	20 282.86	7 037.07	13 245.79	2.88
2006	23 781.76	7 053.88	16 727.88	3.37
2007	24 822.67	7 105.10	17 717.57	3.49
2008	22 254.70	6 000.04	16 254.26	3.71
2009	20 153.29	5 349.01	14 804.28	3.77
2010	24 366.38	5 300.70	19 065.68	4.60
2011	23 852.08	4 147.60	19 704.48	5.75
2012	27 210.46	4 486.37	22 724.09	6.07
2013	33 951.76	5 777.49	28 174.27	5.88

资料来源：日本文部科学省科学技术政策研究所. 科学技术指标2015统计集[Z]. 2015-08.

进入20世纪90年代，日本开始由技术净进口国向技术净出口国转变(见表1.3)。1993年，日本技术出口额增加到4 003.62亿日元，技术进口额为3 629.74亿日元，贸易收支比为1.10，首次实现贸易顺差，顺差额达373.88亿日元。此后，日本技术出口额增速再次超过进口额增速，1999年出口额增加到9 608亿日元，进口额增加到4 102.96亿日元，技术贸易顺差为5 505.04亿日元，贸易收支比为2.34。此后，日本从技术净进口国转变为技术净出口国，技术出口额和进口额均跃居世界前几位，开始步入世界技术贸易大国行列。日本技术进出口贸易模式转变的主要原因是政府实施了一系列鼓励技术出口贸易发展的政策。20世纪90年代后期，日本泡沫经济破灭，经济发展陷入停滞。为了寻求经济复苏的对策，日本开始实施知识产权战略，在全国范围内建立知识产权制度，着力发展高科技产业，鼓励技术及相关产品的出口，这些措施带动了日本技术贸易的快速发展，也推动了日本的经济复苏。

进入21世纪以来，日本技术进出口贸易发展迅猛，除了继续从西方发达国家引进技术，还保持着技术出口额增速超过进口额增速的态势，贸易顺差不断扩大(见表1.3)。2013年，日本技术进出口总额为39 729.25亿日元，其中，出口额增加到33 951.76亿日元，进口额增加到5 777.49亿日元，贸易收支比为5.88，贸易顺差额达28 174.27亿日元。

2) 日本技术贸易的主要特点

(1) 从以技术进口为主转向以技术出口为主。从第二次世界大战后初期到20世纪90年代初期，在技术水平长期落后于欧美各国的情况下，日本一直从美国和西欧各国引进先进技术，技术贸易收支一直是持续赤字的局面。然而，以技术引进为基础，日本通过消化、吸收与创新，迅速缩小了与欧美各国的技术差距，主要技术特别是产业应用技术在20世纪80年代后期已经赶上或超过欧美各国的水平。此后，日本技术出口额迅速增加，1993年开始，日本出现了技术进出口贸易收支平衡，贸易顺差不断扩大，2007年技术贸易顺差达到创纪录的17 717.57亿日元，2009年在美国金融危机和世界经济衰退的情况下仍达14 804.28亿日元，技术贸易收支比则达到3.77，成为世界技术净出口大国之一。在上述过程中，日本不仅对发展中国家的技术贸易一直保持顺差扩大的局面，而且对发达国家特别是对美国的技术贸易也由逆差转为顺差，并呈现顺差持续扩大的态势。由此，日本国际技术贸易彻底实现了从以技术进口转让为主转向以对外技术出口为主。

(2) 技术引进主要来自发达国家。日本技术引进的主要来源一直是发达国家，其中美国尤为突出。1990年，日本从美国的技术进口额为2 553亿日元，从欧洲的技术进口额为1 128亿日元，分别占技术进口总额的68.6%和30.3%，两者合计占98.9%。2000年以后，日本从亚洲“四小龙”以及中国引进的技术虽然有所增加，但所占比重较小，远未改变以发达国家特别是以美国为中心引进技术的局面。以2008年为例，日本从亚洲的技术进口额虽然达到了历史最高的141亿日元，分别相当于1990年的47倍和2000年的8.8倍，却仍只占引进技术总额的2.4%。相比之下，当年日本从美国的技术进口额为4 133亿日元，从欧洲的技术进口额为1 664亿日元，分别占技术进口总额的68.9%和27.7%，两者合计占96.6%。

(3) 技术出口国由发展中国家向发达国家转变。从第二次世界大战后初期到20世纪70年代以前，日本在技术水平上与美欧发达国家仍有较大差距。日本技术出口主要以亚洲为中心，向发展中国家转移技术。20世纪80年代后期，随着日本技术水平的迅速提高，技术出口的重点逐渐转向发达国家。1990年，日本对发达国家的技术出口额达1 758亿日元，超过对发展中国家技术出口额的1 645亿日元，占技术出口总额的51.8%。随后，日本对发达国家特别是对美国的技术出口额迅速增加，所占比重进一步提高。

(4) 技术进出口都以制造业为主。从技术进口情况看，1990年制造业的技术进口额为3 683亿日元，占技术进口总额的99.0%。进入21世纪以后，在信息化迅速发展的情况下，日本从美国和西欧引进的信息技术迅速增加，从2002年的379亿日元增加到2005年的726亿日元，几乎增加了1倍，尽管如此，却未能改变以制造业为主引进技术的局面。2005年和2007年，制造业的技术进口额分别为5 973亿日元和6 048亿日元，分别占技术进口总额的84.9%和85.1%。2009年，在信息产业技术进口额减少的情况下，制造业技术进口额为5 108亿日元，所占比重又回升到93.6%。

从技术出口情况看，1990年制造业的技术出口额为3 207亿日元，占技术出口总额的94.5%。进入21世纪以后，日本信息产业的技术出口额虽然迅速增加，从2002年的43亿日元迅速增加到2007年的401亿日元，5年间增加8.3倍，翻了两番还多，但也未能改变以制造业为主进行对外技术转让的局面。2009年，制造业的技术出口额为19 676亿日元，占技术出口总额的97.6%。

(5) 技术贸易的方式以企业内部技术贸易为主。与美国一样，日本国际技术贸易，不论是技术进口，还是技术出口，都是以对外直接投资为载体、以跨国公司为主体展开。因此，母公司与国外子公司进行内部技术转移成为日本国际技术贸易的主要方式，这在技术出口方面表现得尤为突出。

就技术进口而言，1990年、2000年和2001年，日本从国外引进技术的企业数分别为1 805家、1 167家和925家，其中，通过外资企业从其国外总公司引进技术即开展内部技术交易的企业分别为1 206家、1 011家、739家，分别占66.8%、86.7%和79.9%。就技术进口而言，企业内部交易的比重很低。2008年和2009年，在日本技术进口额中，企业内贸易所占的比重分别为14.6%和13.8%。之所以出现这种情况，是因为与对外直接投资相比，日本的外商直接投资一直处于落后的状态。近年来，尽管日本政府积极鼓励外商直接投资，但由于投资环境特别是日本式经济体制和日本式经营方式的影响，世界各国和地区的对日直接投资一直没有多大的进展，从而制约了企业内部交易方式的技术引进。

从技术出口方面看，1990年、2000年和2001年，日本向国外出口技术的企业数分别为1 879家、2 706家和1 628家，其中，通过总公司向海外子公司转移技术即开展内部技术交易的企业分别为1 309家、2 336家、1 241家，分别占69.7%、86.3%和76.2%。由于日本对外直接投资发达，越来越多的企业在海外建立子公司，企业内贸易的占比很高。

3. 欧洲主要国家技术贸易的发展

欧洲地区的经济和科技发展水平很高，拥有大量世界领先的先进技术，在国际技术贸易中占有非常重要的地位，是技术主要出口方和进口方。其中，德国、英国和法国是欧洲地区主要的国际技术贸易大国。

(1) 德国技术贸易的发展。德国是世界上经济和科技最发达的国家之一，2002—2009年保持世界出口总额冠军的地位，直到2010年才被中国赶超。德国经济发展以出口为导向，外贸依存度高达57%。德国联邦统计局发布的数据显示，2014年德国的外贸出口总额达11 336亿欧元(约合人民币80 277.02亿元)，较上一年提高3.7%，并再次创下最高纪录。欧美市场对德国商品需求量的增加是其外贸出口额增长的主要原因。法国、美国和英国是排名前三位的德国商品出口对象国，而中国则以685亿欧元(约合人民币4 849.8亿元)的进口额成为第四大对象国。[①]除了外贸出口额，2014年德国的贸易顺差也位居全球首位，且远超排名第二、第三的中国和沙特，达到了2 170亿欧元(约合人民币15 361.86亿元)。

德国从第二次世界大战后初期到现在一直从美国和其他发达国家大量引进技术。据有关统计(见表1.4)，1981年，德国技术出口额为934百万美元，进口额为1 479百万美元，技术贸易逆差为545百万美元，技术贸易收支比为0.63，是技术净进口国。随着德国技术进步和对外直接投资的发展，其技术出口虽然迅速增加，但技术贸易仍然没有改变以引进技术为主的局面。1990年，德国技术出口额增加到6 336百万美元，进口额增加到6 942百万美元。由于技术出口额增速超过技术进口额增速，德国当年的技术贸易逆差为607百万美元，贸易收支比达0.91。

---

① http://gb.cri.cn/42071/2015/02/10/6992s4870701.htm.

表1.4 1981—2013年德国技术贸易发展的情况

百万美元

年度	出口额	进口额	贸易差额	贸易收支比
1981	934	1 479	–545	0.63
1982	1 017	1 433	–416	0.71
1983	1 139	1 540	–401	0.74
1984	1 102	1 430	–329	0.77
1985	1 171	1 650	–479	0.71
1986	2 875	3 228	–353	0.89
1987	3 853	4 322	–468	0.89
1988	4 046	4 785	–739	0.85
1989	4 390	5 599	–1 210	0.78
1990	6 336	6 942	–607	0.91
1991	6 282	7 979	–1 697	0.79
1992	7 277	9 962	–2 685	0.73
1993	7 214	10 100	–2 886	0.71
1994	8 157	10 100	–1 943	0.81
1995	10 633	13 170	–2 537	0.81
1996	10 798	14 118	–3 320	0.76
1997	12 344	14 811	–2 468	0.83
1998	13 424	16 221	–2 796	0.83
1999	12 951	17 209	–4 258	0.75
2000	13 583	18 215	–4 632	0.75
2001	14 576	21 030	–6 454	0.69
2002	16 243	21 017	–4 774	0.77
2003	22 887	22 285	603	1.03
2004	28 089	24 852	3 237	1.13
2005	31 372	29 088	2 284	1.08
2006	34 107	30 608	3 499	1.11
2007	40 989	37 318	3 671	1.10
2008	49 614	41 529	8 084	1.19
2009	48 566	40 078	8 488	1.21
2010	58 246	45 208	13 038	1.29
2011	69 604	53 847	15 757	1.29
2012	70 918	55 606	15 312	1.28
2013	67 380	54 830	12 550	1.23

资料来源：OECD：Main Science and Technology Indicators，http://stats.oecd.org/Index.aspx#.

20世纪90年代以后，德国的技术出口继续保持快速增长的势头，1995年首次突破100亿美元，达106.33亿美元，2002年达到162.43亿美元。尽管如此，在全球高新技术特别是信息技术、生物技术、新材料技术、新能源技术迅速发展的形势下，德国进一步加快了技术引进的步伐。1993年，技术进口额首次突破100亿美元，达到101亿美元，2002年达到210.17亿美元。

在上述过程中，由于技术进口额增速经常超过出口额增速，德国的技术贸易收支比又转为下降的趋势，其中1993年下降到0.71，2001年下降到0.69，2002年略微回升到0.76。2003年，德国技术进出口贸易历史上第一次实现了收支平衡，技术贸易收支比为1.03。随后，德国技术出口额增速再次超过进口额增速，2013年出口额增加到673.80亿美元，进口额增加到548.30亿美元，技术贸易顺差为125.50亿美元。近年来，德国技术贸易出现了出口和顺差大幅增加的局面，成为世界上少有的技术出口大国和技术净出口国之一。这在很大程度上得益于德国科技进步特别是高新技术进步，缩短了与美国和其他发达国家间的差距。

(2) 英国技术贸易的发展。英国是老牌资本主义国家，18世纪至19世纪曾经是世界上经济和科技最发达的国家。进入20世纪以后，英国虽然被美国超越，但仍然是世界上经济和科技最发达的国家之一。就国际技术贸易而言，英国不仅一直是世界技术贸易大国，而且一直仅次于美国，是世界少有的技术贸易顺差国和技术净出口国(见表1.5)。1981年，英国技术贸易出口额为9.65亿美元，进口额为7.98亿美元，技术贸易顺差为1.67亿美元，技术贸易收支比为1.21。其中，技术出口额按货币购买力平均计价仅次于美国和德国，是世界第三大技术出口国，技术贸易顺差和技术贸易收支比仅次于美国，是美国以外仅有的技术净出口国。20世纪80年代末，由于英国在科技进步方面一度落后于美国和其他发达国家，技术进口额的增速超过技术出口额的增速，技术贸易收支比在1983年提高到1.28，之后转为下降，1987—1990年连续4年小于1，其中1990年为0.76，成为技术净进口国。

表1.5　1981—2013年英国技术贸易发展的情况

百万美元

年度	出口额	进口额	贸易差额	贸易收支比
1981	965	798	167	1.21
1982	877	725	152	1.21
1983	932	731	202	1.28
1984	1 019	972	47	1.05
1985	1 038	923	115	1.13
1986	1 054	957	97	1.10
1987	1 407	1 554	-147	0.91
1988	1 718	1 875	-157	0.92
1989	1 885	2 068	-183	0.91
1990	2 063	2 727	-664	0.76
1991	2 333	2 302	32	1.01
1992	3 157	2 919	239	1.08
1993	2 958	2 650	307	1.12
1994	3 730	3 176	554	1.17
1995	4 218	3 530	688	1.19
1996	13 773	8 085	5 688	1.70
1997	15 328	8 813	6 516	1.74

(续表)

年度	出口额	进口额	贸易差额	贸易收支比
1998	19 415	10 374	9 041	1.87
1999	21 178	10 326	10 852	2.05
2000	19 926	9 219	10 708	2.16
2001	21 955	9 896	12 059	2.22
2002	23 916	10 304	13 612	2.32
2003	25 490	9 648	15 842	2.64
2004	32 707	13 029	19 679	2.51
2005	29 002	13 949	15 053	2.08
2006	30 179	15 228	14 952	1.98
2007	33 343	17 154	16 189	1.94
2008	33 796	18 205	15 591	1.86
2009	29 527	17 208	12 319	1.72
2010	31 120	18 435	12 684	1.69
2011	35 654	17 826	17 828	2.00
2012	37 185	19 281	17 904	1.93
2013	42 269	21 788	20 481	1.94

资料来源：OECD：Main Science and Technology Indicators，http：//stats.oecd.org/Index.aspx#.

1991—2002年，英国技术出口额的增速再次超过技术进口额的增速，技术贸易顺差和技术贸易收支比一直呈现逐年增长的态势。就具体数字而言，2002年，技术出口额为239.16亿美元，技术进口额为103.04亿美元，技术贸易顺差为136.12亿美元，技术贸易收支比为2.33。2003年以后，英国技术进口额增速再次超过出口额增速，2008年出口额为337.96亿美元，进口额为182.05亿美元，技术贸易顺差为155.91亿美元，技术贸易收支比为3.71，仅次于日本，略高于美国的1.64，位居世界第二位。2013年，技术出口额为422.69亿美元，进口额为217.88亿美元，技术贸易顺差为204.81亿美元。从国际上来看，凭借英国良好的科技发展基础，英国在许多科学和技术领域仍然属于世界先进行列，这主要表现在生物工程、农业、环境保护、材料、能源、交通、通信、航空、卫星制造等方面。

(3) 法国技术贸易的发展。法国是一个经济和科技十分发达的国家，在世界贸易和技术贸易中都占有重要的位置，曾经是世界第三大技术引进国、第四大技术出口国。如表1.6所示，20世纪90年代初期，法国技术进口额增速超过出口额增速，技术贸易收支比一直呈现下降的趋势。1991年，法国技术出口额为13.88亿美元，进口额为17.48亿美元。1992年以后，虽然法国技术出口额与技术进口额交替增长，但总体上是出口额增速高于进口额增速，技术贸易收支比开始呈现增长。2000年，法国第一次成为技术净出口国，当年技术出口额为23.19亿美元，进口额为20.41亿美元，技术贸易顺差为2.77亿美元，技术贸易收支比为1.14。2013年，法国技术出口额为115.56亿美元，进口额为101.50亿美元，技术贸易顺差为14.06亿美元，技术贸易收支比为1.14。法国在技术贸易方面发展迟缓的原因主要是近年来法国对技术研发的投入不足，过度依赖欧盟国家以及美国等国家，忽略了新兴经济体市场的巨大潜力。

法国在国际技术贸易方面有许多优势，比如空中客车大飞机技术、核发电技术和核能利用方面技术、再生能源技术等，在国际市场上都具备很强的竞争力。在对华技术转让方面，法国采取积极和开放的态度与中国进行了很好的技术合作。法国从事能源业务的专业化公司AREVA(阿海珐)就是一个很好的例子。AREVA业务范围涉及铀矿冶炼、铀浓缩及核燃料制造、反应堆设计和制造、核燃料的后处理及再循环、风力发电设备以及输配电系统和服务等。在20多年的合作中，AREVA参与了中国几座核电站的建造，并且在技术转让和国产化方面采取了非常开放的态度。

表1.6　1985—2013年法国技术贸易发展的情况

百万美元

年度	出口额	进口额	贸易差额	贸易收支比
1985	522	982	–460	0.53
1986	689	1 234	–546	0.56
1987	898	1 594	–696	0.56
1988	1 082	1 721	–639	0.63
1989	998	1 417	–419	0.70
1990	1 295	1 629	–334	0.79
1991	1 388	1 748	–361	0.79
1992	1 579	2 073	–494	0.76
1993	1 456	1 798	–342	0.81
1994	1 531	1 909	–378	0.80
1995	1 850	2 320	–470	0.80
1996	1 884	2 653	–768	0.71
1997	2 046	2 477	–430	0.83
1998	2 338	2 717	–379	0.86
1999	1 920	2 265	–345	0.85
2000	2 319	2 041	277	1.14
2001	2 602	1 881	722	1.38
2002	3 335	1 895	1 440	1.76
2003	4 074	2 426	1 648	1.68
2004	5 169	3 058	2 111	1.69
2005	6 217	3 094	3 123	2.01
2006	6 230	3 311	2 919	1.88
2007	8 841	4 731	4 110	1.87
2008	11 041	5 456	5 585	2.02
2009	9 772	5 296	4 476	1.85
2010	10 407	5 559	4 849	1.87
2011	15 335	10 539	4 796	1.46
2012	12 747	8 758	3 989	1.46
2013	11 556	10 150	1 406	1.14

资料来源：世界银行(World Bank) 统计数据库，http: //data.worldbank.org/.

1.4.3 中国国际技术贸易的发展

1. 中国的技术引进

中国的技术引进始于第一个“五年计划”，经历了两大时期：第一个时期是改革开放前，主要满足恢复和发展国民经济、提高人民生活水平的需要；第二个时期是改革开放后，技术引进得到全面发展，质量有所提高。

1) 改革开放前的技术引进

(1) 第一阶段(1950—1959年)。由于受到西方国家的经济封锁和禁运限制，中国主要从前苏联和东欧国家引进技术和成套设备，在这一阶段共引进了450个项目，总金额约37亿美元。其中，156个大型重点项目用于“一五”时期的建设，填补了机械、电力、汽车、能源、电信等部门的技术空白，提高了技术工艺水平和设备制造能力，为工业发展奠定了人才基础。后来，由于前苏联单方面撕毁与中国签订的各项技术协议和合同，使我国技术引进工作中断，给我国工业建设造成重大损失。

(2) 第二阶段(1960—1969年)。在这一时期，我国转从日、英、法、意、德、瑞、奥、荷等国家引进石油、化工、冶金、矿山、电子、精密机械、纺织机械等关键性技术和设备，共签订技术和设备进口合同84项，合同总金额为14.5亿美元。后来由于1966年开始的“文化大革命”，引进项目被迫中断。

(3) 第三阶段(1970—1978年)。1972年，我国恢复在联合国的合法席位之后，相继与美、日等国建立了外交关系，为进一步引进西方技术创造了良好条件。在此期间，我国先后与日、德、英、法、荷、美等国厂商签订了310项新技术和成套设备项目合同，成交金额为58亿美元，主要包括大型化肥设备、大型化纤设备、石油化工装置、数据处理、轧钢设备、发电设备、采煤机组等。

2) 改革开放后的技术引进

(1) 第一阶段(1979—1990年)。改革开放后，我国技术引进总体上呈现迅速扩大的态势。我国通过各种方式，积极地、大量地引进国外先进技术和设备，改造落后的技术装备，弥补技术空白，还先后设立了经济特区、沿海经济技术开发区作为引进国外先进科学知识、技术、设备和先进经营管理方法的窗口。在这一时期，我国技术引进规模发展迅速，技术引进的重点由以新建项目为主转向以对现有企业进行技术改造为主，引进方式由购买成套设备为主转向以采用许可证贸易、合作生产、顾问咨询和技术服务为主。从1978年到1990年，我国共引进技术和设备17 000多项，其中，引进软技术2 027项，包括许可证贸易1 668项，技术服务咨询359项。

与此同时，国家重点引进3 000项先进技术对现有企业进行技术改造，并组织科研单位、企业、大学开展合作，对12个重大项目进行消化吸收，使我国整体技术水平迈上了新台阶。先进技术的引进改变了我国技术和装备落后的面貌，促进了社会和经济的发展。在这一时期，我国的技术引进仍存在许多问题，在技术引进中表现为软件比例低、硬件比例高，引进技术的投产率、达产率低，重复引进问题严重等。据统计①，1978—1990年，我国

① 国家计划委员会. 中华人民共和国技术引进四十年[M]. 上海：文汇出版社，1992.

引进技术的硬件比例为85%，而软件仅为15%，引进技术的平均投产率、达产率仅为60%。

(2) 第二阶段(1991—2000年)。这是我国技术引进发展最为迅速的时期。我国引进了大量的先进技术设备，加快了技术改造和技术进步的步伐，促进了产业结构的调整。1991—2000年，我国累计技术引进合同数量为36 772份，总金额为1 175.44亿美元，平均增长速度为33.99%。其中，2000年技术引进合同数量为7 353份，比1991年增长了1 948.19%，合同金额为181.75亿美元，比1991年增长了425.44%。引进技术中软件技术所占比重得到很大提高，1997—2000年技术引进中技术费总共为245.02亿美元，占同期合同金额的36.36%，比上一阶段技术引进的质量有了很大提高；2000年，技术转让、技术许可、技术咨询、技术服务等技术费约为75亿多美元，占全部技术引进合同金额的比例超过42%。

与此同时，我国加强了对引进技术的管理。1997年年底，国务院颁布了《当前国家重点鼓励发展的产业、产品和技术目录》，为进一步引进国外先进技术和设备创造了良好的环境。1999年，原外经贸部会同科技部开始组织实施“科技兴贸”战略，其核心是：大力促进高新技术产品出口和利用高新技术改造传统产业，优化出口商品结构，提高出口商品的技术含量和附加值，转变外贸增长方式。

在这一时期，技术引进工作发生了深刻的变化，主要表现在：引进模式由以新建企业为主转变为现有企业技术改造服务；引进方式由原来以成套设备进口为主发展为许可证贸易、补偿贸易、合资经营、合作生产、技术咨询、技术服务、租赁等多种方式并举；引进工作由中央统一计划安排转变为中央、地方、部门多方面积极安排；引进资金由主要靠国家拨款发展为国家拨款、银行贷款、利用外资、企业自筹等多种渠道；引进的对外工作由少数外贸公司办理发展为众多外贸公司、工贸公司、自营进出口发展企业和先进企业集团办理；引进国家(地区)由少数工业发达国家转变为日、美、西欧、北欧、东欧、俄罗斯和韩国等国家。

(3) 第三阶段(2001年至今)。2001年12月11日，我国正式加入世界贸易组织(WTO)，成为其第143位成员，这也标志着中国的技术引进进入新的阶段。2003年11月，《关于进一步实施科技兴贸战略的若干意见》(国办〔2003〕92号)出台，标志着“科技兴贸”战略进入一个新的发展阶段。该文件的首要内容是确立了以下资金支持政策：第一，增加对高新技术产品出口的资金支持；第二，在高新技术产品出口基地尽快研究建设创业投资机制；第三，中国进出口银行要按照中国人民银行确定的优惠出口信贷利率，加大出口信贷对高新技术产品出口的支持力度；第四，鼓励中国出口信用保险公司开展具有融资功能的短期出口信用保险，按照出口信用保险政策的规定，对高新技术产品投保出口信用保险的保费费率可以适当浮动；第五，有关部门尽快研究建立出口买方信贷利率风险补偿机制，鼓励商业银行开展出口买方信贷；第六，有关部门要利用现有渠道，继续加大对符合条件的出口企业的研究开发和技术改造的资金支持。

出口信贷和出口信用保险都是符合WTO规则扶持出口的措施，是中国推动实施“科技兴贸”战略、促进高科技产品出口的重要手段。商务部、中国进出口银行和中国出口信贷保险公司等部门密切配合，通过定期磋商、召开“出口信用保险与外经贸协作会议”等多种形式，使银贸协作、信贷协作进一步紧密化、制度化，为更好地发挥出口信贷和出口信用保险对扩大外贸出口特别是扩大高新技术产品出口的积极作用，奠定了良好的基础。

2004年，形成由商务部、科技部、发改委、信息产业部、财政部、海关总署、税务总局、质检总局、国家知识产权局九部门组成的科技兴贸联合工作机制，从而推进“科技兴贸”战略。“科技兴贸”战略实施5年后，已由部门战略上升为国家战略。

上述政策措施对企业引进国外高新技术和先进技术改造传统产业，提高出口产品的技术含量起到很大的推动作用。在政策引导下，我国的技术引进工作不断取得新的发展。从表1.7可以看出，第一，外商直接投资(FDI)逐步成为首要的技术引进方式。20世纪50年代至70年代，中国的技术引进属于典型的“前苏联模式”——以新设备等硬件购入方式为主；而20世纪80年代，中国对前苏联模式的最大突破是大量引入外商直接投资，但仍没有真正改变硬件占绝对优势的低水平引进方式。从1987年开始，实际利用外资额开始超过成套和关键设备引进的费用，从1990年开始前者明显超过后者，优势日渐明显。1992年，外商直接投资实际利用额是成套和关键设备引进费用的两倍多，而且两者差距不断拉大。20世纪90年代以来，FDI已经成为中国主要的技术引进方式。第二，技术贸易方式已经实现从硬件向软件的转变。技术引进大体可以分为纯技术引进(软技术)与嵌入式技术引进(硬技术)。前者主要是通过纸、光盘等方式存储技术方案(编码的知识)，或者通过经验交流进行隐性知识的转移；后者主要将知识和技术转变为设备，也就是将知识和技术嵌入设备中，两者不能分离。从1985到1999年，硬技术引进在中国的技术引进中一直占主导地位，相比之下软技术所占比例非常小。从2001年开始，硬件引进额开始回落，技术许可和转让、技术咨询和服务等软件引进额开始上升，并逐渐占主导地位，技术引进质量稳步提高。

表1.7 1985—2013年中国技术引进成交金额的情况

亿美元

年份	外商直接投资	技术贸易					
		成套设备、关键设备、生产线等	技术的许可或转让	技术咨询和服务	合资生产、合作生产等	其他引进方式	合计
1985	19.56	24.38	2.42	0.22	4.97	0.00	31.99
1986	22.44	35.21	4.20	2.48	1.36	1.57	44.83
1987	23.14	20.97	3.51	0.26	5.10	0.01	29.85
1988	31.94	30.19	4.77	0.42	0.10	0.01	35.48
1989	33.93	27.15	1.48	0.45	0.07	0.08	29.23
1990	34.87	4.98	2.26	0.08	5.38	0.04	12.74
1991	43.66	29.03	4.78	0.18	0.53	0.04	34.56
1992	110.08	47.01	6.04	1.49	11.08	0.29	65.90
1993	275.15	53.80	4.48	0.96	1.86	0.00	61.09
1994	337.67	36.25	3.90	0.88	0.03	0.00	41.06
1995	375.27	112.48	14.74	3.10	0.01	0.00	130.33
1996	417.26	124.38	16.75	5.58	3.76	2.10	152.57
1997	452.57	136.83	18.29	3.89	0.23	0.00	159.23
1998	454.63	112.40	41.98	8.88	0.05	0.45	163.75
1999	403.19	69.22	67.52	30.05	2.77	2.06	171.62
2001	468.78	33.58	18.03	27.89	6.23	5.18	90.91

(续表)

年份	外商直接投资	技术贸易					
		成套设备、关键设备、生产线等	技术的许可或转让	技术咨询和服务	合资生产、合作生产等	其他引进方式	合计
2002	527.43	18.54	108.24	39.77	5.15	2.19	173.89
2003	535.05	29.66	58.71	39.34	1.27	5.53	134.51
2004	606.30	37.84	54.13	37.15	1.15	8.28	138.56
2005	603.25	53.33	66.46	51.61	17.23	1.81	190.43
2006	630.21	28.69	87.67	58.46	42.95	2.48	220.23
2007	826.58	66.32	104.49	73.68	8.58	1.08	254.15
2008	926.95	21.08	145.56	87.98	9.42	7.29	271.33
2009	918.04	15.00	115.26	76.91	6.19	2.36	215.72
2010	1 088.21	27.16	117.35	97.70	8.22	5.92	256.36
2011	1 160.11	9.15	148.29	145.04	8.02	11.08	321.59
2012	1 117.16	14.71	234.27	169.54	13.66	10.57	442.74
2013	1 175.86	7.29	228.56	164.32	20.11	13.36	433.64

资料来源：孙玉涛，刘凤朝. 能力导向的中国技术引进溢出效应[J]. 科学学与科学技术管理，2011，32(9)：11-16. 由于《中国科技统计年鉴》2001年技术引进合同及成交金额条目与2000年相同，仅收录至1999年的数据，没有增加新的数据，故2000年的数据缺失。

我国技术引进行业主要有电子信息及通信设备制造业、铁路和交通运输、能源等。技术引进项目规划根据经济结构调整和国家建设需要不断地进行调整，以保证引进技术具有先进性、适用性和经济性，符合国家产业政策，有助于提高科技发展水平。以2005年为例，由于铁路建设项目的加速，铁路部门签订了一些较大金额的电力机车及其制造技术引进合同，技术引进合同总额29.0亿美元，比上年增长近3倍，占全行业技术引进合同总额的15.2%，超过电子信息业成为我国技术引进的最主要行业。从合同数量上看，2005年铁路运输业仅签订技术引进合同33项，但由于合同单项金额较大，铁路运输业成为金额占比最高的行业，主要项目有上海铁路局时速300公里铁路动车组国内制造采购项目、北京铁路局大功率交流传动电力机车采购和技术引进项目、青藏铁路公司的青藏线交流传动内燃机车采购项目等。

近年来，我国技术引进取得了新的发展，技术引进呈现一些新的特点，主要表现在以下几个方面：

① 技术进口的领域仍以计算机与通信技术、电子技术为主。从技术领域分布来看，2013年基本延续了以计算机与通信技术、电子技术为主的趋势。在我国高技术产品出口的各类技术领域中，计算机与通信技术仍居绝对的主导地位，出口额达到4 390.9亿美元，占高技术产品出口总额的66.5%，下滑约5个百分点；电子技术出口额居第二位，为1 367.9亿美元，占出口总额的20.7%，上升约5个百分点。2013年，在高技术产品进口的技术领域分布中，电子技术仍居首位，进口金额达2 799.6亿美元，占高技术产品进口总额的50.2%；位居第二的是计算机与通信技术，进口金额为1 274.2亿美元，占进口总额的

22.8%。整体来看，电子技术贸易增长速度显著高于其他高技术产品。

② 技术进口的国家“东进”格局保持基本稳定。从高技术产品进口贸易来看，中国台湾地区仍然是我国第一大来源地，台湾地区技术进口额占我国技术进口总额的比例达到19.3%；其次为韩国，占比为17.7%；近来年日本占比明显下降，2013年仅占比8.5%，低于美国的8.7%。从我国高技术产品贸易进口规模最大的电子技术领域来看，中国台湾地区、韩国、马来西亚为前三大来源地，占比分别为28.9%、19.5%和11.5%；规模较小的航空航天技术领域进口主要来源地则是美国和欧盟地区，占比分别为55.6%和35.8%。

③ 技术进口的区域分布以长三角地区和珠三角地区为主体，部分中西部省份追赶速度加快。我国高技术产品贸易区域的产业集聚特征明显，长三角地区、珠三角地区高技术产品进口贸易额占我国全部高技术产品贸易额的70%以上。环渤海地区出现轻微下滑的主要原因是受到北京产业结构调整的影响。东北三省高技术产品贸易份额暂时处于衰退期，暂时没有出现复苏迹象。我国中西部地区高技术产品贸易发展速度超过全国平均水平。2013年，中西部地区高技术产品进口贸易额占全国的比重为10.6%。

2. 我国的技术出口

1) 技术出口的含义

《中华人民共和国技术进出口管理条例》第二条对“技术出口”的概念做了规定：技术出口是指从中华人民共和国境内向中华人民共和国境外，通过贸易、投资或者经济技术合作的方式转移技术的行为，包括专利权转让、专利权实施许可、专有技术转让、商标使用许可授权、计算机软件许可以及技术咨询和技术服务等。总体而言，目前我国技术出口主要围绕专有权利的使用和许可、技术咨询与服务、高新技术产品出口三个方面展开，与技术进口的内容、交易流程大致相同。

2) 我国技术出口的发展阶段

与技术引进不同，我国技术出口的起步较晚，可以说是从改革开放后才开始发展。从1980年到2010年这30年间，我国技术出口经历了从探索阶段到较快发展阶段，从改革开放初期我国技术出口量微乎其微，到今天我国技术服务与咨询、软件技术，尤其是高新技术产品的出口规模不断扩大，在我国出口贸易中占重要地位。

我国技术出口经历了以下三个发展阶段。

第一阶段(1980—1985年)是探索阶段，其主要特点是：无计划、自发地进行。出口主要以新技术、新工艺等软件技术为主；以工业发达国家为主要出口国和地区；国家没有明确的归口管理部门、管理法规及相应的鼓励、扶植政策；技术出口额很小，成交金额每年约1 000万美元。

第二阶段(1986—1995年)是初步发展阶段，其主要特点是：确定了归口管理部门、技术出口政策、审批权限和程序。这一阶段开始了有组织、有管理的技术出口工作，出口金额逐年增加，出口品种增加，以技术出口带动成套设备出口的项目增加，出口国别(地区)扩展到了发展中国家。

第三阶段(1996年至今)是快速发展阶段，其主要特点是：高新技术产品成为外贸出口新的生力军。在这一阶段，我国技术出口贸易发展速度很快，特别是1999年“科技兴贸”

战略的实施，进一步提高了我国技术出口的水平。据商务部统计，1997年，我国出口获得的专有权利使用费和特许费只有5 500万美元，技术咨询费3.46亿美元；2009年这两项金额分别为4亿美元和186亿美元，是1997年的7.27倍和53.76倍。近年来，我国高新技术产业发展迅猛，位居世界各国高新技术产品出口额前列。

1999年开始实施的“科技兴贸”战略，极大地促进了我国高新技术产品出口。事实证明，“科技兴贸”战略的实施成效显著。2007年，中国高技术产业实现增加值1.9万亿元，占国内生产总值的7.8%，高技术产品出口总额达到3 478亿美元。中国高技术制造业规模居世界第二位，国际市场份额居世界第一位。计算机、移动通信手机、抗生素、疫苗等产品的产量位居世界第一，特别是集成电路等技术密集型产业国际化发展的成效明显。华为、中兴、联想、海尔等成为有国际影响力的跨国企业。

2008年4月，美国乔治亚理工学院的研究者发表了一篇题为《2007年高技术指数——33国技术竞争力》的研究报告①，回顾了33个国家在过去15年中的技术表现。该报告分析了4项“输入指标”和1项“输出指标”。“输出指标”是指技术排名，它基于该国最近在高技术产品出口方面的成果。在这项技术排名中，2007年中国获得了82.8分，取代美国(76.1分)居该指标排名首位，德国和日本分别居第三位和第四位。

中国技术出口份额之所以保持持续增长，得益于多方面的因素。首先是“科技兴贸”战略所出台的一系列扶持鼓励政策。例如，2000年年初完成对高新技术出口产品的界定工作，编制了《中国高新技术产品出口目录》(以下简称《目录》)。《目录》的编制，对规范管理、促进出口起到了积极作用。各地税务局对列入《目录》的产品实行全额退税，进出口银行落实对非机电类高新技术出口产品提供信贷支持的办法。其次，我们掌握了一定的核心技术竞争力。目前，中国已取得了载人航天、超级杂交水稻、高性能计算机、超大规模集成电路、第三代移动通信国际标准等一大批自主创新重大成果。同时，在纳米、生命科学、地球科学、空间科学、信息技术、生物与现代农业技术、新材料技术、先进制造与自动化技术、资源环境技术等领域，都开展了战略性、先导性和探索性的研究，并掌握了一批关键技术，缩小了同世界先进水平的差距，为中国高技术产业化和全球化奠定了扎实的基础。此外，我国技术出口贸易的持续发展还归功于我们对科技的投入和对人才的培养。据统计，2013年中国的研发经费支出为1 912亿美元，居世界第二位，但与居第一位的美国(4 535亿美元)仍有较大差距；中国研发人员总数约为353万人，居世界第一位；专利授权量、科技论文数量均居世界第二位。

总之，我国目前正处于科技发展的跃升阶段，高技术出口正迎来新一轮的发展热潮，我国对外技术贸易的发展进入一个新的历史时期。

3) 我国技术出口的特点

(1) 我国技术出口发展时间短，贸易格局不尽合理。近十年来，高新技术发展迅猛，成为技术出口的主力，咨询服务费有较快增长，在技术出口中的比重持续上升。相比之下，中国专有权利使用费和许可费虽有增长，但在技术出口和整个服务贸易中的比重变化

① Porter A. L., Newman N.C., Jin X. Y, et al. High Tech Indicators Technology-based Competitiveness of 33 Nations 2007 Report[J]. Technology, 2008.

不大。例如，从1997年至2009年的13年间，我国专有权利使用费和许可费占全部服务贸易的比重有6年是0.2%，6年是0.3%，还有1年是0.4%，基本没有明显的改善。2009年，中国专有权利使用费和特许费出口4亿美元，比上年下降29.9%；进口111亿美元，同比增长7.6%；贸易逆差107亿美元，比上年略有扩大，是仅次于运输服务的第二大服务贸易逆差行业。

(2) 外商独资企业占比下滑，私营企业比重上升。从表1.8可以看出，2011年以后，在高技术产品贸易出口企业中，外商独资企业占比连续下滑，私营企业比重逐年上升。2013年，虽然外商独资企业在我国高技术产品出口中的份额仍然最大，达到54.7%，但较上年下滑6.0个百分点，而以私营企业为代表的其他类型企业在我国高技术产品出口贸易中占比大幅上升5.3个百分点。以私营企业为代表的其他类型企业出现加速发展的态势，2013年其出口份额占比达到创纪录的22.2%，比上年的16.9%增长了5.3个百分点，这与我国经济发展过程中更加重视“转方式、调结构”密不可分，预计仍有较大的增长空间。

表1.8　高技术产品出口按企业类型分布(2002—2013年)

年份	国有企业/%	中外合资企业/%	外商独资企业/%	其他/%
2002	15.1	23.9	55.4	5.7
2003	10.4	21.4	61.9	6.3
2004	8.5	20.6	65.0	5.9
2005	7.4	18.9	67.4	6.2
2006	6.9	17.6	68.6	6.8
2007	7.3	17.0	68.2	7.6
2008	7.4	16.3	67.6	8.7
2009	6.9	15.7	67.5	9.9
2010	6.9	15.7	66.5	10.9
2011	5.8	14.5	67.0	11.7
2012	5.7	16.8	60.7	16.9
2013	5.6	17.4	54.7	22.2

资料来源：中国高技术产业数据2014，http: //www.sts.org.cn/sjkl/gjscy/index.htm.

(3) 中国香港、欧美、日本是我国技术出口的主要国家和地区。中国香港是中国专有权利使用和许可服务的第一大出口市场，其次为美国和欧盟，三者合计约占中国专有权利使用和许可服务出口总额的70%以上。美国、欧盟和日本是专有权利使用和许可服务逆差的主要来源地；咨询服务出口主要集中在中国香港、美国和欧盟这三个国家和地区，合计占咨询服务出口总额的70%以上。欧盟和日本是中国咨询服务的前两大进口来源地，而中国香港超过美国，成为第三大进口来源地，三者合计约占中国咨询服务进口总额的1/3。中国与中国香港地区、美国的咨询服务贸易均呈顺差状态，而咨询服务贸易逆差主要来自欧盟、日本和韩国。

(4) 加工贸易占比下降，一般贸易占比上升。我国高新技术产品出口方式主要依靠加工贸易、一般贸易和其他贸易几种方式。一直以来，以“三来一补”为代表的加工贸易占我国高技术产品贸易的比重都在70%以上，自2010年以来，该比重开始逐步下滑，2013年已经降为61%，但目前仍是我国高新技术产品出口的主要方式(见表1.9)。与之相对应，更能代表我国高技术产品竞争力的一般贸易方式出口占比呈波动式提高，到2013年高技术产品贸易一般贸易方式出口占比达16.8%。

表1.9　高技术产品按出口贸易方式分布(2002—2013年)

年份	一般贸易/%	来料加工装配贸易/%	进料加工贸易/%	其他/%
2002	3.1	74.2	15.1	7.6
2003	3.0	75.7	14.0	7.2
2004	3.3	76.0	13.3	7.4
2005	2.6	75.1	14.2	8.1
2006	2.9	74.4	12.9	9.8
2007	3.4	72.5	12.9	11.2
2008	4.1	71.7	10.8	13.5
2009	4.9	72.4	9.1	13.7
2010	6.0	69.7	9.2	15.2
2011	6.7	69.7	7.2	16.4
2012	12.5	66.2	5.6	15.7
2013	17.9	61.0	4.3	16.8

资料来源：中国高技术产业数据2014，http：//www.sts.org.cn/sjkl/gjscy/index.htm.

第2章 国际技术贸易的基本理论

本章主要介绍国际技术贸易的基本理论，包括比较优势、资源禀赋和规模经济等国际竞争优势相关理论；学习理论、技术扩散和技术差距等国际商品贸易理论；垄断优势、内部化和国际生产折衷等国际直接投资相关理论。

2.1 国际竞争优势相关理论

通过世界各国的贸易记录可以看到，各国体现在国际贸易中的竞争优势差异很大。一些国家有很多产业领先世界，另一些国家则很少甚至没有。一些国家的公司长期保持竞争优势，经几十年甚至上百年不衰，另一些国家的公司则始终处于低水平。造成这些巨大差距的根源是什么？长期以来，经济学家提出了各种解释。李嘉图(David Ricardo)、赫克歇尔(Eli F. Heckscher)和俄林(Bertil Gotthard Ohlin)等的比较优势和资源禀赋理论，克鲁格曼(Paul R. Krugman)等的规模经济理论从不同方面解释了各国差距的原因。

2.1.1 比较优势和资源禀赋理论

1817年，大卫·李嘉图提出了比较优势理论，指出只要两国同时生产两种产品的成本(或劳动生产率)之间存在差异，两国就应选择优势较大或劣势较小的产品进行生产，即“两优取重，两劣取轻”，通过交换均可获益，即用较少的劳动耗费得到较多的产量。比较优势理论论证了各国均能参与国际分工与国际贸易并获得利益，因此一直被视为国际贸易理论的基石。

瑞典经济学家赫克歇尔和俄林为了解释李嘉图的比较优势理论，在20世纪早期，提出了资源禀赋学说(H-O理论)，用来说明各国生产参与国际贸易交换的商品具有比较成本优势的原因。1933年，俄林出版的《区域贸易和国际贸易》一书系统地提出了自己的贸易学说，标志着要素禀赋学说的诞生。要素禀赋学说指出，各国在土地、劳动力、资本等生产要素的禀赋方面存在差异，是导致各国具有不同比较优势的根源。一国应出口密集使用本国充裕要素的产品，同时进口密集使用本国稀缺要素的产品。李嘉图、赫克歇尔和俄林等的理论认为，各国的劳动生产和要素禀赋是国家竞争优势的源泉。长期以来，该理论解释了许多产业的贸易模式，被作为各国对外贸易的指导原则。

近几十年来，随着高科技的迅猛发展，要素成本的重要性日益降低，比较优势论和资源禀赋论的缺陷日益突出。迈克尔·波特(Michael E. Porter)认为，大卫·李嘉图和赫俄等的理论，说好的是不完全，说坏的是错误。由于比较优势理论与资源禀赋理论的前提条件与现实相距甚远，将复杂动态的国际贸易做简单静止的分析，使它们作为国际贸易理论基石的地位早已动摇。这些前提条件包括市场完全竞争、生产技术与供给条件不变、不存在规模经济、生产要素在国际不能自由流动等，这些条件在现实中早被打破，出现了一系列问题。

比较优势论和资源禀赋论无法解释第二次世界大战后的国际贸易现象，比如水平贸易、产业内贸易、非价格竞争、各国比较优势产业的变化等。第二次世界大战后，资源禀赋相似的发达国家之间的水平贸易蓬勃发展，迄今已占全球贸易的 50%；各国要素投入类似的同一产业内部产品进出口额也日益增加；贸易的主要竞争手段变为非价格竞争，有比较优势的廉价商品在国际市场上不一定有竞争优势；在朝鲜战争后严重缺乏资本的韩国却在许多资本密集产业上取得了成功，如钢铁、造船、汽车；各国比较优势产业不断变化，比如日本的比较优势产业在20世纪50年代是造船业，60年代是化工产业，70年代是电子产业，而美国的比较优势产业自20世纪70年代开始从制造业转向服务业。学者们提供了系统否定资源禀赋论的经验证据，资源禀赋论正确预见贸易方向的比例只有50%，其成功率正好与抛硬币的概率相当。①

国际贸易出现“比较优势陷阱”的现象。所谓“比较优势陷阱”是指不同国家按比较优势分工与贸易时，生产并出口初级产品与劳动密集型产品的一方相对于生产资本、技术密集型产品的一方总是处于不利地位，并且这种差距还会扩大。这主要表现在两个方面：①落后国家的产业结构永远落后，无法通过对外贸易带动国家经济长期有效发展。发展中国家的出口依赖发达国家的经济增长速度，造成前者依附后者。正如诺贝尔经济学奖获得者刘易斯(William Arthur Lewis)在论述国际贸易引擎作用时所说：“如果经济增长的引擎是较发达国家的工业产品和欠发达国家的初级产品，那么，较发达国家的引擎就比欠发达国家的引擎转动得略快一些。”②落后国家低层次的产业结构决定了其出口商品以初级产品、劳动密集型产品为主，贸易条件持续恶化，其贸易利益日益减少。因此，波特认为，产业竞争中，生产要素非但不再扮演决定性的角色，其价值也会快速消退。以生产成本或政府补贴作为比较优势的缺点在于，更低成本的生产环境会不断出现。今天以廉价劳动力看好的国家，明天可能就会被更廉价的劳动力国家代替。由于新科技的快速发展，以往被认为不可能、不经济的资源异军突起，同样让以传统资源见长的国家，一夜之间失去了竞争力。比如，谁能想到黄沙遍地的以色列竟然能成为高效率的“农业生产者”。

2.1.2　规模经济理论

规模经济，又称“规模效益”，是指企业规模(产量)在最佳状态下所带来的经济效益。美国著名经济学家萨缪尔森(Paul A. Samuelson)指出：“在许多工业过程中，当你把一切的入量加倍时，你会发现，你的出量不只增加1倍。这个现象叫‘规模收益递增’……规模的经济效果是非常重要的，它可以解释为什么我们购买的许多物品都是由大公司制造

---

① 熊伟. 新国家竞争优势论：当今国际贸易的理论基础[J]. 财经理论与实践，2004(3).

的。卡尔·马克思在一个世纪之前就强调了这一点。”[①]规模经济理论认为，生产规模和经济效益是很重要的函数关系。生产同一种产品，生产成本是随着产量的增加而降低；设备效能的发挥是随着产量的增加而增加。

规模报酬递增(Increasing Returns to Scale)是指产出水平增长比例高于要素投入增长比例的生产状况。也就是说，如果所有的投入都增加1倍，产出将增加1倍以上。如果所有的投入都增加2倍，产出的增加将超过2倍。由于大规模生产可以有效地利用劳动力进行专业化生产，所以规模报酬递增有可能发生。也就是说，每个工人可以专门从事一项简单的重复性工作，从而提高劳动生产率。另外，大企业可以使用更加专业化和高效率的大型机器，而小企业却不能。

基于规模经济的贸易，如图2.1所示。如果两国在各个方面完全一样，在规模报酬递增的基础上进行互惠贸易，可以用同样生产可能性曲线和无差异曲线来表示两国的情况。规模报酬递增使得生产可能性曲线凸向原点，或是向内弯曲。由于生产可能性曲线和无差异曲线图完全相同，两国的孤立均衡相对价格也相同。在图2.1中，两国孤立均衡相对价格为$P_x/P_y=P_A$。这也是两国生产可能性曲线和无差异曲线II在A点的公切线的斜率。

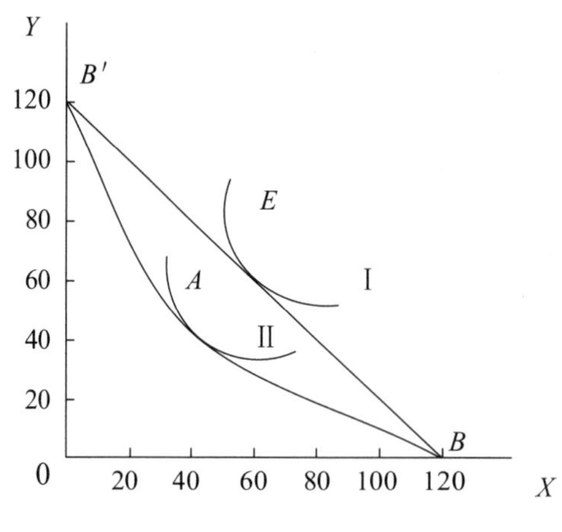

图2.1　基于规模经济的贸易

开展贸易后，国家1将在B点完全专业化生产商品X，国家2将在B'点完全专业化生产商品Y；然后用60X与60Y彼此交换，两国的最终消费组合均将达到无差异曲线I上的E点，两国在贸易过程中均获利20X和20Y。这些贸易获利产生于各国仅生产一种商品而获得的规模经济。在无贸易条件下，由于各国均想消费两种商品，所以每一个国家都不会完全专业化生产其中的一种商品。在相同的凸向原点的生产可能性曲线(由于经济规模)和无差异曲线图下，两国的孤立均衡相对价格是相同的，为P_A。

值得注意的是，两国的无贸易均衡点A是不稳定的均衡点。如果出于某种原因国家1沿着其生产可能性曲线向A点右侧移动，则商品X的相对价格(生产可能性曲线的斜率)会不断下降，直至国家1在X上实现完全专业化生产。如果国家2沿着生产可能性曲线向A点左侧移动，P_x/P_y会不断上升(即P_y/P_x下降)直至国家2在商品Y上实现完全专业化生产。

---

① 萨缪尔森，诺德豪斯，等. 经济学[M]. 12版. 北京：中国发展出版社，2004.

不难看出，尽管两国在初始阶段完全相似，但两国的消费水平通过贸易都有所提高，经济福利也随之增进，达到了位置更高的社会无差异曲线。在这个意义上，我们可以认为专业化生产带来的规模经济效益客观存在，超过以往人们熟知比较优势的范畴，发现了贸易优势的新源泉。这个简单的模型清楚地告诉人们，在一个具有外部规模经济的世界里，以规模收益递增为基础的贸易通过提高生产率，可以使产业达到更大的国际规模并获利，参与国际分工的贸易双方均将从中获利。

波特认为，理论上，在全球竞争中，任何一个国家的企业都可以通过向全球销售来发展规模经济，但企业似乎无意这样做，产业在实际运作中未必都遵循这套理论。规模经济理论认为，庞大的内需市场是促成规模经济的重要条件，但是如意大利企业称霸五金市场、德国公司强于化工业、瑞典企业称雄采矿设备、瑞士企业在纺织机市场表现强势等，它们当中没有一个拥有强大的国内市场以支持这些产业成为世界盟主。即使在大国内部，规模经济与产业竞争优势的关系也相当薄弱。规模经济理论虽然有一定的理论价值，但对于哪些国家、哪些产业会获得规模经济与优势，怎样才能获得规模经济与优势，它却不能解释，缺乏实际的指导意义。①

2.1.3　内生经济增长理论

20世纪50年代以后，技术创新对经济增长的贡献日益突显。1957年，索洛(Robert Solow)发表了具有划时代意义的论文《技术进步和总量生产函数》(Technical change and the aggregate production function)，在新古典生产函数中引入一个技术进步因素，第一次用数学方法验证了“技术进步是比物质资本、劳动更为重要的经济增长的决定因素”，得出著名的技术进步模型，也称为索洛模型。20世纪80年代中后期，以罗默(Paul Romer)和卢卡斯(Robert Lucas)为代表的经济学家对新古典经济增长理论进行了重新思考，放宽了新古典经济增长理论的假设条件，并把技术进步要素内生化，提出了内生增长理论，为技术进步与长期经济增长的关系提供了新的依据。

新经济增长理论以内生技术进步、人力资本投资和知识积累等模型来解释经济长期增长的源泉。内生增长理论把知识或技术看作“内生的”经济增长要素，内生的技术进步可以产生收益递增现象，进而解释了经济持续增长的现实原因。罗默的内生增长模型强调知识外溢效应，认为知识积累可以带来全社会知识水平提高、各种要素投入组合方式变化等“副产品”，连同知识存量的外部性，不断拓展生产力递增的空间，从而得到内生化的长久经济增长。卢卡斯的内生增长模型强调人力资本效应，认为人力资本生产可以是一个独立的部门，那些经过特殊的专业化培训、表现为劳动技能的人力资本水平不仅影响劳动力自身的生产率，而且能够对整个社会的生产率产生影响，是经济长期增长的真正源泉。

20世纪90年代，新的内生增长理论在垄断竞争假设下提出R&D模型，认为技术创新是厂商为获取垄断收益有意识地开辟新产业、促进产品升级换代活动，从而推动全社会的

---

① 曾忠禄. 国家竞争优势理论及其意义[J]. 当代财经，1997(5)：29-35.

经济增长。为促进知识技术的内生化经济增长机制的持续性，内生增长理论认为应该加速知识的跨国流动，在开放环境中追求更大的技术外溢效应。杨(Young)的国际贸易内生增长模型[①]认为，在开放环境下，一国可通过贸易引入外国先进技术或高新技术产品，节约研发费用，加快新技术利用的过程，并增加其他领域投资，从而提高本国劳动生产率。开放环境下的内生增长还可利用人力资本的跨国流动，迅速积累需要大量经费投入和长期教育培训而产生的专业化人力资本，促进总产出增加。

新经济增长理论揭示了经济持续增长的可能，并且通过经济系统的内生因素作用而实现。在众多的内生因素中，技术进步是经济增长的决定因素和源泉，从长期来看甚至是经济增长的唯一源泉。同时，技术进步是追求利润最大化的厂商进行投资的结果，即利润刺激了技术变革。在全球经济范围内，技术、知识积累和人力资本投资等都具有溢出效应，这种溢出效应是经济持续增长必不可少的条件。由于存在溢出效应，不存在政府干预时的经济均衡增长，通常表现为社会次优，即经济增长率低于社会最优增长率，政府可以采取适当政策影响经济长期增长率。

新经济增长理论对于国家经济发展政策具有重要的启示。在实践中，影响长期经济增长的内生变量对政府政策非常敏感，新经济增长理论对各国的经济发展具有理论及政策指导意义，有助于提高对技术进步在经济持续增长中的重要作用的认识，并对各国制定经济增长政策具有一定的指导作用。一国政府可以通过重视教育及人才培养、加强知识产权保护、培育创新机制、实施有利于知识积累的国际技术转移政策等途径，发挥政府政策对维持和促进长期经济增长的重要作用。20世纪50年代以来，各国经济发展的经验证明了技术进步是经济增长的主要推动力，科学技术已成为提高综合国力和竞争力的决定性因素。调查资料表明，目前技术进步在生产和经济增长过程中所起的作用已达到60%～80%。例如，美国在20世纪上半叶，生产或经济增长依赖技术进步的比重为45%，到20世纪90年代达到90%。美国高新技术产业的产值占GDP的33%，成为推动经济发展的主要动力。技术进步对我国经济发展的作用日益突出。20世纪50年代，技术进步在我国国民经济增长中的贡献份额为23%，80年代为35%，90年代突破40%。[②]

新经济增长理论有助于解释国际技术贸易发生、发展的原因。因为技术进步是促进经济持续发展的重要因素，而实现技术进步除了进行自主技术创新，还可以通过技术引进来实现。特别是对广大的发展中国家，技术起点低，自身的研究与开发能力通常十分薄弱，技术引进是发展本国经济和追赶发达国家的一条捷径。发展中国家可以通过引进技术来建立自身的研究与开发循环，并大大缩短时间，即在引进技术的同时，积极发展本国的科学研究，真正地吸收消化引进技术，变外来的技术为自己的技术，缩小与发达国家之间技术上的差距，使本国经济得到快速发展。第二次世界大战后的日本就是通过技术引进→吸收消化→技术创新，制造出一流的产品来供应国际市场，同时在引进技术的基础上发展自己的技术并向其他国家出口，通过这种循环模式使本国经济得到迅速发展。

---

① Young A. Learning by Doing and the Dynamic Effects of International Trade[R]. Oxford：Oxford University Press，1991：369-405.

② 赵春明，张晓甦. 国际技术贸易[M]. 北京：机械工业出版社，2011.

新经济增长理论也存在一定的缺陷：①一些苛刻的假设条件在一定程度上影响了该理论对现实的解释力；②将经济制度和个人偏好视为外生因素，无法说明经济制度和个人偏好对技术进步的影响。

2.1.4　国家竞争优势理论

迈克尔·波特认为，一国的贸易优势并不像传统的国际贸易理论宣称的那样简单地取决于一国的自然资源、劳动力、利率、汇率，而是在很大程度上取决于一国的产业创新和升级能力。当代的国际竞争更多地依赖知识的创造和吸收，竞争优势的形成和发展日益超出单个企业或行业的范围，成为一个经济体内部各种因素综合作用的结果。一国的价值观、文化、经济结构和历史都成为竞争优势产生的来源。在国家竞争优势理论中，决定国家竞争优势的宏观因素共有6个方面：生产要素条件(Factor Conditions)、需求条件(Demand Conditions)、支持性产业与相关产业(Related and Supporting Industries)、公司战略、结构和竞争(Firm Strategy，Structure and Rivalry)、机会(Chance)和政府(Government)，其中前4个为核心影响因素，这些核心要素创造了企业竞争的基本环境。每一个核心要素都会影响产业国际竞争优势的形成，它们构成著名的“国家钻石”(National Diamond)，又译作“国家菱形”模型[①]，如图2.2所示。

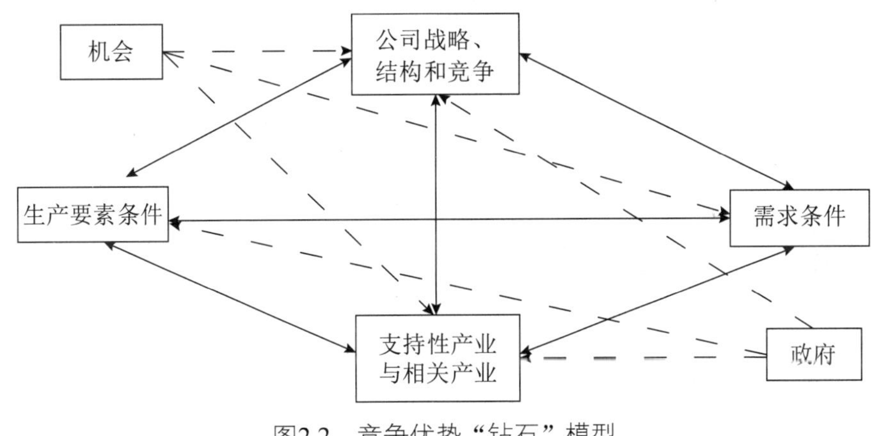

图2.2　竞争优势“钻石”模型

1. 生产要素条件

为了便于分析竞争优势，迈克尔·波特把生产要素分成5类，即人力资源(Human Resources)、(自然)物质资源(Physical Resources)、知识资源(Knowledge Resources)、资本资源(Capital Resources)和基础设施(Infrastructure)。为了准确把握生产要素在竞争优势中的作用，迈克尔·波特又把生产要素区分为初级要素(Basic Factors)和高级要素(Advanced Factors)以及一般要素(Generalized Factors)和专业要素(Specialized Factors)。

初级要素是指先天拥有的或者只需相对中等或不太复杂的私人和社会投资就能得到的

① 迈克尔·波特. 国家竞争优势[M]. 北京：华夏出版社，2002.

要素，如自然资源、气候、位置、非熟练或半熟练劳动力等。在现实中，一方面由于科学技术的发展，对初级要素的需求减少，另一方面初级要素的来源广泛，靠初级要素获得的竞争优势难以持久，但对于农业、技术和技能要求不高的产业以及技术可广泛获得的产业赢得竞争优势仍有着重要影响。

高级要素是指须经过大量且持续对人力资源和物质资源进行投资才能获取的要素，如现代化的数字式数据通信基础设施、受过高等教育的人才、高科技领域的大学研究机构等。要想创造高级要素，创造机构本身就需要高级的人力资源和技术资源，因此高级要素资源相对稀缺，在全球市场上较难获得。高级要素在当前的国际竞争中扮演着十分重要的角色，对赢得竞争优势至关重要。

一般要素包括高速公路系统、一批具有大学教育水平且斗志昂扬的工作人员等。一般要素可以为范围广泛的产业所利用。专业要素是指专门领域的专业人才、特殊的基础设施、特定领域的专门知识、特别领域的知识基础以及其他与有限范围或者仅与一个产业有关的要素等，比如掌握光学技术的研究所、专门处理化学药品的港口等，越是高级的要素越可能是专业要素。对于竞争优势来说，专业要素比一般要素可以起到更具有决定性和可持续的基础性影响作用。专业要素的创造常常需要更专注的且更具风险性的私人和社会投资。专业要素比一般要素更能为国家提供持久的竞争优势，因为一般要素提供的只是基本类型的竞争优势，在许多国家都能得到供给，更容易被取代、被绕开或失去作用；而专业要素不但需要更专一的、更具风险性的投资才能得到，而且往往需要有广大的一般要素作为其基础，它在更复杂或更具专有性质的生产中不可或缺。在许多情况下，专业要素是在已经拥有的一般要素的基础上创造出来的。今天的专业要素可能是明天的一般要素。专业要素对于较先进的产业形成竞争优势来说往往是必需的要素，尤其是在高精尖的竞争领域。

当一个国家同时拥有高级要素和专业要素时，它就往往可以赢得效果最为显著且最具可持续性的竞争优势；相反，建立在初级要素和一般要素基础上的竞争优势是经不住风雨且往往是短暂的。高级要素和专业要素是人类创造出来的，而并非一个国家的天然禀赋。高级要素和专业要素的创造需要大量的持续性的投资。要素创造机制包括公共和私人教育机构、学徒培训项目、政府和私人的研究机构、基础设施中的项目主体如政府拥有的港口管理部门或社区医院等。国与国之间在对要素创造的投资和要素创造机制的特点和质量上，往往存在巨大的差异。没有一个国家能创造和改善各种类型的要素。一个国家会在那些它善于创造和改善所需要素的产业的国际竞争中赢得竞争优势。

波特认为，在要素基础上形成的竞争优势是动态变化的。拥有要素优势并不足以解释一个国家为什么会持续地取得成功。反之，要素上的劣势也能够产生国家竞争优势。在狭义的国际竞争概念中，要素劣势难以克服，因为技术条件既定。在实际竞争中，丰富的低成本要素往往导致无效利用；相反，基本要素方面的劣势却会产生压力以刺激创新，创新可以克服基本要素上的劣势对竞争优势所造成的不利影响，形成真正的竞争优势。

意大利的钢铁业就是一个典型的例子。产业面临资金成本与能源成本过高、本地资源缺乏的问题，由于国营钢铁企业集中在南部，靠近海港，民间钢铁企业如鲁西尼公司等就被迫聚集在北部布雷西亚镇。当地世界一流的小型炼钢炉技术就是在这种不利的条件下产生的。这些小型炼钢厂，不但成本和能源消耗较低，还能回收废钢再次提炼。这种技术使得当地的钢铁企业能以小规模生产、接近客户以及应用废钢等优势而获利。意大利的钢铁厂商如丹尼尔里公司等，不但是最重要的小型炼钢厂，也是全球小型炼钢炉的设备供应商。又比如，20世纪以来，德国的巴斯夫和赫斯特长期研发人工靛青染料，目的就在于克服该国不生产天然靛青而由国外进口原料使得成本过高的不利因素。当然，能刺激创新的要素劣势只能涉及一部分而并非全部的要素，即只能是有选择的要素劣势。

2. 需求条件

需求状况，特别是国内市场需求状况是形成竞争力的重要因素。国内需求对竞争优势的影响通过国内买主的结构和性质实现，公司对于国内需求的压力比对国外需求的压力有更强烈的感受。国内需求给当地公司及早提供需求信号或给当地公司施加压力，促使企业比国外竞争者更快创新，提供更先进的产品，建立更先进的产业和部门，该国的企业和产业也会因此获得竞争优势。一般来说，企业对最接近顾客的需求反应最敏感，由于企业职员在国内，面对国内需求大于国外需求，来自国内市场的信息在决策中占支配地位，产品设计更多反映国内需求，故国外需求取代不了国内需求的重要性。国内市场在三个方面对国家竞争优势有十分重要的影响，即“国内需求形态”“国内需求的规模和增长方式”和“国内需求偏好传播到国外市场的机制”。国内需求状况中的各个方面可以相互加强其对竞争优势的作用，同时它们在产业发展的不同阶段发挥着不同的作用。一些国内需求因素在创立竞争优势初期非常重要，而另一些国内需求因素则对加强和帮助维持这种竞争优势发挥着重要作用。

要使本国市场产生国家竞争优势，国内需求则要满足以下三个特色。

(1) 需求的细分结构。一国在某一市场细分部分的需求量大，这个国家在此细分部分将占优势，最好的例子是日本。日本多山的地形，使得微波通信比传统的铜线电缆通信更有吸引力。因此在第二次世界大战后的重建时期，当其他受战火波及的国家把注意力放在传统电缆制品时，日本电话电报公司已经在倾力发展微波通信。可以说，日本的国内需求使得微波技术在日本站稳脚跟，进军国际并取得领先竞争优势；同样的情况也出现在建筑设备方面，日本和其他发达国家不同，它的建筑业普遍使用水力挖掘机，因此在国际市场上，日本水力挖掘机的竞争力已经远远超过美国凯特彼勒公司。凯特彼勒公司虽然号称建筑设备业的盟主，但它一直忽略了水力挖掘机方面的产品。

(2) 苛刻、紧迫的需求。波特认为，如果一国国内的消费者是成熟、复杂和苛刻的，这会有助于该国企业赢得国际竞争优势，因为成熟、复杂和苛刻的消费者会迫使本国企业努力达到产品高质量标准和产品创新。欧洲斯堪的纳维亚(丹麦语、瑞典语：Skandinavien)地区成熟、复杂和苛刻的顾客促使本地两大电信设备制造厂商——芬兰的“诺基亚”和瑞典的“爱立信”早在其他发达国家对移动电话需求形成之前，就开始大规模投资移动电话技术，这在一定程度上促成“诺基亚”“爱立信”以及“摩托罗拉”成为全球移动电话设备行业的三大巨头。反之，如果本国企业不能应对挑战，那么国内消费者的消费习惯势必会受到外国文化与价值观念的强烈引导，最终将本国市场拱手相让。

(3) 前瞻性的需求。如果一国的买方需求比其他国家领先，则一国也可能获得竞争优势，因为国内领先意味着国际需求的到来。在这种情况下，企业在本国市场上发展起来的生产工艺、营销策略就成为企业今后开拓国际市场的一大竞争优势，促使企业产品向海外市场扩张。例如，由于日本政府的大力宣传，加上法令的规范，日本消费者很早就重视节约能源的问题。日本厂商很早就被迫面临这种趋势，极力改善产品的能源效率，其他国家则在第一次能源危机后才认识到该问题的严重性，美国在这方面的表现最差，能源成本几乎被漠视。瑞典的森林和矿产在地势崎岖的北部，很早就开放生产大马力的重型卡车，使北部开采的原料能经得起长途运输的颠簸。当其他国家取消对卡车体积、吨位的限制规定时，瑞典生产远程、耐久、重型卡车的绅宝、富豪公司很早就取得了国际竞争优势。

3. 支持性产业与相关产业

一个国家要想获得持久的竞争优势，就必须在国内获得在国际上有竞争力的供应商和相关产业的支持。上游产业与下游产业相互影响，上游产业有效率，下游产业才会有效率。一国的上游产业在国际市场上具有竞争优势，有助于下游产业在国际市场上建立自己的竞争地位。在产业链条中，具有竞争优势的供给者(上游产业)可以在以下几个方面帮助其下游产业创造竞争优势：①以最有效的方式及早地、迅速地为国内公司提供最低成本的投入，使下游产业有效地、较早地、快速地、优惠地获得成本低廉的供给品；②上下游厂商之间的协调合作；③促进下游产业的创新和技术改善。世界一流的供应商往往能帮助公司看到利用新技术的新方法、新机会，让公司最快地得到新信息、新见解以及供应商的创新产品。有竞争力的供应商还充当把信息和创新从一个公司传递到另一个公司的渠道，从而使整个行业的创新速度加快。日本机械工具业的优势离不开世界级的数控机床、电动机和其他零件供应商；瑞典在钢装配制品(如滚珠轴承、切削工具)行业中的竞争力源自它的特殊钢行业；意大利能持续占据金银首饰的王者地位，主要是由于意大利的珠宝加工机械产业的产量占全球的三分之二。

相关产业的作用也举足轻重。相关产业是指因共用某些技术、共享同样的营销渠道或服务而联系在一起的产业或具有互补性的产业。如果能在技术开发、制造、分销、营销和服务上与本产业形成合理的分工，则相关产业的竞争优势可以帮助本产业产生新的竞争优势。相关产业的成功可以促进本产业创新，也会带动本产业的成功，如电子计算机与应用软件之间就具有互补作用。日本的传真机产业及其相关产业如复印机业、照相器材业、通信业在日本都十分先进，当这些产业的公司进入传真机业时，各自带来的新技术、新方法使传真机业迅速发展，在很短的时间里便成为世界领先的产业；直到20世纪80年代中期都处于世界领先地位的美国半导体工业技术，是美国个人电脑和其他几个技术先进的电子产品取得全球性成功的基础；同样，瑞典制药业的发达与成功，同其早先在技术关联染料工业的国际成就有密切联系。表2.1可以直观地反映10个国家各自具有竞争力的相关产业。最典型的例子是，日本在人造纤维工业的长丝纤合成织品上独占鳌头。由于日本一直发展纯丝织品和大量出口仿丝合成织品的产业，这使碳纤产品能够迅速表现出竞争力，由于碳纤技术与人造纤维技术很相近，甚至有不少竞争厂商同时涉足这两种产业。日本虽然不是全球纺织机械的盟主，但制造梳理长纤的喷水式织布机的技术却领先全球(见图2.3)。

表2.1　10个国家各自具有竞争力的相关产业

国家	产业	相关产业
丹麦	酪品、酿酒	工业用酵素
德国	化学制品	印刷油墨
意大利	照明设备	家具
日本	照相机	影印机
韩国	录放影机	录影带
新加坡	港口服务	修船
瑞典	汽车	卡车
瑞士	药品	香料
美国	引擎	润滑油、减震器
英国	电子测试和测量器材	病人看护设备

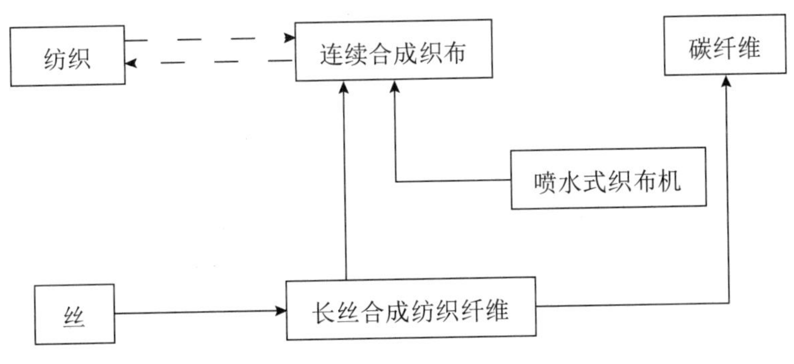

图2.3　日本在纤维和织品方面的相关产业

这种行业发展过程的结果是一个国家成功的行业趋向聚集，形成关联行业集群，有竞争力的几种相关产业往往同时在一国产生，这是波特研究成果中最具影响力的发现。很多国家的行业集群都是各自领域中的领跑者，例如，德国的纺织和服装行业包括从高质棉、羊毛、合成纤维、缝纫机针的生产、加工、制造，到范围广阔的纺织机械领域；美国的电子检测设备和病人监测器；丹麦的奶制品、酿制品和工业酶；韩国的录像机和录像带。

4. 公司战略、结构和竞争

公司战略、结构和竞争是指一国国内支配企业创建、组织和管理的条件，包括公司建立、组织和管理的环境以及国内竞争的性质。各类企业作为国民经济的细胞，有其不同的规模、组织形式、产权结构、竞争目标、管理模式等特征，这些特征的形成和企业国际竞争力的提高在很大程度上取决于企业所面临的各种外部环境，国家优势来自对它们的选择和搭配。

(1) 各个国家由于环境不同，需要采用的管理体系也就不同。不同国家有着特色各异的“管理意识形态”，它们帮助或妨碍形成一国竞争优势。在德国和日本企业中，有工程师背景的人在最高管理层占据重要支配地位，波特将其归结为这些国家的企业注重加工制造和产品设计。德国许多公司的高层管理人员都具有技术背景，因此他们喜欢以有条不紊的方式来改进产品和生产工序，对于看不见、摸不着的东西不感兴趣。这些特征使德国公司在工程和技术含量高的产业(如光学、化工等)上十分成功，尤其是在要求高精度生产、细致的开发过程和严明的管理结构的高精尖产品方面。在美国企业中，有财务管理背景的人在企业中占支配地位，导致对短期财务回报最大化的过分强调和追求，造成美国企业在以工程技术为基础的行业(如汽车工业)竞争力相对丧失。意大利在舞厅照明、家具、鞋、羊毛织品和打包机等方面具有竞争优势，这些行业的规模经济不明显，甚至可以通过松散的附属公司之间的合作来实现，因此意大利公司的组织形式是以中、小企业为主，采取的战略是集中突破战略，即避开标准化产品，集中力量生产有独特风格或按顾客要求定做的小批量产品，这种组织形式和战略使意大利企业在开发新产品、适应市场变化等方面具有灵活性。

(2) 在许多产业，获得竞争优势并保持这种优势的方法之一是持续的投资。换言之，一个国家只有存在不同寻常的投入和努力的产业才能取得成功，而要做到这一点，需要公司有正确和恰当的目标。不同国家的不同公司都有不同的目标，如美国企业注重短期目标，而日本和德国企业则较重视长期目标，因此对经理和雇员也有不同的激励机制。公司的目标深受所有权结构、债权债务人的目标、公司管理的性质和高级管理人员的激励机制的影响。

不同国家的资本市场在股东的构成、税收体系、收益率标准等方面不相同，而股东和债权人对公司管理的影响也不同。比如德国和瑞士，大多数股票都是机构持有，很少交易，长期资本收益免税，股东持股时间长，管理阶层对股价的变动并不十分在意，一般都报告较低的利润率。美国的情况却截然不同，虽然大部分股东也是机构投资者，但这些机构的业绩按季度或年度的股价涨幅来评价，投资者强调的是季度收益增长，机构为使资本增值经常买卖股份。投资者的长期投资收益与平常的收益一样纳税，因此投资者持股的时间都比较短。经理的收入常与当年的利润挂钩，而一般经理的平均任职期都较短，经理们考虑的都是短期利益，因此美国评价投资收益率的标准比许多发达国家都高。

(3) 国家竞争优势的获得还取决于国内的竞争程度。波特认为，激烈的国内竞争是创造和保持竞争优势最有力的刺激因素，是该行业产生竞争优势并强劲不衰的重要条件。波特反对传统理论有关“国内竞争是一种资源浪费”的观念，并明确提出：必须抛弃政府提供的特殊关照即扶持国内少数企业成长的政策，否则企业将走不出“政府保护—不思创新—竞争无力—进一步保护”的怪圈。国内企业之间的竞争，在短期内可能会损失一些资源，但从长远来看，则利大于弊。国内竞争能给企业带来创新、提高质量、降低成本、通过投资提升高级生产要素等压力，这一切都有助于产生具有世界竞争力的企业。同时，国内的激烈竞争也会直接削弱企业相对于国外竞争者所享有的一些优势，从而促进企业努力“苦练内功”，争取获得更为持久、更为独特的优势地位。最后，国内的激烈竞争可以迫使企业向外部扩张，力求达到或超过国际先进水平，占领国际市场。波特引用和描述了日本的竞争情况：“在世界范围内，国内竞争对行业的压力和作用在日本最显著。那是一种‘全面战争’状态，其中许多企业不能实现利润，以强调市场份额为目标，日本企业处于不断超越竞争对手的拼搏中，股票价格剧烈地波动，商业出版物突出报道企业的市场演变过程。煞费苦心设计的名次评比指标可以测量哪些公司目前最受大学毕业生青睐。新产品的推出和工艺发展的速度达到令人瞠目的程度。”

具体来说，国内竞争的作用机制在于：①减少外国竞争者的渗透。国内竞争者采用不同的竞争战略开展竞争，从而覆盖许多细分部门的产品和服务。很宽的产品线和服务系列使外国竞争者很难渗透，从而使国家的产业竞争优势更持久。②模仿效应和人员交流效应。许多竞争者的存在，为相互模仿和人员交流创造了条件。在竞争状态下的互相模仿和人员交流能使整个国家产业的知识和技术存量增加，从而提高整个产业的创新速度。③促使竞争升级。国内的竞争是在各公司都处于同等条件下进行的，比如相同的要素成本、消费者的偏好、当地供应商的条件、进口成本等。因此，同在一国的公司竞争就不能只靠大家都能得到的优势，而必须寻找更高级、更持久的竞争优势源泉，如专有技术、规模经济、国际销售网络等，这使产业的竞争优势向高层次发展。④强化竞争程度。同本国竞争对手的竞争不像同外国竞争对手的竞争那么遥远，那么难以捉摸。地理的接近和文化的一致使竞争对手彼此十分了解，从而使竞争更加直接、更加具体。国内竞争有时会超出纯经济的范围，常常带上感情色彩和个人因素，自尊心使经理和工人对国内其他公司的发展十分敏感，国内的报纸和投资分析也常把一家公司与另一家公司进行比较。因此，国内竞争对手不仅要争夺市场份额、争夺人才和技术突破，还要争夺炫耀的权力。⑤迫使企业走向海外。在存在规模经济的情况下，激烈的国内竞争往往迫使国内公司通过向海外发展来获取更高的效率和更高的利润。经过国内激烈竞争锻炼的公司往往更成熟，更有竞争力，从而更容易在国际市场上取胜。

除了上述“钻石模型”的4个决定性要素，国家竞争优势理论还把政府和机会列为影响国家竞争力的两个辅助要素。机会要素包括重要发明、技术突破、生产要素供求状况的重大变动(如石油危机)以及其他突发事件。政府要素是指政府通过政策调节来创造竞争优势。政府在经济中扮演的角色和转瞬即逝的机会在一定程度上加快或阻碍着优势的形成和保持。波特认为，以上影响竞争的要素共同发生作用，促进或阻碍一个国家竞争优势的形成。

2.1.5　国家创新体系理论

国家创新体系(National Innovation System，NIS)一般视为国家创新能力形成的组织载体，是对国家创新能力构成及要素间作用关系的理论阐述。这一概念产生于20世纪80年代中期，但究竟是谁首先提出了这个概念，国内外学术界均存在许多争议。1987年，集前人研究之大成的英国经济学家Freeman在其分析日本经济绩效的著作《技术和经济运行：来自日本的经验》中指出，想要推动一国创新能力的提升，仅靠企业是不够的，需要从国家层面上寻求资源最优配置以及推动技术创新的制度与政策。他首次明确提出了国家创新体系的基本概念和构成，将国家创新体系定义为“一种公共和私营部门的网状结构，这些公共和私营部门的行为及其相互作用创造、引入、改进和扩散新技术。”[①]1992年，Freeman

① Freeman C. Technology Policy and Economic Policy: Lessons from Japan[J]. London: Pinter, 1987.

将国家创新体系分为广义和狭义两种，广义的国家创新体系包括国民经济涉及引进、扩散新产品过程和系统的所有机构；狭义的国家创新体系涵盖与科技活动直接相关的机构，以及支撑这些机构的、由教育系统和技术培训系统提供的高素质人才(见图2.4)。Freeman的国家创新体系理论侧重分析技术创新与国家经济发展之间的关系，强调国家专有因素对一国经济发展实绩的影响。他认为，技术创新是国家创新体系的核心，其他因素围绕这个核心发挥各自的作用。

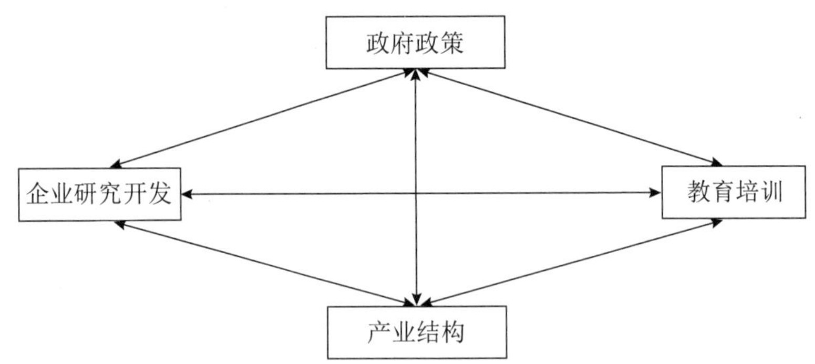

图2.4　Freeman的国家创新体系结构

国家创新体系的概念被提出之后，很多学者都从不同的角度对国家创新体系的概念和结构进行了深入研究。1992年，Bengt-Aake Lundvall将国家创新体系定义为："在生产、扩散和使用新的和经济上有用的知识过程中各种成分和关系的相互作用、相互影响……两者都位于或者根植于一国的疆界之内"。他指出，国家创新体系的主要子系统应包括企业的内部组织、企业间的关系(产业结构)、公共部门的作用、金融部门及其他部门的作用、研究开发部门。国家创新体系的存在决定了一国的创新能力。政府在技术创新中的作用是建立一种特殊的组织——介于用户组织与生产者之间，共享信息、激励生产和创新的扩散。

美国经济学家Richard R. Nelson(1993)①将国家创新体系定义为"其相互作用决定一国企业的创新实绩的一整套制度"，并通过对美国国家创新体系的分析，指出美国国家创新体系主要是由市场制度、专利制度、研究与开发制度、大学和政府支持产业技术进步计划和政策等制度安排构成。

1994年，OECD启动了国家创新体系项目。该项目的任务是探索国家创新体系的"力量分布"(Distribution Power)。OECD对NIS的研究以"知识和信息的流动"为核心，认为创新过程需要强调的是市场和非市场知识在企业、组织和人力资源之间的转移，创新绩效依赖这些转移。OECD的研究在学术界达成以下几个方面的共识：第一，国家创新体系包括企业、大学、科研院所、中介机构等组织形成的网络；第二，国家创新体系是私人部门和公共部门互动协同的过程；第三，政府政策的关键是要促进知识的创造和流动；第四，创新集群是国家创新体系的核心动力。上述国家创新体系的早期研究主要是基于美国、日本和其他OECD国家的案例分析，提炼出国家创新体系的构成要素和结构。

---

① Nelson R. R., ed. National Innovation Systems: A Comparative Analysis[M]. Oxford: Oxford University Press，1993.

国家创新体系的结构决定其功能，不同的国家由于其创新资源条件和社会制度状况的差异，导致创新体系的结构不尽相同，也使国家创新体系的外部功能有所区别。在国家创新体系结构研究中，人们逐渐发现创新体系功能和绩效的重要性，功能的实现和绩效水平提升是创新体系推进经济发展的重要手段。系统功能是指系统作用于环境的功用和能力，是针对外界环境而言的。1992年，Lundvall(1992)①提出创新体系的基本功能是“学习”和“互动学习”，这种活动是创新体系运行的关键，许多其他功能都可以通过学习过程得到解释，或者具有促进学习过程的功能。之后，很多学者也提出了国家创新体系的功能理论(见表2.2)。上述学者从不同的视角提出了国家创新体系的功能，但是一直难以达成共识。OECD基于知识经济的研究，为国家创新体系功能的研究提供了基于知识维度的分析框架，如表2.3所示。

表2.2　国家创新体系功能研究的主要观点

提出者	对国家创新体系功能的阐述
Edquist C.,Johnson B.(1997)②	制度通过提供信息来减少不确定性；管理冲突和合作；提供创新的动力
McKelvey M.(1997)③	信息的保持和转移；创新导致多元化；在多种方案中选择；网络化
Galli R.,Teubal M.(1997)④	硬功能：R&D，提供科学和技术服务；软功能：信息扩散，政策制定，制度设计和执行，科学文化扩散，科学合作
Johnson A.(2001)⑤	提供激励；提供资源；研究引导；增长的潜能；知识和信息交换；刺激和创造市场；减少社会不确定性；抵消创新导致的社会变化

表2.3　OECD关于国家创新体系的系统结构及主要功能的观点

名称	核心部门	其他部门	主要功能
知识创造系统	国立科研机构(国家科研机构和部门科研机构)、研究型大学	其他高等教育机构、企业科研机构、政府部门、基础设施	知识的生产、传播和转移
技术创新系统	企业	科研机构、教育培训机构．政府部门、中介机构和基础设施	学习、革新、创造和传播技术
知识传播系统	高等教育系统、职业培训系统	政府部门、其他教育机构、科研机构、企业等	传播知识，培养人才
知识应用系统	社会、企业	政府部门、科研机构等	知识和技术的实际应用

---

① Lundvall B. A. National Systems of Innovation：An Analytical Framework[M]. London：Pinter, 1992.

② Edquist C.，Johnson B. Institutions and Organisations in Systems of Innovation[M]//Edquist,C.(Eds),Systems of Innovation Technologies,Institutions and Organizations,London:Pinter,1997.

③ McKelvey M.Using Evolutionary Theory to Define Systems of Innovation[M]//Edquist,C.(Eds), Systems of Innovation Technologies,Institutions and Organizations,London:Pinter,1997.

④ Galli R.,Teubal M. Paradigmatic Shifts in National Innovation Systems[M]. //Edquist,C.(Eds), Systems of Innovation Technologies,Institutions and Organizations,London:Pinter,1997.

⑤ Johnson A.Functions in Innovation System Approaches[C]. Paper for DRUID'S Nelson-Winter Conference,Aalborg, Denmark,2001.

国家创新体系是由与知识创新和技术创新相关的机构组成的网络系统，其主体部分是企业(以大型企业集团和高技术企业为主)、科研机构(包括国立科研机构和地方科研机构)和高等院校等。广义的国家创新体系包括政府部门、其他教育培训机构、中介机构和起支撑作用的基础设施等。国家创新体系的主要功能是知识创新、技术创新、知识传播和知识应用，具体包括创新活动的执行、创新资源(人力、财力和信息资源等)的配置、创新制度的建立和相关基础设施建设等。大力促进和广泛进行知识的生产、传播与应用是国家创新体系的基本任务。

Hekkert和Suurs等①将Lundvall和OECD的工作进行了总结。他们认为，一个系统的功能可以定义为对系统目标具有正向贡献的系统组成，并且对国家创新体系的功能进行了不同维度的划分。一般而言，学习涉及内容(学习什么)和一个社会或组织安排(怎样学习)，所以可对学习做第一个区分：认知维度和社会/组织维度。第二种功能分类的方式是关于参与者。学习的过程涉及很多参与者，包括个人研究者、工程师、管理者和政策制定者，也包括集体参与者，例如公司和研究所。他们提出的一种区分方式是技术参与者和社会参与者，前者接近技术知识的产生和验证(内部者，内在核心)，后者则远离知识的生产(外部者，外在核心)。在此基础上，他们建立了指标体系并试图对国家创新体系的功能进行测度。功能不是相互独立的，一个功能的实现将会影响其他功能的实现。例如，一方面，市场需求的升级对于知识的创新具有正向的影响；另一方面，一定数量的知识创造产生了对新技术的期望，能够最终导致需求的升级。因此，影响绩效的功能之间具有多重活动性。

2.2 国际商品贸易相关理论

2.2.1 学习理论

1885年，Ebbinghaus在心理学的学习行为研究中首次描述了学习曲线的内涵，学习曲线的概念于1909年首次被采用。②1936年，Wright首次描述了飞机制造工业制造成本的学习效应。③飞机生产数量的递增与单位产品的平均直接工时成反比，即当累计产量较小时，平均直接工时较大；当累计产量较大时，平均直接工时较小，这种现象被称为“学习效应”，用学习曲线来表示。学习曲线(Learning Curve)反映的是这样一个过程：随着生产产量的累积增加，企业掌握的技术经验日益丰富，从而生产的平均成本不断降低。它表明了产品的平均成本与生产者的累计总产量之间的反向关系，如图2.5所示。

---

① Hekkert M. P., Suurs R. A. A., Negro S. O.，et al. Functions of Innovation Systems: A New Approach for Analysing Technological Change[J]. Technological Forecasting and Social Change，2007，74(4): 413-432.

② Ritter F. E., Schooler L. J. The Learning Curve[J]. International Encyclopedia of the Social and Behavioral Sciences, 2001, 13: 8602-8605.

③ Wright T. P. Factors Affecting the Cost of Airplanes[J]. Journal of the Aeronautical Sciences, 1936, 3(4): 122-128.

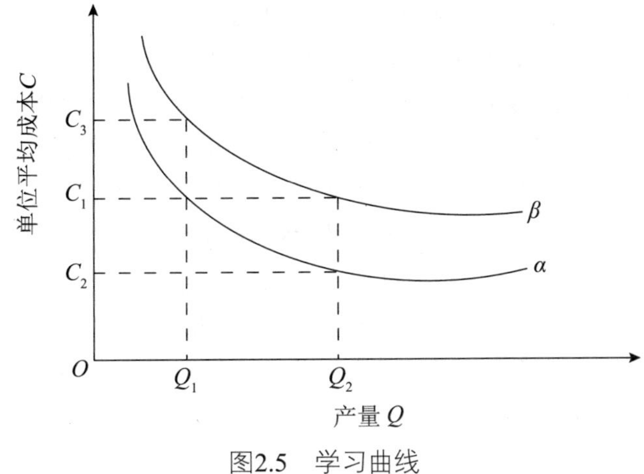

图2.5　学习曲线

图2.5中的曲线α表示，当产量由Q_1上升到Q_2时，单位产品的平均成本由C_1下降到C_2，这就是学习曲线。在国际技术转移中，学习效应的作用尤为突出。假设我们以曲线β来表示技术先进企业的学习曲线，而曲线α则是技术落后企业引进先进技术后的学习曲线。图中α位于β下方，这表明在相同产量下，如产量为Q_1时，技术引进企业的生产成本C_1低于技术输出企业的生产成本C_3，这可能是由于技术引进国的劳动力生产成本更低。这样，技术输出企业如果想要保持原有的产品优势，就必须使企业的产量倍增，比如达到Q_2。然而受到市场容量的限制，产量基数较大的技术输出企业要进一步提高产量则比较困难，技术引进企业的产量基数较小，市场容量对其产量增长约束也较小。

基于对学习曲线的分析可以看出，贸易与投资是产生“学习效应”的基本渠道，后发企业可以通过学习获得比先进企业更多的收益。

2.2.2　技术扩散理论

西方学者研究技术转移往往都是从国内的技术扩散着手，而后延伸到研究国际技术转移。技术扩散是一个社会系统内的个体或组织成员，在一定的时间内通过特定的渠道传递技术创新知识并采用新技术的过程。

技术扩散一般包含4个主要因素：技术发明、交流渠道、社会系统和时间。其中，技术发明是技术扩散的标的，它被潜在用户采用的机会与其自身的特点密切相关，如比较优势、兼容性、复杂性、可测试性、可观察性、再创新性等。交流渠道是指个人和组织间进行信息、知识交换所通过的一定的渠道，例如，个人间的交往、公司间的合作、学术会议、大众传播等。潜在用户接触新技术并通过一定的渠道获得和积累了与之相关的知识和信息之后，才会做出采用或拒绝该项新技术的决策。由于技术扩散都是在一定的社会系统中完成，社会系统中的许多因素，如经济水平、技术设置、管理方式、价值观念等，都会对技术的这一传播过程产生比较深远的影响。

时间因素是影响技术扩散的最后一个也是极其重要的因素。技术的扩散需要一个过程。从新技术潜在用户的角度来看，其是否采用一个创新技术的决定过程包括了解阶段(获得知识、寻求信息、评估)、说服阶段(从自己的处境评估新技术的优缺点、减少不确定性和风险、产生接受或拒绝的态度)、决定阶段(做出采用或拒绝的决定)、实现阶段(使用新技术)和确认阶段(维持或改变原来的决定)。从一个社会系统的整体来看，技术采用者可以按时间序列分为发明创新者、早期采用者、早期主体、后期采用主体和跟随者。与此相应，整个技术扩散过程大致可划分为早期准备、起飞、增长、稳定、下降5个阶段。这就是法国社会学家塔尔德(Tarde)在1904年提出并进一步完善的“S型传播曲线理论”所提及的基本思想。可见，不论从哪个角度来探讨技术的扩散过程，时间都是必须要考虑的一个重要因素。

曼斯菲尔德(E. Mansseld)于1961年创造性地将传播学中的“传染原理”和“逻辑斯谛”成长曲线运用到技术扩散的研究之中，从而建立了著名的“S型扩散模型”。S型扩散模型的基本假设是技术扩散过程主要是一个模仿过程。一种新产品[①]投入市场后，它的扩散速度主要受到两种信息传播途径的影响：①大众传播媒介，如广告等(外部影响)，它传播产品性能中容易得到验证的部分(如价格、尺寸、色彩以及功能等)；②口头交流，即已采用者对未采用者的宣传(内部影响)，它传播某些短期难以验证的产品性能(如可靠性、使用方便性以及耐用性等)。

在传播过程中模仿者比率呈S型曲线(见图2.6)，这正是“S型扩散模型”名字的由来。$N(t)$为到t时刻累积的采用新技术的企业数，N^x为潜在采纳企业总数(即“采纳企业”的上限)。考虑到传播途径等方面的影响，假设t时刻采用新技术的条件概率是已采用企业数比例的线性函数$p+\frac{q}{N}N(t)$，其中p为创新系数，q为模仿系数，则t时刻采用创新技术的企业数为

$$n(t)=\frac{\mathrm{d}N(t)}{\mathrm{d}t}=p[N-N(t)]+\frac{q}{N}N(t)[N-N(t)]$$

式中，第一项$p[N-N(t)]$代表新技术采纳企业中的创新者部分；第二项$\frac{q}{N}N(t)[N-N(t)]$ 代表新技术采纳企业中的模仿者部分。

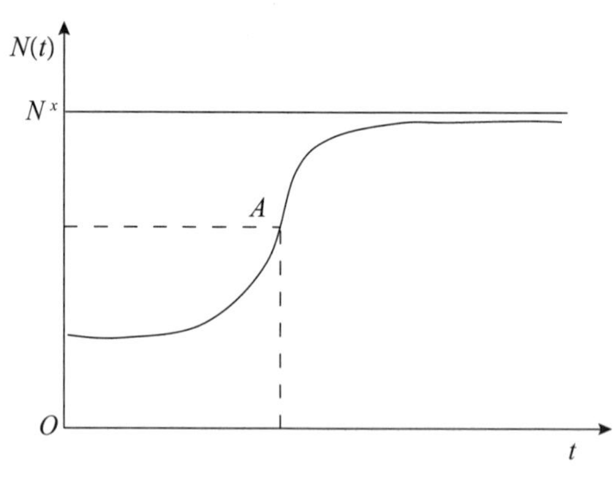

图2.6 S型传播曲线

如图2.6所示，新技术在企业间的传播扩散过程非常曲折和复杂，其主要呈现以下几个方面的特点。

(1) 在某一技术开发期或创新初期，由于技术是基本成型，存在较大的风险，其传播速度较慢，技术扩散水平较低，表现为采用该新技术的累计企业数量较少，增加的幅度也较小。

① 新产品是创新技术的直接体现，因此在后面的解释中，我们经常将新产品与新技术作为可互换的概念。

(2) 随着时间的推移，技术基本定型，作为一种新技术，由于它可能带来较高利润，对此技术有需求的企业数量迅速增加；相应地，该新技术的累计采用企业数也以加速度增长，且增长速度在A点达到峰值，也就是说，在这一时期技术的传播与扩散极快。

(3) 一方面，由于使用这项技术的企业数量越来越多，使得利润率下降；另一方面，由于其他新替代技术的出现，对这项相对次新技术的需求逐渐减少，这项技术进入成熟及衰退期，表现为采用该技术的累计企业数以减速度增加，最后趋近潜在新技术采用企业总数，不再增长。

傅瑶等[①]运用S曲线模型分析了美国各领域技术的发展轨迹和生命周期，研究结果显示：运用专利累计授权量作为技术发展的衡量指标，1963—2008年美国各领域技术发展轨迹S曲线拟合均较好，S曲线模型能够完整地刻画美国各领域技术发展的轨迹。大多数领域技术发展第二条S曲线的饱和值和成长时间(除了制药和药品，航空产品和零件)相对于第一条S曲线都有所增加，通过大范围的技术变革美国技术发展焕发了新的活力，发展时间更加持久。两条S曲线的更替反映了新兴技术领域对传统技术领域的更替，从更深层次反映了美国国家创新能力技术结构的变革。

从技术生命周期的角度分析，当前美国仅通信设备一个技术领域处于成长期，多数技术领域处于成熟期。在成长期和成熟期的技术领域中，通信设备、计算机及外围设备、其他电脑和电子产品、计算机与电子产品、半导体和其他电子元件5个技术领域仍具有较大的发展空间。这5个技术领域都属于电子信息及相关产业，这表明美国目前乃至今后一段时间内仍将以电子信息、互联网等相关产业为主导，支撑国家创新能力和国际竞争力。

需要说明的是，通信设备、制药和药品、计算机及外围设备3个技术领域第二条S曲线均起步于20世纪80年代，但是通信设备、计算机及外围设备均获得了快速发展。在当前的情况下，计算机及外围设备进入成熟期，通信设备进入成长期，但是制药和药品却进入衰退期。这并不能简单地判断制药和药品领域已经衰退，由于制药和药品领域受到生物技术、基因技术和纳米技术等新兴技术领域的影响，目前仍然处于新技术变革的酝酿期，考虑到制药和药品领域高研发投入、长研发周期和高技术风险等特征，其技术变革需要的时间较长，足够的酝酿和积累之后将会迎来第三条S曲线。

技术扩散理论的研究始终局限于一国内部的技术活动，即使开展国际合作研究，其研究对象仍是在国内，同时不涉及传播机制这一根本性问题。正是由于技术扩散理论的这些局限性，人们研究的注意力开始转向对于国际技术转移机制的研究。

2.2.3　技术差距论

技术差距论(Technological Gap Theory)又称技术间隔论，是由美国学者波斯纳(M. U. Posner)于20世纪60年代提出。该理论认为，形成技术转移的原因是存在国际技术差距。世界经济中存在二元结构，世界技术领域中也存在二元结构。技术领先的国家具有较强的开

---

① 傅瑶，孙玉涛，刘凤朝. 美国主要技术领域发展轨迹及生命周期研究——基于S曲线的分析[J].科学学研究，2013，31(2)：209-216.

发新产品和新工艺的能力，从而形成或扩大了其与技术落后国家间的技术差距，进而有可能暂时享有生产和出口某类高技术产品的比较优势。国际技术转让是由领先国家向落后国家转移。

波斯纳认为，人力资本是过去对教育和培训进行投资的结果，可以将其作为一种资本或独立的生产要素。技术是过去对研究与开发进行投资的结果，也可以将其作为一种资本或独立的生产要素。然而，不同国家的研究与开发投资情况和技术革新发展情况各不相同，因此各国的技术资源也就有所不同，这就是技术先进国与技术落后国之间存在技术差距的主要原因。

技术差距带来该技术产品的国际贸易。技术资源相对丰富或者在技术创新中处于领先地位的国家，有可能享有生产和出口技术密集型产品的比较优势，凭借这种优势该国取得相关产品生产的垄断地位。随着该产品国际贸易规模的扩大以及该技术发展的日益成熟，为了追求更高的利润，技术先进国可能会通过多种途径和方式进行技术转让。其他国家由于该项技术及其产品的经济示范效应而对其进行研究开发及模仿，或者直接从技术先进国引进，从而最终掌握该项技术，缩小技术差距。相应地，该技术产品在技术先进国家与技术引进国之间的贸易量逐渐减少，直到技术引进国能自主生产满足国内需求的商品时，该技术产品的贸易就停止，两国间原有的技术差距也就消失。

技术差距理论还提出了“模仿时滞”问题。模仿时滞指的是模仿国模仿创新国的新技术产品需要一段时间(见图2.7)。由于模仿时滞的存在，技术差距才能使创新国家在模仿期间具有技术及其产品生产的垄断优势。模仿时滞可分为三种：需求时滞、反应时滞和掌握时滞。需求时滞是指新技术产品出口到他国，由于消费者尚未注意或不了解，而不能取代原有产品的时间间隔；反应时滞是指技术进口国对新技术产品产生需求后，从只能依靠从技术创新国进口该产品，到进口国生产商开始模仿生产该产品的时间间隔；掌握时滞是指从技术进口国生产商开始模仿并生产技术创新产品到熟练掌握该技术的时间间隔。时滞效应是国与国之间存在技术差距的主要原因。

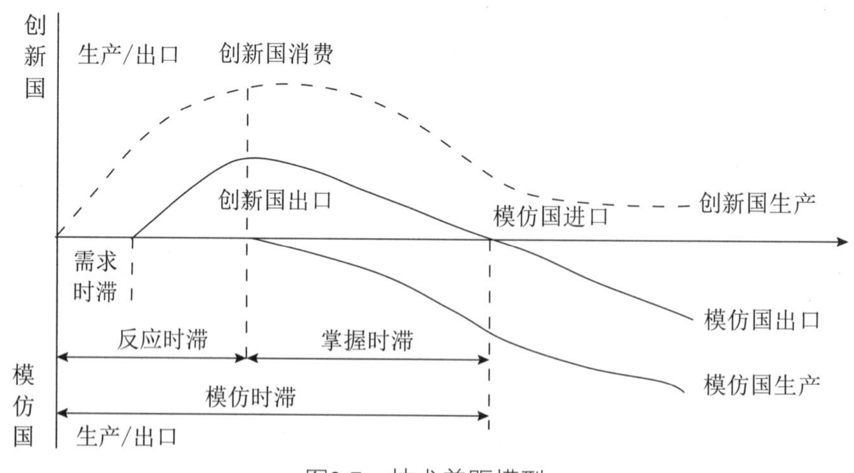

图2.7 技术差距模型

技术差距论可以说是比较优势理论在国际技术贸易领域的运用，但是该理论没有具体分析技术差距的形态，只看到了技术先进国与技术落后国之间存在的技术差距，说明了国际垂直的技术转移，而没有解释技术水平大概相同国家之间为什么也存在技术转移，即水平转移的情况。

2.2.4　技术转移论

在当代社会发展中对技术创新地位与作用进行考察的基础上，日本经济学家斋藤优提出了“技术立国”的主张，强调技术开发与技术转移在促进经济社会发展中的重要作用。20世纪80年代，“技术立国”被日本政府确定为基本国策。在政府的大力推动下，日本的技术发展经历了一个从以技术引进为主到以技术开发为主的技术进步过程。斋藤优的主要理论包括技术生命周期论、需求与资源关系假说等。

1. 技术生命周期论

技术生命周期论认为，技术持有者可以通过以下三种方式利用他的新技术：新技术商品出口、对外直接投资和对外技术转让，而这三种方式按照一定的周期进行。

(1) 新技术商品出口阶段：技术创新之后，占有技术的企业总是自己先利用该项技术生产产品。由于采用了新技术，该产品在市场竞争中具有一定的垄断优势，企业可以凭借这一优势占据国内外市场，以获得最大利润。因此，在这一阶段，技术持有者利用新技术的方式是出口新技术商品。

(2) 对外直接投资阶段：随着产品生产规模的不断扩大，销售量不断增加，依靠产品出口的企业收入上升到最高点后呈现下降趋势。此时，为了维持企业的收益水平，技术持有者就会选择其他方式来更好地利用新技术——直接投资。通过在当地投资生产并进行销售，企业下降的收益将再次上升，从而又获得巨大的利润。

(3) 对外技术转让阶段：由于新技术产品产生巨大的市场示范效应，当地其他企业会竞相模仿生产该产品。当这些企业的技术水平提高到一定程度，模仿产品的产量大幅度增加时，技术持有者的收益会又一次下降。这时企业便转向另一种方式——技术转让，从而充分利用该技术的价值，再一次获得利润。

技术生命周期论认为，企业的发展周期，即收益的变化调节着由新技术产品出口、对外直接投资和对外技术转让这三种方式所形成的一个周期循环，解释了关于技术转移机制的问题，揭示了技术转移是新技术产生后发展的必然结果，是产品周期循环的内在趋势。

2. 需求与资源关系假说

1979年，斋藤优出版了专著《技术转移论》，提出了阐述国际技术转移的新理论“NR关系假说”。1986年，他在新出版的专著《国际技术转移的政治经济学》中把这种“假说”作为一种理论加以运用。需求与资源关系假说或称“NR关系理论”是斋藤优理论体系与实证研究的核心内容。N(Needs)即需求，包括各个方面、各个领域、各种层次的需求；R(Resources)即资源，包括人才、资本、设备、信息等。斋藤优认为，正是“NR关系”格局与态势，决定了具体国家、地区或企业的技术转移、技术开发和技术创新的战略和行为。不同国家、地区、企业间“NR关系”对比状态决定了它们之间的竞争或合作方式与途径。

该假说认为，一国国民经济活动的顺利开展需要该国的资源(R)与需求(N)相适应，但一国国民的需求N往往很难与资源R相吻合，也就是说NR关系不适应，因此会阻碍该国经济的正常发展。斋藤优指出，解决NR关系不适应的途径有两个：技术开发和技术引进。技术开发和创新一方面能够节约资本、劳动力、原材料，另一方面也可能开发出新的原材料和资本，从而更好地满足该国经济发展的需求，实现资源与需求相互适应。另外，通过技术转让可以将本国充裕的技术要素转移到其他需要该技术的国家，从而获得较高的收益；还可以引进本国缺少的技术，解决经济发展中的技术缺口问题。对于技术发展相对落后的国家来说，技术引进尤其重要。因此，NR关系不适应是促进技术开发、技术革新的动力，也是国际技术转移的动机。

NR关系不适应的矛盾可以通过技术开发和国际技术转移机制的协调与配置得到暂时解决，即一国经济发展中的需求与资源关系得到暂时平衡。然而，随着世界经济不断向前发展，这种暂时的平衡关系又会被破坏。为了使NR关系重新得到相互适应，需要进行新一轮技术创新和通过国际技术转移机制引进新技术。国家经济在需求和资源的不断适应中向前发展，世界各国的NR关系都是如此，而且由于所处经济发展阶段不同，各国NR关系存在较大差异，即使发达国家之间、发展中国家之间也有不同的N，需要不同的R来平衡相互间的NR关系。一国可以将其充裕的技术转移到其他需要这种技术的国家，而引进自己需要的技术。国际技术转移机制就在这种NR关系不断循环互补中形成。

2.2.5 产品生命周期理论

1966年，美国哈佛大学教授雷蒙德·弗农(Raymond Vernon)在其发表的《产品周期中的国际贸易和国际投资》(International Investment and International Trade in the Product Cycle)一文中提出了产品生命周期理论，认为一个企业参与国际贸易是为了顺应产品变动周期，以发挥某些产品生产上的比较优势。此后，弗农又与基新(D. Keesing)、格鲁伯(W. Gruber)、麦格(D. Melta)等经济学家一起将该理论引入技术创新和技术扩散领域，从而对国际贸易形成与贸易地理方向的转移进行了技术上的解释。

为了理解产品生命周期理论，应注意以下几个重要的假设条件。首先，产品生命周期理论假设生产要素禀赋理论(即赫克歇尔-俄林理论)成立，一国将集中生产并出口那些密集使用了该国丰富生产要素的产品，而进口那些密集使用了该国稀缺生产要素的产品。其次，与传统国际贸易理论关于自由利用信息和稳定生产活动的假设不同，产品生命周期理论假设信息和技术在区域间和国家间的流动受到限制，产品的生产和销售特征经过一段时间后会发生变化。最后，产品生命周期理论假设生产过程呈现规模经济的特征，这一特征与市场特征(如消费者爱好)都可能随时间的推移而发生变化。

在上述假设的基础上，弗农将产品生命周期大致划分为新产品、成熟产品和标准化产品三个阶段，并认为由于供给条件、需求条件和技术条件的变化，生产优势、出口优势会在创新国、发达国家、发展中国家之间发生转移，如图2.8所示。

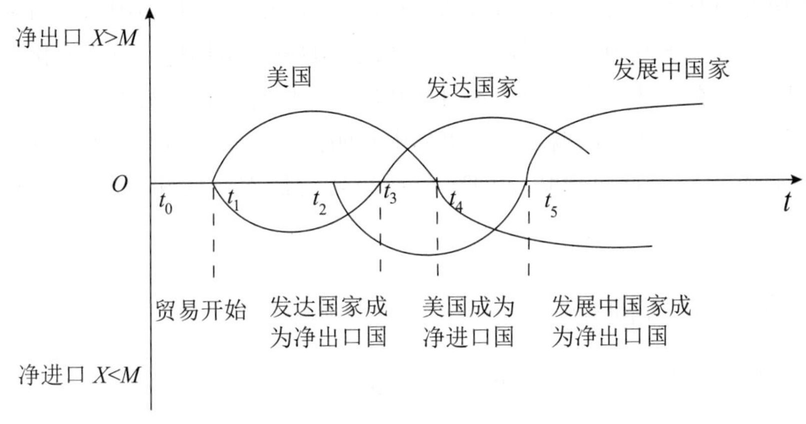

图2.8 产品生命周期模式

(1) 新产品阶段是指产品开发与投产的初级阶段。新产品的价值功能刚刚被人们所认识，对新产品的需求只局限于国内，生产该产品的技术尚未定型，生产者正在通过了解国内市场，努力改进产品性能，以更好地满足消费者对产品的需求。在这个阶段，需要大量的研究与开发(R&D)投入，包括大量的科学家、技术人员和巨额资本投资。新产品是技术密集型产品，通常只有富国才具备这样的条件。同时，新产品是奢侈品，其需求主要来自高收入的消费者，一般最先出现在高收入的发达国家。根据上述特性，弗农将创新国假设为美国来进行分析。

(2) 成熟产品阶段是指产品及其生产技术逐渐成熟的阶段。产品的价值功能已经被发展水平相当的国家和消费者所认识，国外市场如西欧、日本等高收入发达国家对该产品的需求强劲，同时技术的成熟促使生产者不断扩大生产规模，而生产规模效应在新产品上赋予创新国生产优势和出口优势，从而使该产品的出口量增加。与此同时，其他发达国家的厂商通过模仿或引进先进技术生产该产品。由于生产规模的扩大需要大量的资本投入，在这一阶段，新产品属于资本密集型产品。资本密集的生产技术差距成为贸易发生的原因。

(3) 标准化产品阶段是指产品及其生产技术的定型阶段。生产技术表现为专门的生产设备、流水线和大批量，使产品生产达到了标准化。此时，非技术型熟练劳动成为产品成本的主要部分，原资本密集型新产品成为劳动密集型产品。发展中国家有能力进行生产，不仅以国内生产替代进口，而且开始向发达国家大量出口。技术创新国由于不具备非技术型熟练劳动的成本优势，会将技术转让给发展中国家，由产品的净出口国转变为产品的净进口国。在这一阶段，非技术型熟练劳动的工资差距成为贸易发生的原因。

产品生命周期理论是第二次世界大战后出现的现代国际贸易理论之一。虽然后来的实证研究表明，并非所有的经济部门都以产品生命周期为动态特征，但是该理论能够很好地诠释高技术产业部门的贸易模式。这一动态的贸易理论表明，在产品的生命周期中，制造这种产品的生产要素比例会发生变化，创新国的技术优势会逐渐丧失，贸易的地理方向会发生转移，贸易结构也会发生变化。在不同的产品生命周期阶段，由于各国具有不同的技术优势，创新国跨国公司有对外投资的动力，对外投资客观上又带来了技术的扩散，从而使技术发明国丧失了在某种产品生产上拥有的技术优势，并将这种优势转移给其他国家，导致贸易的地理方向发生转移，即创新国从出口国变为进口国，模仿国从进口国变为出口国，发展中国家从进口国变为出口国，同时这些国家的贸易结构也会发生变化。这一理论表明，从动态的角度看，建立在各国技术差异基础上的国际贸易优势不是一个长期不变的量，高新技术产品是一个相对的概念，如果技术发明国不能发明新的技术，其技术优势和贸易优势就会消失。日本通过模仿、创新在某些高新技术产业和贸易中超越美国就是例证。

2.2.6 南北贸易模型

1979年，美国经济学家克鲁格曼(Paul Krugman)发表了题为《创新、技术转让和世界收入分配模型》(A model of innovation，technology transfer，and the world distribution of income)的论文，结合国际贸易格局的动态研究，对产品生命周期理论进行了发展，率先建立了南北贸易中技术转移的一般均衡模型。

克鲁格曼针对一个劳动要素，考察了南和北两个地区，将众多产品分为新和旧两类，建立了一个一般均衡模型。假定北方国家(即发达国家)以一定的速度进行技术创新，而南方国家(即发展中国家)则缺乏产品技术创新能力。北方国家总是出口新的、高技术的产品，而低工资的南方国家总是生产和出口“旧”产品(技术已标准化的产品)，南方国家能够生产过去由北方国家垄断生产的产品是技术转移的结果。北方国家把新产品生产转移到南方国家的好处是，一旦南方国家掌握了该技术，就能用比北方国家低得多的生产成本生产出同样的产品。生产成本上的差异产生了潜在的经济利润，并刺激北方国家的厂商将产品生产转移到南方国家，同时刺激南方国家的厂商模仿北方国家的先进技术。

假定南方国家和北方国家对“新”产品和“旧”产品都有需求，随着北方国家的先进产品向南方国家不断扩散和转移，以及北方国家中“新”产品的不断涌现，将形成北方国家向南方国家出口“新”产品，同时又从南方国家进口“旧”产品的国际贸易动态格局。在长期均衡状态下，北方国家生产的产品种类数与南方国家生产的产品种类数之比将是一个稳定的比率。这是一个动态的均衡，产品创新和技术转移会持续地出现，贸易结构处在不断变化之中；同时，每个地区所生产的产品类别也在不断地更新。这一动态贸易过程正好体现了每一种产品所经历的生命周期。

产品生命周期的表现与技术创新率、技术转移率有密切的联系。技术创新使得产品品种增加，由于生产成本(工资)的差额，原来在北方国家生产的产品现在转移到南方国家生产和出口，随着这一情况的增多，技术转移会相应增加。不论是技术创新还是技术转移的增加，都会提高全球的经济效率，即在给定要素资源数量的情况下，全球经济产出得到增加。从分配的角度分析，技术创新的增加，可以给北方国家带来消费品多样化、新旧产品比率上升、劳动力的相对工资上涨、贸易条件改善等好处；对南方国家来说，虽然消费品更加多样化，但出于贸易条件恶化等方面的原因，技术创新未必会给南方国家带来全面的实惠。而技术转移的增加会降低新产品对“旧”产品的比率，同时北方国家的劳动工资相对于南方国家的劳动工资会有所下降，因而贸易条件有利于南方国家而不是北方国家，这会促使北方国家持续技术创新。克鲁格曼认为，该模型不同于传统的李嘉图比较优势贸易模型或赫克歇尔-俄林要素禀赋模型，它证明和扩展了产品周期理论，并通过日本和中国台湾地区的历史经验证明了该理论。

1986年，美国加州大学教授多勒(David Dollar)在《美国经济评论》上发表了论文《南北贸易中的技术创新、资本流动和产品周期》(Technological innovation，capital mobility，and the product cycle in North-South trade)，以克鲁格曼的模型为基础，进一步发展、建立了一个南北贸易动态平衡模型，着重分析了技术创新、资本流动和产品出口从北方国家转移到南方国家的动态过程，并且区分了短期均衡与长期均衡。与克鲁格曼的模型相比，多勒的模型有两个重要的突破：第一，他认为发达国家向发展中国家的技术转移率与两个地区之间的生产成本差距成正比，即成本差距越大，通过技术转移而获得的潜在经济利润就越高，相应的技术转移也就越多。第二，他认为国际资本流动是渐进发生的，是对南北资本收益率差别的反映。

克鲁格曼和多勒的南北贸易模型具有较强的政策含义。对于发达国家来说，为了能够在国际贸易中继续保持领先的地位，它们必须不断地进行新产品和新技术的开发和研究。因此，发达国家应积极实施鼓励和支持本国技术创新活动的政策，进而有效地提高本国的福利水平。对于发展中国家来说，为了缩小与发达国家之间的技术差距，提高技术水平以及人力资源与生产资源的配置效率，应该积极引进外资，并通过技术引进等方式努力提高本国的技术水平，实现技术进步；同时，应当增加本国的技术研究投入，加强本国的技术研究能力和水平，改善本国的贸易条件。

2.3　国际直接投资相关理论

2.3.1　垄断优势理论

1960年，美国学者海默(Stephen Herbertt Hymer)率先提出以垄断优势来解释企业对外直接投资行为的理论。此后，其导师金德尔伯格(Charles P. Kindleberger)对这一理论进行了完善，从而创立了垄断优势理论，又称“海默-金德尔伯格”理论。

传统的经济理论将对外直接投资和间接资本输出作为国际资本流动不加区分地进行处理。国际资本流动的原因在于由各国资本要素充裕程度决定的各国利率的差异，资本是由资本充裕国家流向资本稀缺国家。海默认为，直接投资是以控制国外的经营活动作为主要特征，而间接投资的目的在于获得股息、债息和利息等资本增值，因此直接投资与间接投资不同。海默还认为，东道国当地企业相对于跨国经营企业来说至少有以下三个方面的优势：①当地企业更了解本国的政治、经济、法律、文化等环境；②当地企业能得到本国政府提供的优惠和保护；③当地企业不必担负跨国经营面临的各种费用和风险，如直接投资的各种开支、汇率波动等。那么，跨国公司为什么还会选择对外直接投资呢？

传统的国际资本流动理论不能解释对外直接投资，因此应该从市场的不完全来说明对外直接投资。海默对美国跨国公司的研究发现，这些跨国公司主要分布在资本密集、技术先进的行业。因此海默提出，外国企业之所以甘愿承受比当地企业更高的成本和风险而从事对外直接投资，主要是利用当地市场不完全所产生的垄断优势(Monopolistic Advantage)对国外业务进行控制，以抵消当地企业优势。具体体现在以下几个方面：一是包括生产技术、管理与组织技能等一切无形资产在内的生产要素优势；二是市场购销优势；三是实现横向一体化和纵向一体化的优势，即规模经济优势。

金德尔伯格侧重分析市场不完全对于企业对外直接投资的决定性作用。传统的国际投资理论假定市场是完全竞争市场，实际上完全竞争只是一种理想状态，规模经济、技术垄断、商标以及产品差异等因素往往会引起不完全竞争，而不完全竞争则会导致“结构性市场不完善”(Structural Market Imperfection)，也就是市场不完全。金德尔伯格列出了市场不完全的几种形式：产品市场不完全、资本和技术等生产要素市场不完全、规模经济引起的市场不完全，以及经济制度和经济政策如政府的关税等贸易限制措施导致的市场不完全。前三种市场不完全使企业拥有垄断优势，例如，产品市场不完全可以使企业保有产品差异；商标专利垄断可以使企业在进入要素市场的能力方面存在差异；企业利用国际专业化生产可以取得内部规模经济的优势，利用国际纵向一体化生产取得外部规模经济的优势，以达到限制竞争介入的目的。这4种市场不完全导致企业利用其垄断优势对外直接投资。

应该看到，垄断优势理论只解释了企业进行海外直接投资的原因，未能解释企业为什么不采取商品直接出口或转让特许权等方式到海外投资。

2.3.2 内部化理论

1976年，英国学者巴克莱(Peter J. Buckley)和卡森(Mark O. Casson)在其合著的《跨国公司的未来》一书中，批判了传统的对外直接投资理论，第一次系统地提出了跨国公司的内部化理论。内部化理论的思想渊源可以追溯到1937年科斯(Ronald Coase)在《企业的性质》一文中提出的观点，即在某些条件下，经济的外部性或非效率可以通过当事人的谈判而得到纠正，从而达到社会效益最大化。1960年，科斯在《社会成本问题》一文中明确了“科斯定理”的基本含义，1966年斯蒂格勒(George Stigler)首次使用了“科斯定理”这一术语。科斯定理认为，只要财产权明确，并且交易成本为零或者很小，那么无论刚开始将财产权赋予谁，市场均衡的最终结果都有效率，能够实现资源配置的帕雷托最优。

内部化理论的出发点是“国际分工为什么不通过世界市场，而是通过跨国公司来进行”，通过研究世界市场的不完善以及跨国公司的性质，来解释跨国公司对外直接投资的动机及决定因素。内部化理论的基本观点是：企业之所以从事对外直接投资活动，是由于中间产品市场的不完全，为了获得利润最大化，企业需要在跨国经营活动中将中间产品市场内部化。具体来说，内部化理论将直接投资过程理解为中间产品(一般是指知识、信息、技术、商誉、零部件、原材料等)的市场不完全，这种不完全是由于市场失灵以及中间产品的特殊性质造成的。例如，信息在一定程度上具有公共物品的性质，因为它在外部市场上转让很容易扩散，从而存在企业或个人“搭便车”的行为。这种特性会导致中间产品的买方或交易及价格的不确定性，从而使企业正常经营活动所需的中间产品市场不完全，导致企业市场交易成本增加。为了最大限度地追求利润，企业必须建立内部市场，将外部市场内部化，利用管理手段协调企业内部资源流动与配置，避免市场不完全对企业经营效率的影响。当企业内部化超越国界时，就形成对外直接投资。

巴克莱和卡森认为，有4种因素会影响中间产品市场交易成本和企业实现中间产品市场的内部化。这4种因素包括：①行业特定因素，是指中间产品的特性、外部市场结构等。②国别特定因素，是指东道国政府的政治、法律、经济状况。③地区特定因素，是指地理位置、社会心理、文化差异等。④企业特定因素，是指企业的组织结构、管理经验、控制和协调能力等。中间产品市场不完全一般是指以下两种基本形式：一是技术等知识产品市场不完全；二是零部件、原材料中间产品市场不完全。前一种形式通常产生于水平一体化的跨国公司，后一种形式通常产生于垂直一体化的跨国公司。根据内部化理论，对外直接投资的实质不在于资本的转移，而是基于所有权之上的企业管理与控制权的扩张，其结果是企业管理机制替代市场机制来协调企业各项活动和进行资源配置。当然，内部化也有代价，但只要对外直接投资的内部收益超过国际外部市场的交易成本和对外直接投资的内部化成本，企业就拥有进行对外直接投资的内部化优势，从而获得内部化收益。

与垄断优势理论相比，内部化理论已经有了很大的进步。尽管它们都以市场不完全作为理论起点，但内部化理论区分了中间产品与最终产品的市场不完全，并把自己的理论基点放在中间产品的市场不完全上。此外，内部化理论不是静态地强调企业所拥有的特定优势，而是强调企业把既有优势跨国界内部化转移的特定能力，这使它的分析更具有动态性，也更接近实际。由于中间产品指的是知识技术等技术贸易的主要标的，因此内部化理论在解释伴随对外直接投资的技术贸易时，有着重要的指导意义。

2.3.3　国际生产折衷理论

1977年，英国学者邓宁(John H. Dunning)在综合各类跨国公司研究的基础上提出了国际生产折衷理论。国际生产折衷理论的核心是“三优势模式”(OLI Paradigm)，即所有权优势(Ownership Advantages)、区位优势(Location Advantages)和内部化优势(Internalization Advantages)。

(1) 所有权优势包括技术供给方所具有的有形资产和无形资产的占有优势、生产管理优势和多国经营优势。技术和管理能力、营销技巧、专利等方面的优势可以转让；生产效率、规模经济、市场力量等方面的优势则无法转让。所有权优势使企业拥有技术垄断优势和竞争优势，企业凭借其拥有的技术所有权获取所有者利益和垄断利润。

(2) 区位优势是指技术引进方所拥有的要素禀赋、政策及市场环境优势。前者包括自然资源、地理位置等；后者包括政治经济制度、市场需求、劳动力成本、基础设施环境等。区位因素直接影响国际技术转移的流向，技术供给方通过评价世界各国的区位特定优势，确定将其技术转移至何处才能实现利益最大化和风险最小化。

(3) 内部化优势是指企业在内部运用自身的所有权优势节约交易成本、降低交易风险的能力，主要表现为企业缓和或克服中间产品特性与市场不完全的能力。知识和技术等信息形态的中间产品具有整体性、专有性、质量不确定性等特点，因此所有者必须对其严格保密，否则可能导致技术专有权所带来的垄断利润的丧失。由于外部市场的不完全会增加交易费用和交易风险，企业会利用内部市场实现技术的交换和运用，以克服外部市场失效的障碍，使成本和风险趋于最小，并获得市场内部化带来的其他利益。

邓宁指出，企业必须同时兼备所有权优势、区位优势和内部化优势才能从事有利的对外直接投资活动。如果企业具备了内部化优势和区位优势而无所有权优势，则意味着企业缺乏对外直接投资的基本前提。如果企业只拥有所有权优势和内部化优势，而不具备区位优势，这就意味着缺乏有利的国外投资场所，因此企业会采取在国内生产，而后依靠出口来供应当地市场的方式。如果企业只拥有所有权优势而无内部化优势和区位优势，则企业既不能在国内生产，也不能从事对外直接投资，而只能将其拥有的特定所有权优势，如专利、商标、专有技术等，通过国际技术转让的方式许可授权国外使用。因此，国际生产折衷理论把技术转让看成企业对内外条件加以权衡的结果，而不是技术产生后发展的必然结果。

2.3.4 “雁行模式”理论

1932年，日本经济学家赤松要(Kaname Akamatsu)提出“雁行模式”(Flying Geese Paradigm)理论。赤松要在对明治初年以后日本产业发展的实证研究中指出：日本某一产业的发展“通常依次经过进口、生产和出口等时期，据此我们可以将某一产业的进口、生产和出口的雁行发展定式化”，主要用来表述日本的产业成长过程，这是提出“雁行模式”的最初假说。

“雁行模式”理论认为，一个国家某一特定产业在其生命周期中实际上经历了进口、进口替代、出口、重新进口4个阶段(见图2.9)。在这个过程中，该产业发展的4个阶段呈“Λ”形，形状很像展翅飞翔的大雁排成的队形，故命名“雁行”。这4个阶段如下所示。

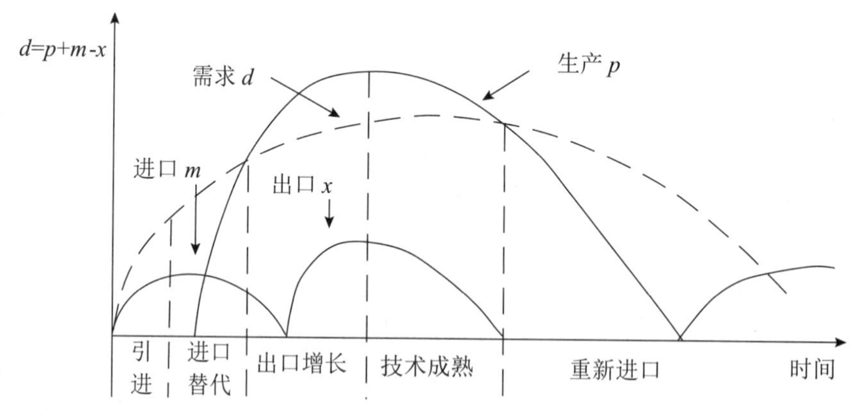

图2.9 “雁行模式”基本图形

(1) 进口阶段。在进口阶段，国内市场需求由进口商品满足，国内相关产品仍然处于无生产或小规模生产阶段，此时以技术模仿和转让为主。

(2) 进口替代阶段。在进口替代阶段，国内商品的生产增长速度快于需求增长速度，进口量开始下降，国内生产产品的市场占有率逐渐提高，进口商品逐渐被国内生产的商品所替代。

(3) 出口阶段。在出口阶段，国内商品生产不仅能完全满足国内需求而且有剩余用于出口，后发国家已经拥有该产业的比较优势，基本完成由技术创新国向技术后发国的转变。

(4) 重新进口阶段。在重新进口阶段，该产业在技术上已经完全成熟，由于工资、土地等稀缺资源成本不断上涨，生产量和出口量开始下降。为了进一步取得竞争优势，后发国开始向更具比较成本优势的国家投资，将该产业逐渐向这些国家转移，导致该国国内生产规模萎缩，开始进口低价格的同类产品，该产业又变成净进口产业(其中一部分进口来自该国公司在海外的子公司)。

赤松要的学生著名经济学家小岛清(Kiyoshi Kojima)指出，赤松要曾将“雁行模式”分为原型和A、B两种引申型，如图2.10所示。

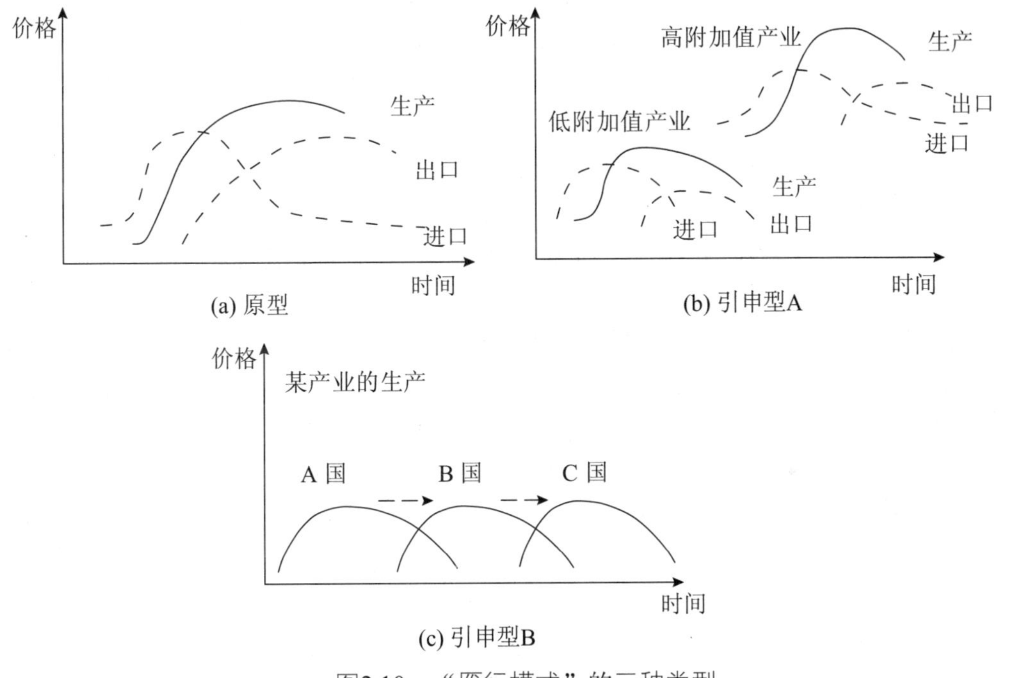

(a) 原型　　(b) 引申型A

(c) 引申型B

图2.10　“雁行模式”的三种类型

(1) 原型表现的是在追赶技术领先国的后发国家中，工业品经历进口—进口替代—出口三个阶段相继交替的过程。该类型被小岛清称为“生产的效率化”。

(2) 引申型A表现的是一国从消费品进口、生产和出口到资本品进口、生产和出口，或者说从低附加值制品的进口、生产和出口到高附加值制品的进口、生产和出口的过程。该类型被小岛清称为“生产的多样化、高度化”。

(3) 引申型B表现的是某一产品的进口—生产—出口动态演化依次在国与国之间传导的过程。这里使用的是赤松要原型中“雁形”的含义，用一条曲线来表现某产业生命周期的变化。该类型被小岛清称为“生产的国际传导”。

“雁行模式”理论通过描述一个国家或一个地区的产业化过程，描述产业比较优势的国际转移，反映了技术先进国家向后发国家梯次转移和传递产业，从而促使各国产业结构依次调整和向更高层次转换的动态过程。“雁行模式”中的产业转移含有技术转移的成分，这里的技术转移主要是通过两种途径实现：技术贸易和外商直接投资。

在生产比较优势的国际转移这一问题上，“雁行模式”理论与产品生命周期理论有异曲同工之处。两者的区别在于出发点不同：产品生命周期理论从技术领先国的角度出发，认为“产品循环”是发达国家按照“新产品开发—国内市场生产—产品出口—资本和技术出口—进口—开发其他新产品”的逻辑顺序不断循环；“雁行模式”理论描述的是后发国家追赶领先国家的产品循环过程。可见，产品生命周期理论的起点是领先国家，而“雁行模式”理论的起点是后发国家。

2.3.5 边际产业论

海默和金德尔伯格等美国经济学家关于对外直接投资的理论，主要建立在美国跨国公司的经验研究基础上。根据美国企业的情况，这类理论的结论一般表述为：只有拥有大量资本和高新技术的大型企业才有对外直接投资的能力。然而，20世纪50年代至70年代，日本企业的对外直接投资逐渐呈现与美国企业不同的特征，主要表现在以下两个方面：①从类型上看，日本对外直接投资侧重发展中国家，以对资源开发、纺织品、零部件等标准化劳动密集产业为中心，按照这些行业比较成本的顺序依次进行；②从规模上看，日本进行对外直接投资的企业多数为中小企业，投资规模较小，更多地采取同东道国本地公司合资的形式，不搞拥有全部股份的“飞地式”子公司。

为了更好地解释日本的对外直接投资现象，1977年，日本经济学家小岛清(Kiyoshi Kojima)在其出版的《对外直接投资论》一书中提出了边际产业论。在比较优势理论的基础上，边际产业理论认为，对外直接投资应该从母国(投资国)已经处于或即将处于比较劣势的产业(也就是“边际产业”)开始依次进行，而这些投资母国的边际产业正好也是投资东道国具有比较优势或潜在比较优势的产业。

在对外直接投资产业的选择上，小岛清认为，合适的投资产业应是在投资国处于或即将处于比较劣势，同时在东道国具有比较优势或潜在比较优势的产业，即所谓的“边际产业”。应按比较成本顺次进行投资，东道国比较成本高的产业优先对外直接投资。这由国际分工原则决定：第一，“边际产业”的转移能扩大投资国与东道国双方比较成本的差距，从而促进国际贸易。第二，“边际产业”的转移能有效地提升双方的产业结构，符合双方及世界其他国家的利益，使各国经济不断地、循序渐进地平稳发展。第三，“边际产业”的转移是有效的技术转移途径，因为在这类产业中双方生产技术和管理水平的差距较小，易于东道国吸收消化，其波及效应最大。相反，若将投资国尚具很强比较优势的产业转移至国外。首先，它不仅直接替代目前投资国的一部分出口贸易，并且缩小了两国比较成本差异，使两国间未来的潜在贸易进一步失去基础；其次，它会使投资国经济呈二元结构——高新技术产品不断出现，但它们的生产纷纷转移至国外，国内大量劳动力只能涌入已处于比较劣势的行业，使这些行业陷入更大的比较劣势，只得依赖国家的贸易保护政策才能生存；而投资国大量进口外国分公司的产品，可能带来整个国家国际收支的困难。

在对外直接投资方向的选择上，小岛清认为，应选择在国际分工中相对投资国处于更低水平的国家或地区。对于当时的日本来说，这类国家就是发展中国家。不过小岛清也指出，日本向发展中国家直接投资，要根据比较成本的变化从差距小、容易转移的技术开始，按序进行。

在对外直接投资主体的选择上，小岛清认为，中小型企业要先行。当时，日本企业的规模相对美国企业而言总体偏小，本国的大型跨国公司在国际市场上的所有权优势不明显，相反中小企业虽然在国内处于比较劣势，但相对于在国际分工中梯度低的东道国(比如韩国、新加坡、马来西亚等国家和地区)来说具有资金和技术上的比较优势，并且这些企业拥有大量的能为发展中国家所接受的劳动密集型及标准化实用技术，因此，中小型企业容易在境外特别是发展中国家找到立足点并占领当地市场。

小岛清的边际产业论指出了一种与传统美国型对外直接投资模式不同的日本型对外直接投资模式，不仅丰富了国际投资理论，而且为中小企业的对外技术转移提供了理论支持。在小岛清看来，日本向发达国家的投资不合理，他认为几乎找不出什么理由来解释日本要向美国直接投资不具备比较优势的小汽车等产业。如果对外直接投资是为了节省运费、关税及贸易障碍性费用以及其他交易费用等，那么应该由美国企业向日本小型汽车生产企业进行投资，日本企业向美国大型汽车生产企业进行投资，即实行所谓"协议性分工"的世界分工形式。这在一定程度上反映了小岛清边际产业论的局限性，不能完全解释日本的对外投资行为。实践证明，日本企业在美国的投资非常成功，已经在美国市场占有一席之地。

2.3.6　国家特定优势理论

现有国际投资理论的核心内容形成于20世纪60年代至70年代，主要有垄断优势理论、产品周期理论、内部化理论、国际生产折衷论等。这些理论构成国际投资理论的基本框架，其后的理论发展主要是在上述框架内的补充，未有实质性突破。这些理论实际上是跨国公司理论，从企业的微观角度理解国际投资，反映了当时国际经济的特点，但越来越不适应国际投资发展现状。首先，国家资本与私人资本相互融合、国家主权财富基金参与对外投资、国家参与全球生产要素的组合与配置，是当前国际投资领域的重要现象。其次，国与国之间不断签署更多的投资协定，开展多样的投资合作，对国际投资的规划管理日渐成为许多国家政府的重要工作内容。最后，进入新世纪以来，中国政府推行"走出去"战略，政府推动的企业海外投资成为新潮流。以上现象说明，国家在国际投资领域的作用明显增强，这已成为当代国际投资的基本特点。

裴长洪和郑文①提出了国家特定优势理论，认为企业参与国际投资的优势除了来自企业实力的自我积聚和东道国区位优势，还来自投资母国。国家特定优势理论对现有理论做出如下补充：母国是一国企业对外投资的基石，它在国民收入水平、服务业发展水平等方面提供基础条件；母国不同的发展条件，造就了各自的行业优势、规模优势、区位优势、组织优势及其他特定优势，形成企业优势的重要外部来源，对本国企业参与对外投资具有

① 裴长洪，郑文. 国家特定优势：国际投资理论的补充解释[J]. 经济研究，2011(11)：21-35.

显著意义。母国除提供对外投资的基础条件外，不同国家因自身基础及条件的不同，还会衍生行业优势、规模优势、区位优势、组织优势及其他特定优势，这些都是构成企业优势的重要外部来源。

1. 母国行业优势

自西方发达国家进入垄断资本主义时代起，国际经济竞争就不再是单个企业之间原子式的竞争，母国的行业优势既是本国跨国公司优势形成的主要来源，亦是其优势长久延续的重要支柱；母国的行业优势既包括企业所处行业的优势，亦包括相关行业的优势。

一国在某一行业强大，会为该国同行业企业发展带来诸多便利：先进企业或多或少会有技术扩散和技术转移，本国同行业企业在最新的行业信息获取、模仿与跟进方面往往比国外同行更便利，为了生存与发展，即使该行业最强的企业也只有通过开展更多的技术创新、管理变革等才能维持竞争优势，整个行业因而活力十足，有利于促成弱者跟进、强者愈强的局面。一国在某一行业强大，则在行业标准的制定上处于有利地位，一旦本国的行业标准被广泛应用乃至成为全球标准，该国也就相应控制了行业发展的制高点，这对本国企业竞争力的提高、竞争优势的维持有极大的推动作用。随着知识经济时代的到来，世界范围内的行业技术标准竞争空前激烈，谁能胜出，谁就能从中获得巨大的市场和经济利益。如果一国优势行业的企业进行强强联合，行业优势就直接转化为企业优势。美国波音公司兼并麦道公司、惠普兼并康柏、通用电气收购美国无线电公司、谷歌收购摩托罗拉移动、日本八幡钢铁公司和富士钢铁公司合并成立日本制铁公司、东京三菱金融集团兼并日本联合金融控股集团、德国大众收购奥迪等则是近年来的突出例证。

跨国公司的企业优势发端于国内相关行业的优势，这是因为各国生产体系、营销体系、服务体系之间的总体实力，对本国企业维持持久的竞争优势很重要；企业的实力不仅取决于其自身的能力和策略，也取决于供货商和相关行业的能力和策略，比如，供货商往往提供上游产品和中间产品，具有国际竞争力的本国供货商能带动下游行业明确创新方向，加速创新流程；相关行业的经济活动有相当强的“外部性”，相关行业往往依托相同的技术和供货渠道，易于开展信息交流和各项合作，并会产生技术外溢效果，因此会对本国相关企业有明显的带动作用。

2. 母国规模优势

母国国家规模是一国企业优势的重要来源。就一般规律而言，大国具有市场、人力资本等规模优势，经济回旋余地大，抗风险能力强；在大的发展中国家，还有多层次的技术体系，这些优势容易转变为对外投资优势。

(1) 大国稳定性优势。大国经济平稳性更强，能为本国企业抵御较强的国际冲击。当外部风险来临，大国市场比小国市场更具承受外部冲击的能力；小国市场因为其经济发展往往依赖单一市场，在外部危机来临时往往会遭受重创。2008年，全球范围内的一场金融危机，使许多小国经济动荡，但以中国为首的大国却表现出超强的稳定性，大国的企业虽然也受到巨大冲击，但依靠国内市场仍保持较强的生存能力，相反，像冰岛、希腊等小国却深受其害，企业受到外来冲击而大量倒闭。

(2) 大国人力资源优势。无论是发展中大国，还是大的发达国家，都存在人力资本的异质性。大国的经济社会发展往往是不平衡的，劳动力的受教育程度不同，既有较多的高技术人才，也有较多的适用技术人才，既有从事制造业的人才，也有从事现代服务业的人才，他们往往能够适用于不同的生产部门和劳动岗位。这种异质性的人力资本结构，能够为本国企业参与国际竞争提供充足而多样化的人才支持。目前，积极开展海外投资活动的印度软件业，其成功就极大地受益于该国具有受教育程度高、工作勤奋、工资成本低、熟练使用英语的充裕人才。

(3) 大国资本优势。大的发达国家的资本总量本来就大；大的发展中国家，虽然人均资本量可能不高，但资本总量可能也很大。大国可以发挥资金总量优势，集中资金支持重点地区和重点产业的发展。中国在改革开放初期，为了使沿海地区率先发展起来，对这个地区实行倾斜政策，使其经济得以迅速发展，中国最早的对外投资企业大都来自这一地区。此外，不少发展中大国，比如中国因长期执行出口导向政策、俄罗斯因资源出口、印度因服务贸易出口等积累了庞大的外汇储备，这自然会满足本国企业对外投资的资金需求。

(4) 大国技术多层次优势。发展中国家既有现代产业部门又有传统产业部门，前者以先进的科学技术作为技术基础，具有技术密集型的特征；后者以传统的手工技术作为技术基础，具有劳动密集型的特征。技术的多层次性使得发展中大国在对外投资方面有独特的优势。以中国为例，中国某些成熟且稳定的大量中间技术与加工制造技术，如机电、纺织、食品加工等对于发展中国家具有相对优势，比如上海自行车厂在加纳设立凤凰自行车加纳有限公司、在巴西建立合资企业都取得了较好的投资收益。在资本技术密集行业，中国的发电设备、电力传输设备、轨道交通设备和电子通信设备制造等领域则因具有先进技术，在国际上有较强的竞争力。

3. 母国区位优势

区位优势是国际投资活动得以进行的重要条件，如果一国经济发展水平比周边国家普遍高，或者比周边国家交通便利且投资机会多，在市场、供应、运输成本方面有适宜条件，那么该国向周边国家投资比向其他地区投资的成本要低，更容易取得收益。因此有理由认为，投资母国的区位优势不仅存在，而且具有普遍意义。

经济一体化的蓬勃发展，赋予母国区位优势以更深刻和更丰富的内涵。当投资母国加入某种形式的区域经济共同体后，区内国家和企业的国际竞争力将会由于以下效应而得到增强：一体化带来的市场规模效应、产业集聚效应、科技竞争力提高效应、货币合作带来的投资利益以及区内国家谈判地位的提高。目前，欧盟已达到经济联盟这一层次，此种形式的一体化对于区内企业国际竞争力的积极影响尤为深远。

4. 母国组织优势

政府在对外投资中的组织优势主要表现为：①政府对国内特定产业发展进行组织扶持规划与引导，提升企业竞争力，促成本国企业对外投资优势的形成；②构建专门的对外投资促进体系，提升本国企业对外投资实力。母国政府为促进本国企业对外投资而进行的有针对性的产业组织形式多样，政府对国内特定产业的发展进行组织与扶持，间接地提升本国企业的国际竞争力，主要措施有：制定政策支持企业技术创新，降低企业研究开发成本和风险，刺激企业加快技术进步；对国内市场进行适当保护或针对本国产品进行政府采购，充分帮助国内企业利用和占领国内市场，同时帮助国内企业扩大向国际市场出口，扩大市场规模，实现规模经济；优化产业布局，促进国内产业链的有效组织和产业积聚，推进产业重组，使产业资源向优势企业集中，加快产业集群的发育和成长，提高产业效率，降低产业风险和成本，使产业超常规发展，逐步形成比较优势和竞争优势。

案例2-1

中国高速铁路产业的崛起

在产业组织方面，中国高速铁路产业的崛起就是一个成功典范。仅20年的时间，中国就成为世界上高速铁路发展最快、系统技术最全、集成能力最强、运营里程最长、运营速度最快的国家，打造了举世闻名的中国高速铁路品牌。除巨大的市场需求推动外，另一个重要因素就是中国政府在高速铁路发展上强有力的组织推动。中国铁道部将全国铁路市场集中统一，作为技术引进的谈判砝码，最先进的道岔技术、最优质的无渣轨道技术、最稳定的高速列车技术等不得不以最高的性价比主动涌向中国谈判者，这样既避免了企业分散谈判而相互抬价的恶性竞争，又保证了引进的是占据产业制高点的关键技术。技术引进后，在科技部与铁道部的组织下，整合全国的科技资源，打破体制壁垒，消化吸收再创新。由此，以中国中铁、中国铁建和中国北车等为代表的相关企业迅速壮大，并大步走向海外。

资料来源：《中国经济周刊》，2011-02.

5. 其他特定优势

国家特定优势的内涵是丰富多样的，除上述四大优势外，母国形象优势、文化优势及国际规则的掌控力和对国际组织的影响力，同样能有效增进企业国际竞争优势。

(1) 国家形象优势。国家形象是个人、组织和政府对他国的兼具客观性与主观性的总体认识与评价。在当今世界，国家形象不仅是国际政治博弈的重要变量，也是国际经济博弈的重要因素，其经济功能在于：国家形象可以影响外国公众对该国生产的商品、所提供的服务、所进行的投资活动的态度，进而影响该国企业在国际投资领域是否能够处于有利地位。对于东道国政府、企业与居民而言，当它们考察一家跨国公司时，往往首先会联想到企业背后的国家形象，比如可口可乐代表美国、诺基亚代表芬兰、大众代表德国、三星代表韩国。跨国公司是国家形象的延伸，良好的国家形象会对国外主体产生吸引力，形成“国家认同”，由此派生“企业认同”，进而对该国企业的投资带来好处。

(2) 母国文化方面的优势，在国际投资中具有强烈的现实意义和长远意义。第一，母国与东道国在历史、文化、语言、商业习惯等方面所形成的“文化距离”会对直接投资的绩效产生很大的影响。在“文化认同国”设立企业，有利于对办事流程规则形成合理的预期，在具体投资和管理中将获得较大的便利性。第二，文化优势还表现为国家积极推动文化交流所产生的优势。第三，文化优势的另一个重要内容是文化产业优势。目前，全球网络信息资源中，英文信息约占90%，这使得美英文化产业在网络信息传播与舆情引导方面居主导地位。

(3) 国际规则的掌控力和对国际组织的影响力。资本主义在发展过程中，“按照自己的面貌为自己创造出一个世界”，按照自身的利益进行全球性扩张，形成一整套国际交往规则和国际经济规则，这些规则是西方资本主义秩序的产物，是国际话语权和国际影响力的体现，代表西方资本主义的利益。广大第三世界国家从未真正作为平等的一员参与制定这些规则，却不得不接受和执行这些没有反映其根本利益的规则，处于明显的不利境地。比如，美国凭借雄厚的经济实力，对国际货币基金组织(IMF)、世界银行、WTO等国际经济组织施加广泛的影响，尽力维护旧的国际经济秩序，帮助西方发达国家企业在全球进行经济扩张。

任何国家的企业，特别是像中国这样的新兴市场国家的企业，如果能发掘并结合本国优势创造条件，弥补自身不足，就能增强发展实力，铸就竞争优势，扩大并维护海外经济利益。

第3章 国际技术贸易中知识产权保护的国际机构与国际公约

本章主要介绍国际技术贸易中知识产权保护的国际机构以及主要的综合性国际公约，使读者掌握有关专利的知识产权国际公约、有关商标的知识产权国际公约、有关工业品外观的知识产权国际公约、有关版权及其邻接权的知识产权国际公约。

3.1 知识产权保护的国际机构

3.1.1 联合国世界知识产权组织

1. 世界知识产权组织的成立

世界知识产权组织(World Intellectual Property Organization，WIPO)是联合国系统下16个专门机构①之一。目前，WIPO管理世界上现有的绝大多数全球性知识产权多边协议，是知识产权领域最重要的国际组织。

WIPO的前身是一个政府间组织。1883年，该组织签订《保护工业产权巴黎公约》，由14个成员国组成国际局来执行行政管理任务，并负责举办成员国会议。与之类似，1886年《保护文学艺术作品伯尔尼公约》签订生效后，也成立了相应的国际局来执行行政管理任务。1893年，这两个国际局合并成立保护知识产权联合国际局(International Board of Intellectual Property Right，BIRPI)，即世界知识产权组织的前身，总部设在瑞士伯尔尼。

随着知识产权国际保护要求的日益提高，建立一个权威性知识产权国际保护组织的必要性日益显现。1967年7月14日，“国际保护工业产权联盟”(巴黎联盟)和“国际保护文学艺术作品联盟”(伯尔尼联盟)的51个成员国在瑞典首都斯德哥尔摩签订了《建立世界知识产权组织公约》，建立世界知识产权组织。1970年1月26日，《建立世界知识产权组织公约》生效。1974年12月，世界知识产权组织成为联合国系统的专门机构之一。世界知识

① 联合国专门机构：国际劳工组织；联合国粮食及农业组织；联合国教育、科学及文化组织；世界卫生组织；国际货币基金组织；国际开发协会；国际复兴开发银行(世界银行)；国际金融公司；国际民用航空组织；万国邮政联盟；国际电信联盟；世界气象组织；国际海事组织；世界知识产权组织；国际农业发展基金会；联合国工业发展组织；国际原子能机构；世界贸易组织；世界旅游组织。

产权组织的总部设在瑞士日内瓦，在美国纽约联合国大厦设有联络处。

1995年12月，世界知识产权组织与世界贸易组织在日内瓦达成《世界知识产权组织与世界贸易组织协议》(World Trade Organization and World Agreement on Trade-related Aspects of Intellectual Property Rights)，进一步扩大了WIPO在知识产权全球化管理中的作用。截至2012年3月，WIPO共有185个成员国。中国于1980年6月3日加入《建立世界知识产权组织公约》，成为其中的一员。

2. 世界知识产权组织的宗旨与职责

《建立世界知识产权组织公约》[①]第三条明文规定世界知识产权组织的宗旨为：通过国家间的合作，并在适当的时候与其他国际组织协作，促进世界范围内的知识产权保护；保证并加强各种保护知识产权国际联盟之间的行政合作。

为了实现上述宗旨，该公约第四条规定了世界知识产权组织的职责，具体如下所述。

(1) 促进在世界范围内对知识产权形成有效保护，协调各国有关此方面法令和措施的发展。

(2) 执行巴黎联盟及其有关专门联盟和伯尔尼联盟的行政任务。

(3) 同意担任或参加其他旨在促进知识产权保护国际协定的行政工作。

(4) 鼓励缔结旨在促进知识产权保护的国际协定。

(5) 对请求知识产权方面的法律、技术援助的国家给予指导。

(6) 收集和传播有关知识产权保护的情报，从事并促进这方面的研究，公布这些研究的成果。

(7) 提供促进知识产权国际保护的服务，办理这方面的注册并公布有关注册的资料。

(8) 进行其他相关活动。

此外，WIPO的主要活动包括：确定国际知识产权规范和标准，特别是通过国际条约确定标准；对体现这类规范和标准的条约，以及有助于保护发明、商标和工业品外观设计申请提出的其他条约进行管理；提供工业产权信息，特别是专利文件和国际标记注册中所载的法律和技术信息。WIPO实施向发展中国家和经济转型国家提供法律和技术援助的实质性方案。

3. 世界知识产权组织的机构设置

下列机关是WIPO[②]的最高决策机构。这些机构传统上在每年9月份至10月份举行会议，召开例会或特别会议。

(1) WIPO大会及各联盟成员国大会。大会是WIPO的最高权力机构，由参加公约的各联盟成员国组成。

大会的主要职责为：①根据协调委员会提名，任命总干事；②审核并批准总干事关于本组织的报告，并给其一切必要的指示；③审核并批准协调委员会的报告及活动，并给其

① http://www.sipo.gov.cn/zcfg/gjty/.

② http://www.wipo.int/policy/zh/index.html#bodies.

指示；④通过各联盟共同的三年开支预算；⑤批准总干事提出的关于同意担任或参加其他旨在促进知识产权保护国际协定的行政工作；⑥通过本组织的财务条例；⑦参照联合国的惯例，决定秘书处的工作语言；⑧邀请相关国家加入世界知识产权组织公约；⑨决定哪些没有参加本组织的国家和哪些政府间和非政府性的国际组织可派观察员参加会议；⑩行使其他合于本公约的适当职权。大会例会每两年由总干事主持召开一次；大会特别会议应由总干事按协调委员会的请求或按大会四分之一成员国的请求召开。

(2) WIPO成员国会议。成员国会议由参加WIPO的全体成员国组成，每一个成员国在成员会议中应有一票表决权，成员国的三分之一构成法定人数。

成员国会议的职责为：①讨论知识产权方面共同有兴趣的事项，并且可在尊重各联盟权限和自主的条件下，就此类事项通过建议；②通过成员国会议的三年预算；③在成员国会议预算的限度内，制订两年法律、技术援助计划；④按WIPO公约第十七条规定，通过对该公约的修订；⑤决定哪些没有参加本组织的国家和哪些政府间和非政府性的国际组织可派观察员参加会议；⑥行使其他合于WIPO公约的适当职权。

成员国会议例会应由总干事主持，与大会同期同地举行。成员国会议的特别会议应由总干事按多数成员国的请求主持召开。成员国会议应通过自己的议事规则。

小百科知识3-1

WIPO总干事——弗朗西斯·高锐

弗朗西斯·高锐(Francis Gurry)是澳大利亚律师，自2008年10月1日起担任世界知识产权组织(WIPO)总干事，并于2014年5月获得再次任命，第二个六年任期至2020年9月结束。此外，他还担任联合国系统行政首长协调委员会(CEB)高级别管理委员会(HLCM)主席(2012年至今)、日内瓦国际咨询委员会委员。

弗朗西斯·高锐拥有墨尔本大学的法律学位、剑桥大学的博士学位，并在多个国家的多所大学担任名誉教授，持有名誉博士学位。他是多部出版物的作者，其中由牛津大学出版社出版的《高锐论破坏信用》(Gurry on Breach of Confidence)已在联合国成为标准法律文本。他精通法语和英语。

在总干事的领导下，WIPO正在应对众多挑战。这些挑战包括：对快速的技术变革、全球化和不断增加的需求给国际专利和版权制度造成的压力进行管控；缩小发达国家和发展中国家之间的知识差距；确保知识产权制度发挥鼓励各国创造和创新这一根本作用。为了让WIPO有能力应对这些不断变化的挑战，弗朗西斯·高锐发起了一项对本组织的计划、资源和结构进行全面调整的组织改革计划，提出了一套全新的战略目标。

(3) WIPO协调委员会。协调委员会由担任巴黎联盟执行委员会委员或伯尔尼联盟执行委员会委员或两委员会委员的WIPO公约参加国组成。

协调委员会的职责是：①就一切有关行政、财务以及其他对两个以上联盟或一个以上联盟与本组织共同有关的事项，特别是关于各联盟共同开支预算事项，向各联盟的机构、本组织成员国大会、成员国会议和总干事提出意见。②拟订本组织大会的议程草案。③拟订本组织成员国会议的议程草案以及计划和预算草案。④以各联盟三年共同开支预算和本组织成员国会议三年预算以及法律、技术援助三年计划为基础，制订相应的年度预算和计划。⑤在总干事任期即将届满或总干事缺位时，提名一位候选人以待成员国大会任命；如果大会未任命其所提名的人，协调委员会应另提一名候选人；这一程序应反复进行直到其最后提名的人被大会任命为止。⑥如果总干事在两届成员国大会之间缺位，在新任总干事就职前任命一位代理总干事。⑦行使WIPO公约赋予的其他职权。

协调委员会例会每年由总干事主持召开一次，一般都在WIPO总部举行。协调委员会特别会议，可由总干事以其个人名义倡议或应协调委员会主席的请求或四分之一的委员国的请求主持召开。协调委员会委员的半数构成法定人数，一名代表只能代表一国，且只能以一国名义投票。

3.1.2 世界贸易组织

1. 世界贸易组织概述

世界贸易组织(Wor1d Trade Organization，WTO)成立于1995年1月1日，总部设在日内瓦，其前身为1947年创立的《关税与贸易总协定》(Gcneral Agreement on Tariffs and Trade，GATT)。世界贸易组织的宗旨是：提高生活水平，保证充分就业；扩大货物、服务的生产和贸易；坚持走可持续发展之路；保证发展中国家贸易和经济的发展；建立更加完善的多边贸易体制。它的具体目标是：建立一个完整的、更具活力和永久性的多边贸易体制，以巩固原来的关贸总协定为贸易自由化所做的努力和乌拉圭回合多边贸易谈判的所有成果。为实现这些目标，各成员国应通过互惠互利的原则，切实降低关税和其他贸易壁垒，在国际贸易中消除歧视性待遇。

世界贸易组织是具有法人地位的国际组织，在法律上与联合国等国际组织处于平等地位。它的职责范围包括关贸总协定原本应该执行的组织实施多边贸易协议，提供多边贸易谈判场所，作为一个论坛负责定期审议其成员的贸易政策和统一处理各成员国之间产生的贸易争端，并负责加强同国际货币基金组织和世界银行的合作，以实现全球经济决策的一致性。WTO协议的范围包括从农业到纺织品与服装，从服务业到政府采购，从原产地规则到知识产权等多项内容。

世界贸易组织的最高决策权力机构是部长大会，至少每两年召开一次会议，可对多边贸易协议的所有事务做出决定。部长大会下设总理事会和秘书处，负责WTO日常会议工作。总理事会设有货物贸易(Council for Trade in Goods)、服务贸易(Council for Trade in Services)、知识产权(Council for Trade-Related Aspects of Intellectual Property Rights)三个理事会，以及贸易与环境(Committte on Trade and Environmet)、贸易与发展(Committte on Trade and Development)、区域贸易协定(Committte on Regional Trade Agreements)、国际收支平衡限制(Committte on Balance of Payments Restrictions)、行政预算(Committte on

Budget，Finance and Administration)五个委员会。[①]

2. 世界贸易组织有关知识产权的保护

1986年以前，《关税与贸易总协定》主要是通过解决关税和非关税壁垒问题来促进国际货物的自由流通，早期的GATT多边贸易谈判大都集中在削减关税方面。20世纪80年代起，国际贸易产品的知识和技术含量不断提高，投入大量资金和人力研制的高附加产品进入市场后被仿制或假冒，使得研制者和生产者失去了获得创新垄断利润的机会。为此，发达国家与发展中国家在国际知识产权制度方面产生争议。以美国为代表的发达国家认为，知识产权是一种私有权利，应当像其他财产权一样受到保护。发展中国家则认为，知识产权是一种公众物品，应当用于促进经济发展。基于认识差异或利益考虑，发达国家与发展中国家在对待是否将知识产权国际保护纳入GATT框架的问题上持完全不同的态度。发达国家主张，在GATT框架下解决知识产权保护问题，将知识产权列入多边谈判的议题，将知识产权保护纳入货物贸易、服务贸易、国际投资和技术转让等跨国经济交流总体框架范围内。发展中国家则担心知识产权保护会成为合法贸易的障碍，成为继贸易壁垒、关税壁垒之后的第三道壁垒，进而影响公众福利。

在美国及其他发达国家的极力坚持与推动下，1986年开始的乌拉圭回合谈判将知识产权列为新议题之一，并成立知识产权谈判小组。谈判初期，由于各国代表的意见仍有很大分歧，在知识产权问题上的谈判几乎没有任何实质性进展。1989年4月，在日内瓦举行的乌拉圭回合高级官员会议中期评审后续会议上，各方就知识产权等问题达成协议。1990年12月，在布鲁塞尔部长级会议上，各谈判方基本认同进一步推进知识产权谈判，并开始起草知识产权守则草案。1991年年底，GATT的总干事邓克尔提出了乌拉圭回合最后文本框架，包括《与贸易有关的知识产权协议》(Agreement on Trade-related Aspects of Intellectual Property Rights，TRIPs)草案，该知识产权协议草案基本获得了通过。

1994年4月15日，在摩洛哥马拉喀什召开的部长级会议上乌拉圭回合谈判各项议题均获得通过，签署了《建立世界贸易组织协定》(Agreement Establishing the World Trade Organization)，决定成立更具全球性的世界贸易组织，以取代于1947年制定的关贸总协定。1995年1月1日，世界贸易组织成立，知识产权保护成为WTO的重要工作。《建立世界贸易组织协定》第四条世贸组织的机构中提出，设立一个货物贸易理事会、一个服务贸易理事会和一个与贸易有关的知识产权理事会；知识产权理事会应当负责与贸易有关的知识产权协定的运作。

3.1.3 联合国教科文组织

1. 联合国教科文组织概述

联合国教科文组织(United Nations Educational，Scientific and Cultulal Organization，UNESCO)正式成立于1946年11月，同年12月成为联合国的一个专门机构，总部设在法国

① https：//www.wto.org/english/thewto_e/whatis_e/tif_e/org2_e.htm.

巴黎。

联合国教科文组织的宗旨是通过教育、科学及文化促进各国间合作，对和平与安全做出贡献，以增进对正义、法治及《联合国宪章》所确认的世界人民不分种族、性别、语言或宗教信仰均享人权与基本自由的普遍尊重。为实现这个宗旨，联合国教科文组织设置了以下五大功能。①前瞻性研究：明天的世界需要什么样的教育、科学、文化和传播。②知识的发展、传播与交流：主要依靠研究、培训和教学。③制定准则：起草和通过国际文件及法律建议。④传播知识和技术：以“技术合作”的形式提供给会员国，制定发展政策和发展计划。⑤专门化信息的交流。

联合国教科文组织是各国政府间讨论关于教育、科学和文化问题的国际组织，其主要机构有大会、执行局和秘书处。

(1) 大会。大会是教科文组织的最高权力机构，每两年举行一次，由全体会员国参加。它的主要功能是：审议总干事的工作报告，决定该组织的方针政策；审议并通过该组织的6年中期战略和双年度计划与预算；审议并通过国际公约、建议、宣言等准则性文件，修改组织法；接纳新会员国和准会员国，改选执行局成员及各政府间计划理事机构的成员国，任命总干事。现任联合国教科文组织总干事为保加利亚前外交部部长伊琳娜·博科娃，中国常驻联合国教科文组织代表团大使衔代表(正司级)为张秀琴。

(2) 执行局。执行局是大会闭幕期间的监督、管理机构，由58个经大会选举产生的会员国组成，任期4年，每两年改选半数，可以连选连任。它的主要职能是：审议总干事关于大会通过的双年度计划与预算执行情况的报告；就编制下一个双年度计划与预算草案向大会提出建议；就该组织的其他政策、业务、外联、行政、财务、人事等问题提出建议或做出决定；向大会提出新一任总干事人选。

(3) 秘书处。秘书处为常设执行机构，负责执行大会批准的该组织双年度计划与预算，落实大会的各项决议和执行局的各项决定，起草编制下一个双年度计划与预算草案和6年中期战略草案，向执行局和大会提出工作报告和其他需要审议决定的事项。秘书处由从各国招聘的各类国际公职人员组成，最高行政首长为总干事，由大会选举产生，任期6年，可连任一届。

2. 联合国教科文组织对有关知识产权的保护

教科文组织的基本职能之一就是保护文学、艺术和科学作品。1952年，在教科文组织的主持下，《世界版权公约》在日内瓦获得通过，并由教科文组织负责管理。此外，教科文组织还主持或参与主持缔结了以下国际公约：①《保护表演者、音像制品制作者和广播组织罗马公约》(Rome Convention for the Protection of Performers，Producers of Phonograms and Broadcasting Organizations)，简称《罗马公约》。1961年10月26日，由国际劳工组织与世界知识产权组织及联合国教科文组织共同发起，在罗马缔结了本公约，1964年5月18日生效；②《保护录音制品制作者防止未经许可复制其录音制品公约》，简称《录音制品公约》；③《关于播送由人造卫星传播载有节目的信号的公约》，简称《卫星公约》；④《避免对版权使用费收入重复征税多边公约》。

3.1.4 国际劳工组织

国际劳工组织(International Labor Organization，ILO)成立于1919年。联合国于1945年成立后，国际劳工组织成为其负责劳工事务的专门机构，是联合国机构中历史最悠久、地位十分重要的一个专门机构。国际劳工组织是联合国中唯一具有三方(政府、雇主和工人)代表性结构的机构，总部设在瑞士日内瓦。

国际劳工组织的宗旨是：促进充分就业和提高生活水平，促进劳资合作，改善劳动条件，扩大社会保障；保证劳动者的职业安全与卫生，获得世界持久和平，建立和维护社会正义。国际劳工组织主要在下列领域提供技术援助：职业培训和职业康复、就业政策、劳动行政管理、劳动法和产业关系、工作条件、管理发展、合作社、社会保障、劳动统计和职业安全卫生。它倡导独立的工人和雇主组织的发展，并向这些组织提供培训和咨询服务。在整个联合国系统内，国际劳工组织拥有独特的二方结构，即工人和雇主代表作为与政府平等的伙伴参与本组织的活动。

国际劳工组织主要通过以下三个组织机构开展工作：①国际劳工大会，即国际劳工组织的最高权力机构，每年6月份在日内瓦举行。国际劳工大会制定和通过国际劳工标准，并作为一个论坛讨论全球重要的劳工和社会问题。②理事会，即国际劳工组织的执行委员会，每三年经大会选举产生，在大会休会期间指导该组织工作，每年3月份和11月份各召开一次会议。③国际劳工局，即国际劳工组织的常设秘书处和所有活动的联络处，总部设在瑞士的日内瓦。

国际劳工组织是以国家为单位参加的国际组织，但在组织结构上实行独特的“三方性”原则，即参加各种会议和活动的成员国代表团由政府、雇主组织和工人组织的代表组成，三方代表有平等独立的发言权和表决权。国际劳工组织与联合国教科文组织以及世界知识产权组织共同管理保护知识产权的国际公约，在知识产权的国际保护上起到了一定的作用。

20世纪初，录音和广播的出现与发展威胁到演奏者的就业状况，他们开始向国际劳工组织求助，请求维护自己的权利，直至1961年《罗马公约》的签署，国际劳工组织在维护表演者和演奏者的利益方面起到了积极作用。国际劳工组织主张演奏或表演首先是一种劳动成果，表演者和演奏者的权利建立在《劳动法》的基础上，他们有权提出权利要求。国际劳工组织为保护脑力劳动者的利益开展了一系列活动，一方面旨在保护受雇作者和发明者的权利；另一方面涉及就业条件和工作条件以及艺术家的表演被二次使用时他们应享有的权利。

3.2 知识产权保护的主要综合性国际公约

3.2.1 《保护工业产权巴黎公约》

1.《保护工业产权巴黎公约》概述

《保护工业产权巴黎公约》(Paris Convention for the Protection of Industrial Property)(以

下简称《巴黎公约》)签订于1883年3月，于1884年7月正式生效，是世界上最早签订的关于保护工业产权的国际公约。《巴黎公约》自签订以来共经历了6次修订，分别是1900年布鲁塞尔修订、1911年华盛顿修订、1925年海牙修订、1934年伦敦修订、1958年里斯本修订和1967年斯德哥尔摩修订。

《巴黎公约》对全世界所有国家开放，可以自愿向世界知识产权组织总干事直接提出申请，由总干事通知全体成员国，无须资格审查，3个月即可自动生效。截至2012年3月31日，《巴黎公约》共有174个成员国。我国于1985年3月19日正式加入该公约，成为该公约第95个成员国，并且根据中国政府的声明，自1997年7月1日起，该公约适用于我国香港特别行政区。

《巴黎公约》保护的范围涉及专利、实用新型、工业品外观设计、商标、服务商标、厂商名称、产地标记或原产地名称、制止不正当竞争等。此处“工业产权”应按广义理解，包括工业、商业、农业和采掘业以及全部制成的或天然的产品。《巴黎公约》是世界上最早的知识产权国际公约，后来许多工业产权领域的国际公约都是在它的基础上发展而来，如《专利合作条约》《国际专利分类协定》《商标注册条约》等。这些条约或公约均规定只有先参加《巴黎公约》，才可以参加这些公约。因此，这些公约或条约被称为《巴黎公约》的子公约，而《巴黎公约》是工业产权的母公约。

2.《巴黎公约》的基本原则

《巴黎公约》是目前国际上在保护专利技术和商标专有权方面最有影响力的一个公约。该公约所制定的基本原则为成员国国民在成员国之间申请专利和注册商标提供了方便。在国际技术贸易中，公约规定的“国民待遇”“优先权”和“独立性”三大原则，对于各国的技术引进与技术输出起到了积极的促进作用。

(1) 国民待遇原则。有关国民待遇原则的内容主要在《巴黎公约》第2条和第3条中进行了规定。《巴黎公约》第2条规定(本联盟各国国民的国民待遇)：联盟任何成员国国民，在保护工业产权方面，在联盟所有其他国家内应享有各该法律现在授予或今后可能授予各该国国民的各种利益；一切都不应损害本公约特别规定的权利。第3条规定(某类人与本联盟国家的国民同样待遇)：本联盟以外各国的国民，在本联盟一个国家领土内设有住所或有真实和有效的工商业营业所，应享有与本联盟国家国民同样的待遇。

因此，联盟或非联盟国民应和各该国国民享有同样的保护，对侵犯他们的权利享有法律上同样的救济手段，但是以他们遵守对各该国国民规定的条件和手续为限。该条款所指的“国民”既包括自然人也包括法人，对于联盟国家的国民，无论其是否在其他成员国有住所或营业场所，都可以享受国民待遇；对于非成员国国民而言，其要在成员国享受国民待遇，则必须在该成员国设有住所或真实有效的工商业场所。

国民待遇原则是成员国无条件给予其他成员国国民以与本国国民同等的待遇；不仅如此，如果某个成员国的专利权保护期限比另一个成员国长，那么这个成员国也无权规定后一个成员国的国民只能享有与其属国规定的保护期限相同的期限。这一原则不仅使外国人的权利在该成员国得到保护，而且能保证外国人不会受到任何形式的歧视待遇。《巴黎公约》同时对国民待遇原则的保留情况做了说明，即在成员国法律中关于司法和行政程序、管辖权以及制定送达地址或委派代理人的规定方面，可以对其他成员国国民规定不同于本国国民的待遇，而不应理解为对外国人的歧视。

(2) 优先权原则。该原则是指《巴黎公约》成员国的某一申请人或其合法继承人在已经向一个成员国正式提出专利、使用新型注册、外观设计注册或商标注册申请后，在规定的期间又向《巴黎公约》其他成员国提出相同主题的申请，以其第一次申请的日期作为在其他成员国申请的日期。优先权原则使得需要在若干成员国同时提出申请的国家，只需要在优先权期限内到相关成员国提出申请并行使优先权即可。这样既可以避免同时到几个国家申请的麻烦，又可以保证发明、商标等保护的及时性和新颖性。

《巴黎公约》同时规定，优先权原则的适用必须满足一定的前提条件，包括申请人的第一次申请必须是一个正式的申请，该申请的申请日期明确；此后的申请与第一次申请必须属于同一个主题，即都属于同一项发明、实用新型注册、商标或外观设计；优先权只能建立在第一次申请上，即如果第二次申请的内容是在第一次申请的内容基础上进行了改进，不能以第二次申请为优先权的基础；第一次申请在联盟成员国提出，以后的申请应当在优先权期限内提出，其中发明专利和实用新型注册的优先权期限为12个月，工业品外观设计和商标的优先权期限为6个月。优先权期限从第一次申请的申请日起算。

(3) 独立性原则。该原则规定，联盟成员国国民向另一成员国申请的专利，与在其他国家(不管是否为成员国)就同一发明所取得的专利相互独立；在成员国一个国家正式注册的商标，与其在其他成员国注册的商标包括在原属国注册的商标也相互独立。

《巴黎公约》之所以确定这一原则，主要是因为各主权国家的专利法存在很大差异，工业产权的地域性比较明显：一项技术在一个国家被授予专利，但按照另一个国家的法律规定可能不被授予专利；或者在一个国家被驳回、撤销或宣告无效的工业产权，在其他国家不一定同样会被驳回、撤销或宣告无效；工业产权的各种保护标准会受到各成员国法律保护水平的限制。因此，确立专利独立性原则可以在各成员国法律规定不同的情况下最大限度地保护工业产权人的权益。

3.《巴黎公约》关于专利权保护的规定

(1) 署名权。本公约第4条之三规定：“发明人有权要求在专利证书上记载自己是发明人。”这一条是为保障发明人的“精神权利”，当发明人与专利权人不是同一个人时，这项权利尤为重要。

(2) 对驳回专利申请(或撤销专利)的限制。本公约第4条之四规定：“不得以专利产品的销售或依专利方法制造的产品销售受到本国法律的禁止或限制为理由，而拒绝授予专利或使专利无效。”第5条A项中规定：“专利权人将在本联盟任何国家内制造的物品进口到对该物品授予专利的国家，不应导致该项专利取消。”“除强制许可的授予不足以防止上述滥用外，不应规定专利的取消。自授予第一个强制许可之日起两年届满前不得提起取消或撤销专利的诉讼。”这几项规定说明，法律限制某种商品的销售不能作为驳回和取消专利的理由，同样专利产品的进口不能作为取消专利的理由。

(3) 强制许可。本公约第5条A项第2款规定：“本联盟各国都有权采取立法措施规定授予强制许可，以防止由于行使专利所赋予专有权而可能产生的滥用，例如，不实施。”

该条款可以理解为在专利权人不实施(也不许可他人实施)其专利，或某项专利必须借助其他人的专利才能实施时，有权颁发强制许可证。设置强制许可是一种可以选择的规定，不是必须的要求。第5条A项第4款确定了对发明专利进行强制许可的限制，这些限制具有强制性；“自提出专利申请之日起四年届满以前，或自授予专利之日起三年届满以前，以后满期的期间为准，不得以不实施或不充分实施为理由申请强制许可；如果专利权人的不作为有正当理由，应拒绝强制许可。这种强制许可具有非独占性，而且除与利用该许可的部分企业或商誉一起转让外，不得转让，甚至授予分许可证的形式也包括在内。”

(4) 对专利权的限制。本公约第5条之三提出了对专利权人行使权利的一些限制：“在本联盟任何国家内，下列情况不应认为是侵犯专利权人的权利：本联盟其他国家的船舶暂时或偶然进入联盟其他成员国的领水时，在该船的船身、机器、船具、装备及其他附件上使用构成专利对象的器械，以专为该船的需要而使用这些器械为限；本联盟其他国家的飞机或陆上车辆暂时或偶然进入上述国家时，在该飞机或陆上车辆的构造或操作中，或者在该飞机或陆上车辆附件的构造或操作中使用构成专利对象的器械。” 但是，如果交通工具上装载着其他国家的专利产品，或以其他国家的专利技术制作的产品，而又未获得有关的专利权人的许可，此时专利权人可以行使自己的专利权。

4.《巴黎公约》关于商标保护的规定

(1) 对商标使用的保护。在商标使用方面，本公约第5条C款做出以下规定。①在任何国家，如果注册商标的使用是强制的，只有经过适当的期限，而且只有当事人不能证明其不使用有正当理由，才可以撤销注册。②商标所有人使用的商标，在形式上与其在本联盟国家之一所注册的商标形式只有一些要素不同，而并未改变其显著性，不应导致注册无效，也不应减少对商标所给予的保护。③根据请求保护地国家的本国法认为商标共同所有人的几个工商企业，在相同或类似商品上同时使用同一商标，在本联盟任何国家内不应拒绝注册，也不应以任何方式减少对该商标所给予的保护，但以这种使用并未导致公众产生误解且不违反公共利益为限。

同时，本公约第7条规定：“使用商标的商品性质绝不应成为该商标注册的障碍。”这条规定避免了因商品的销售活动而影响工业产权的获得。

(2) 对驰名商标的特殊保护。本公约第6条之二规定：“本联盟各国承诺，如果本国法律允许，应依职权或依利害关系人的请求，对商标注册国或使用国主管机关认为在该国已经驰名，属于有权享受本公约利益的人所有，并且用于相同或类似商品的商标构成复制、仿制或翻译，易于产生混淆的商标，拒绝或撤销注册，并禁止使用。这些规定在商标的主要部分构成对上述驰名商标的复制或仿制，易于产生混淆时，也应适用。”《巴黎公约》没有从正面规定驰名商标的认定条件，但从解决法律冲突的角度突出了驰名商标的特点。

(3) 禁用作为商标的标记。本公约第6条之三规定了禁用作为商标的标记：“本联盟各国同意，对未经主管机关许可，而将本联盟国家的国徽、国旗和其他国家的徽记、各该国用以表明监督和保证的官方符号和检验印章以及从徽章学的观点看来的任何仿制用做商标或商标的组成部分，拒绝注册或使其注册无效，并采取适当措施禁止使用。”“上述规定应同样适用于本联盟一个或一个以上国家参加的政府间国际组织的徽章、旗帜、其他徽记、缩写和名称，但已成为保证予以保护的现行国际协定的对象的徽章、旗帜、其他徽记、缩写和名称除外。”

本公约第6条同时强调了以下几种关于商标禁用的例外。

“本联盟任何国家无须适用上述规定，而损害本公约在该国生效前善意取得的权利的所有人。在上述所指商标的使用或注册性上不会使公众理解为有关组织与这种徽章、旗帜、徽记、缩写和名称有联系时，或者如果这种使用或注册性质上大概不会使公众误解为使用人与该组织有联系时，本联盟国家无须适用该项规定。”

“关于禁止使用表明监督、保证的官方符号和检验印章的规定，应该只适用于在相同或类似商品上使用包含该符号或印章的商标的情况。”即对于官方管制和保证的标记的禁用，如果带有该种标记的商标并非企图用于同类或类似的商品上，就不属于禁用的范围。

5.《巴黎公约》关于临时性保护与宽限期的规定

(1) 临时性保护。本公约第11条对临时性保护做出规定：“本联盟国家应按其本国法律对在本联盟任何国家领土内举办的官方或经官方承认的国际展览会展出的商品中可以取得专利的技术发明、实用新型、工业品外观设计和商标，给予临时保护。”

临时性保护要求必须是国际性展览会，而且本联盟各国认为必要时可以要求提供证明文件，证实展出的物品及其在展览会展出的日期。临时保护的保护期限与优先权期限相同。在临时保护期内，各国均不允许展品所有人之外的人以展出的任何内容申请工业产权。

(2) 宽限期。本公约第5条之二规定：“关于规定的工业产权维持费的缴纳，应给予不少于6个月的宽限期，但是如果本国法律有规定，应缴纳附加费。”“本联盟各国对因未缴费而终止的专利有权规定予以恢复。”

3.2.2 《与贸易有关的知识产权协议》

1.《与贸易有关的知识产权协议》概述

《与贸易有关的知识产权协议》(Agreement on Trade-Related Aspects of Intelectual Propertys Rights，TRIPs) [①]是除世界知识产权组织管理的知识产权国际条约之外，最重要的一部知识产权保护国际公约。TRIPs与《货物贸易多边协议》《服务贸易总协议》一起共同构成WTO法律框架的三大支柱。

TRIPs协议共有73条，分为7个部分：总则与基本原则，关于知识产权的效力、范围及使用的标准，知识产权的实施，知识产权的获得与维持以及相应程序，争端的防止与解决，过渡安排，机构安排与最后条款。TRIPs规定的是知识产权保护的最低标准。TRIPs第1条第1款规定：各成员方可以但不应受强制地在其本国法律中实行比本协议所要求的更加广泛的保护，只要这种保护不与本协议条款相抵触。各成员方应在各自的法律体系及管理范围内自由确定实施本协议各条款的适当方法。

① http://www.sipo.gov.cn/zcfg/gjty/.

2. TRIPs的基本原则

(1) 国民待遇原则。TRIPs第3条规定："在知识产权保护方面，每个成员给其他成员国民的待遇不应低于它给本国国民的待遇，除非《巴黎公约》(1967年)、《伯尔尼公约》(1971年)、《罗马公约》或《关于集成电路的知识产权条约》中已分别有例外规定。对表演者、唱片制作者和广播组织，该项义务仅适用于本协定规定的权利。"

除了上述4个公约中规定的例外，TRIPs国民待遇的例外还包括有关知识产权在司法和行政程序方面的例外，包括在一成员方司法管辖权范围内指定服务地址或委任代理人，只有在为确保与本协议规定不一致的法律、规章得到遵守所必要的，并且此种做法不以一种可能对贸易构成变相限制的方式被采用的条件下，各成员方才可利用。

(2) 最惠国待遇原则。TRIPs的第4条是最惠国待遇条款。根据规定，"在知识产权保护方面，一成员国给任何其他成员国民的任何好处、优惠、特权或豁免，应立即无条件地给予所有其他成员的国民。"把最惠国待遇原则引入知识产权的国际保护，是世界贸易组织首创的。

与大多数基本原则相同，TRIPs最惠国待遇原则也存在例外的情况，具体体现在以下几个方面。①得自国际司法协助协定或一种一般性的并非专门限于保护知识产权的法律实施的；②按照认可所给予的待遇，只起到在另一国所给予的待遇的作用，而不起到国民待遇作用的《伯尔尼公约》(1971年)或《罗马公约》的规定授予的；③有关本协议未做规定的录音与广播组织的表演者及制作者权利的；④得自世界贸易组织协定生效之前已生效的与知识产权保护有关的国际协定的，条件是此类协定已通报与贸易有关的知识产权理事会，并且不得构成一种对其他各成员方国民随意的或不公正的歧视。

某一成员国在给予上述好处、优惠、特权或豁免时，可以不适用最惠国待遇原则。

3. TRIPs对有关知识产权的保护

(1) 版权及相关权利。首先，TRIPs明确了与《伯尔尼公约》的关系："各成员方应遵守《伯尔尼公约》(1971年)第1条至第21条及其附录的规定。然而，各成员方根据本协议对公约第6条副则授予的权利或由其引申出的权利没有权利和义务。"TRIPs中版权及相关权利保护涉及的范围包括：①计算机程序及数据汇编；②出租权；③对录音(音响录音制品)的保护。

在对计算机程序及数据汇编的保护方面，TRIPs规定："计算机程序，无论是源代码还是目标代码，均应根据《伯尔尼公约》(1971年)的规定作为文献著作而受到保护。""不论是机读的还是其他形式的数据或其他材料的汇编，其内容的选择和安排如构成智力创造即应作为智力创造加以保护。这种不得延及数据或材料本身的保护不应妨碍任何存在于数据或材料本身的版权。"

TRIPs对出租权的保护体现在第11条中："至少在计算机程序和电影艺术作品方面，一成员方应给予作者及其权利继承人以授权或禁止将其拥有版权的作品原著或复制品向公众做商业性出租的权利。除非此类出租已导致对该作品的广泛复制，而这种复制严重损害了该成员方给予作者及其权利继承人的独家再版权，否则在电影艺术作品方面一成员方可免除此项义务。在计算机程序方面，当程序本身不是出租的主要对象时，此项义务不适用出租。”

TRIPs对录音(音响录音制品)的保护体现在第14条中：“在表演者的表演在录制品上的录制方面，表演者应能阻止下列未经其许可的行为：录制和翻录其尚未录制的表演；表演者也应能阻止下列未经其许可的行为：将其现场表演做无线电广播和向公众传播。”“录音制品制作者应享有授权或禁止直接或间接翻制其录音制品的权利。”“广播机构应有权禁止下列未经其许可的行为：录制、翻录、以无线广播手段转播以及向公众传播同一录音制品的电视广播。若各成员方未向广播机构授予此种权利，则应依照《伯尔尼公约》(1971年)，向广播内容的版权所有者提供阻止上述行为的可能性。”“第11条关于计算机程序的规定经对细节做必要修改后，应适用于录音制品的制作者及经一成员方法律确认的录音制品的任何其他版权所有者。若一成员方于1994年4月15日实行了在出租录音制品方面向版权所有者提供合理补偿的制度，则它可在录音制品的商业性出租未对版权所有者的独占翻录权造成重大损害的条件下，维持该项制度。”“录音制品制作者和表演者根据本协议可以获得的保护期至少应持续到从录音制品被制作或演出进行的日历年年终起算的50年期结束。按照第3款给予的保护期至少应从广播播出的日历年年终起算持续20年。”

(2) 商标。TRIPs对商标进行了明确的定义：任何能够将一个企业的商品和服务与另一个企业的商品和服务区别开来的标志或标志组合，均应能够构成商标。此种标志，尤其是包含个人姓名的词、字母、数目字、图形要素和色彩组合以及诸如此类的标志组合，应有资格注册为商标。若标志没有固有的能够区别有关商品及服务的特征，则各成员方可将其通过使用而得到的独特性作为给予注册的依据。各成员方可要求标志在视觉上是可以感知的，以此作为注册的一项条件。

TRIPs对商标授予权利的规定体现在第16条：“已注册商标所有者应拥有阻止所有未经其同意的第三方在贸易中使用与已注册商标相同或相似的商品或服务的，其使用有可能招致混淆的相同或相似的标志。在对相同商品或服务使用相同标志的情况下，应推定存在混淆的可能。上述权利不应妨碍任何现行的优先权，也不应影响各成员方以使用为条件获得注册权的可能性。”

TRIPs规定，各成员方可对商标许可和转让规定条件，同时，强制性的商标许可是不被允许的，已注册商标的所有者有权将商标所属企业与商标一同转让或只转让商标不转让企业。

该协议还对商标的保护期限、使用要求和其他要求等做出了规定，然而TRIPs在商标保护方面最突出的进步表现在对驰名商标的保护上。它比《巴黎公约》的进步性体现在：①宣布《巴黎公约》的特殊保护延及驰名的服务商标；②把保护范围扩大到禁止在不类似的商品或服务上使用与驰名商标相同或近似的标识；③对如何认定驰名商标做出了原则性的简单规定。

(3) 地理标记。TRIPs所指的地理标记是指“识别一种原产于一成员方境内或境内某一区域或某一地区的商品标志，而该商品特定的质量、声誉或其他特性基本上可归因于它的地理来源。”某些货物的地理来源对其质量、信誉度与美誉度等方面具有很大的影响，该地理来源在一定程度上会影响消费者的选择，因此对地理标记做出相应的规定是十分必要的。

基于上述原因，TRIPs在第22条对地理标记的保护做出了规定，要求各成员方利用法律手段阻止以下行为：①使用任何手段，在商品的设计和外观上，以在商品地理标志上误导公众的方式标志或暗示该商品原产于并非其真正原产地的某个地理区域；②做任何在《巴黎公约》(1967年)第10条副则意义内构成一种不公平竞争行为的使用。

若某种商品不产自某个地理标志所指的地域，而其商标又包含该地理标志或由其组成，如果该商品商标中的该标志具有在商品原产地方面误导公众的性质，则成员方在其法律许可的条件下或应利益方之请求，应拒绝或注销该商标的注册。

TRIPs第23条强调了对葡萄酒和烈性酒地理标记的额外保护，“每一成员方应为各利益方提供法律手段，以阻止不产自某一地理标志所指地方的葡萄酒或烈性酒使用该地理标志，即使在标明了商品真正原产地或在翻译中使用了该地理标志或伴以‘种类’‘类型’‘风味’‘仿制’等字样的情况下也不例外。对于不产自由某一地理标志所指的原产地而又含有该产地地理标志的葡萄酒或烈性酒，如果一成员方的立法允许或应某一利益方之请求，应拒绝或注销其商标注册。”

(4) 工业设计。工业品外观设计是一种特殊的工业产权，既可以受《专利法》保护，也可以受《版权法》保护。

TRIPs第25条规定，“成员方应为新的或原始的独立创造的工业设计提供保护。成员方可以规定设计如果与已知的设计或已知的设计要点的组合没有重大区别，则不视其为新的或原始的。成员方可以规定此类保护不应延伸至实质上是由技术或功能上的考虑所要求的设计。”由于纺织品设计具有周期短、数量大、易复制等特点，因而得到了特别的重视。TRIPs规定，对纺织品保护设置的条件，特别是有关费用、审查或公开方面的条件，不得无理损害寻求和获得此类保护的机会。TRIPs在保护工业设计方面的特点是专门把工业品外观设计的保护加以强调的同时，又允许各成员方自由选择以什么样的法律加以保护。

(5) 专利。TRIPs第27条至第34条是有关专利保护的规定。TRIPs定义的专利内容包括：“所有技术领域内的任何发明，无论是产品还是工艺，均可取得专利，只要它们是新的、包含一个发明性的步骤，工业上能够适用。”专利权的获得不应因发明的地点、技术领域、产品是进口还是当地生产而受到歧视和限制。

TRIPs规定，专利所有人应具有以下专有权：①若一项专利的标的事项是一种产品，则专利所有者有权阻止未得到专利所有者同意的第三方制造、使用、出卖、销售或为这些目的而进口被授予专利的产品；②若专利的标的事项是一种方法，则专利所有者有权阻止未得到专利所有者同意的第三方使用该方法，或使用、出卖、销售或至少是为这些目的而进口直接以此方法获得的产品。

此外，TRIPs还对专利申请人规定的条件、授予权利的例外、未经权利持有人授权的其他使用、专利的撤销与收回等方面分别进行了规定，并将专利的保护期统一为不少于20年，自专利申请提交之日起算。

(6) 集成电路外观设计(分布图)。集成电路外观设计亦属于知识产权法保护的内容，一般受《版权法》保护。TRIPs中对集成电路外观设计保护的部分移植了《关于集成电路的知识产权条约》，各成员方同意按《关于集成电路的知识产权条约》中第二条至第七条(第六条第三款除外)以及第十二条和第十六条第三款的规定，对集成电路外观设计进行保护。

TRIPs规定，进口、销售或为商业目的分售受保护的外观设计、含有受保护的外观设计的集成电路，或仅在继续含有非法复制的外观设计的范围内含有这种集成电路的产品，这些行为如果没有经权利持有人授权则视为非法行为。

在要求将登记作为保护条件的成员方，对外观设计的保护期限自填写登记申请表之日或自在世界上任何地方首次进行商业开发之日计起，应不少于10年；在不要求将登记作为保护条件的成员方，对外观设计的保护期限自在世界上任何地方首次进行商业开发之日计起，应不少于10年。虽然有以上规定，但成员方仍可规定在外观设计被发明15年后保护应自动消失。

(7) 未公开信息。TRIPs中没有“商业秘密”这个术语，但在第39条中提到了“未泄漏之信息”。协议中规定可以获得保护的“未泄漏之信息”需要满足以下条件：①在作为一个实体或其组成部分的精确形状及组合不为正规地处理此种信息的那部分人所共知或不易被其得到的意义上来说是秘密的；②由于是秘密的而具有商业价值；③被其合法的掌握者根据情况采取了合理的保密措施。上述信息如果被以违反商业诚信原则的方式泄露或获取使用，即为侵犯商业秘密权。TRIPs并未对“未泄露之信息”的保护期加以规定。

4. 知识产权保护的执法

同以往的知识产权国际保护公约相比，《与贸易有关的知识产权协议》不仅保护范围更广泛、保护规定更严格，而且特别规定了知识产权的实施程序。以往的国际公约都只规定了实体权利、获得与维持程序，却不能保证权利的实现。TRIPs的第三部分比较详细地规定了各成员方应向知识产权权利人提供的法律程序和救济措施，而且对这些程序和措施在实施中的有效程度提出了要求，使得知识产权权利人可以有效地行使权利。对任何歧视待遇和侵权行为在公平的非歧视性的执法程序保障下，均有机会得到及时有效的司法救济，同时侵犯权利人也可以为自己辩护。

TRIPs第41条至第61条是对知识产权执法做出的规定，共分为5个部分：①一般义务(目的是保证执法程序的有效性和符合正当程序的基本原则)；②民事和行政程序及救济；③临时措施；④与边境措施相关的特殊要求；⑤刑事程序。这些条款的宗旨是要保证向权利持有人提供有效的执法手段，并保证执法程序的运用不会对合法贸易产生障碍，也不会出现执法程序的滥用。TRIPs对一般性侵权活动(通常采用民事程序及救济)和假冒与盗版(情节严重的侵权，通常还采取附加的程序及救济)进行了区分。

实体权利规范和实施程序规范相结合是TRIPs重要的特点之一。

5. 知识产权的获得和维护及相关程序

知识产权均存在获得、维持、保护与利用4个方面的问题。在“知识产权的获得和维护及相关程序”部分，TRIPs允许成员方以符合程序作为权利获得的前提，仅指本协议第二部分第2节至第6节中覆盖的知识产权，即商标权、地理标识权、工业品外观设计权、专利权与集成电路布图设计权。

TRIPs规定，若知识产权的取得以知识产权被授予或登记为准，则成员方应确保在符合取得知识产权的实质性条件的情况下，有关授予或登记的程序允许在一段合理时间内授予或登记权利，以避免保护期限被不适当地缩短。

6. 争端的防止和解决

在国际市场上，参与国际贸易的各方都企图使自己的利益最大化，由于贸易双方的利益是相对的，所以在国际贸易中出现争端是十分常见的事情。以往的相关国际公约都规定将争议提交给国际法院进行解决，然而这种解决方式存在一些缺陷。如果要提交给国际法院，双方需要就争议的程序、审理结果以及执行达成协议，这可能会导致争议久拖不决，给争议双方都带来困扰。由此，TRIPs规定了一系列关于解决争端的办法。

首先，TRIPs规定了争端预防的“透明度”原则，要求“由一成员方制度实施的关于本协议主题事项(知识产权的效力、范围、取得、实施和防止滥用问题)的法律和规章、对一般申请的最终司法裁决和行政裁决，应以该国官方语言使各成员方政府和权利人能够熟悉的方式予以公布；若此种公布不可行，则应使之可以公开利用。正在实施中的一成员方的政府或一政府机构与另一成员方政府或一政府机构之间关于本协议主题事项的各项协议也应予以公布。”就是说，都要有透明度。

若争端已经发生，TRIPs规定相关成员国可采用《关贸总协定》(1994年)第22条和第23条的各项规定进行争端磋商与解决，本协议中另有规定者除外。

7. 过渡安排

《与贸易有关的知识产权协议》是一个保护水平非常高的多边协议，其保护标准完全是按照发达国家法律规定设立。对于发展中国家或地区的成员来说，一时比较难以适应这样高的保护标准。TRIPs中的过渡安排条款就是为了使发展中国家与最不发达国家适应从过去水平较低的保护向水平较高的世界贸易组织中的保护过渡而制定。

TRIPs的过渡条款对发展程度不同的国家使用协议规定有不同的要求，同时要求适用过渡期规定的成员在过渡期内对其法律、法规和措施进行修改，逐渐达到协议的要求。此条款中体现出对发展中国家的权益保护。

3.3 有关专利的知识产权国际公约

3.3.1 《专利合作条约》

1.《专利合作条约》概述

《专利合作条约》(Patent Cooperation Treaty，PCT) [①]于1970年6月19日在华盛顿签订，并于1978年1月24日生效，由世界知识产权组织管理。在签订《专利合作条约》的同时，还成立了专利合作条约联盟(PCT Union)。该条约签订之后先后于1979年9月和1984年2月进行了两次修订，截至2012年3月31日共有144个成员国。我国于1993年9月正式向世界知识产权组织总干事提出申请加入专利合作联盟，最终于1994年1月1日成为该条约的第64个成员国。原中国专利局同时成为PCT的受理局、国际检索单位和国际初步审查单位，中文成为PCT的工作语言。

《专利合作条约》是在《巴黎公约》的原则指导下产生的关于统一国际专利申请的专门性公约。《巴黎公约》的签订解决了专利权的国际保护问题，但并没有就专利权的国际申请及审查程序做出统一规定。因此，如果一项专利需要在若干个成员国获得保护，申请人要分别到这些成员国去申请，由这些受理申请的各成员国分别进行审查，然后决定是否授予专利权。这种做法既不利于专利申请人，也不利于各有关国家的专利管理机构。为了减少专利申请人和有关国家专利管理机构的重复劳动，减少专利申请人的专利申请费用，简化专利申请手续和审批手续，加快国际科学技术的交流，一些国家经反复磋商后，共同缔结了《专利合作条约》。该条约完全是程序性的，只对专利申请案的受理及审查程序做出国际统一规定，并不涉及专利的批准问题，因此不影响成员国的专利实体法。

《专利合作条约》是一个非开放性的国际条约，只有《巴黎公约》的成员国才可以申请加入该条约。

2.《专利合作条约》的主要内容

《专利合作条约》规定了申请国际专利的主要程序，并为成员国政府及其国民，特别是作为发展中国家的成员国提供专利情报服务和技术援助等做出了指导。实现国际专利申请及审批合作的具体步骤如下所述。

(1) 提出国际申请。本条约规定，在任何缔约国，保护发明的申请都可以按照本条约作为国际申请提出。国际申请的内容一般包括请求书、说明书、一项或几项权利要求、一幅或几幅附图(需要时)和摘要。

国际专利申请人须向规定的受理局提出国际申请，由该受理局对此申请进行审查。审查合格后，受理局须将该国际申请材料提交给世界知识产权组织和国际检索单位，同时自己保留一份。受理局应以收到国际申请的日期作为国际申请的提交日期。

---

① http：//www.sipo.gov.cn/zcfg/gjty/.

此外，若某一国家是《巴黎公约》的成员国却没有加入本条约，则该国的居民或国民在提出国际申请时须经大会同意。

(2) 国际检索。国际检索的目的是检验现有技术中是否有与申请专利的发明相同或类似的技术，因此，《专利合作条约》要求每一项国际申请都要经过国际检索。国际检索应在权利要求书的基础上进行并适当考虑到说明书和附图(如果有)。国际检索应由国际检索单位进行，该单位可以是一个国家局或者是一个政府间组织，如国际专利机构，其任务包括对作为申请主题的发明提出现有技术的文献检索报告。国际检索单位经过检索，应在规定的时间期限内按规定的格式撰写国际检索报告，并尽快将报告分送给申请人和世界知识产权组织国际局。被指定国的专利局还可以对国际申请进行补充性检索，以审查专利的新颖性。

(3) 国际公布。本条约规定，国际局应在国际申请提出之日起算满18个月(有优先权的自优先权日起算)后对国际申请进行早期公布。公布是指将国际申请的全文以小册子的形式进行公布，以促进有关专利申请技术情报的传播。国际局每周会出版公报，宣布有关公布的通知及索引等。

(4) 国际初步审查。国际专利申请人收到检索报告后可自行决定是否要进入国际初步审查阶段。国际初步审查是依据申请人的请求对发明的新颖性、创造性(非显而易见性)以及工业实用性进行审查的实质阶段。根据本条约规定，受理局有权确定进行国际初审的单位。国际初审单位的审查程序，应遵守本条约细则以及国际局与该单位签订的协议，但该协议不得违反本条约和细则的规定。国际初审也应在规定的期限内按规定的形式撰写国际初级审查报告。该审查结果对于被指定国的专利审查无约束力，是否授予其专利权最终由被指定国的专利局决定。

(5) 指定国专利局的最后审查。国际初审通过后，国际初审单位须将国际申请的原件和初步审查报告送交国际局，由国际局对被选定的指定国进行告知，并送交该申请的译文给各指定局。最后各指定局按照本国专利法对该申请进行审查，做出是否授予专利权的决定。

3.3.2 《专利法条约》

1.《专利法条约》概述

《专利法条约》(Patent Law Treaty，PLT)于2000年6月2日获得通过，并于2005年4月28日生效，由世界知识产权组织管理，是继《专利合作条约》之后的又一部国际专利条约。

1978年生效的《专利合作条约》建立了一国申请、多国指定的国际保护制度，简化了国际专利申请的程序，但却并未解决统一各国和地区专利局的形式要件及简化取得和维持专利的程序问题。由此，世界知识产权组织从1983年就开始酝酿一项新条约的制定，即《专利法条约》。经过近20年的努力与磋商，《专利法条约》的文本已具雏形。2000年5月11日，包括我国在内的130多个国家、4个政府间国际组织、20多个非政府间国际组织参加的外交会议在日内瓦召开。会议最终就《专利法条约》条款达成共识，并于同年6月2日通过这一条约。根据《专利法条约》第21条规定，《专利法条约》应在10个国家向世界知识产权组织总干事交存了批准书和加入书后的3个月期满之日生效，因此该条约在2005年4月28日即罗马尼亚递交加入文书3个月之后正式生效。截至2012年3月31日，该条约共有32个成员国。

2.《专利法条约》的主要内容

《专利法条约》共有27条，除了条约宗旨、原则、修订、生效、保留条款等形式规定，主要对专利申请的程序与流程进行了规范。该条约对专利申请的形式要件进行了标准化和简单化，降低了专利申请过程中的错误率，并可以使得当事人较少丧失权利。

该条约规范的主要内容有：①取得申请日的要件及避免申请人因未满足形式要求而失去申请日的有关程序；②适用各国和地区专利局的一套国际标准化形式要求，且该要求与《专利合作条约》的形式要求一致；③标准申请表格；④简化的审批程序；⑤出于非故意原因未遵守期限而丧失权利的机制；⑥适用电子申请的基本规则。

《专利法条约》规定了成员国专利局可以使用的最高要求，这意味着成员国可以自由地从申请人和权利人的角度规定对它们更有利的要求。

3.3.3 《国际专利分类斯特拉斯堡协定》

1.《国际专利分类斯特拉斯堡协定》概述

《国际专利分类斯特拉斯堡协定》(International Patent Classification Agreement/Strasbourg Agreement)(以下简称《斯特拉斯堡协定》)，是有关建立专利国际分类的专门协定之一，签订于1971年3月24日，并于1971年公布生效。该协定由世界知识产权组织管理，只有《巴黎公约》的成员国才可以参加该协定。截至2012年3月31日，该协定已有62个成员国。我国在1985年4月1日实施《专利法》时采用了该协定所确定的发明和实用新型专利的分类方法，并于1997年6月19日加入该协定。

《斯特拉斯堡协定》的签订是为了规范专利的国际分类方法。20世纪初，随着现代科学技术的迅猛发展，各种专利申请层出不穷，申请数量逐年增多。20世纪70年代以后，上百个建立了专利制度的国家平均每年公布的专利文件共计100万份左右。各国专利机构为了处理大量的专利申请和专利文献，迫切需要建立一个统一、科学的国际专利分类方法。1954年，世界上第一个由几个国家统一适用的专利分类法——《发明专利国际分类欧洲公约》在欧洲委员会的主持下由几个西欧国家正式签订。但是，由于该公约限制欧洲委员会成员国以外的国家参加修改国际分类法，影响了许多国家参与的积极性，世界知识产权组织的前身(BIRPI)与欧洲委员会一起着手准备一个世界性的统一专利分类法。1971年3月24日，《斯特拉斯堡协定》正式签订，成为一部在《巴黎公约》框架内对《巴黎公约》成员国开放的统一专利文献分类的世界性协定。

2.《斯特拉斯堡协定》的主要内容

《斯特拉斯堡协定》正文共有17条，条文本身主要是对相关国际分类法的管理、加入该协定的国家应遵循的规章进行了规定，具体包括：专门联盟的建立、国际分类法的采用；本分类法的定义；本分类法的语言；本分类法的使用；专家委员会；修正案及其他决议的通知、生效和公布；专门联盟大会；国际局；财务；本协定的修订；本协定某些规定的修订；成为本协定的缔约国；本协定的生效；本协定的有效期；退出；签字、语言、通知、保存职责；过渡条款等。

按照协定建立起来的国际分类法现行文本共有1 000多页，分别有英文和法文两种版本。分类法由9卷组成，第1卷是导言，指明了国际分类法的作用并对国际分类法的使用方法进行了介绍。其余8卷将专利技术分为8大类，20个分类，118个小类，617个细类，总共约有5.5万个细目。一个完整的分类号由代表部、大类、小类、组的符号结合而成，该分类号由专利局确定后标在每一份申请文件和每一份专利上。

3.4　有关商标的知识产权国际公约

3.4.1　商标国际注册马德里体系

《商标国际注册马德里协定》(Madrid Agreement Concerning the International Registration of Marks)(以下简称《马德里协定》)与《商标国际注册马德里协定有关议定书》(The Protocol Relating to the Madrid Agreement Concerning the International Registration)一起被人们称为商标国际注册马德里体系。两个条约虽然在产生时间上相差近一百年，但其基本内涵均为方便商标的国际注册。《马德里协定》是体系的主要组成部分，构成体系的基础；议定书则是对协定的补充，弥补了协定的不足，使商标的国际注册体系更加完整。马德里体系现已被全球大部分国家所接受，而且不断有新的成员国加入，这必将给商标的国际注册带来越来越多的便利。

1.《商标国际注册马德里协定》

1)《马德里协定》概述

《商标国际注册马德里协定》于1891年4月14日在马德里签订，并于1892年7月15日生效。该协定自生效以来先后经历了6次修订，因此相应产生了6个文本：1900年11月14日布鲁塞尔文本、1911年6月2日华盛顿文本、1925年11月6日海牙文本、1934年6月2日伦敦文本、1957年6月15日尼斯文本和1967年7月14日斯德哥尔摩文本。目前，只有尼斯文本和斯德哥尔摩文本是有效文本。截至2015年6月15日，该协定共有93个成员国，我国已于1989年10月4日加入该协定。

19世纪末，国际市场日益扩大，商标的国际注册需求也与日俱增。然而，由于工业产权具有地域性的特点，商标所有人要在不同国家获得注册保护就必须分别在每个国家根据其各自的程序、格式、语言等进行申请，具体过程可谓耗时耗力、困难重重。为了应对上述弊端，就需要通过某种国际合作制定相应的法律法规，简化注册手续并减少费用。为此，《商标国际注册马德里协定》应运而生。该协定适用的商标注册包括商品商标和服务商标；可以应用该协定提出国际注册申请人必须是该协定成员国的国民，或者是在成员国中有住所或实际营业场所的非成员国国民。

《马德里协定》生效一个多世纪以来，为其成员国提供了简便的商标国际注册途径，但是由于该协定存在一定的弊端，使得许多国家(美国、英国、日本等国家)都未能加入，在某种程度上限制了协定产生效应的范围。

2) 《马德里协定》的主要内容

《马德里协定》共有18条98款，主要规定了商标国际注册的程序以及一些具体细节。该协定在第1条第1款中规定："本协定所适用的国家组成商标国际注册特别同盟"，因此协定后面部分的条款交代了一些联盟大会的组织结构情况。

(1) 商标国际注册的程序与条件。①申请人首先将自己的商标在本国商标主管部门取得注册，然后由原属国主管部门向世界知识产权国际局提出申请。②商标原属国注册当局应先对申请的项目进行审查，"证明这种申请中的具体项目与本国注册簿中的具体项目相符合，并说明商标在原属国的申请和注册的日期和号码及申请国际注册的日期。"申请人"应指明使用要求保护的商标商品或服务项目，如果可能，也应指明其根据《商标注册用商品和服务项目国际分类尼斯协定》所分的相应类别"；如果申请人要求将颜色作为其商标的一个显著特点，必须在申请书中特别说明并随申请书提交彩色图样。③国际局接到申请后即开始对该国际申请进行审查。如果审查合格，国际局应立即对该申请的商标予以注册。"如果国际局在向所属国申请国际注册后两个月内收到申请，注册时应注明在原属国申请国际注册的日期，如果在该期限内未收到申请，国际局则按其收到申请的日期进行登记。国际局应不迟延地将这种注册通知有关注册当局。根据注册申请包括的具体项目，注册商标应在国际局所出的定期刊物上公布。" ④如果国际局没有通过对该国际申请的审查，国际局将通知申请人所在国主管部门，要求在三个月内修改申请案，否则予以驳回。

(2) 国际注册的地域效力。某一国际申请取得了国际注册，并不等同于该申请人获得了实际权利。本协定中规定，任何缔约国可在任何时候书面通知本组织总干事，通过国际注册所得到的保护，只有在商标所有人明确要求时，才得以延伸至该国。如果某一申请人要求将其通过国际注册所得到的保护延伸至有上述要求的国家之一，"必须用规定的格式，通过原属国的注册当局提出。""国际局应立即将这种要求注册，不迟延地通知有关注册当局，并在国际局所出的定期刊物上公布。这种领土延伸自在国际注册簿上已经登记的日期开始生效，在有关的商标国际注册的有效期限届满时停止效力。"

对于国际局通知的对某一申请要求的领土延伸，相关国家"经国家法律授权的注册当局有权声明在其领土上不能给予这种商标以保护。""根据《保护工业产权巴黎公约》，这种拒绝只能以对申请本国注册的商标同样适用的理由为根据。但是，不得以除非用在一些限定的类别或限定的商品或服务项目上，否则本国法律不允许注册为理由，而拒绝给予保护，即使是部分拒绝也不行。"

(3) 国际注册的独立效力。本协定规定，自国际注册的日期开始满5年，该注册即与原属国在先注册的国家商标相独立。但在自国际注册的日期开始5年之内，如根据第1条先注册的国家商标在原属国已全部或部分不再享受法律保护的，那么无论国际注册是否已经转让，都不得再全部或部分取得该保护。当5年期限届满前因引起诉讼而致停止法律保护时，本规定亦同样适用。

(4) 国际注册的有效期及续展。在国际局的商标注册有效期为20年，但任何注册均可续展，期限自上一次期限届满时算起为20年。续展仅需缴纳基本注册费，需要时则应按照有关规定缴纳附加注册费和补充注册费。续展不得对上一期注册的最终状况有任何变动。保护期满前6个月，国际局应寄送非正式通知书，提醒商标注册人及其代理人期满的确切的届满日期；已缴纳细则规定附加费的，应给予国际注册续展以6个月宽展期。

(5) 国际注册商标保护的放弃、变更和转让。商标所有人对商标所做的变更，如果影响国际注册，则本国注册当局应同样将在本国注册簿中所做一切关于商标的取消、撤销、放弃、转让和其他变更通知国际局。国际局应将这些变更在国际注册簿上登记，通知各缔约国注册当局，并在其刊物上公布。

当在国际注册簿上注册的一个商标转让给一个协定内部成员国的人，而该国不是该所有人以其自己名义取得国际注册的国家时，后一国家的注册当局应当将该转让通知国际局。国际局应登记该转让、通知其他注册当局，并在刊物上予以公布。如果转让在国际注册后未满5年内办理，国际局应征得新所有人所属国家的注册当局的同意，如有可能，应将该商标在新所有人所属国家的注册日期和注册号码公布。凡将国际注册簿上注册的商标转让给一个无权申请国际商标的人，均不予登记。

如果已通知国际局仅就部分注册商品或服务项目转让国际商标，国际局应在注册簿上登记。如果所转让的那部分商品或服务项目与转让人所保留注册的那部分商品或服务项目类似，每个成员国均有权拒绝承认转让的有效性。在上述情况下，如果在所有人的国家上发生了变更，且如果在从国际注册之时开始不满5年的时间里，国际商标已经转让，新所有人所属国家的注册当局应按相关规定予以承认。

2.《商标国际注册马德里协定有关议定书》

为了弥补《马德里协定》的不足，扩大马德里协定体系的成员国范围，1989年6月27日，在世界知识产权组织的主持下在马德里通过了《商标国际注册马德里协定有关议定书》(以下简称议定书)，本议定书于1995年12月1日生效。截至2012年3月31日，该议定书已有84个成员国。我国于1995年9月1日正式申请加入该议定书，成为第4个加入该议定书的国家。议定书规定，当第4个国家加入该议定书满3个月，该议定书自动生效，因此《商标国际注册马德里协定有关议定书》于1995年12月1日正式生效。

议定书秉承《马德里协定》的基本原则，对其存在的一些不合理的地方进行了改革，是《马德里协定》的补充。议定书规定，如果某一国家既参加了《马德里协定》又参加了该议定书，则“该议定书的各项规定在同属本议定书和《马德里协定》(斯德哥尔摩)的任何国家内不产生效力”。

3.《马德里协定》与其议定书的区别

(1) 申请基础。《马德里协定》要求申请人只有在国内获得国家注册后才能进行国际注册，而议定书的国际注册既可以基于申请人的本国注册，也可以基于其本国申请，这样缩短了注册期限，使得商标可以及早得到保护。

(2) 国际注册与国内注册的联系。《马德里协定》规定，在国际注册日起算5年内，如果某一成员国指定保护的国际注册商标在原属国国内注册已全部或部分被撤销，则无论国际注册是否已经转让，该国际注册同时被撤销。而议定书则规定，如果国际注册在前5年内被撤销，只要其所有人在国际注册被撤销之日起3个月内提出申请，并按照各成员国的规定缴纳一定的费用，即可将该商标的国际注册转换为在该国的国家注册。

(3) 驳回期限。《马德里协定》规定，商标国际注册领土延伸时，相关国家商标主管机构有权驳回的期限为1年，而议定书中则将此期限延长至18个月。

(4) 工作语言。《马德里协定》规定的工作语言仅为法语，而议定书的法定工作语言为法语、英语、西班牙语。

(5) 费用的收取。议定书中允许各成员国对商标的附加注册费和补充注册费收取“单独规费”，不必完全按照马德里联盟大会规定的固定收费标准由国际局统一收取；一旦“单独规费”被收取后，国际局就不再收取补充费。

(6) 注册期限。《马德里协定》规定，注册的商标20年内有效，期满可以续展；议定书则规定注册商标的有效期为10年，期满可以续展。

(7) 加入资格。《马德里协定》只允许《巴黎公约》的成员国加入，而议定书则扩大了这一范围，允许政府间组织加入该议定书。2004年6月，欧盟已经向世界知识产权组织提交了加入书，正式加入马德里体系。

(8) 注册效力。根据《马德里协定》申请商标的国际注册，除非某一国家通知世界知识产权组织，只有在申请人明确提出请求时该注册才能延伸到该国，该注册的效力对《马德里协定》的成员国具有普遍性。议定书明确规定，除了原属国，一项国际注册只在申请人指定要求保护的国家得到保护。

3.4.2 《商标注册用商品和服务国际分类尼斯协定》

1.《商标注册用商品和服务国际分类尼斯协定》概述

《商标注册用商品和服务国际分类尼斯协定》(Nice Agreement Concerning the International Classification of Goods and Services for the Purposes of the Registration of Marks)(以下简称《尼斯协定》)于1957年6月15日在法国尼斯市签订，并于1961年4月生效。该协定生效后，先后于1967年7月10日在斯德哥尔摩、1977年5月13日在日内瓦进行了两次修订，并于1979年10月2日在日内瓦进行了修改。《尼斯协定》由世界知识产权组织管理，只有《巴黎公约》的成员国可以参加该协定。截至2015年12月，已有84个国家加入该协定。我国于1988年开始采用该协定的国际商品分类法，1993年开始采用其国际服务分类法，并最终于1994年8月9日正式加入该协定。

《尼斯协定》的宗旨是统一国际上商标注册用的商品和服务的分类方法，为各国提供国际通用的分类标准，以便商标的检索、管理以及商标的国际交流合作。《尼斯协定》允许非成员国使用依照它建立起来的商品与服务分类法，目前世界上已有100个国家和一些国际组织的商标注册部门在使用尼斯分类法。根据《马德里协定》进行商标国际注册时必须要采用《尼斯协定》规定的国际分类法。

根据规定，《尼斯协定》的缔约国组成尼斯联盟，这些国家在申请商标的国际注册工作中，必须使用商品和服务国际分类法。相应地，尼斯联盟的成员可以参与分类表的修订，但非成员国无权派代表参加修改分类法的专家委员会。专家委员会和由专家委员会设立的工作小组委员会提出修改建议，由专家委员会讨论通过，然后纳入国际分类。

《尼斯协定》确立的分类由两种表组成：分类表(视需要附加注释)以及按字母顺序排列的商品和服务表，并针对每个商品和服务项目说明所属类别。表中使用英文和法文两种文字，具有同等效力。

2.《尼斯协定》商品与服务国际分类原则

《尼斯协定》国际分类表共分为42类，包含两大部分：商品分为34类；服务分为8类。对商品进行分类一般采取如下原则。

(1) 制成品原则上按其功能、用途进行分类，如果分类表没有规定分类的标准，该制成品就与按字母排列的分类表内类似的其他制成品分在一类；也可以根据辅助的分类标准，根据这些制成品的使用原材料或操作方式进行分类。

(2) 原料、未加工品或半成品原则上按其组成的原材料进行分类。

(3) 商品构成其他商品的一部分，原则上与其他商品分在同一类；但这种同类商品在正常情况下不能有其他用途。其他所有情况均按上述标准进行分类。

(4) 成品或半成品按其组成的原材料分类时，如果是由几种不同原材料制成，原则上按其主要原材料进行分类。

(5) 用于盛放商品的盒、箱之类的容器，原则上与该商品分在同一类。

就服务而言，所适用的分类原则如下所述。

(1) 服务，原则上按照服务分类的类名及其注释所划分的行业进行分类，也可以按字母排列分类表中类似的服务进行划分。

(2) 出租业服务，原则上与通过出租物所实现的服务分在一类。

3.4.3　《建立商标图形要素国际分类维也纳协定》

《尼斯协定》建立了关于商标注册时涉及的商品和服务项目的分类法，为商标的国际注册提供了便利。一个商标往往由文字和图案组成，在进行注册商标的检索时，往往比较容易检索到文字商标，但检索图形商标就困难得多。如果在对商品和服务进行分类的同时，也建立起一个对商标图形的分类法，就可以进一步避免接受相同或相似的商标注册，有利于避免商标所有人之间的冲突。在这种需要的推动下，1973年6月12日，巴西、奥地利、比利时、丹麦、法国等国家在维也纳签订了《建立商标图形要素国际分类维也纳协定》(Vienna Agreement for Establishing an International Classification of the Figurative Elements of Marks)(以下简称《维也纳协定》)。该协定于1985年正式生效，并于同年10月1

日进行过一次修订。《维也纳协定》由世界知识产权组织管理，该协定规定只有《巴黎公约》成员国才可以加入。截至2015年12月31日，已有32个国家加入了该协定。

《维也纳协定》中的许多条款与《尼斯协定》相似，该协定规定其成员国商标主管机关应当在官方文件和出版物中按照商标图形要素国际分类标明注册商标的图形的大类、小类、细目的编号。参加该协定后，成员国即有权派代表参加修订商标图形分类法的专家委员会。《维也纳协定》规定适用本协定的国家组成特别联盟，并对联盟的组织机构、管理运行模式进行了阐述。

《维也纳协定》对包括图形要素的商标进行了分类，将商标图形要素按大类、小类、细目进行分类，并根据情况加以注释。全部分类包括29个大类、144个小类。实际上，在该协定生效之前，世界知识产权组织国际局在管理《马德里协定》和《商标注册协定》时就已经在国际注册程序中使用了该协定建立的商标图形分类法。

3.5 有关工业品外观设计的知识产权国际公约

3.5.1 《工业品外观设计国际保存海牙协定》

1.《工业品外观设计国际保存海牙协定》概述

为了方便权利人就某一工业品的外观设计在不同国家获得专利，避免重复履行备案手续的麻烦，1925年11月6日，在海牙缔结了《工业品外观设计国际保存海牙协定》(The Hague Agreement Concerning the International Deposit of Industrial Designs)(以下简称《海牙协定》)。该协定由世界知识产权组织管理，于1928年生效后先后经历了几次修订，形成以下文本：1934年伦敦议定书、1960年海牙议定书、1961年摩纳哥附加议定书、1967年斯德哥尔摩补充议定书、1975年日内瓦议定书、1999年日内瓦文本等。由于在财政开支的分摊、加入及退出该协定文本的条件等方面各成员国尚未达成一致意见，1960年海牙文本一直没有生效，但该文本中的一些实体条文已经被收入1975年的日内瓦议定书中。《海牙协定》规定，只有《巴黎公约》的成员国可以加入该协定。截至2015年12月31日，已有65个国家加入《海牙协定》。

2.《海牙协定》的主要内容

《海牙协定》共分5部分，由1934年伦敦议定书、1960年海牙议定书、1961年摩纳哥附加议定书、1967年斯德哥尔摩补充议定书、1975年日内瓦议定书组成。

《海牙协定》规定，缔约国的国民以及虽非缔约国的国民但在缔约国领土内有住所或有真实有效工商业营业所的人，可以向国际局提交外观设计保存申请。国际保存应包括外观设计，其形式或是使用该外观设计的工业品，或是该外观设计的绘图、照片或其他能充分体现该外观设计的图样。申请人只要向世界知识产权组织国际局提交一次申请，就可以在想要得到保护的成员国内获得工业品设计专利保护。申请国际保存时，只要通过一次保存申请即可同时在几个国家得到保护，无须先在一个国家的专利局得到外观设计的专利批准。国际保存每五年可以续展一次，续展时须在每五年一期的最后一年内按施行细则的规定缴纳续展费。

此外，本协定声明加入《海牙协定》的国家组成海牙联盟，并规定了联盟的组织结构及各机构的职能。

3.5.2　《建立工业品外观设计国际分类洛迦诺协定》

《建立工业品外观设计国际分类洛迦诺协定》(Locarno Agreement on Establishing an International Classification for Industrial Design)(以下简称《洛迦诺协定》)，于1968年10月8日在洛迦诺签订，并于1971年生效。《洛迦诺协定》由世界知识产权组织管理，其宗旨是建立一个统一的工业品外观设计国际分类法。该协定规定，只有《巴黎公约》的成员国才可以参加该协定，截至2015年12月31日，共有54个国家加入该协定。没有参加该协定的国家也可以使用按照该协定建立的国际分类法，但无权派代表参加修订分类法的专家委员会。我国在1985年4月1日实施的《专利法》中就采用了按照该协定建立的国际分类法。1996年6月，中国政府向世界知识产权组织递交了加入书，并于同年9月正式成为该协定的成员国。

《洛迦诺协定》共有15条和1个附件。该协定对国际分类的使用做出了规定，并针对专门联盟的建立、机构组成及其管理运作设置了一系列条款来进行规范。主要条款包括：专门联盟的建立；国际分类法的采用；国际分类法的使用和法定范围；专家委员会；国际分类法及其修正和补充的通知与公布；专门联盟大会；国际局；财务；修正；批准和加入；生效；效力和有效期；修订；退出；领地；签字、语言、通知；过渡条款；附件，国际分类的大类和小类表。

《洛迦诺协定》规定的工业品外观设计国际分类法不是根据外观设计本身的样式进行分类，而是根据该外观设计所应用的领域的产品进行分类。分类法将能够用于外观设计装饰的产品分为32个大类，223个小类。该协定规定，每个缔约国的主要机关必须在记载工业品外观设计备案或注册的官方文件中和在该主管机关发行的有关备案和注册的任何出版物里，标上适用的国际分类号。

3.6　有关版权及其邻接权的知识产权国际公约

3.6.1　《保护文学和艺术作品伯尔尼公约》

1.《保护文学和艺术作品伯尔尼公约》概述

文学艺术作品是作者的创造性劳动成果，作者享有的著作权不可侵犯。自19世纪下半叶，随着文化艺术交流的不断深入，一些优秀的文学艺术作品通过各种渠道流传到世界各地，但是作品的作者却不能因此而获益，此时对于文学艺术作品跨国境保护的需求日益紧迫。1878年，雨果在巴黎主持召开了一次重要的文学大会，成立了一个国际文学艺术协会，并起草了一份关于版权国际保护的文件，这份文件后来成为《伯尔尼公约》的基础。

1886年9月，由英国、法国、意大利等10国发起在瑞士伯尔尼召开的多边版权会议上通过了《保护文学和艺术作品伯尔尼公约》(Beme Convention for the Protcction of Literary and Altistic Works)(以下简称《伯尔尼公约》)。[①]《伯尔尼公约》的通过标志国际版权保护体系的初步形成。该公约于1886年9月9日签订，于1896年5月4日在巴黎补充完备，于1908年11月13日在柏林修订，于1914年3月20日在伯尔尼补充完备，于1928年6月2日在罗马修订，于1948年6月26日在布鲁塞尔修订，于1967年7月14日在斯德哥尔摩修订，于1971年7月24日在巴黎修订，于1979年9月28日更改。截至2012年3月31日，该公约已有165个成员国。我国于1992年10月15日加入该公约。

《伯尔尼公约》的保护范围涉及文学、艺术及科学领域中的各类作品。凡是文学、科学以及艺术作品，不论采取哪种表现形式或表达方式，都受该公约的保护。现行《伯尔尼公约》的核心是规定了每个缔约国都应自动保护在伯尔尼联盟所属的其他各国中首先出版的作品，并保护其作者是上述各国公民或居民的未出版的作品。该公约从结构上分为正文和附件两部分，从内容上分为实质性条款和组织管理性条款两部分。正文共38条，其中前21条和附件为实质性条款，正文后17条为组织管理性条款。

《伯尔尼公约》是一个世界性的开放型公约，它确定的对文学、艺术作品作者，就其作品享有的著作人身权和著作财产权的广泛保护，构成以后的著作权法律保护制度的基本框架。由于《伯尔尼公约》具有提供保护时间早、权利多的特点，所以在著作权国际保护中一直起主导作用。许多版权的国际公约都建立在该公约的基础上，《伯尔尼公约》因此被认为是版权的母公约。特别是TRIPs中明确规定，缔约方应遵守《伯尔尼公约》1971年巴黎文本的有关内容，明确了《伯尔尼公约》在世界范围内保护知识产权方面的主导地位。

2.《伯尔尼公约》的基本原则

《伯尔尼公约》主要确立了三个基本原则，即国民待遇原则、自动保护原则、版权独立性原则。

(1) 国民待遇原则。国民待遇原则贯穿《伯尔尼公约》的大部分实体条文之中，其中集中体现在第3条至第5条。《伯尔尼公约》的国民待遇原则可以概括为以下几点。

① 本公约成员国应按照本国法律现在给予本国作者的权利来保护其他成员国作者的权利。

② 本公约成员国应按照本国法律今后可能给予本国作者的权利来保护其他成员国作者的权利。

③ 本公约成员国应按照本公约特别授予其本国作者的权利来保护其他成员国作者的

---

① http://www.sipo.gov.cn/zcfg/gjty/.

权利。

④ 对于非成员国的国民，如果在本同盟某一成员国居住，也享受《伯尔尼公约》项下的著作权国际保护。

(2) 自动保护原则。《伯尔尼公约》的第5条第2款规定："享受和行使这类权利无须履行任何手续，也不管作品的起源国是否存在有关保护"，说明享有国民待遇的作者在公约成员国内受到的保护自动生成，其享受和行使这些权利不需要履行任何手续，也不管作品的起源国是否对作品进行保护。

所谓"手续"是指一个国家就著作权的获得所规定的行政程序或其他义务，如登记注册、缴纳相关费用等条件。

(3) 版权独立性原则。《伯尔尼公约》第5条第2款规定："除本公约条款外，保护的程序以及保护作者权利而向其提供的补救方法完全由被要求给予保护的国家的法律规定。"即本公约成员国可以按照本国著作权法保护其他成员国的作品，而不用顾及该作品在其他成员国是否受到保护。

3.《伯尔尼公约》保护的客体

(1)《伯尔尼公约》保护的作品范围。《伯尔尼公约》保护的作品范围涵盖文学、科学和艺术领域内的一切成果，不论其表现方式或形式如何，如书籍、小册子和其他文学作品；讲课、演讲、讲道和其他同类性质作品；戏剧或音乐戏剧作品；舞蹈艺术作品和哑剧；配词或未配词的乐曲；电影作品和以类似摄制电影的方法表现的作品；图画、油画、建筑、雕塑、雕刻和版画作品；摄影作品和以类似摄影方法表现的作品；实用艺术作品；插图、地图；与地理、地形、建筑或科学有关的插图、地图、设计图、草图和立体作品。该公约明确规定，对日常新闻或纯属报刊消息性质的社会新闻不予保护。

(2)《伯尔尼公约》保护的作者权利。《伯尔尼公约》保护的作者权利包括作者的精神权利和经济权利。

赋予作者享有的精神权利在该公约第6条之二规定："不受作者经济权利的影响，甚至在上述经济权利转让之后，作者仍保有要求其作品作者身份的权利，并享有反对对其作品的任何有损其声誉的歪曲、割裂或其他更改，或其他损害行为的权利。"即作者的精神权利实质上包括署名权与保护作品完整权，而且这些权利独立存在，不因经济权利的转让而转移。

经济权利是作者就其作品享有的具有财产利益的权利。《伯尔尼公约》要求各成员国至少要保护作者的以下经济权利：复制权、翻译权、公开表演权、无线广播与有线传播权、公开朗诵权、改编权、录制权以及电影制片权。该公约就这些权利的范围进行了界定，并规定了作者可以享有的具体权利。

4.《伯尔尼公约》的保护期限与追溯力

(1) 保护期限。该公约规定，对一般作品的经济权利保护期限不得少于作者有生之年加去世后50年；电影作品的保护期为电影公映后50年或摄制完成后50年；摄影作品及实用艺术作品不少于作品完成后25年；匿名作品与假名作品的保护期均为与公众见面之后50年

(著作者身份在保护期内披露的，按照一般作品计算)；合作作品的保护期为作者有生之年加去世后50年(以最后去世的作者去世后的次年1月1日起计算)。

作者精神权利的保护期至少与经济权利的保护期同样长。如果作者去世，继续存在的精神权利由国家法律所授权的个人或机构来行使。

(2) 追溯力。《伯尔尼公约》对一切成员国在版权保护方面提供的保护，不仅适用各成员国参加公约后来自其他成员国的受保护作品，而且适用在各成员国参加公约之前已经存在于其他成员国而在其来源国尚未进入公有公用领域内的作品。

5.《伯尔尼公约》对发展中国家的优惠

与TRIPs类似，《伯尔尼公约》最初也是依照发达国家对版权的保护水平确立和签署，许多发展中国家无法达到同样的保护水平。20世纪60年代后，在发展中国家的强烈要求下，《伯尔尼公约》在附件中增加了对发展中国家的优惠条款。

该公约规定，某成员国只要被联合国大会承认属于发展中国家，该国在翻译与复制来自其他成员国的作品时可以由主管当局依照一定条件颁发“强制许可证”，依照强制许可证翻译或复制之后，仍要按照国际标准向版权人支付酬金。

3.6.2 《世界版权公约》

1.《世界版权公约》概述

《世界版权公约》[①](Universal Copyright Convention)是继《伯尔尼公约》之后又一个具有普遍性的保护版权的国际公约，由联合国教科文组织管理。该公约于1952年9月6日在联合国教科文组织的主持下在日内瓦签订，并于1955年9月16日开始生效。1971年7月24日，该公约在巴黎进行修订，修订文本于1974年7月10日正式生效。1992年7月1日，我国全国人大常委会第26次会议通过了我国加入该公约的议案，同年7月30日正式向联合国教科文组织递交了加入申请，同年10月30日正式成为该公约的成员国。截至2012年3月31日，加入1952年文本的已有100个成员国，加入1971年文本的已有65个成员国。

《世界版权公约》保护的版权主要包括文学、科学和艺术作品三个方面。该公约由7条实体条文与14条行政条文组成，它提供的保护水平同《伯尔尼公约》相比较低，其主要内容大都被《伯尔尼公约》所覆盖。由于《与贸易有关的知识产权协议》特别规定，加入世贸组织的国家都应遵守《伯尔尼公约》1971年巴黎文本的相关规定，因此在TRIPs生效后，《世界版权公约》的原有成员国在加入世贸组织后必须将自己的著作权保护水平向《伯尔尼公约》看齐。

2.《世界版权公约》的基本原则

(1) 国民待遇原则。《世界版权公约》规定了国民待遇原则。该公约第二条规定：“任何缔约国国民出版的作品及在该国首先出版的作品，在其他各缔约国中均享有其他缔

---

① http://www.sipo.gov.cn/zcfg/gjty/.

约国给予其本国国民在本国首先出版之作品的同等保护以及本公约特许的保护”；“任何缔约国国民未出版的作品，在其他各缔约国中享有该其他缔约国给予其国民未出版之作品的同等保护以及本公约特许的保护”；“为实施本公约，任何缔约国都可依本国法律将定居该国的任何人视为本国国民”。

(2) 非自动保护原则。与《伯尔尼公约》自动保护的原则相反，《世界版权公约》采取的是非自动保护原则。该公约第三条规定，任何缔约国依其国内法要求履行手续作为版权保护的条件者，对于根据本公约加以保护并在该国领土以外首次出版而其作者又非本国国民的一切作品，应视为符合上述要求，只要经作者或版权所有者授权出版的作品的所有各册，自首次出版之日起，标有符号，并注明版权所有者之姓名、首次出版年份等，其标注的方式和位置应使人注意到版权的要求。

3.《世界版权公约》的主要内容

(1) 公约保护的作品范围。《世界版权公约》保护的作品包括文学、科学、艺术作品，如文字、音乐、戏剧和电影作品以及绘画、雕刻和雕塑。

(2) 公约保护的作者权利。该公约所保护的作者权利主要涵盖作者的经济权利，包括复制权、表演权、广播权、翻译权等，这些权利延及受本公约保护的各种作品。该公约还允许各成员国在不违反公约精神和有关规定的基础上，根据本国立法对上述几项权利做出例外规定。

与《伯尔尼公约》不同，《世界版权公约》对作者的精神权利没有做出明确的规定。

(3) 对作品的保护期限。某作品的版权保护期限应由该作品要求给予版权保护所在地的缔约国的法律来规定。

受本公约保护的作品，其保护期限不得少于作者有生之年及其死后的25年。如果某成员国在尚未加入该公约之前已将某些作品的保护期限规定为自该作品首次出版后的某段时间，或是该成员国尚未根据作者有生之年确定保护期限，则对于这类作品公约规定其保护期限自作品首次出版之日或出版前的登记之日起算，不得少于25年。该公约规定，对摄影作品和实用美术作品的保护期限不得少于10年。

(4) 溯及力。该公约不具有溯及力，即不保护在该国加入公约时已经在该国超过保护期的外国作品。

3.6.3 《保护表演者、录音制品制作者和广播组织的国际公约》

1.《保护表演者、录音制品制作者和广播组织的国际公约》概述

《保护表演者、录音制品制作者和广播组织的国际公约》(以下简称《罗马公约》或《邻接权公约》)，由世界知识产权组织、国际劳工组织与联合国教科文组织共同发起，于1961年10月26日在罗马缔结，并于1964年5月18日生效。《罗马公约》是版权邻接权国际保护的第一个世界性公约，只有《伯尔尼公约》或《世界版权公约》的成员国才能加入此公约。截至2016年2月，共有92个国家加入该公约，我国尚未加入该公约。

《与贸易有关的知识产权协议》规定，世界贸易组织所有成员国的国民，在其他成

员国的领域内应理解为符合《巴黎公约》(1967年)、《伯尔尼公约》(1971年)、《罗马公约》和《关于集成电路知识产权条约》所规定的标准，是有资格获得各条约保护的自然人或法人。就《罗马公约》而言，即使有些世界贸易组织的成员国没有加入该公约，也应视为该公约的成员国，遵守该公约的规定。因此，我国虽然没有加入《罗马公约》，但也应遵守该公约的相关规定。

2.《罗马公约》的主要内容

1)《罗马公约》的邻接权保护与版权保护

《罗马公约》第1条规定："本公约给予的保护不触动也不影响文学和艺术作品的版权保护。因此，本公约的条款不得做妨碍此种保护的解释。"由于邻接权公约是为作品传播的媒介提供保护，因此该公约的条款必须保证作品版权不受侵犯。

2)《罗马公约》的基本原则

(1) 国民待遇原则。《罗马公约》定义了不同作品所应享有的国民待遇的内容，规定国民待遇是指给予以下人员的待遇：①其节目在该国境内表演、广播或首次录制的身为该国国民表演者的待遇；②其录音制品在该国境内首次录制或首次发行的身为该国国民录音制品制作者的待遇；③其广播节目从设在该国领土上的发射台发射的总部设在该国境内广播组织者的待遇。

(2) 非自动保护原则。在录音制品录制者或表演者就录音制品享有专有权方面，实行非自动保护原则。如果把表演者的演出录制下来，不仅录音制品录制者对录制品享有专有权，表演者也对它享有专有权。例如，想要复制该录音制品的第三者，不仅要取得录音制品录制者的许可，而且要取得被录制表演的表演者的许可。但录音制品录制者与表演者的这种专有权不能自动产生，必须在录音制品上附加三种标记：录音制品录制者或表演者(Producer of Performer)的英文首字母缩略词；录音制品首次发行的年份；录音制品录制者与表演者的姓名。

3) 邻接权的内容及保护期限

《罗马公约》中没有涉及受保护主体的精神权利，保护的权利内容只包括经济权利。该公约规定的邻接权包括表演者权、录音制品制作者权以及广播组织者权。该公约规定了对这些权利的最低保护，同时允许各成员国按其各自的法律自行做出一些保护规定。

该公约要求成员国对各邻接权提供的最短保护期均不得少于20年，保护期的起算日依客体的不同而不同：录音制品和录制在录音制品上的节目为录制年份的年底；未被录制成唱片的节目为表演年份的年底；广播节目为开始广播的年份的年底。

4) 权利的限制与公约的追溯力

该公约第十五条规定，在私人使用或时事报道中少量引用、某广播组织者为了自己的广播节目利用自己的设备暂时录制、仅用于教学和科学研究之目的时，本公约赋予的邻接权要被限制使用，即这些情况都可视为是合理使用。

《罗马公约》不具有追溯力。公约不影响任何成员国在加入之前已经受到保护的权利，也不要求任何成员国对它们加入前已经发生的表演、广播或已经录制的录音制品给予保护。

第4章 国际技术贸易的标的(一)

本章首先介绍了知识产权及知识产权制度，然后介绍了国际技术贸易的主要标的，包括专利权的内容和特点以及专利权人的权利与义务和相关法律保护；商标权以及驰名商标的特殊保护；专有技术及其侵权形式和法律保护。

4.1 知识产权及知识产权制度概述

4.1.1 知识产权的概念、特点和分类

1. 知识产权的概念及范围

1967年，在瑞典斯德哥尔摩签订的《建立世界知识产权组织公约》首次将“Intellectual Property”译为“知识产权”。此后，“知识产权”这一术语被世界各国立法者和研究者所广泛采用。

不同的国家、地区及国际组织对知识产权的理解和界定不尽相同，从而产生了不同的知识产权概念。第一种观点认为，知识产权是人们可以就其智力创造的成果所依法享有的专有权利，主要包括专利权、商标权和版权。第二种观点认为，知识产权是人们对其创造性的智力成果和商业标记依法享有的专有权利总称，包括著作权和工业产权。第三种观点认为，知识产权是民事主体支配其智力成果、商业标志和其他具有商业价值的信息，并排斥他人干涉的权利。从第一种观点到第三种观点，知识产权的内涵不断扩展，包括的内容逐步增多。

从法律的角度看，知识产权在本质上是一种民事权利，其反映和调整的社会关系是平等主体的公民、法人之间的财产关系。知识产权属于民事权利，因而具备民事权利最本质的特征。知识产权的发生、行使和保护，适用所有民法的基本原则和全部的民事规范，如民事主体、客体、内容、法律事实、民事法律行为等。同时，知识产权与一般的民事权利有所区别，它既包括财产权又包含精神权利，如作者的作品发表权、署名权、作品不可侵犯权、作品修改权和已发表作品的收回权、发明人和设计人在专利文件上标明自己是发明人和设计人的权利。知识产权的某一权利一经授予，便与特定人身不可分离，除依法规定外，不得以任何方式转让。

根据1967年在斯德哥尔摩缔结的《建立世界知识产权组织公约》第2条第8款的规定，“知识产权”包括下列项目的权利：①文学、艺术和科学作品；②表演艺术家的表演以及

唱片和广播节目；③人类一切活动领域内的发明；④科学发现；⑤工业品外观设计；⑥商标、服务标记以及商业名称和标志；⑦制止不正当竞争；⑧在工业、科学、文学或艺术领域由于智力活动而产生的一切其他权利。

WTO在TRIPs第1条第2项中规定，知识产权的范围包括：①版权及有关权利(即邻接权)；②商标权；③地理标识权；④工业品外观设计权；⑤专利权；⑥集成电路布图设计权(即拓扑图权)；⑦未披露信息专有权(即商业秘密权)；⑧与控制许可合同中限制竞争行为有关的权利。

《中华人民共和国民法通则》将著作权、专利权、商标权、发现权、发明权及其他科技成果权定义为知识产权。

知识产权实际上是一种智力的成果权，或者是产权化的知识，即受到产权保护的智力成果，具体是指对科学、文化、艺术等领域从事智力活动所创造的智力成果依法享有的权利。知识产权本质上是私权和公权的融合。私权是指特定智力成果的创造者或者发明人依法享有专有权利，这在很大程度上有利于鼓励发明创造；公权是指智力成果的创造者或者发明人必须依法向公众公开知识，促进知识分享和流动，这在很大程度上也有利于鼓励发明创造。

2. 知识产权的特点

知识产权作为一种财产权，它与人们所拥有的普遍意义上的财产权不同，它有以下基本特征。

(1) 知识产权具有无形性。知识产权与其他有形财产权(如物品)最大的不同之处在于其具有无形性。正是由于知识产权无形性，知识产权权利人通常只有在其主张自己权利的诉讼中，才表现出自己是权利人。知识产权作为智力劳动的成果，其无形性决定它在每一次被利用后会引起部分消失或损失、损耗，但不可能全部被消灭。为此，英美法系国家把知识产权称为“诉讼中的准物权”。大陆法系国家则把知识产权称为“以权利为标的的物权”。

这种无形性使得国家技术贸易的标的物只能是知识产权这种无形财产权中的使用权；而不同于有形商品贸易中，贸易标的物是有形商品，既存在商品使用权，也存在商品所有权的转移。同样，知识产权具有无形性，不占据一定的空间，容易脱离知识产权所有人的控制；知识产权所有人即使在其权利全部转让后，仍有可利用其创造的智力成果获取利益的可能性。因而，法律上有关知识产权的保护、知识产权侵权的认定、知识产权贸易的规定等相比有形商品更为复杂。

(2) 知识产权具有专有性。知识产权不同于有形财产，它可以被多数人同时拥有，并能够许可多数人同时使用而获得利益。例如，某一商标的所有权人，可以将其商标同时许可若干人使用而获益。因此，作为无形财产的知识产权，其在使用、占有、收益、处分等方面的特点使其有别于有形财产的使用、占有、收益与处分。这种所有权只有通过对智力劳动成果的所有人授予专有权，才能有效地加以保护，这决定了知识产权的专有性特点。

知识产权的专有性表现为其独占性和排他性，即知识产权所有权人对自己所创造的智力劳动成果享有权利，任何人不经权利人许可都不得享有或使用其劳动成果，否则视为侵犯权利人的专有权，并且权利人在法律允许的范围内能够以合适的方式使用自己的智力劳动成果并获得一定利益。知识产权的专有性还表现在，对于同一个智力成果，不允许有两个以上相同的知识产权并存。如一项发明的专利权已经授予某个专利权人，就不可能再将专利权授予有同样发明的另一人。

(3) 知识产权具有时间有限性。知识产权所有权人拥有的权利不是无限期存在的，而是具有时间性，即知识产权只在一个法定的期限内受到保护。法律对知识产权的有效期做了限制，权利人只能在一定的期限内对其智力劳动成果享有专有权，超过这一期限权利便终止，其智力劳动成果便进入公有领域，成为人类均可共享的公共知识、成果，任何人都可以以任何方式使用而不属于侵权行为。由于各国对知识产权不同对象的保护期限存在差别，因而同一知识产权对象在不同国家可能获得的保护期限也不同。例如，对于发明专利的保护期限有些国家为15年，有些国家则为20年；对于实用新型和外观设计专利的保护期限有些国家为7年，有些国家为10年。

因为知识产权价值具有有效期，所以其时间期限具有相对性。例如，世界各国虽然规定了商标的有效期，但允许商标所有权人到期后可申请续展，对续展次数没有限制。为此，知识产权时间性在商标方面可能表现为，商标所有权人在一个相对较长的时期内都有所有权。这种情况在发明专利保护上可能出现相反的情况，虽然国家法律规定了发明专利的保护期限是20年，但是达到20年的非常少，绝大多数专利所有权人未到保护期限就已经放弃了专利权。时间性与知识产权本身所具有的价值息息相关，当一种知识产权对象不具有价值后，权利人想通过法律保护其专有权已无太多意义。

(4) 知识产权具有地域有限性。与知识产权时间性相伴而生的是知识产权的地域性，即知识产权是依据一国法律确认和保护的权利，一般只在该国领域内具有法律效力，在其他国家原则上不发生效力。从根本上而言，这种地域性特征由知识产权的本性决定。知识产权由国家法律直接确认，权利的获得不是自然拥有的，必须以法律对这些权利的规定为前提，通过履行特定的申请、审查、批准等手续才能获得。

应该指出的是，知识产权的地域性不能理解为只在授予国才能得到保护。随着经济全球化的不断深入，全球范围内的知识产权国际保护合作日益扩大，区域性、全球性知识产权协议的签署及实施，使得传统意义上知识产权地域性内涵发生了变化。某项知识产权经过一定的国际合作，可以在更多国家与地区范围内得到保护。随着经济一体化的不断深入和发展以及世界贸易组织的积极推动，可以预见全球性的知识产权协议与地区性的知识产权协议将不断地拓展知识产权保护的地域范围。

(5) 知识产权具有可复制性。知识产权作为智力劳动成果，必然通过一定的有形物即载体表现出来。无论是专利、商标、专有技术，还是著作权、商业秘密，都要通过产品、作品或其他有形物加以体现。这样才能将知识产权作为财产权的性质表现出来。例如，一位作家构思了一个美好的故事情节，可以通过录音、写成书的形式向人们展示。录音带及书籍这种物质形式的载体可以反映作家的思想及创作过程。这种性质决定知识产权具有可复制的特性，并通过这种复制进一步表现知识产权的财产及价值。例如，对于一项专利技术，可以通过生产出来的专利技术产品表现专利技术本身；通过这种专利技术产品的复制、批量生产体现该项专利发明的价值。

3. 知识产权的分类

1) 按照对知识产品的消费方式分为版权和工业产权

版权包括著作权和邻接权。版权的保护对象是以精神消费为目的的知识产品，具体包括文学、艺术和科学作品，表演艺术家的演出，录音制品和广播电视节目。为了立法和司法上的方便，多数国家把邻接权纳入著作权法，例如德国著作权法、中国著作权法等。

工业产权是指著作权以外的知识产权。工业产权保护的对象是以物质消费为目的的知识产品，比如商业、农业、服务业以及其他工业或产业和工商业标记，包括科学技术发明、工业品外观设计、商标、服务标记、商号及标记、禁止与知识产权有关的不正当竞争，还有《与贸易有关的知识产权协议》中新列入的集成电路布图设计、未公开的信息等。

版权与工业产权的区别主要包括以下几个方面。

(1) 版权与工业产权的作用不同。工业产权的标的是以一定的产品和工艺方法以及标记为表现形式，其作用主要是在物质生产、生活实用和商品流通等方面，用以满足人类的物质需求、改善人们的衣食住行等生产和生活条件等。版权的标的主要以文学、艺术和科学作品为表现形式，其作用主要是丰富人类的精神生活。尽管近年来计算机软件被列入版权的保护范围，但其作用仍存在理论上的争议，故上述两者的区别客观上仍然存在。

(2) 版权的专有性比工业产权弱。版权只排斥对自己独创性表现形式未经许可的利用，只要是独立完成而非抄袭他人之作，就同样表现形式的作品，允许两个以上的著作权存在。就工业产权而言，除商业秘密之外，不管有多少相同构思的表现产生，法律只保护其中的一个，赋予它以独占、排他的权利，并排除其他表现形式再享有同样权利的可能性。如发明专利权的“先申请原则”、商标权的“先注册原则”都体现了其专有性。商标权的排他性权利范围大于独占性权利范围，是世界各国商标法律制度的通例。

(3) 版权比工业产权更容易获得。版权通常是自动获得，有些国家则是登记获得，其手续比较简单。工业产权通过特定的机构和法律机制产生排他权，需要完成必要的技术和法律上的鉴别和审查授权，通常由政府设立主管部门完成该项工作，并通过法定程序来确定将专利权或工商业标记权授予合法的申请人。

2) 按照知识产权价值的来源分为创造性智力成果权和工商业标记权

创造性智力成果权的价值直接来自对该成果的商业性利用，也就是人们利用设计出来的“结构和形式”所获得的收益。譬如，获得专利权保护的技术方案实施或新产品的制造、文学艺术作品的复制发行或其他方式的传播，都会给权利人带来直接的经济收益。对该成果利用的多寡，决定它的价值量大小。所以，创造性的智力成果是财产价值的源泉。

工商业标记的价值来自所标记的商品或服务，来自它所标记的工商业主体的商业信誉。标记的价值是商品或服务以及工商业主体的商业信誉，是市场评价的反映。虽然很多工商业标记本身是通过脑力劳动设计而成，是创造性智力成果，但是其价值并不来源于自身所具备的创造性。工商业标记权的价值与该标记所显示的创造性没有关系。工商业标记依附于商品、服务或工商业主体之上，凝结、储存、转移商品或服务以及工商业主体的商业信誉，是商品或服务质量的市场评价以及企业商业信誉的标志。因此，工商业企业的技术、产品、服务和信誉等就成为工商业标记的价值来源。

4.1.2　知识产权制度

知识产权制度是关于专有权授予或权利确立的一系列法律程序，即一国政府、有关职能机构制定的调整有关知识产权权利确定、权利归属、权利人、权利和义务、侵权与反侵权等关系的法律规范。知识产权制度的核心是专有权的归属问题，即授予权利人对其所取得的发明创造、商标、计算机软件等拥有所有权、实施权和转让权。知识产权专有权归属的界定，限制了权利人以外的任何人未经权利人许可，不得使用或实施其专有权，否则就属于侵犯专有权人权利的行为。这种权利归属是知识产权制度的一般性。

知识产权是一种为了推进科技进步而创立的制度安排，具有三个核心要素：一是谁拥有知识产权，即界定知识产权的主体。由于知识产权的公共物品特征，使得发明人的个人收益与社会收益差距较大，阻碍了技术发明人的积极性。为了激励技术创新，政府有必要对技术发明人的技术成果进行权利保护。例如，1980年美国国会通过的《拜杜法案》(Bayh-Dole Act)，将公共财政资助科研成果所有权改为研究机构所有，并允许研究机构有偿向产业界转让，参与研究的开发人员可以分享收益。如果在一段时间内研究机构不能将发明商业化，政府有权收回这项发明的所有权。二是获得知识产权的要件，即界定知识产权的内涵、确定知识产权保护的对象和范围，各国的法律制度都对这些要素进行了明确的规定。三是保护的时间应该多长才对社会最有利。知识产权作为一项制度安排的核心是要实现私权和公权的平衡。如果过度保护公权，知识产权保护范围窄、时间短，起不到保护发明人利益和激励技术发明与创新的作用，不利于激发研发人员发明创造的积极性；如果过度保护私权，保护时间过长，不利于发明人进行知识更新、不利于全社会的知识扩散，会抑制新的技术创造和创新。尽管这一制度存在保护不足和保护过度的问题，但作为一项制度，它在刺激发明创造、让发明人尽可能享有发明带来的利益等方面，具有不可或缺的作用。

根据潘士远的研究[①]，最优的专利长度和专利宽度都是有限的。专利长度的增加会通过促进创新来提高社会福利水平，同时也会导致市场扭曲，从而降低社会福利水平；随着专利长度的不断增加，前者的效应会小于后者的效应，因此，有限的专利长度是最优的。有效的专利宽度应该一方面使得模仿产品的质量水平不要太低，从而保证模仿产品对专利产品形成潜在的威胁，逼迫专利产品的价格低于垄断价格，减小市场扭曲；另一方面使得模仿产品的质量不要太高，从而保证专利产品能够制定较高的垄断价格，促进创新。

1. 知识产权制度的发展历史

1474年，威尼斯共和国颁布了世界上第一部专利法，为现代专利制度奠定了基础。

① 潘士远. 最优专利制度研究[J]. 经济研究，2005(12)：113-118.

1623年，英国颁布的《垄断法》(The Statute of Monopolics)是近代专利保护制度的起点。

1710年，英国颁布的《保护已印刷成册之图书法》，又称《安娜法》(The Statute of Anne)，是世界上第一部成文的版权法。

1803年，法国颁布的《关于工厂、制造厂和作坊的法律》(Factory，Manufacture and Workplace Act)被认为是世界上第一部具有现代意义的商标法。

1875年，英国颁布的《商标注册法案》(Trade Mark Resristration Act)确立了全面注册商标制度。

1886年签订的《保护工业产权巴黎公约》是世界上第一个用于知识产权保护的国际公约，标志着知识产权保护迈向国际化。

1930年，美国颁布的《植物专利法》首次将植物新品种纳入知识产权保护体系。

1972年，菲律宾将计算机软件的保护纳入版权法。

1978年，世界知识产权组织颁布的《保护计算机软件示范法令》中增加了计算机程序著作权的保护条款。

1979年，美国制定的《统一商业秘密法》是世界上第一部关于商业秘密保护的单独立法，但该法只是一部示范法。

1980年，美国公布了世界上第一个半导体芯片保护法，从而揭开保护集成电路布图设计知识产权的序幕。

1995年1月1日开始实施的《与贸易有关的知识产权协议》是世界上第一个把知识产权保护与贸易制裁紧密结合并强制执行的知识产权国际公约。

自20世纪中叶以来，随着知识经济的蓬勃发展和科学技术的快速进步，知识产权制度发生了显著的变化，主要表现在以下几个方面。

(1) 知识产权保护的范围不断扩展。著作权、专利权、商标权是传统知识产权的三大组成部分。20世纪下半叶后期，专利权的客体范围随着科学技术进步和经济发展的需要而不断扩大和逐渐明确，各种“电子作品”进入传统的著作权保护范围，“电子版权”开始受到重视；很多国家将保护期限从过去的15年左右延长到20年左右；知识产权保护的国家范围也在不断扩展，国际知识产权合作日益深化。

(2) 新的知识产权类别相继出现。过去对于药品、化学物质、生物技术产品等都不授予专利权，20世纪80年代作为新技术革命产物的计算机软件和微电子技术中的集成电路已经享有知识产权，对动植物品种的保护也享有知识产权。

(3) 商业秘密和反不正当竞争被纳入知识产权体系。商业秘密和反不正当竞争是作为传统知识产权保护的补充，现在非专利或没有申请专利的技术秘密或商业秘密，已经纳入知识产权的保护清单。

(4) 知识产权制度规则国际化。知识产权立法已经从国家各行其是发展到知识产权国际公约全面化、实效化、可操作化阶段，几乎成为世界性的法律。

近代知识产权制度植根于当时的物质生活关系。从科技、经济、法律相结合的角度考察，知识产品要成为新型财产权利的标的，或说是知识财产制度的出现，有赖于以下几个条件[①]：第一，科学技术广泛应用于社会生产。工业革命之后，科学技术与社会生产紧密地联系在一起，表现为科学发现—技术发明—社会生产的一体化，每一项发现都成为新的发明或生产方法改进的基础。第二，科技成果成为自由交换的商品。在科学技术运用于社会生产的过程中，包括技术、知识、信息在内的知识产品本身(无形商品)与采用知识、信息、技术生产的物质产品(有形商品)都具有同等的商品意义。第三，知识产品纳入新型财产权利的保护范围。正是在近代商品经济和科学技术不断发展的推动下，知识产权作为一种私人享有的无形财产权，才得以为资本主义国家普遍认可和严格保护，并逐渐形成一种独立而严密的法律制度。第四，以知识产权名义实现权利制度的体系化。知识产权是人们基于自己的智力活动创造的成果和经济管理活动中的标记、信誉而依法享有权利，是一个属于民法范畴但又相对独立的权利制度体系。

2. 专利制度的产生与发展

专利权是法律赋予公民、法人或者其他组织对获得专利的发明创造在一定期限内依法享有的专有权利。专利制度的雏形最早出现在欧洲。1421年，意大利的佛罗伦萨对建筑师布鲁内莱斯基发明的“装有吊机的驳船”授予3年的垄断权。1474年，以造船业和水晶生产发达而著称的威尼斯城邦共和国率先制定了世界上第一部专利法，规定权利人对其发明享有10年的垄断权，未经发明人同意与许可，其他任何人不得仿造与该发明相同或相似的设备，否则赔偿专利权人百枚金币，并将仿制品立即全部销毁。该法规为现代专利制度奠定了基础，是专利法的最早雏形。

1623年，英国国会通过了《垄断法》，明确规定了专利权的主体、客体，可以取得专利的发明主体，取得专利的条件，专利有效期以及在什么情况下专利将失效等。这些规定为后来许多国家的专利立法确立了基本范围，许多原则一直沿用至今。此后，美国、法国等都先后颁布了专利法，目前世界上已有150多个国家建立了专利法律保护制度。

在我国，“专利”一词在两千多年前就有记载，但是法律意义上的专利保护只有不到一百年的历史。1919年12月12日，我国颁布的《奖励工艺品暂行章程》是现代中国专利法的雏形。1944年5月4日，中国历史上第一部《专利法》诞生。1984年3月12日，中华人民共和国第六届全国人大常委会第4次会议通过了《中华人民共和国专利法》，并于1992年9月4日第七届全国人大常委会第27次会议、2000年8月25日第九届全国人大常委会第17次会议和2008年12月27日第十一届全国人大常委会第6次会议先后进行了三次修改。[②]

2001年6月15日，国务院颁布了《中华人民共和国专利法实施细则》，根据2002年12月28日出台的《国务院关于修改〈中华人民共和国专利法实施细则〉的决定》进行了第一次修订，根据2010年1月9日出台的《国务院关于修改〈中华人民共和国专利法实施细则〉的决定》进行了第二次修订。[③]

---

① 吴汉东. 科技、经济、法律协调机制中的知识产权法[J]. 法学研究，2001(6)：128-148.

② http：//www.gov.cn/flfg/2008-12/28/content_1189755.htm.

③ http://www.sipo.gov.cn/zcfg/gjty/.

3. 商标制度的产生与发展

商标是由文字、图形、颜色或者其组合构成，用以区别不同商品或服务的产生者或经营者所生产或者经营的同一或类似商品或服务的显著标记。商标是商品的标记，是伴随商品经济的发展而产生和发展。

法国是世界上最早实行商标法律保护的国家。1803年，法国颁布的《工厂、制造厂和作坊法》把假冒商标作为私自伪造文件罪处理，这是最早的商标保护的单行成文法。1804年颁布的《拿破仑民法典》首次肯定了商标权与其他财产权同样受到保护，由此开创了近代商标制度。1857年，法国制定的《以使用原则和不审查原则为内容的制造标记和商标法》确立了商标注册制度，是最早的成文商标法。

英国也是较早实行商标法律保护的国家之一。早在17世纪，英国就开始使用普通法保护商标专用权，以禁止假冒他人商品的方式间接地保护商标权。1862年，英国颁布了第一部成文商标法。1875年，英国引进商标注册制度，针对未注册商标仍旧以禁止假冒商品的方式来进行保护，针对已注册商标则以传统方式和成文法来进行双重保护。

美国于1870年、德国于1874年、日本于1884年，分别制定了各自统一的商标法。目前，绝大多数国家的法律已经确认，商标权作为一种专有权受到法律保护。

中华人民共和国成立以来，我国先后制定了三部商标法律和法规，包括1950年国务院颁布的《商标注册暂行条例》，1963年国务院颁布的《商标管理条例》，1982年第五届全国人大常委会第24次会议通过的《中华人民共和国商标法》。1993年第七届全国人大常委会第30次会议、2001年第九届全国人大常委会第24次会议和2013年第十二届全国人民代表大会常务委员会第四次会议出台的《关于修改〈中华人民共和国商标法〉的决定》对《中华人民共和国商标法》实施了三次修改。[①]

4. 版权制度的产生与发展

版权又称著作权，是作者对其作品享有的专有权。版权作为一种法律概念起源于欧洲。早在古希腊时期，就曾经出现过一些涉及作品经济利益的问题。公元前330年，针对当时抄写者和演员普遍不尊重作家作品的情况，雅典共和国曾通过一项法律，要求尊重作品完整性和禁止改动原始作品。古罗马时期的作者有权决定是否披露自己的作品，而剽窃者则受到舆论指责。

随着活字印刷术和造纸术从中国传入欧洲，作者失去了对作品使用的控制权，有必要保护印刷上的翻印权，因此针对作品的复制权制定相应的规则显得非常重要，经过数个世纪的经验积累后，逐渐出现许多带有现代法律特征的规则。

英国从17世纪末开始掀起了一场轰轰烈烈的主张印刷自由和保护版权的舆论运动，要求保护作者权利的呼声日益高涨。1710年4月10日，英国下议院通过了世界上第一部保护作者合法权益的版权法——《保护已印刷成册之图书法》，承认作者享有印刷或支配图书复制品的专有权利。法国国王路易十六于1777年8月30日颁布了6项法令，赋予作者享

---

① http://www.gov.cn/jrzg/2013-08/30/content_2478110.htm.

有出版和销售其作品的权利，但法令仅适用于作家而不适用于戏剧或音乐作品的作者。法国大革命后，制宪议会分别于1791年和1793年颁布了《表演权法》和《作者权法》。19世纪后期，美国、丹麦、意大利、德国、日本、俄国相继实行了版权制度。1886年，各国签署了世界上第一个国际版权公约，即《保护文学和艺术作品伯尔尼公约》(以下简称《伯尔尼公约》)。1952年，各国在日内瓦签署了《世界版权公约》(Universal Copyright Convention，UCC)。1948年12月10日，联合国大会在巴黎通过的《世界人权宣言》中明确写道：人人都有享受文化的权利和著作权。

我国于1990年9月7日召开的第七届全国人大常委会第15次会议通过了《中华人民共和国著作权法》。1992年7月1日，第七届全国人大常委会第26次会议决定，我国加入《伯尔尼公约》和《世界版权公约》。2001年，第九届全国人大常委会第24次会议通过了《关于修改〈中华人民共和国著作权法〉的决定》，进行对《著作权法》的第一次修订。2010年2月26日，第十一届全国人大常委会第13次会议通过了《关于修改<中华人民共和国著作权法>的决定》，进行对《著作权法》的第二次修订。[①]

4.2　专利权

4.2.1　专利权概述

1. 专利的概念

“专利”一词源自拉丁文littcraepalentes，具有公开之意。英文的Patent(专利)原意是指盖有国玺印鉴、不必拆封即可打开阅读的一种文件。1623年，英国颁布了《垄断法》。该法规定国家将用Patent的形式授予发明人以特权，于是Patent就开始具有法律意义。

按照《中华人民共和国专利法》(以下简称《专利法》)及其实施细则的规定，我国对发明创造授予三种类型的专利保护：发明专利、实用新型专利和外观设计专利。《专利法》第十一条规定，“发明和实用新型专利权被授予后，除法律另有规定的，任何单位或者个人未经专利权人许可，都不得实施其专利，即不得为生产经营目的制造、使用、许诺销售、销售、进口其专利产品，或者使用其专利方法以及使用、许诺销售、销售、进口依照该专利方法直接获得的产品。”“外观设计专利权被授予以后，任何单位或者个人未经专利权人许可，都不得实施其专利，即不得为生产经营目的制造、销售、进口其外观设计专利产品。”

2. 专利权的主体

主体在法律关系中是指依法享受权利并承担义务的法律关系参加者。专利权的主体是指

① http://www.gov.cn/flfg/2010-02/26/content_1544458.htm.

依照《专利法》可以享受权利并承担相应义务的所有人，即专利权人。专利权的主体包括以下几种。

(1) 发明人。发明人可以是一个或两个以上的共同发明人。发明人是指对发明创造的实质性特点做出贡献的人。对主要利用单位的物资和技术条件完成的发明创造，发明人按照事先与单位的约定向单位返还资金或者交纳使用费，可以不作为职务发明。对于职务发明，申请专利权和专利权属于单位；专利权授予后和专利实施后，单位应给予职务发明人奖励和报酬。

(2) 职务发明人的单位。职务发明创造是指发明人执行本单位的任务或者主要是利用本单位的物资和技术条件完成发明活动。职务发明创造人包括公司、企业、科研院所、学校、中国境内的外资企业、中外合资企业和集体所有制单位，享有专利的申请权和专利权。

(3) 合法受让人。当发明人将其发明创造的所有权转让给他人，即受让人，则该受让人便享有该项发明创造的专利申请权和专利权。这种所有权转让可以是通过买卖方式，也可以是继承或赠予。

(4) 外国国民。外国国民是指具有外国国籍的自然人和依据外国法律成立并在外国登记的法人。在中国有经常居住场所的外国公民和有实际营业场所的外国法人，享有与中国公民和组织同等获得专利的权利。在中国没有经常居住场所或营业场所的外国人，在中国申请专利，须依据其所属国同中国签订的协议或共同参加的国际条约或按照互惠原则，依据我国《专利法》办理。

3. 专利权的客体

专利权的客体是指专利权主体的权利和义务所指的对象，是《专利法》保护的对象，即发明专利、实用新型专利和外观设计专利。

(1) 发明专利。我国《专利法》第2条规定，“发明是指对产品、方法或者其改进所提出的新的技术方案；方法发明包括操作方法、制造方法、工艺流程等的技术方案。”从这个定义可以看出，发明的专利保护范围较广，既包括具体的物品、物质，也包括特定的方法；既可以是发明人首创，也可以是发明人在现有技术方案或解决方法基础上对现有产品或现有方法的改进。这种改进与现有技术相比，具有显著的进步性。必须对发明专利进行形式审查和实质审查，因而法律稳定性较高，但审查时间较长，约为三年或更长时间，保护期是从申请日起20年内。对产品的发明、产品的革新改进、产品的配方、生产制造方法、产品检测方法等都可申请发明专利保护，但所需各种费用较高。

(2) 实用新型专利。我国《专利法》第2条规定，“实用新型是指对产品的形状、构造或者其结合所提出的适于实用的新的技术方案。”《专利法》对以上定义的实用新型给予专利保护。从实用新型的定义中可以看出，实用新型专利的保护对象必须是具有一定形状(空间或平面)的装置，且该装置必须在其构造或构造的结合方面有新的技术方案支持，并能解决实际的技术问题；实用新型技术方案更注重实用性，其技术水平较发明专利而言，要低一些。只对实用新型专利进行形式审查，审批授权相对较快，一般为6～8个月，但是法律稳定性较差，保护期为从申请日起10年内。由于实用新型专利只保护产品内部结构的革新和改进，不保护产品外观和产品制造方法，因而所需费用较低。

(3) 外观设计专利。我国《专利法》第2条规定，“外观设计是指对产品的形状、图案或者其结合以及色彩与形状、图案的结合所做出的富有美感并适于工业应用的新设计。”从外观设计的定义可以看出，外观设计注重的是设计人对一项产品的外观(包括形状、图案或者这两者的组合，以及色彩与形状、色彩与图案的组合)所做出的富于艺术性，具有美感的创造。这种艺术性的创造，不仅是单纯的工艺品，还必须能够在企业内成批制造，也就是说具有能够为产业上所利用的实用性。因此，外观设计与上述两种专利类型有明显的不同，更注重创造的美感和艺术性。外观设计专利只进行形式审查，容易审批，费用也较低；保护期为申请日起10年内；外观设计只保护产品的外观形状、图案、色彩等，不保护产品内部结构，保护范围较小。

4. 专利权授予的实质性条件

一项发明创造要获得专利权，必须具备一定的条件，包括向国家或者地区知识产权局提出专利申请；符合新颖性、创造性和实用性的要求；发明主题属于可授予专利权的范围。新颖性、创造性和实用性是取得专利权的实质条件，通常被称为专利“三性”。我国《专利法》第22条规定，“授予专利权的发明和实用新型，应当具备新颖性、创造性和实用性。”

1) 新颖性

我国《专利法》第22条规定，“新颖性是指该发明或者实用新型不属于现有技术；也没有任何单位或者个人就同样的发明或者实用新型在申请日以前向国务院专利行政部门提出过申请，并记载在申请日以后公布的专利申请文件或者公告的专利文件中。”“本法所称现有技术，是指申请日以前在国内外为公众所知的技术。”

我国《专利法》第23条规定，“授予专利权的外观设计，应当不属于现有设计；也没有任何单位或者个人就同样的外观设计在申请日以前向国务院专利行政部门提出过申请，并记载在申请日以后公告的专利文件中。授予专利权的外观设计与现有设计或者现有设计特征的组合相比，应当具有明显区别。授予专利权的外观设计不得与他人在申请日以前已经取得的合法权利相冲突。其中，现有设计是指申请日以前在国内外为公众所知的设计。”

判断新颖性有两个标准：时间标准和空间标准。

(1) 新颖性的时间标准。绝大多数国家以专利申请日或优先权日作为确定新颖性的时间标准。在申请日或优先权日之前没有与其相同的，就被认为具备新颖性。少数国家，如美国，以发明日作为确定新颖性的时间标准，但此原则仅适用美国人，外国人到美国申请专利，仍然以申请日作为新颖性的时间标准。

(2) 新颖性的空间标准。新颖性的空间标准即地域范围的标准。各国对此空间标准的规定不尽相同，大致分为以下三种。

① 世界新颖性。世界新颖性也称绝对新颖性，是指提出专利申请的发明必须在申请日或优先权日之前在世界范围内未被公知公用，即未在出版物上公开发表，未公开使用，也未以其他方式为公众所知。英国、德国、法国等采用世界新颖性标准。

② 本国新颖性。本国新颖性也称相对新颖性，是指一项发明在申请日或优先权日之前在申请国范围内未被公知公用。澳大利亚、新西兰、希腊等采用本国新颖性标准。

③ 混合新颖性。混合新颖性是世界新颖性和本国新颖性的结合，介于两者之间，是指一项发明在申请日或优先权日之前在世界范围内未被公知，在申请国内未被公用，就被认为具有新颖性。美国、日本、加拿大、中国、印度等采用混合新颖性标准。

新颖性的判断采用单独对比的原则，即把它与其他任何一项最接近的已有技术进行比较后得出的结论，而不是与已有的多项技术结合起来进行比较的结果。判断方法是将某对比文件与申请专利的文件进行对比，具体如下：①技术领域、发明目的、解决方案和预期效果四者皆相同，不具备新颖性。②在同一技术主题中，具体概念的公开使一般概念的发明或者实用新型丧失新颖性，但一般概念的公开并不影响具体概念的发明或实用新型的新颖性。如现有技术是某产品用金属制成，新发明为铝制品，则此发明具备新颖性，反之则不具备新颖性。③由现有技术加上没有技术意义的内容而形成的发明或者实用新型不具备新颖性，即新增加的内容不产生新的技术、功能。④凡是所属技术领域普通技术人员从现有技术中无须创造性的劳动，就可以直接明确地推论出来的发明或实用新型，不具备新颖性。⑤将现有技术进行简单变化而未导致实质性特征变化的发明或者实用新型，不具备新颖性。⑥组合发明、选择发明、应用发明均具有新颖性。例如，夜光显示的电子钟，由夜光显示器和电子钟结合而成，具有新颖性。

2) 创造性

创造性也称先进性或非显而易见性，是指申请专利的发明或实用新型与现有技术相比，具有本质上的差异。我国《专利法》第22条规定，“创造性是指与现有技术相比，该发明具有突出的实质性特点和显著的进步，该实用新型具有实质性特点和进步。”这里所说的“显著的进步”是指发明与最接近的现有技术相比具有长足进步。这种进步表现在发明克服了现有技术中存在的缺点和不足，通常反映在发明的有益效果之中。

由于技术水平和经验的不同，对同一项发明是否具有创造性，往往会得出不同的结论，因此需要一个客观的标准。这个客观标准就是“所属技术领域的普通技术人员”。这种假想中的普通技术人员应具备的条件是：①有一定实践经验；②了解所属技术领域内全部已有的一般技术知识；③对相邻技术领域的已有技术有所了解；④可承担完成技术领域内提出的一般任务，但没有创造性的思想，不能从事创造性的工作，所能做的工作都是在显而易见的范围之内。

对于以下几种类型的发明一般认为具有创造性。①首创性发明。提出一种全新的技术解决方案，开辟一个新的技术领域，如电灯、电话、塑料、激光等。②解决某个技术领域难题的发明。③取得预料不到的技术效果的发明。④克服了技术偏见的发明。

在评价申请专利的发明创造是否具有创造性时，必须把发明的技术解决方案与发明目的和效果作为整体来考虑，将其与两份或两份以上的对比文件组合在一起进行评定。通常认为下列情况的组合不具有创造性。①同一篇对比文件不同部分的技术内容的组合。②一份对比文件的技术内容同公知的教科书或者标准字典的内容进行的组合。③一份对比文件的技术内容同发明所属技术领域中的惯用手段进行的组合。④两份对比文件，其中一份明显是参考另一份得出，这样两份文件的组合。

判断组合发明、选择发明和应用发明的创造性与判断组合发明、选择发明和应用发明的新颖性相比，判断这三者的创造性要复杂得多。

(1) 组合发明的创造性。新技术加上已有技术构成的技术解决方案，被认为具有创造性。两项或两项以上已有技术组合在一起能产生新的功能，并取得更好的效果，该组合发明视为有创造性。如果已有技术组合之后，总的技术效果是各部分效果的简单叠加，被视为简单拼凑，不具有创造性。例如，夜光显示的电子钟虽然具有新颖性，但不具有创造性。

(2) 选择发明的创造性。从已有技术解决方案中选择的一种新方案，能产生新的意想不到的技术效果，被认为具备创造性。例如，已知某一生产过程中，物质A和物质B在50℃至120℃范围内合成物质C，且物质C的产量随温度的增加而增加。假如某项新发明将温度选择在80℃～85℃，物质C的产量明显超过预期的结果，则这种选择发明具有创造性。但是，如果该选择方案是“所属技术领域的普通技术人员”通过常规“试凑法”或从现有技术中直接推导出来，这种选择就不具有创造性，因为它没有产生预想不到的技术效果。

(3) 应用发明的创造性。应用发明也称转用发明，是指把某一技术领域中的已有技术应用于另一技术领域中。如果能产生新的功能，获得预想不到的效果，则被认为具有创造性；否则不具有创造性。

3) 实用性

实用性是指能在工农业等各种产业中应用。凡不能在产业上应用的发明，就不具有实用性。因此，抽象的理论、原理、科学发现不能授予专利权。我国《专利法》第22条规定，“实用性是指该发明或者实用新型能够制造或者使用，并且能够产生积极效果。”其中，“制造或者使用”是指如果发明的是一种产品必须能够以工业方式加以制造；如果发明的是一种方法，则这种方法必须能够以工业方式加以实施、应用。这就是发明的可实施性和再现性。“积极效果”是指发明创造实施之后，在经济、技术和社会效果方面表现出有益结果。这就是发明的有益性。

因此，凡是脱离社会需求的发明、严重浪费能源或资源的发明、降低产品性能或效益的发明，均被视为无实用性，不能获得专利权。实用性并不要求发明已经在产业上制造或使用，而是指根据对发明的客观分析，预计该项发明能够在产业上制造或使用。

4) 不予专利保护的领域

按照多数国家专利法的规定，下列科学技术成果不授予专利权。

(1) 科学发现。如对自然现象、社会现象及其规律的新发现、新认识以及纯粹的科学理论和数学方法等。科学发现属于人类认识世界的范畴，并没有对客观世界做任何技术性改造。

(2) 智力活动的规则和方法。如对人进行教育的方法、对动物进行训练的方法，生产管理、经商和游戏的方案、规则。

(3) 疾病的诊断和治疗方法。如中医的诊脉方法、针灸方法，西医的化验方法等。

(4) 动物和植物品种。一般认为动植物品种与工业商品不同，受自然条件影响大，缺乏用人工方法绝对“重现”的可能性。目前，国际上对此尚有争议。植物新品种是指通过人工培育或者对所发现的野生植物予以开发，具备新颖性、特异性、一致性和稳定性的农林新品种。植物新品种的开发研制，对于提高农林业产量和农林产品质量、改善人民生活水平、促进以之为原料的加工业发展都具有重要意义。发达国家自20世纪初开始就以专利法或专门法对植物新品种进行保护，并逐渐形成欧洲和美国两种各具特色的立法保护体制。欧洲是以专门法律制度的方式保护植物新品种，而美国对于植物新品种的保护采用的是植物专利、植物新品种证书以及实用专利三种方式。美国保护植物新品种的成文法有《植物专利法》和《植物新品种保护法》，分别保护无性繁殖的植物新品种和有性繁殖的植物新品种。①

(5) 用原子核变换方法获得的物质。这主要是出于国防上的考虑。

(6) 对于平面印刷品的图案、色彩或者两者结合做出的主要起标识作用的设计。

此外，违反国家法律、社会公德或妨碍公共利益的发明创造(例如吸毒用具、破坏防盗门的方法和工具)，伤害良风习俗的外观设计以及违反科学原理的所谓发明(例如永动机等)，都不给予专利保护。

5. 专利权的取得

1) 专利申请原则

(1) 先发明原则：当两个或两个以上的申请人就相同发明创造提出申请时，以做出发明创造的先后为标准，由最先做出发明创造的申请人取得专利权。

(2) 先申请原则：当两个或两个以上的申请人就相同发明创造提出申请时，以申请日期的先后为标准，由最先提出专利申请的人取得专利权。

(3) 优先权原则：申请人在任何《巴黎公约》成员国首次提出正式专利申请后的一定期限(发明和实用新型的优先权期限为一年，外观设计的优先权期限为六个月)内，又在《巴黎公约》其他成员国就同一内容的发明创造提出专利申请的，可将其首次申请的申请日作为其后续申请的申请日。

2) 申请日的确定

申请人直接向国务院专利行政部门递交申请文件，以国务院专利行政部门收到专利申请文件之日为申请日；申请人邮寄递交申请文件，以邮件寄出的邮戳日为申请日。

3) 专利申请的文件

(1) 申请发明或实用新型专利时，申请文件应当包括专利请求书、说明书、权利要求书、摘要等，必要时还应提交附图。

① 发明或实用新型请求书。发明或实用新型请求书是申请人向国家专利行政部门申请对一项发明或实用新型授予专利权的意思表示，属法定文件。申请人在请求书中须写明以下各项。

a. 申请人姓名、住所，若申请人为法人，还应写明其代表人的姓名。法人代表一般是该企业或单位的负责人。

b. 提出申请的年、月、日。

c. 发明或实用新型的名称。

---

① 董新忠. 美国植物新品种的专利保护——基于Pioneer Hi-bred案看美国植物新品种的可专利性[J]. 知识产权，2006，16(5)：60-64.

d. 发明人或设计人的姓名、住所。发明人或设计人只能是自然人(可以是一个或多个发明人)，不能是法人。

e. 如果委托代理人代办申请手续，还应写明代理人的姓名、住所，附交代理人委托书。

② 说明书。说明书的目的是具体说明发明或实用新型的实质内容。它的作用在于充分公开发明的技术内容，一方面保证为公众提供本发明或实用新型充分的技术信息，也为权利要求书要求保护的范围提供依据和支持。

A. 说明书的撰写要求。

撰写说明书应注意以下事项。

a. 说明书应包括规定的内容。我国《专利法实施细则》第17条规定，发明或者实用新型专利申请人应当按照规定的方式和顺序撰写说明书，并在说明书每一部分前面写明标题，除非其发明或者实用新型的性质用其他方式或者顺序撰写，能节约说明书的篇幅并使他人能够准确理解其发明或者实用新型。一般应按顺序写明以下几个部分：技术领域、背景技术、发明内容、附图说明和具体实施方式。

b. 说明书的表达方式应符合规定。说明书的内容应当用词准确、语句清楚，并且不得使用如“权利要求……所述的……”一类的引用语，也不得使用商业性宣传语。说明书中所使用的术语应当是本领域通用的技术术语，计量单位应当使用国家法定计量单位，包括国际单位制计量单位和国家选定的其他计量单位。说明书中应当避免使用注册商标来确定物质或产品。

c. 说明书应充分公开发明的技术内容。说明书所载技术内容必须达到使所属技术领域的技术人员按照说明书记载的内容，不需要进行创造性的劳动，就能够再现该发明或实用新型的效果。如果说明书只给出任务或设想，而未给出具体的技术手段，或者给出了解决手段，但该手段含糊不清或该技术手段根本不解决所述的技术问题，这样的说明书就不符合充分公开的要求。

d. 如果发明专利申请包含一个或多个核苷酸或者氨基酸序列，那么说明书应当包括符合国务院专利行政部门规定的序列表。申请人应当将该序列表作为说明书的一个单独部分提交，并按照国务院专利行政部门的规定提交该序列表的计算机可读形式副本。

B. 说明书附图。

附图是说明书的一个组成部分，其作用是直观表明发明或实用新型的每个技术特征和整体技术方案。附图应附在说明书之后，按照顺序编号排列，并且大小适当，能清晰显示图中细节。对多个附图中的同一技术特征，应当使用相同的附图标记。说明书中未提及的附图标记不得在附图中出现，附图中未出现的附图标记不得在说明书文字部分中提及。申请文件中表示同一组成部分的附图标记应当一致。附图中除了必需的文字不得含有其注释，但对于流程图、框图一类的附图，应在其框内给出必要的文字或符号说明。

C. 说明书摘要。

说明书摘要应当写明发明或者实用新型专利申请所公开内容的概要，即写明发明或者实用新型的名称和所属技术领域，并清楚地反映所要解决的技术问题、解决该问题的技术方案的要点以及主要用途。摘要文字部分不得超过300个字。摘要中不得使用商业性宣传用语。

③ 权利要求书。权利要求书的作用在于确定专利权的保护范围。专利权人可以在法律授予的权利范围内主张自己的权利。

权利要求书中的权利要求是在说明书的基础上，用构成发明或实用新型技术方案的技术特征来表明要求专利保护的范围。权利要求中写入一个技术特征，就表明该权利要求所要求保护的技术方案中应当包括该技术特征。如果他人实施的技术方案包括权利要求书中记载的全部技术特征，才落入该权利要求的保护范围之内。由此可见，一项权利要求所包括的技术特征越少，该技术要求的保护范围就越大。

A. 权利要求的类别。

权利要求书通常由一项或多项权利要求组成。

a. 根据保护对象的不同，权利要求分为产品权利要求和方法权利要求。前者的保护对象包括物品、物质、材料、工具、装置、设备等；后者的保护对象包括制造方法、使用方法、将产品用于特定用途的方法和产品的新用途等。

b. 根据撰写方式的不同，权利要求分为独立权利要求和从属权利要求。

独立权利要求从整体上反映发明或实用新型的技术方案，记载解决技术问题的必要技术特征，通常由前序部分和特征部分组成。其中，前序部分写明要求保护的发明或实用新型技术方案的主题名称，以及发明或实用新型主题与最接近的现有技术共有的必要技术特征；特征部分写明发明或实用新型区别于最接近的现有技术的技术特征。

如果一项权利要求引用了其他权利要求并包含该权利要求中的所有技术特征，则该权利要求称为从属权利要求。从属权利要求由引用部分和限定部分组成。其中，引用部分写明引用的权利要求的编号及其主题名称；限定部分写明发明或实用新型附加的技术特征。

一项发明应只有一个独立权利要求，对该权利要求进一步限定的权利要求应用从属的方式撰写。从属权利要求所包含的技术特征，不仅包括其所附加的技术特征，还包括其所从属的那个权利要求的全部技术特征。因此，从属权利要求所限定的保护范围必定小于其所引用的权利要求的保护范围。

B. 权利要求书应满足的要求。

a. 权利要求应以说明书为依据。权利要求书所限定的保护范围大小的依据就是说明书所公开的内容，因此权利要求书应以说明书为依据。

b. 权利要求书应清楚。权利要求书的作用是确定专利权的保护范围，因此权利要求书的清楚至关重要。首先，各项权利要求的类型应当清楚，能够通过权利要求的主题名称反映出来。其次，各项权利要求所确定的保护范围应当清楚。权利要求应符合逻辑，采用技术术语规范，使其能清楚地表述要求保护的发明。

c. 权利要求书应简明。一是每项权利要求应当简明；二是构成权利要求书的所有权利要求作为一个整体应当简明；三是权利要求的数目应当合理；四是权利要求的用词应当简明，不得使用商业性宣传用语。

d. 其他应满足的要求。对多项权利要求的，应用阿拉伯数字编号；权利要求书在两页或两页以上的，应当在每页下框线居中位置按顺序编写页码；每项权利要求只允许在其结尾处使用句号；权利要求书中的科技术语应与说明书中的科技术语一致；权利要求书中通常不使用表格。

(2) 外观设计专利申请文件。申请外观设计专利的申请文件应当包括外观设计专利请求书、图片或者照片。要求保护色彩的还应当提交彩色和黑白图片或者照片各一份，提交图片的两份均应为图片，提交照片的两份均应为照片，不得将图片和照片混用。如对图片或照片需要说明的，应当提交外观设计简要说明。

A. 外观设计专利请求书。

外观设计专利请求书是记载外观设计产品名称、类别、设计人、申请人、申请人地址、申请文件数量等著录项目及申请人签章的重要文件，也是外观设计专利申请受理后记载专利申请号、申请日的原始文件。根据我国《专利法实施细则》的有关规定，请求书应使用国家专利行政部门统一制定的格式，以非标准格式提出的申请，应在指定期限内补正。

B. 外观设计图或照片。

外观设计专利申请文件中一般以图片表示外观设计产品为原则，也可以用照片代替，其拍摄要求与制图要求相同。申请人应当就每件外观设计产品及所要保护的内容，提交有关的六面正投影视图或照片，以清楚显示请求保护的对象，并且在每幅图下方注明主视图、后视图、左视图、右视图、俯视图、仰视图、立体图。省略的视图在简要说明中说明。

C. 外观设计简要说明。

外观设计的说明是指申请文件中的图纸、照片有不容易理解的内容时，或图片不能充分表达外观设计时，要进行简要说明及省略视图的说明。

(3) 申请文件的纸张要求。申请文件的纸张质量(耐折度、强度、白度及定量)应相当于复印机用纸的质量。纸面不得有无用的文字、记号、框、线等。各种文件一律采用A4尺寸(210mm×297mm)的纸张。申请文件的纸张应当纵向使用，只使用一面。文字应当自左向右排列，纸张左边和上边应各留25mm空白，右边和下边应当各留15mm空白，以便出版和审查时使用。申请文件各部分的第1页必须使用国家知识产权局统一制定的表格。这些表格可以向国家知识产权局受理处、各地的专利代办处索取或直接从国家知识产权局网站下载。

(4) 申请文件的文字和书写要求。申请文件各部分一律使用中文，“中文”一词是指汉字。外国人名、地名和科技术语如没有统一中文译名时，应当注明英文或原文。申请人提供的附件或证明如果是外文，应当附有中文译文。中文简化字应按1964年3月7日中国文字改革委员会及文化部、教育部发布的《关于简化字的联合通知》的规定使用。

申请文件包括请求书在内，都应当用宋体、仿宋体或楷体打字或印刷，字迹呈黑色，字高应在3.5～4.5mm，行距应在2.5～3.5mm。要求提交一式两份文件的，其中一份为原件，另一份应采用复印件。申请文件不允许涂改。如确有必要增删更改时，应当在提出申请以后，通过补正手续办理。对申请文件的文字补正和修改，不得超出原说明书和权利要求书记载的范围。

申请文件中有图的，应当用墨水和绘图工具绘制，线条应当均匀清晰，不得涂改。

(5) 申请文件的排列顺序。发明或者实用新型专利申请文件各部分应按下列顺序排列：请求书、说明书摘要、权利要求书、说明书、说明书附图和其他文件。

外观设计专利申请文件各部分应按照请求书、图片或照片、简要说明的顺序排列。申请文件各部分都应当用阿拉伯数字分别按顺序编号。

6. 专利权的终止和无效

(1) 专利权的终止。有下列情形之一的，专利权在期限届满前终止：①没有按照规定缴纳年费。专利权人必须按法律规定缴纳年费(专利权维持费)，若专利权人未在规定期限缴纳年费，可以在应当缴纳年费期满之日起6个月内补缴，同时须缴纳一定比例(15%)滞纳金；期满未缴纳的，自应当缴纳年费期满日起，其专利权终止。②专利权人以书面形式声明放弃其专利权。放弃专利权是专利权人的权利之一。因此，当专利权人认为没有必要继续拥有该项专利权时，可以放弃专利权，但必须以书面形式向专利局声明。专利权自专利权人以书面形式声明要求放弃之日起终止有效。

(2) 专利权的无效。我国《专利法》规定，自专利局公告授予专利权之日起满6个月后，任何单位或者个人认为该专利的授予不符合法律规定，都可以请求专利复审委员会宣告该专利无效。对专利复审委员会宣告专利无效或维持专利权的决定不服，可在收到通知之日起3个月内向人民法院起诉。专利被宣告无效，对已签订的专利实施许可合同会产生一定影响。由于许可合同的标的已变成普通技术而非专利技术，任何人都可以无偿地使用它，使用人不必再向合同原许可人支付使用费。

对于宣告专利无效前已经履行的实施许可合同，我国《专利法》第47条规定，“宣告无效的专利权视为自始即不存在。”宣告专利权无效的决定，对在宣告专利权无效前人民法院做出并已执行的专利侵权的判决、调解书，已经履行或者强制执行的专利侵权纠纷处理决定以及已经履行的专利实施许可合同和专利权转让合同，不具有追溯力。但是，因专利权人的恶意给他人造成的损失，应当给予赔偿。依照规定不返还专利侵权赔偿金、专利使用费、专利权转让费，明显违反公平原则的，应当全部或者部分返还。

4.2.2 专利权的内容和特点

1. 专利权的内容

(1) 独占实施权。它是指专利权人对其专利产品依法享有的制造、使用、销售、允许销售的专有权利，或者专利权人对其专利方法依法享有专有使用权，以及对依照该专利方法直接获得的产品的专有使用权和销售权。我国《专利法》第11条规定，“发明和实用新型专利权被授予后，除了本法另有规定的，任何单位或者个人未经专利权人许可，都不得实施其专利，即不得为生产经营目的制造、使用、许诺销售、销售、进口其专利产品，或者使用其专利方法以及使用、许诺销售、销售、进口依照该专利方法直接获得的产品。”“外观设计专利权被授予后，任何单位或者个人未经专利权人许可，都不得实施其专利，即不得为生产经营目的制造、许诺销售、销售、进口其外观设计专利产品。”这种独占权使专利权人取得一种独占的、排他的法律地位，只有专利权人有权实施取得专利权的发明创造；未经专利权人许可，任何单位或者个人都不得实施该发明创造，否则就是侵权行为，就要承担由此引起的法律责任。

(2) 许可实施权。许可实施权是专利权人许可或者禁止(不许可)他人实施其取得专利的发明创造的权利。我国《专利法》第12条规定，“任何单位或者个人实施他人的专利，应当与专利权人订立实施许可合同，向专利权人支付专利使用费。被许可人无权允许合同规定以外的任何单位或者个人实施该专利。”

据此规定，除了根据国家计划允许指定的单位实施，任何单位或者个人实施他人专利都必须与之订立专利实施许可合同。当然还存在强制许可的情况，我国《专利法》第六章规定了多种强制许可的情况。第48条规定“有下列情形之一的，国务院专利行政部门根据具备实施条件的单位或者个人的申请，可以给予实施发明专利或者实用新型专利的强制许可：①专利权人自专利权被授予之日起满三年，且自提出专利申请之日起满四年，无正当理由未实施或者未充分实施其专利的；②专利权人行使专利权的行为被依法认定为垄断行为，为消除或者减少该行为对竞争产生的不利影响的。”

此外，我国《专利法》规定，在国家出现紧急状态或者非常情况时，或者为了公共利益的目的，国务院专利行政部门可以给予实施发明专利或者实用新型专利的强制许可；为了公共健康目的，对取得专利权的药品，国务院专利行政部门可以给予制造并将其出口到符合中华人民共和国参加的有关国际条约规定的国家或者地区的强制许可；一项取得专利权的发明或者实用新型比以前已经取得专利权的发明或者实用新型具有显著经济意义的重大技术进步，其实施有赖于前一发明或者实用新型的实施的，国务院专利行政部门根据后一专利权人的申请，可以给予实施前一发明或者实用新型的强制许可。

与此同时，国务院专利行政部门做出的给予实施强制许可的决定，应当及时通知专利权人，并予以登记和公告。给予实施强制许可的决定，应当根据强制许可的理由规定实施的范围和时间。强制许可的理由消除并不再发生时，国务院专利行政部门应当根据专利权人的请求，经审查后做出终止实施强制许可的决定。取得实施强制许可的单位或者个人应当付给专利权人合理的使用费，或者依照中华人民共和国参加的有关国际条约的规定处理使用费问题。付给使用费的，其数额由双方协商；双方不能达成协议的，由国务院专利行政部门裁决。

(3) 转让权。转让权是指专利权人将其获得的专利所有权转让给他人的权利。我国《专利法》第10条规定，“专利申请权和专利权可以转让。中国单位或者个人向外国人、外国企业或者外国其他组织转让专利申请权或者专利权的，应当依照有关法律、行政法规的规定办理手续。转让专利申请权或者专利权的，当事人应当订立书面合同，并向国务院专利行政部门登记，由国务院专利行政部门予以公告。专利申请权或者专利权的转让自登记之日起生效。”

(4) 标记权。标记权即专利权人有权自行决定是否在其专利产品或者该产品的包装上标明专利标记和专利号。我国《专利法》第17条规定，“专利权人有权在其专利产品或者该产品的包装上标明专利标识。”专利权人在其专利产品或者该产品的包装上标明专利标记的目的在于告知公众该产品已获得授权，以便防止侵权行为发生。所以，它是专利权派生的一种权利。如果发现仿制、假冒，就可以此为证明，依照我国《专利法》的规定要求侵权人停止侵权行为，赔偿损失。

(5) 放弃权。专利权人可以在专利权保护期限届满前的任何时候，以书面形式声明或以不缴纳年费的方式自动放弃其专利权。我国《专利法》第44条规定，“专利权人以书面形式声明放弃其专利权的，专利权在期限届满前终止。专利权人提出放弃专利权声明后，经国务院专利行政部门登记和公告，其专利权在期限届满前终止。”

(6) 请求保护权。请求保护权是专利权人认为其专利权受到侵犯时，有权向人民法院起诉或请求专利管理部门调解以保护其专利权的权利。保护专利权是专利制度的核心，他人未经专利权人许可而实施其专利，侵犯专利权并引起纠纷的，专利权人可以直接向人民法院起诉，也可以请求管理专利工作的部门调解。

2. 专利权的特点

(1) 合法性。专利是根据法律所规定的程序，经申请、审批而授予并受法律保护的一种工业产权。专利不同于物质所有权，它是技术成果，是依法申请、审查、批准、由国家主管部门授予的权利。我国《专利法》第39条规定，“发明专利申请经实质审查没有发现驳回理由的，由国务院专利行政部门做出授予发明专利权的决定，发给发明专利证书，同时予以登记和公告，发明专利权自公告之日起生效。”

(2) 专有性。相同发明创造只能授予一次专利权，它是一种排他实施权。我国《专利法》第11条规定，“发明和实用新型专利权被授予后，除本法另有规定的，任何单位或者个人未经专利权人许可，都不得实施其专利，即不得为生产经营目的制造、使用、许诺销售、销售、进口其专利产品，或者使用其专利方法以及使用、许诺销售、销售、进口依照该专利方法直接获得的产品。外观设计专利权被授予后，任何单位或者个人未经专利权人许可，都不得实施其专利，即不得为生产经营目的制造、销售、进口其外观设计专利产品。”

我国《专利法》第12条规定，“任何单位或者个人实施他人专利的，应当以书面形式与专利权人订立实施许可合同，向专利权人支付专利使用费。被许可人无权允许合同规定以外的任何单位或者个人实施该专利。”

(3) 地域性。一项专利只有在批准的国家范围内才有效，未授予专利权的国家对其不承担任何义务。一项发明如果没有在某个国家申请专利，或者虽然申请但没有批准，那么它在这个国家就无效。由于各国《专利法》的规定不同，一项发明在一个国家获得专利权，但在另一个国家申请时却有可能不被授予专利权。例如，如果中国一家企业的一项发明虽然在中国获得了专利权，但没有到美国申请专利或虽申请但没有被授予专利权，那么一家美国企业仿制该中国产品就不构成侵权。此外，我国对专利权的跨国转让也有规定。

我国《专利法》第10条规定，“中国单位或者个人向外国人、外国企业或者外国其他组织转让专利申请权或者专利权的，应当依照有关法律、行政法规的规定办理手续。转让专利申请权或者专利权的，当事人应当订立书面合同，并向国务院专利行政部门登记，由国务院专利行政部门予以公告。专利申请权或者专利权的转让自登记之日起生效。”

(4) 时间性。专利受法律保护是有期限的，期限届满，任何人都可以自由使用该项专利。目前，各国对专利保护的期限不完全相同。我国《专利法》第42条规定，“发明专利权的期限为二十年，实用新型专利权和外观设计专利权的期限为十年，均自申请日起计算。”

(5) 实施性。专利权人获得的专利必须具有实用性，只有实施专利，才能实现专利的实用性。大多数国家都要求在申请国家内实施专利，制造产品或转让权利，让他人使用。国家有时会采取强制措施实施专利，我国2008年修改的《专利法》第14条规定，“国有企业事业单位的发明专利，对国家利益或者公共利益有重大意义的，国务院有关主管部门和省、自治区、直辖市人民政府报经国务院批准，可以决定在批准的范围内推广应用，允许指定的单位实施，由实施单位按照国家规定向专利权人支付使用费。”

4.2.3　专利权人的权利和义务

1. 专利权人的权利

(1) 独占权。专利权人享有为生产经营目的制造、使用、销售和进口专利产品或使用专利方法制造产品、销售产品、使用和进口该产品或制造、销售、使用和进口外观设计专利产品的独占权，即排他权。

(2) 转让权。转让权是指专利权人依照法律规定将专利的所有权转让给他人(受让人)，专利权人不再享有该项专利权，受让人成为该项专利权的专利权人，对该项专利权拥有所有权。专利权的转让可以是有偿转让或无偿转让，在国际技术贸易中指的是有偿转让。

(3) 许可权。许可权是指专利权人有权将自己取得的专利权在一定条件下许可他人使用，即使用权的有偿转让。此时，专利权人对其专利权仍然拥有所有权。

(4) 标记权。标记权是指专利权人有权在其专利产品或者专利产品的包装上标明专利标记和专利号，以表示该产品是专利产品。这样既可以提高产品的市场信誉，又可以防止他人侵权。

(5) 保护权。专利权人有权制止未经其同意而擅自使用、制造、销售或进口其专利产品或者使用其专利方法生产、销售、使用或进口该产品的他人违法行为。专利权人可以要求专利主管部门对侵权违法行为予以制止或排除，并追究侵权者的经济、法律责任。

(6) 署名权。署名权是指发明人或者设计人享有在专利文件中写明自己是发明人或者设计人的权利。发明人或者设计人有时是专利权人，有时则不是专利权人。

2. 专利权人的义务

(1) 实施专利发明创造。专利权人必须在法律规定的期限内实施专利发明。实施专利发明创造的方法有三种：一是专利权人自己实施其专利发明创造；二是专利权人许可他人实施其专利发明创造；三是专利权人或其许可人进口专利产品。

(2) 缴纳年费。按照我国《专利法》第43条规定，“专利权人应当自被授予专利权的当年开始缴纳年费。”若不按时缴纳年费，其专利权即告终止或自动失效。专利费从专利权生效日开始计算，按年缴纳，其数额随专利年数的增加而增加。

4.2.4 专利权的贸易

1. 专利权贸易的概念与方式

专利权贸易是指专利权人在一定条件下转让专利权或许可他人使用专利权的行为。转让专利申请权或者专利权的合同经国务院专利行政部门登记后予以公告，转让行为自登记之日起生效。专利权转让是指专利权人将专利权的所有权转让给他人。专利权许可使用是指专利权人许可他人为生产经营目的，制造、使用和销售其发明和实用新型的专利产品，或者使用其专利方法以及使用、销售依照该专利方法直接获得的产品，制造和销售外观设计专利产品，或为上述用途进口专利产品或者依照其专利方法直接获得的产品。专利权许可贸易方式是被普遍使用的专利权贸易方式。

2. 专利权贸易合同

目前，世界各国很少有关于专利权贸易合同的专门、具体的法律规定，多是在专利法中确认专利权作为一类特殊财产所具有的本能的流通能力，权利人可以在法律规定的范围内将专利申请权和专利权转让给他人，专利权人也可以将专利权许可给他人使用，并签订专利实施许可合同。例如，我国《专利法》第12条规定，“任何单位或者个人实施他人专利的，应当与专利权人订立实施许可合同，向专利权人支付专利使用费。被许可人无权允许合同规定以外的任何单位或者个人实施该专利。”有些国家的专利法允许在专利登记册上注明专利权已许可他人独占使用的内容，并确认了签订专利实施许可合同的合法性。此外，专利法中有关强制许可的规定，肯定了专利实施许可这种实施专利的形式。

1999年10月1日施行的《中华人民共和国合同法》(以下简称《合同法》)第344条至第346条规定，“专利实施许可合同只在该专利权的存续期间有效。专利权有效期限届满或者专利权被宣布无效的，专利权人不得就该专利与他人订立专利实施许可合同。专利实施许可合同的让与人应当按照约定许可受让人实施专利，交付实施专利有关的技术资料，提供必要的技术指导。专利实施许可合同的受让人应当按照约定实施专利，不得许可约定以外的第三人实施该专利，并按照约定支付使用费。”《合同法》将专利实施许可合同的内容作为技术转让合同的重要组成部分，并对该合同当事人的主要权利和义务都做出了较为明确和具体的规定。

3. 关于专利权贸易的几个问题

(1) 专利权许可贸易中，专利权人可以将专利使用权中的一项或几项权利许可给同一个企业使用，如果是非独占许可，也可以许可一个国家或地区的不同企业使用。

(2) 一笔专利权贸易合同可以包括专利权和专利申请权。专利权在某些国家产生于专利权授予之日，而专利申请的有关权利则产生于“专利申请日”。因此，专利权许可使用只能发生在专利权授予日之后，专利申请权有关权利许可使用只能发生在“专利申请日”

之后。专利申请权法律地位的不确定性，在贸易实践中应予以注意。

(3) 专利权贸易只能发生在专利权的授权国或地区，一个外国企业不能将其在本国或其他国家(不包括中国)获得的专利权，许可给中国境内的某一企业使用，而只能是某外国企业将在中国获得的专利权许可中国境内的企业使用。

(4) 专利许可人的在先权利。若一个外国企业甲与中国企业乙签订技术许可使用合同，乙企业(受方)拟将合同技术产品销往第三国；甲企业在与乙企业签订专利许可使用合同之前，已就该项专利技术在第三国获得专利权；在这种情况下，乙企业必须从甲企业取得合同产品销往第三国的许可。

(5) 专利产品平行进口。专利产品平行进口是指一国未经专利权人授权的进口商，从国外进口专利权人或其许可人投放市场的平行专利产品的行为。同一项发明在两个或两个以上国家(地域)所获得的专利互为平行专利。例如，某专利权人同时在中国和泰国申请了同一个专利，在中国还指定一家进口商为代理商，而另一家进口商未经该专利权人的许可，从泰国进口该专利产品并在国内销售，造成同时有两个进口商平行进口，其中一个是未经许可授权的，这就是专利产品平行进口。

我国《专利法》第11条规定，“发明和实用新型专利权被授予后，除了本法另有规定的，任何单位或者个人未经专利权人许可，都不得实施其专利，即不得为生产经营目的制造、使用、许诺销售、销售、进口其专利产品，或者使用其专利方法以及使用、许诺销售、销售、进口依照该专利方法直接获得的产品。外观设计专利权被授予后，任何单位或者个人未经专利权人许可，都不得实施其专利，即不得为生产经营目的制造、许诺销售、销售、进口其外观设计专利产品。”这说明专利权人有独占的产品进口权，专利产品平行进口属于侵权行为。

4.2.5　专利权的保护

1. 专利权的保护范围

各国专利法都规定，对发明或实用新型专利权的保护以其权利要求书的内容为准，说明书及附图可用于解释权利要求书；对外观设计专利权的保护范围以在图片或照片中表示的该外观设计专利产品为准。

2. 侵犯专利权的行为

根据我国《专利法》的规定，属于侵犯专利权的行为有：①未经专利权人许可，为生产经营目的制造、使用或销售专利产品或使用专利方法；②假冒他人专利；③非法授予专利实施许可；④非法宣告有关专利无效等行为。

当然，为了维护国家和社会的共同利益，保护善意第三人的合法权益，各国的专利法都明确规定了不属于侵犯专利权的几种情况：第一，使用或销售专利权人制造或许可制造的专利产品的行为。第二，使用或销售不知道是未经专利权人许可而制造并出售的专利产品的行为。第三，在专利申请之前就已经开始制造相同产品、使用相同方法或者已经做好制造、使用的必要准备，而在专利主管机关授予有关专利权以后，只是在原有范围和规模上所进行的制造或使用行为。第四，根据《巴黎公约》的规定，一成员国的陆海空运输工具临时通过另一成员国的领土，出于运输工具的需要在其装置和设备中使用了该另一成员国批准的专利发明的。第五，专为科学研究和实验、非营利目的而利用专利发明创造等。

3. 专利权的保护方法

专利权受到侵害时，专利权人可以依法请求国家专利主管机关通过行政程序责令侵权人停止其侵权行为，并负责赔偿因该项侵权行为所引起的经济损失，也可以直接向有管辖权的人民法院提起诉讼，通过民事诉讼求得司法救济，或通过行政诉讼程序撤销有关专利主管机关的错误决定，以恢复其对有关发明创造的宣传的专有权利。在侵权行为人故意侵犯其专利权情节严重、触犯刑律时，可以依法向人民法院提起刑事诉讼，请求人民法院依法追究其刑事责任，以维护国家的社会经济秩序和保护其个人的合法权益。

案例4-1

苹果三星专利案

苹果三星专利案指的是苹果公司产品与三星产品之间存在的知识产权纠纷案件。苹果公司因为三星第一代Galaxy手机与iPhone的相似程度很大，并且在向三星发出专利授权要约遭到拒绝以后，将三星告上法庭。2012年8月，美国加州地方法院做出一审判决，称三星电子侵犯苹果公司若干专利，须向对方赔偿10.5亿美元。对此三星表示不服，并提起上诉。2012年12月7日，圣何塞联邦法院再次开庭，重新审理这场法律诉讼。2012年12月19日，三星撤销在欧洲各国对苹果公司提出的专利侵权诉讼。

2014年2月21日，递交给加利福尼亚州北部地区法院的文件显示，苹果公司和三星之间的和解谈判宣告失败。苹果公司CEO蒂姆·库克和三星联席CEO申宗钧参加了由中间调解人安排的一次会面，但双方并未达成和解方案，致使双方的专利侵权案于2014年3月启动新庭审。不过，两家公司仍然愿意在3月底举行的专利诉讼案之前继续进行谈判。

2014年7月，国外媒体报道，苹果公司向美国联邦巡回法庭提起一项动议，放弃对加州法官做出的判决进行上诉，这意味着苹果公司将不再寻求对于三星侵权产品的永久禁售令。

2014年8月，微软对三星提起诉讼，请求美国联邦法院认定，微软收购诺基亚手机业务的交易并不违反该公司与三星之间的合同协议。根据协议，三星制造的每一部Android手机和平板电脑都应当向微软支付专利授权费。微软在起诉书中称，三星拖欠其专利费的利息就高达690万美元。微软在起诉书中指出，根据专利授权协议，三星去年向该公司支付了10亿美元专利费。2011年，三星同意就Android涉嫌侵权问题公开向微软支付专利授权费，这份协议属于交叉许可协议。根据公开的起诉书，微软认为根据专利授权协议，三星同意在7个财政年内向微软支付专利授权费，以换取其在智能手机和平板电脑的Android操作系统中使用微软专利技术，但三星第二财年仍未能及时支付专利授权费，也没有支付利息。三星宣称，由于微软买下诺基亚设备及其服务业务，三星不应该继续与微软履行此前签署的协议，而应该重新签署协议。为此，三星拖欠微软的费用应减少甚至取消。

资料来源：《中国经营报》，2015-06.

4.3　商标权

4.3.1　商标概述

1. 商标的概念和特征

商标(Trademark)一般是指生产经营者为了使人们识别其商品，以区别于其他企业所生产或销售的同种或同类商品而使用的一种特定商业标志。商标通常由文字或图形或两者组合所组成。在某些国家也有以音响、气味、立体形象等构成的商标。商标除了用于商品，还用于服务。服务业使用的商标称为服务商标或服务标记(Service Mark)。

目前，国际上对商标的含义尚未形成统一的认识。

TRIPs协议第十五条规定，任何一种能够将一个企业商品或服务区别于其他企业商品或服务的标记或标记组合均为商标。

国际保护工业产权协会(Association Internationale Pourla Protection de la Propriete Industrielle，AIPPI)在柏林大会上曾对商标做出定义：商标是用以区别个人或集体所提供的商品及服务的标记。

世界知识产权组织在其《商标示范法》中做出如下定义：商标是将一个企业的产品或服务与另一企业的产品或服务区别开的标记。

《欧共体商标条例》第四条以及《欧洲共同体委员会协调成员国商标立法第一号指令》第二条将商标定义为：能够将一个企业的商品或者服务与其他企业的商品或服务区别开的所有可用书面形式表示的标记，尤其是文字(包括人名)、图形、字母、数字、商品及其包装的外形，均可构成商标。

法国政府在其《商标法》中将商标定义为：一切用以识别任何企业的产品、物品或服务的有形标记均可视为商标。

《中华人民共和国商标法》(2013年8月30日第三次修正)第四条规定，“自然人、法人或者其他组织对其生产、制造、加工、拣选或者经销的商品，需要取得商标专用权的，应当向商标局申请商品商标注册。”第八条规定，“任何能够将自然人、法人或者其他组织的商品与他人的商品区别开的标志，包括文字、图形、字母、数字、三维标志、颜色组合和声音等，以及上述要素的组合，均可以作为商标申请注册。”

从上述定义可以看出，商标的使用者是该商标指定商品或服务的生产者、制造者、加工者、拣选者或经营者，而不是消费者。商标使用在商品上，与商品包装上的装潢不同，前者是为了区别商品的出处，是专用的；而后者是对商品的美化、装饰、说明和宣传。据此而言，商标是用以区别商品或服务来源的标志，根据人类生产、生活实践的需要应运而生，既是一种知识产权、一种脑力劳动成果，又是工业产权的一部分，是企业的一种无形财产。

2. 商标与近似标记的联系和区别

1) 商标与厂商名称的联系和区别

厂商名称(Trade Name)即商号或企业名称，经登记注册后也受到工业产权保护。厂商名称是工商企业在营业时用于区别同行业中其他企业的特定名称。厂商名称和商标都是商业标记，两者有一定的联系，受保护的厂商名称和商标都具有独占性。有些企业的厂商名称和商标可能是一致的，如日本索尼公司的索尼(Sony)、华为公司的华为(Huawei)；有些商标由于知名度高，企业就将商标用在企业名称上，如加拿大黑莓公司(BlackBerry Limited)原名为“Research in Motion(RIM)”，“BlackBerry”商标出名后，就将“BlackBerry”商标作为企业名称。

厂商名称和商标是两种完全不同的商业标记，有着本质的区别。

(1) 从使用对象和功能来看，商标是识别商品或服务的标记，厂商名称是识别企业的名称。虽然厂商名称可以用作本企业的产品或服务的商标，但此时它不是厂商名称，而已成为注册商标。

(2) 从数量上看，一个企业只能有一个厂商名称，但可以同时拥有和使用多个商标以表示不同的商品或服务。

(3) 从时间上看，厂商名称没有法定的时间限制，只要企业存在，厂商名称始终有效，当然企业可以根据需要更改厂商名称，而商标是有法定保护期限的。

(4) 从地域性来看，在一国范围内，经注册受保护的厂商名称有时不能排除与距离较远的另一个地区的企业使用相同或近似的厂商名称，而商标的权利效力在全国范围内有效。

(5) 从适用的法律来看，厂商名称由专门的企业名称登记管理法律、法规来规范，而商标则受商标法和反不正当竞争法保护。

(6) 从转让方式上看，由于厂商名称和企业有着紧密的联系，所以转让时必须与企业一起转让，而对商标来说，除少数国家外，一般都规定可以单独转让。

2) 商标与商品名称的联系和区别

商标与商品名称既有联系又有区别。两者的联系：在一定条件下，商标和商品通用名称可以互相转化。根据《中华人民共和国商标法》第十一条的规定，“下列标志不得作为商标注册：①仅有本商品的通用名称、图形、型号的；②仅直接表示商品的质量、主要原料、功能、用途、重量、数量及其他特点的；③其他缺乏显著特征的。前款所列标志经过使用取得显著特征并便于识别的，可以作为商标注册。”例如，“阿司匹林”本来是一个商标，但现在已经演化为商品的通用名称。可见，商标的知名度越高，演化为商品名称的可能性越大。

两者的区别：①商标是专用的、独占的，而商品名称(除特有名称外)通常是公用的。②商标只有附着在商品包装或商品上，并与商品名称同时使用，才能使消费者区别该商品的来源；商品名称用来区别商品的不同原料、不同用途，可以独立使用。

3) 商标与商品装潢的联系和区别

商标与商品装潢既有联系又有区别。两者的联系：商标是商品装潢的一部分，两者同时用于商品包装上，有些商标甚至是商品装潢的主体部分，如“可口可乐”；有些商品装潢经过长期使用获得一定知名度和认可度后可以作为商标注册。

两者的区别：①商标是生产经营者为了区分自己和他人的商品而在商品上使用的标记，而商品装潢设计则是在商品包装上用以介绍、美化产品的艺术设计和装饰；②商标可以受到商标法保护，取得商标专用权，而商品装潢设计则不受商标法保护，只是在有些国家可获得外观设计专利权或外观设计权的保护；③商标的文字图形一经推出很少改变，尤其在注册核准之后，就不能随意改变，而商品装潢设计则可以根据市场需求和消费者喜好的变化而随时改变。

4) 商标与外观设计的联系和区别

外观设计又被称为工业品外观设计(Industrial Design)，它必须符合以下条件：①外观设计的载体必须是使用工业方法生产出来的产品，不能重复生产的手工业品、农产品、自然物等不能作为外观设计的载体；②外观设计构成要素是产品形状或产品图案；③外观必须具有人的视觉可见性，即对于某种产品的形状、图案、色彩的新设计，在使用该产品时能够被人看到。

商标与外观设计虽然都是工业产权，但两者存在显著的区别，主要表现在以下三个方面：①两者的性质不同。商标只附着在商品包装或商品上，不是商品的存在形式；而外观设计是商品存在的形式。②两者的使用目的和作用不同。商标是用来区别不同企业(或个人)的产品或服务，是识别的标志；而外观设计则是为了满足消费者对产品的审美方面的要求而创作的设计，是为了使商品对消费者更具有吸引力。③两者的法律依据不同。商标是遵循商标法进行保护的；而外观设计一般采用单独立法或专利法、版权法加以保护。

5) 商标与域名的区别

域名是互联网时代的新产物，它是指国际互联网上数字地址的一种转换形式，通过注册就可用于网络地址和电子邮件地址。商标和域名的联系表现在两个方面：一是商标与域名存在一致性。这种一致性是指商标所有人(或域名所有人)将与其商标(或域名)相同的标志同时注册为域名(或商标)，如苹果公司的注册域名“www.apple.com”，新浪公司(www.sina.com.cn)的注册商标“Sina”。当然也存在将知名度较高的商标(或域名)抢注为自己商标(或域名)的情况。二是域名和商标一样通过注册取得，也要实行先申请的原则，域名所有者就其域名拥有的权利属于知识产权。

商标和域名的区别表现在以下几个方面：第一，识别目的不同。商标的目的是区别不同企业(或个人)的产品或服务，而域名则是用来区别不同的网络地址和电子邮件地址。第二，独占的程度不同。在同一商标注册制度下，不同商品或服务上的相同或相近的商标可以由不同的所有人所有，而在国际互联网上，域名必须是独一无二的。第三，构成方式不同。对于域名的整体而言，只要顶级域名或二级域名不同，其二级或三级域名可以相同。这种现象与目前各个域名注册机构之间还未实现交叉审查直接相关。

4.3.2 商标的种类

商标随着商品的出现而出现。发展至今，商标已经成为种类繁多的“大家族”。为了更加全面地了解商标，可以根据不同的标准和角度对其进行分类。

1. 按照商标的构成要素分类

(1) 文字商标。文字商标是指以各种语言文字、字母、数字组成，不含图形成分的商标，例如，华为的“Huawei”、肯德基的“KFC”、柯达的“Kodak”等。文字商标的优点是表意明确、能读易记，便于称呼和广告宣传；缺点是缺少形象性，不够美观。

(2) 图形商标。图形商标(Designs Trademark)是由平面或立体的图形构成的商标。用图形作为商标具有悠久的历史，其优点是形象鲜明生动、特征显著、便于识别，而且不受不同国家语言差异的限制。图形商标的缺点在于容易与别人的商标相混淆，例如，许多汽车商标就存在类似的问题，而且在出口商品上使用图形商标时，有时会因为该图形在某个国家有不好的含义而引起误会。

(3) 三维标志商标。三维标志商标又称立体商标，是以占据一定空间的立体实物，如产品的造型、产品的实体包装物等组成的商标。例如，可口可乐饮料的瓶子已经在许多国家被注册为商标。我国《商标法》第十二条对三维标志商标做了限制性的规定，“仅由商品自身的性质产生的形状、为获得技术效果而需要的商品形状或者商品具有实质性价值的形状，不得注册。”也就是说，其他诸如文字、图形之类的商标，即使不注册，只要不为法律的禁止性规定禁止使用，其本身仍是一种商标。但是，三维标志商标如果未经注册，其本身只能是一种商品或商品的包装或装潢，不能自然地作为商标使用。

(4) 组合商标。组合商标(Combined Trademark)是指以文字、图形、字母、数字、三维标志和颜色等要素组合而成的商标，它要求商标中的各个组成部分要协调一致。其中，文字图形商标的优点是它结合了文字商标和图形商标各自的特点，整个商标图文并茂、形象生动、容易识别；缺点在于容易与别人的商标相混淆，有时会因为该图形在某个国家有不好的含义而引起误解。值得注意的是，组合商标的文字和图形是一个整体，此类商标注册后，构成组合商标的文字、图形，甚至大小和颜色，不得随意改动其排列组合。

(5) 其他新型商标。近年来，随着社会的进步和科技的不断发展，出现了一些新型商标，如全息商标、音响商标和气味商标。全息商标是采用激光全息技术制成的商标，主要用于防伪；音响商标是以特殊的音响效果作为商标注册，如广播电台或电视台开播节目以前的台标音乐，目前只有法国等少数国家对这种商标予以注册；气味商标是以特殊的气味作为商标注册，20世纪20年代初，美国曾将一种缝纫线的特殊香味作为商标予以保护，但现在对这种商标给予保护和承认的国家极少。

2. 按照商标的使用者分类

(1) 制造商标。制造商标(Manufacturing Trademark)又称生产商标或工业商标，是商品的生产者、制造者在商品上使用的商标。制造商标不仅可以标明商品的生产者、制造者，树立生产制造商的商业形象，还可以通过经营者的销售使得生产和制造者与销售商共享商标带来的利益。

(2) 销售商标。销售商标(Sales Trademark)是商品的经营者、销售者在自己销售的商品上使用的商标，又称经营商标或商业商标。由于经营者一般不制造商品，使用销售商标便成为宣传销售商的商业信誉、树立经营者的良好商业形象、获得市场竞争优势的有效手段。

3. 按照商标的使用对象分类

(1) 商品商标。商品商标是指在商品上标明商品来源的商标。商品商标是指狭义的商标，它是指商标的本来含义，是指一般的商标。

(2) 服务商标。服务商标是指用于向社会提供的服务项目上的、用以区分服务提供者的商标。服务商标主要用于广告、保险、金融、广播、电影、演出、游乐、教育、医疗、建筑、修理、仓储、咨询、运输、通信、旅馆、饭店、洗涤、加工承揽、材料处理等服务行业。

商品商标和服务商标的主要区别在于：第一，商品商标表明商品特点；服务商标表明服务(无形商品)特点。第二，商品商标多数可以直接附着在商品上，随着商品的流转广为宣传；服务商标则需要专门的宣传才能为人们知晓。通常，服务商标的认知度比商品商标的认知度要低。

4. 按照商标的所有人分类

(1) 集体商标。集体商标(Collective Trademark)是指以团体协会或者其他组织名义注册，供该组织成员在商事活动中使用，以表明使用者在该组织中的成员资格的标志。集体商标不是用来表示产品或服务的原始出处，而是用来表明其使用者属于同一组织，表明其产品或服务的质量受到该组织的监督。所以，产品或服务的提供者在使用集体商标的同时还可以使用自己的商标，两者并不冲突。例如，大连成功注册“浪漫之都”城市旅游品牌暨43个相关系列产品。

(2) 证明商标。证明商标(Certification Trademark)是指由对某种产品或服务具有监督能力的组织所控制，而由该组织以外的单位或个人使用其产品或服务，用以证明该产品或服务的原产地、原料、制造方法、质量或者其他特定品质的标志。例如“绿色食品标志”、宾馆的“☆”级标志等均属于特定品质证明商标。

5. 按照商标是否注册分类

(1) 注册商标。注册商标(Registered Trademark)是指商标注册申请人向国家商标主管机关提出商标注册申请并获得核准的文字、图形或其组合标志。

(2) 未注册商标。未注册商标(Unregistered Trademark)是指商标使用者未向国家商标主管机关提出注册申请，自行在产品或服务上使用的文字、图形或其组合标记。我国《商标法》对商标注册采取以自愿注册为主、强制注册为辅的原则。但是，《商标法》只保护注册商标。当注册商标和未注册商标相同或相似，又出现在相同或相似的商品上时，未注册商标将被停止使用。

6. 按照商标的驰名度分类

(1) 驰名商标。我国国家工商总局于2014年7月颁布的《驰名商标认定和保护规定》(2014年8月2日起施行)第二条规定，“驰名商标是在中国为相关公众所熟知的商标。相关公众包括与使用商标所标示的某类商品或者服务有关的消费者，生产前述商品或者提供服务的其他经营者以及经销渠道中所涉及的销售者和相关人员等。”由于驰名商标(Well-known Trademark)是众所周知的，蕴含巨大的市场经济利益，世界各国都对驰名商标给予特殊保护。

(2) 著名商标。各国对著名商标(Famous Trademark)这一概念有不同的理解，所以著名商标概念在正式生效的有关国际公约中尚未出现。大陆法系的国家，包括法国、德国、西班牙、挪威、丹麦、日本等，都认定“著名商标”的声誉和知名度比“驰名商标”更高。我国从法律上没有对著名商标做出明确规定，但是从20世纪90年代初开始，许多省、市、自治区都举行了由政府主管机关组织、由民间组织参加的“著名商标评选认定活动”，并制定了认定评选办法等文件。例如，2012年，青岛市为了维护市场经济秩序，引导企业实施商标战略，促进全市品牌经济发展，有效保护著名商标所有人、使用人和消费者的合法权益，制定了《青岛市著名商标认定和保护办法》。

7. 按照商标的特殊性质分类

(1) 联合商标。联合商标(Associated Trademark)是指同一个商标所有人在同一种或者类似的产品和服务中注册两个或者两个以上近似的商标，总称为联合商标。其中，主要使用的商标是主商标，其余商标是为了防止他人注册造成混淆而注册的，用于积极防卫，因而被称为“卫星”商标。值得注意的是，联合商标只能归一个商标权人所有，联合商标转让时不能分割转让，否则起不到防卫作用。

(2) 防御商标。防御商标(Defensive Trademark)是指同一个商标所有人在不同类型的商品上注册同一个驰名商标。原来的注册商标是正商标，后来在其他商品上注册的和原来注册的商标相同的注册商标是防御商标。通常，只有驰名商标才有权注册防御商标。防御商标实际上是针对驰名商标采取的一种特殊而有效的保护形式。

4.3.3 商标权概述

1. 商标权的概念

TRIPs协议第十六条对商标权做了如下规定：注册商标所有人享有排他权，即有权禁止任何第三方未经其许可在相同或类似的商品或服务上使用与其注册商标相同或近似的商标。我国《商标法》第五十一条规定了注册商标专用权的范围：“注册商标的专用权，以核准注册的商标和核定使用的商品为限。”注册商标专用权人只在核定使用的商品上享有专用权，他人在不类似的商品上申请注册或使用相同或近似的商标，原则上是允许的。

通常，要想取得商标权，商标所有者必须向商标主管部门(商标局)申请办理手续，经批准注册后才能取得商标专用权。在很多国家，驰名商标不必申请注册便可获得商标权保护，而且保护的范围更大。除了商标权保护，商标也可以通过制止不正当竞争行为来取得保护，在不拥有商标权的情况下，只要商标经过使用后已经产生了商誉，其他人就不得以不正当手段使用该商标或与它相类似的标记。英国的《商品表示法》，美国的《商标法》，德国、日本的《不正当竞争防止法》等都对此做了详细规定。然而，虽然可以通过制止不正当竞争来保护商标，但商标权保护仍是保护商标的最重要手段。

2. 商标权的内容

在我国，只有注册商标才享有商标权。商标权的内容通常包括商标的使用权、禁用权、转让权、许可使用权、续展权等。

(1) 商标使用权。商标的使用权即专有使用权，是商标的各项权利中最基本的一项权利，占据核心地位，其他权利均从商标使用权中衍生而来。

商标使用权是指商标权人在核定使用的商品上专有使用核准注册的商标，取得合法利益的权利。我国《商标法》第五十六条规定，“注册商标的专用权，以核准注册的商标和核定使用的商品为限。”如果商标权人对注册商标进行改变，改变后的商标不享有专有使用权；专有使用权是以核定使用的商品为限，商标权人只有将注册商标使用在“核定使用的商品”上时才享有专有使用权，如果在超出“核定使用的商品”以外的商品上使用其注册商标，则不享有专有使用权。

(2) 商标禁用权。我国《商标法》第五十七条第一款规定了商标权人所享有的禁用权，即未经商标注册人的许可，在同一种商品或者类似商品上使用与其注册商标相同或者类似的商标的，属于侵犯注册商标专用权。上述规定表明，商标禁用权的效力范围不仅限于“核准注册的商标和核定使用的商品”，还扩展到与“核准注册的商标”类似的商标以及与“核定使用的商品”类似的商品。当注册商标是驰名商标时，禁用权的效力范围将进一步扩大到不相同或者不相类似的商品或服务上。

(3) 商标转让权。商标转让权是指商标权人依据法律规定，享有将其注册商标转让给他人的权利。我国《商标法》第四十二条规定，“转让注册商标的，转让人和受让人应当签订转让协议，共同向商标局提出申请。受让人应当保证使用该注册商标的商品质量。转让注册商标的，商标注册人对其在同一种商品上注册的类似的商标，或者在类似商品上注册的相同或者类似的商标，应当一并转让。对容易导致混淆或者有其他不良影响的转让，商标局不予核准，会书面通知申请人并说明理由。转让注册商标经核准后，予以公告。受让人自公告之日起享有商标专用权。”

注册商标的转让必须经过商标局核准，没有商标局的核准，即便双方就注册商标的转让达成一致，意思表示真实，受让人也无法取得商标权。

(4) 商标许可使用权。商标许可使用权是指商标权人依据法律的规定，许可他人使用其注册商标的权利。注册商标的许可使用可分为普通使用许可、排他使用许可和独占使用许可。商标的使用是实现商标功能的唯一途径，商标只有通过使用才能显示其价值。注册商标可由商标权人自己使用，也可以与他人签订商标使用许可合同，许可他人使用其注册商标。

被许可人在使用被许可使用的商标时应当保证其商品或服务的质量。对此，我国《商标法》第四十三条规定，“商标注册人可以通过签订商标使用许可合同，许可他人使用其注册商标。许可人应当监督被许可人使用其注册商标的商品质量。被许可人应当保证使用该注册商标的商品质量。经许可使用他人注册商标的，必须在使用该商标的商品上标明被许可人的名称和商品产地。许可他人使用其注册商标的，许可人应当将其商标使用许可报商标局备案，由商标局公告。商标使用许可未经备案不得对抗善意第三人。”

(5) 商标续展权。商标续展权是指商标权的保护期限届满时，商标权人有依法定程序延展其已注册商标的有效期的权利。我国《商标法》第四十条规定，“注册商标有效期满，需要继续使用的，商标注册人应当在期满前十二个月内按照规定办理续展手续；在此期间未能办理的，可以给予六个月的宽展期。每次续展注册的有效期为十年，自该商标上一届有效期满次日起计算。期满未办理续展手续的，注销其注册商标。”续展注册可以无限次重复申请，续展注册经商标局核准后，商标权人就可继续享有商标权。

3. 商标权的主体

商标权的主体即享有商标权的人，也称商标所有人。商标由申请人依法申请注册，经商标局核准后，该申请人即成为该注册商标的商标权人。商标权人依法享有商标专用权，并承担相应的义务。对不符合商标权主体条件的人提出的商标注册申请，商标局将予以驳回。如果未经驳回而最终取得了商标注册，则商标注册后，其他任何人都可以提出异议，请求商标局将其撤销或宣告无效，使该商标权归于消灭。

各国法律规定，本国的自然人和法人或者组织都可以申请注册商标而成为商标权的主体。外国人申请商标注册时，按其所属国与本国签订的协议或共同参加的国际公约，或按互惠原则办理；在该国没有住所或营业所的外国人必须委托该国的商标代理机构代为申请。但在一些国家，如美国、英国、瑞典、丹麦、澳大利亚、巴基斯坦、印度以及墨西哥、阿根廷等，对外国人申请注册商标不要求互惠条件，任何外国人都可以自由申请注册。此外，有些国家的法律还规定，两个(或两个以上)人共同拥有的商标，可以以共有人的名义申请注册，取得商标权后，全体共有人为该商标权的所有人。

对于外国人或者外国企业在我国申请商标注册，我国《商标法》第十七条规定，“外国人或者外国企业在中国申请商标注册的，应当按其所属国和中华人民共和国签订的协议或者共同参加的国际条约办理，或者按对等原则办理。”由于我国已加入《巴黎公约》，凡《巴黎公约》成员国的个人和企业都可以在我国办理商标注册，而非《巴黎公约》成员国的个人和企业在我国申请商标注册的，应当按其所属国与我国签订的协议或者按对等原则办理。

4. 商标权的客体

商标权的客体是指经国家商标局核准注册受《商标法》保护的商标，即注册商标。申请注册的商标必须是符合法律规定的标记。一般来说，一项标记要成为商标权的客体，必须同时具备以下几个条件。

(1) 必须具备法定的构成要素。按照大多数国家的规定，商标的构成要素主要是文字(包括字母、数字)、图形，文字图形组合及色彩组合。有些国家规定，除上述外，音响商标、气味商标、立体商标也能申请注册，成为商标权的客体。TRIPs第十五条第一款规定，任何能使企业的商品或服务与其他企业的商品或服务相区别的标记或其组合均可构成商标。这类标记，尤其是文字(包括人名)、字母、数字、图形要素、色彩组合及上述各项的任何组合均能作为商标注册。我国修改后的《商标法》规定，可作为商标注册的标记包括文字、图形、字母、数字、三维标志和颜色组合以及上述要素的组合。

(2) 必须具备识别性。识别性，又称显著特征，是指商标的特征必须能使消费者区别商品的来源，即商品生产者或经营者。只有具有区别不同商品生产者或经营者能力的、具有显著特征的商标，才能获准注册。根据这一要求，以下名称或标记通常不能作为商标权的客体。

① 商品的普通名称(Generic Name)；

② 通用标记；

③ 说明性或暗示性标记(Descriptiveor Suggestive Mark)；

④ 常用的姓氏名称；

⑤ 地理名称(Name of Place)；

⑥ 过于精密复杂或过于简单的文字、图形组成的商标。

(3) 必须用于商品上。商标是识别商品的标记，其存在必然要与商品联系在一起，脱离商品而存在的标记，不能成为商标权保护的客体。对于与商标相联系的商品的含义，各国《商标法》大多没有做具体规定，一般认为《商标法》意义上的商品必须具备以下三个条件。

① 必须是可移动的有体物。

② 必须具有重复性。

③ 必须具有使用价值与交换价值，可以作为交易对象的物品。

(4) 必须是非禁用标志。各国《商标法》中规定的某些不得使用的文字、图形或其组合，成为禁用标志。我国《商标法》规定了以下几种情况不得作为商标的标记。

① 同中华人民共和国的国家名称、国旗、国徽、军旗、勋章相同或者近似的，以及同中央国家机关所在的特定地点的名称或者标志建筑物的名称、图形相同的。

② 同海外的国家名称、国旗、国徽、名称相同或者近似的(经该国政府同意的除外)。

③ 同政府间国际组织的旗帜、徽记、名称相同或者近似的(经该组织同意或者不易误导公众的除外)。

④ 与表明实施控制、予以保证的官方标志、检验印记相同或者近似的(经授权的除外)。

⑤ 同“红十字”“红新月”的标志、名称相同或者近似的。

⑥ 带有民族歧视性的。

⑦ 夸大宣传并带有欺骗性的。

⑧ 有害于社会主义道德风尚或者有其他不良影响的。

(5) 必须与他人已注册的商标或驰名商标不相同或不近似。所谓“与他人已注册的商标相同或近似”，是指与他人在同一种商品或类似商品上使用的已注册商标完全相同或大体上相同。此外，任何与驰名商标相同或近似的标记，不应允许其注册，即使申请注册商标是用于完全不同的商品上也是如此。

5. 商标权的取得

1) 商标权的取得方式

商标权的取得一般有两种方式，即原始取得和继受取得。

(1) 原始取得是指商标所有人对其商标权的取得是最初的，由商标注册机关直接授予的或经使用取得的，不是以已经存在的商标权为依据而产生的。

(2) 继受取得是指商标所有人的商标权不是由商标注册机关直接授予的，而是以已经存在的商标权为依据而产生的。继受取得有5种情况：第一种是根据合同转让，受让人有偿或无偿地从出让人那里获得商标权；第二种是根据继承程序，法定继承人在符合法定情形下继承被继承人的商标权；第三种是以接受他人赐予商标的方式取得；第四种是因合伙而共有商标权；第五种是因企业合并，新企业或变更后的企业得到被合并企业的商标权。

2) 商标权的取得制度

根据目前各国立法的规定，商标权的取得制度可分为使用制度、注册制度、使用与注册并行的制度。

(1) 根据使用取得商标权，是指根据商标使用的先后确定商标权的归属，最先使用某一商标的人即为该商标的商标权人。根据使用取得商标权的做法注重的是商标的功能，因为商标的使用恰好是实现商标功能的唯一途径。美国是采用使用制度的典型国家，美国司法界认为商标是商业活动的附属物，只有在与商业活动相联系时商标才有可能存在，商标在受到保护之前必须已在使用，商标权的取得必须通过并且只能通过在先使用才能获得。

(2) 根据注册取得商标权，是指根据申请注册的先后来确定商标权的归属，谁的申请日期在前，商标权就授予谁，商标权因注册而产生。自1857年法国颁布《注册商标法》以来，绝大多数国家的商标立法都规定了商标权由注册取得的制度。我国《商标法》也规定了商标权经由注册取得。根据注册取得商标权的优点是在这种制度下产生的商标权相对于使用制度下取得的商标权具有更大的确定性，发生侵权纠纷时易于取证。

(3) 使用与注册并行的制度，即无论是注册还是使用都可以产生商标权。在这一制度下，即使已经注册商标，在规定的期限内，该商标的在先使用人可以依法提起诉讼，要求撤销该注册商标。以英国为代表的大多数英联邦国家都采取"根据使用或注册均可取得商标权"的制度，一些大陆法系国家的《商标法》中也有此类规定。我国《商标法》提出了对未注册的驰名商标的保护。总体来说，这一制度通过传统的"适用原则"避免发生单一的注册原则下有时会产生商标权不公平的现象，如商标抢注现象，同时又通过"注册原则"避免"使用原则"下权利的不确定性。

3) 商标的注册原则

(1) 自愿注册原则。注册和不注册都可以使用，注册产生商标权。这一原则是指商标使用人可以自行决定是否将其商标予以申请注册。依据"注册原则"，只有注册商标所有人才享有商标专用权；未注册的商标，商标权归属不定，不能禁止他人使用。我国除烟草制品商标实施强制注册外，其他商品商标均实行自愿注册原则。

(2) 申请在先原则。“申请在先原则”是指在商标权的确立上采取“注册原则”的国家，对不同的申请人提出的相同或近似的商标申请，以提出申请日期的前后决定商标权的归属。与“申请在先原则”相对应的是“使用在先原则”，谁先使用就可以获得该商标的权利，不考虑申请日期的先后。

我国《商标法》对“申请在先原则”做出了规定，表明在申请日期不同的情况下，初步审定并公告申请在先的商标；在同一天提出申请的情况下，商标权属于使用在先的申请人。我国《商标法》本着公平和诚信的原则，对于先使用的商标有条件地予以保护。《商标法》第三十二条规定，“申请商标注册不得损害他人现有的在先权利，也不得以不正当手段抢先注册他人已经使用并有一定影响的商标。”

(3) 优先权原则。优先权原则是《巴黎公约》所确立的国际知识产权保护制度的一项重要原则，主要体现在要求保护工业产权的申请程序方面。我国于2001年12月11日加入世界贸易组织，而TRIPs协议中重申了这一原则，因此我国有履行优先权规定的义务。

优先权是指任何一个公约成员国国民向任何一个公约成员国就工业产权保护提出正式申请后的一定期限内，这一申请的日期在其他所有成员国都享有优先的地位。即同一申请人在向某个成员国提出第一次申请后，在一定期限内，再向其他成员国提出申请时，受理其申请的成员国应当视第一次申请日期为该申请人在申请国的申请日期。

通常，专利和实用新型的优先权期限为12个月，商标和外观设计的优先权期限为6个月。

4) 商标权的续展和维持

商标权不是无限期的。各国商标法都规定了商标权的有效期(见表4.1)。注册商标有效期满时，需要继续使用的，应由商标权人办理续展手续。逾期不办理或虽提出续展申请但被主管机关(商标局)驳回的，商标权即终止有效。TRIPs规定，各成员国提供的商标权期限至少为7年，并可以无限次续展。

表4.1　一些国家商标权有效期的规定

国家	生效日期	有效期	续展说明
美国	注册日	10年	可续展10年，续展次数不限
英国	注册日	10年	可续展10年，续展次数不限
德国	申请日	10年	可续展至第10年年终，续展次数不限
法国	申请日	10年	可续展10年，续展次数不限
日本	注册日	10年	可续展10年，续展次数不限
俄罗斯	申请日	10年	可续展10年，续展次数不限
中国	注册日	10年	可续展10年，续展次数不限

即使在商标注册的有效期(包括商标续展注册的有效期)内，商标也可能失效，例如，商标注册被撤销或被宣告无效等情况。商标权是一种特殊的权利，它既然可以按法律规定程序取得，也可以出于各种原因依法终止。

商标权的失效通常是出于下列原因。

① 因不使用注册商标而被撤销。

② 因擅自改变注册商标、注册人名义或抵制而被撤销。

③ 因产品质量低劣而被撤销。

④ 因利害关系人的异议而被撤销或宣告无效。

综上所述，要保持所取得商标权的有效性，商标权人除了按规定在期满前申请续展，还应注意按注册时的商标原样实际使用该商标，使用时正确标明厂商名称和地址，并保证使用该注册商标的商品质量。此外，为避免日后发现注册商标不符合授予商标权的条件而被撤销或宣告无效，在申请注册时，尤其要对商标的可注册性加以考虑，否则即使被批准注册，也可能出于各种原因被撤销或宣告无效。

5) 商标权的终止

商标权的终止是指注册商标不再受法律保护，商标权人不再享有法律上的专用权。商标权终止后，有的商标仍可以使用，有的商标则不能使用，要视终止原因及其他事实而定。根据我国《商标法》及其实施条例的有关规定，引起商标权终止的法律事实主要包括以下几个方面。

① 注册商标因有效期满被注销。

② 注册商标因商标注册人申请被注销。

③ 注册商标因无人继承被注销。

这里需要区别商标权终止和商标权失效两个概念。虽然商标权的终止和商标权的失效都是由商标局或者商标评审委员会确定，但商标权终止的前提是有效的商标权的存在，从公告之日起终止权利；而注册商标争议裁定撤销和注册不当商标撤销，其对象是失效的注册商标，视为自始即不存在。

案例4-2

广药加多宝王老吉商标案

2000年，作为王老吉商标的持有者，广药集团与加多宝母公司鸿道集团签署合同，约定其对“王老吉”商标的租赁期限至2010年5月3日。此后，双方签署了两份补充协议，将商标租赁时限延长。但由于加多宝贿赂广药集团原总经理李益民300余万港元，又续签10年。2011年12月，双方正式对簿公堂，在380多天后，才最终宣布仲裁结果。

价值1 080亿元的“王老吉”商标合同争议案，根据北京市第一中级人民法院于2012年7月13日进行的终审判决，驳回加多宝母公司鸿道集团关于撤销王老吉仲裁结果的申请。这意味着持续达445天的王老吉商标案件正式以广药集团的完胜大结局，广药集团收回鸿道(集团)有限公司的红色罐装及红色瓶装王老吉凉茶的生产经营权。王老吉商标租赁早已逾期，广药集团收回合法合理。

根据裁决书，广药集团与鸿道集团签订的《“王老吉”商标许可补充协议》和《关于“王老吉”商标使用许可合同的补充协议》无效；鸿道集团停止使用“王老吉”商标；双方各负担50%的仲裁费。该裁决为终局裁决，自做出裁决之日起生效。广药集团胜诉后称，将保留向加多宝追诉2010年5月3日起造成损失的权利。对于要求赔偿的金额还在商议中，尚未确定。

值得注意的是，就在“红绿王老吉之争”如火如荼的时候，加多宝已经悄然启动“去王老吉化”。从2011年年底，加多宝出品的红罐王老吉凉茶产品启用新设计产品包装，此举被外界认为是“去王老吉化”的开端。一段时期内，红罐包装上一面是“王老吉”，另一面是“加多宝”。另外，广药集团积极招兵买马。“红绿之争”并未公开之际，广药集团已发布紧急招聘公告。5月10日，在广药集团官网上发布的“第一期广州王老吉大健康产业有限公司第一期紧急招聘”称全资子公司广州王老吉大健康产业有限公司紧急招聘3 000名“快消人才”。此举被外界认为是提前为“红罐”王老吉招贤纳士。

资料来源：《新京报》，2012-05.

4.3.4 驰名商标的特殊保护

1. 驰名商标概述

驰名商标(Well-known Trademark)这一名称最早出现于1883年的《巴黎公约》，是指经过长期使用后成为相关公众普遍熟知并享有卓越信誉的知名商标。随着经济全球化的发展，驰名商标在市场经济中的地位日益突显，各国企业都将其作为企业的一项重要资产。目前，《巴黎公约》、TRIPs和各国的《商标法》大都确认对驰名商标进行法律保护，但对驰名商标没有做出同一定义，只是规定了认定驰名商标的标准。驰名商标一般具有以下两项基本特征：一是具有较高的知名度；二是具有卓越的社会信誉。

驰名商标的商品具有优良的质量和较强的信誉保证，在市场竞争中占有优势地位，能够为企业带来极大的经济效益，因而驰名商标本身具有很高的商业价值。出于这个原因，驰名商标的侵权现象比普通商标的侵权现象更加普遍、频繁和严重。一项普通商标要成为驰名商标，商标所有人不仅需要付出长期艰辛的努力，而且要投入比普通商标更多的费用，如可口可乐(Coca-Cola)、索尼(Sony)等著名品牌每年需要投入的宣传费用就达3 000万美元以上。因此，尽管目前世界各国对驰名商标的认定标准、认定方式以及保护范围规定不尽相同，但对驰名商标实行特殊保护的必要性已基本达成共识。

2. 驰名商标的特殊保护制度

对驰名商标的特殊法律保护通常是指一项商标只要被认定为驰名商标，则无论该商标是否已经被注册，商标所有人都可依据有关法律取得“跨类保护”的商标专用权。所谓跨类保护，是指不论他人将该驰名商标用于相同或类似的商品或服务上，还是用于完全不同的商品或服务上，商标所有人都可以对这种行为提起侵权诉讼，法院将判决对该商标构成侵权。

各国对驰名商标特殊保护的立法形式不尽相同，但大都通过以下一种或几种法律加以保护，即商标法、反不正当竞争法和反垄断法。迄今为止，涉及驰名商标保护的国际知识产权公约主要是《巴黎公约》和TRIPs。此外，世界知识产权组织(WIPO)为了协调各国对驰名商标的保护，正在酝酿一项新的驰名商标国际公约。目前，该公约草案仍在讨论之中。另外，近年来签订的一些地区性的国际条约，也都涉及驰名商标，如《北美自由贸易协定》和拉丁美洲安第斯组织的《卡塔赫纳协定》，这两个协定对驰名商标的认定标准都做出了相关规定。

案例4-3

百事可乐侵犯小企业商标权案

历时一年多，百事可乐侵犯小企业商标权的官司从杭州市中级人民法院打到浙江省高级人民法院。丽水一家名不见经传的酒业公司——浙江蓝野酒业有限公司，出乎意料地扳倒了全球饮料巨头之一的“百事可乐”——上海百事可乐饮料有限公司，成功索赔人民币300万元。

2003年，蓝野公司的总经理梁永华将“蓝色风暴”注册为商标，范围涵盖可乐、矿泉水及其他饮料。不久，他找到合作厂家，把“蓝色风暴”商标用在自己生产的啤酒上。2005年，世界饮料巨头百事可乐公司在我国开展一个名为“蓝色风暴”的大规模促销活动，宣传攻势猛烈，邀请了周杰伦、古天乐做广告，宣传耗资上亿。于是，梁永华的“蓝色风暴”啤酒在销售中不断被各地工商部门认为侵犯百事可乐公司的商标权，销售一度受阻。无奈之下，梁永华起诉了百事可乐公司挽回声誉。

“这就是一场蚂蚁撼动大象般的对抗。”浙江五联律师事务所律师、蓝野公司的代理人吴报建说。刚接案子时，他感到一股巨大的压力，但没有太多犹豫，调查取证后，他信心十足，还和蓝野公司签协议：如果不能胜诉，他将分文不取。他认为百事可乐公司的侵权事实很清楚。“百事投巨资宣传，却不知道“蓝色风暴”已被注册成商标？令人费解。”因此，浙江蓝野酒业公司状告百事可乐公司宣传中使用“蓝色风暴”的主题，侵犯了自己的商标权，并索赔300余万元。2006年11月，杭州中院一审判决蓝野公司败诉，原因有两点：百事可乐公司使用“蓝色风暴”只是标识，而非商标；百事可乐公司也没有侵权的主观意图。吴律师再上诉，终于在2007年5月，浙江省高级人民法院推翻一审判决，认定上海百事可乐饮料有限公司侵权事实成立。法院认为，根据《中华人民共和国商标法》第五十二条第(一)(二)项的规定，百事可乐公司在商标上使用“蓝色风暴”商标的行为，侵犯了蓝野酒业公司“蓝色风暴”注册商标专用权。联华华商公司销售百事可乐公司生产的侵权产品，亦属商标侵权行为，均应当承担相应的法律责任。针对两次完全不同的决判，吴律师解释说，这是因为对事实的不同认知，对于商标是否侵权，只要客观上有可能造成混淆，就可以认定，而不论混淆者是否有过失、是否主观故意。历经起伏曲折，赢得官司的吴律师说：“胜诉的意义在于对侵权的认定，这是规则的胜利，超越了大小、中外、强弱的势力判断，世界知名品牌同样要遵守中国的法律。”

资料来源：《青年时报》，2010-03.

4.4　专有技术

4.4.1　专有技术概述

1. 专有技术的概念

专有技术是指没有公开过，或者没有取得工业产权法律保护的制造某种产品、应用某项工艺以及产品设计、工艺流程、图样、技术资料、配方、质量控制等方面的技术和知识，有时还包括有关管理、商业、财务等方面的内容。“专有技术”这个术语来自英文“Know-How”，即“I know how to do it”的缩写。它是英美国家在技术转让实践中产生的，目前已成为国际技术转让中一个十分重要的名词。

关于专有技术的定义，长期以来，世界各国的专家学者们有过各种各样的见解，一些国际组织也试图对这一概念进行界定，但至今没有一个统一的解释。从总体来看，对专有技术的定义大致可以分为狭义和广义两种。狭义的定义通常把专有技术限定在工业范围内，认为专有技术是指用于工业生产的技术知识，如设计图纸、工艺流程、配方、公式、生产数据等。广义的定义将专有技术的概念扩展到工业、商业和管理三个领域，认为除了工业技术，还包括生产管理和商业经营方面的知识。

事实上，世界各国对专有技术的含义的解释不尽相同，明确“专有技术”这个概念的含义，是世界各国包括一些国际组织在探讨专有技术保护途径时要解决的一个问题。日本把专有技术看作技术秘密的同义语，但其外延又比技术秘密要广泛得多。日本学者把专有技术定义为：具有工业用途和秘密特征的技术知识、经验、资料以及其他情报信息；从广义理解包括无须保密的商业、管理和金融知识及经验。法国学者把专有技术定义为：未受法律保护的发明成果、制造方法、设计及其他技术成果。

世界知识产权组织(WIPO)在《供发展中国家使用的许可证贸易手册》一书中对专有技术的解释为：专有技术的供应可以是一项协议的主题，以输送有关工业技术的使用和应用方面的技术情报和技能。技术情报和技能可在文件中说明或者通过口头或示范以及通过对工程师、技师、专门人员或其他专家的训练而提供。专有技术也可以通过从事工厂及机器设备的基本设计安装、工厂的投产与维修、培训工厂人员或企业的经营管理和工商业活动的顾问或其他专家的服务和协助来提供。这样的专业知识可以扩展到一项工程设计的投资前和投资后的阶段，包括有关技术、经济、财政和组织机构的研究和总体规划。

在我国，专有技术有时也称为非专利技术、技术诀窍或技术秘密等。1980年12月14日，财政部出台的《中华人民共和国中外合资经营企业所得税法施行细则》最先在立法中把“Know-How”称为“专有技术”并写进了条文。因此，“专有技术”成为我国官方对“Know-How”的标准译法。实际上，这一译名从含义上看并不是很恰当，与专利技术相比，专有技术并不具有法律所赋予的排他性专有权。

综上所述，专有技术是指在生产或经营活动中已经使用过、不享有专门法律保护、具有秘密性质的技术知识和经验。这一定义有三层含义：一是说明专有技术是成熟的技术；二是说明专有技术是非工业产权技术；三是说明专有技术属于知识的范畴，并且是秘密的。

专有技术的表现形式既可以是有形的，如图样、配方、公式、操作指南、技术记录、实验报告等；也可以是无形的，如技术人员所掌握的、不形成书面材料的各种经验、知识和技巧。无论哪一种形式体现的专有技术，其内容一般都是秘密的，而且对生产具有一定的实用价值。

2. 专有技术的特点

专有技术不像专利技术那样经过法律的认可而得到保护，它是一种非法定的权利。它的特征如下所述。

(1) 实用性。专有技术属于工业技术范畴，专有技术是指对完成工业实施具有某种价值的技术知识或经验的积累。由于专有技术具有商品的属性，具有价值和使用价值，因而专有技术具有实用性。人们可以把专有技术用于实践中，获得某种市场竞争优势，并获得经济效益。例如，一种工艺流程或一种管理方式，掌握它的企业与不掌握它的企业相比可以获得明显的经济收益并在竞争中取胜。专有技术可以在国际市场上有偿转让和许可使用。

(2) 以保密为条件的事实独占权。专有技术是不公开的、未经法律授权的秘密技术，众所周知或公众容易得到的技术知识内容不能作为专有技术。专有技术不需要像专利那样具备新颖性的标准，但必须是保密的。专有技术的所有人因他的技术处于保密状态而构成事实上的独占权。专有技术的所有者只能依靠自身的保护措施来维持其技术的专有权，专有技术一旦为公众所知，便成为公开的技术，从而丧失其商业价值。在国际技术转让中，经常有这样的情况发生：在一个国家已基本公开的专门知识、技能和经验，在另一个国家也许鲜为人知，因此它在另一个国家具有经济价值，仍可以通过技术转让获得利益。

(3) 具有可传授性和可转让性。专有技术具有可转让性，而且它在国际技术转让活动中占有十分重要的地位。专有技术作为一种技术，必须能言传身教或以图样、配方、数据等形式传授给他人。一般的专业人员应用同一技术，应当能够产生同样的结果，所以专有技术能够作为技术贸易的标的转让给他人；如果它是不可传授的，那就无法进行转让。不可传授的生理技能或某些个人特长不属于专有技术，因为它往往与个人禀赋有关，无法进行转让。当前，国际上单纯的专利或商标的技术转让为数不多，大多数技术转让合同都是把专利或商标的使用权与专有技术结合在一起进行转让。这是因为一般关键技术并不在专利说明书中公开，而是以秘密的形式存在，如果只取得专利使用权，而不同时引进这部分保密的专有技术，就不能生产出合格的产品。

(4) 非独占性。在特定的时期、国家或地区内，同一专有技术的所有人可能不只一个，因为法律并不排斥他人对自己开发出来的相同技术的所有权，即只要是自己的智力成果，并以合理的措施予以保密，同一项专有技术可能有两个或两个以上的所有人。

(5) 无时效性和地域性。专有技术无法律限定的有效期限和地域限制，只要其所有人愿意并予以保密，便可以长期拥有该项专有技术。典型的例子是可口可乐的配方已历时百年。

3. 专有技术与专利技术的联系和区别

专有技术与专利技术都是人类创造性思维活动的成果，都是非物质形态的知识，它们通常共处于实施一项技术所需的知识总体之中，即实施一项技术仅有专利技术是不能完全实施的，必须同时具有专有技术，才能使一项技术得以顺利实施。在技术贸易中，一项技术转让合同往往同时包括专有技术许可与专利技术许可两项内容，它们相互依存，共同完成一项技术转让交易。专有技术与专利技术有明显的区别(见表4.2)。

表4.2　专有技术与专利技术的区别

项目	专有技术	专利技术
存在条件	自我保密	受《专利法》保护
存在形式	书面或人的头脑里	以书面形式
技术形态	动态或完善改进	静态的、不可改进
技术要求	未必是发明，但实用	新颖性、创造性、实用性
时效性	无时间限制	有时间性
地域性	无地域限制	受地域限制
保密性	技术内容保密	技术内容公开

(1) 专有技术不受《专利法》保护，其原因是它没有申请或因不符合专利条件而不能申请专利。

(2) 专有技术需要保密；而专利技术需要公开，因为取得专利时，技术内容要向公众予以公布。

(3) 专有技术不像专利技术那样，有一定的地域性和保护期限；专有技术的保护期限取决于它的保密性，当它被公众所知，也就不是专有技术。

(4) 专有技术既可以通过文字、图样来体现，也可能是人们头脑中掌握的知识和技能；而专利技术则必须通过书面的说明书来体现。

(5) 专有技术的内容比专利技术的内容广泛，专利技术仅是有利于工业生产目的的内容；而专有技术的内容除用于工业生产目的的技术，还包括商业、管理等有助于工业发展的技术。

(6) 专有技术的内容具有动态性，而专利技术的范围是固定的。

4. 专有技术存在的原因

随着现代科学技术的发展和国际技术贸易规模的扩大，专有技术在促进各国科学技术进步和经济发展中的作用越来越重要，甚至在一定程度上超过专利技术。这种重要作用表现为专有技术所包括的内容和应用范围十分广泛，几乎涉及人们经济生活中的一切生产方面。在各个生产部门、专业技术领域，乃至某一生产领域的各个环节都存在专有技术。

专有技术的重要作用可以从其存在的原因方面得到证明。纵观世界各国，在各个技术领域都存在大量专有技术，究其原因如下所述。

1) 技术所有人不能获得专利

不能获得专利的技术主要有以下两类。

(1) 某种技术被排除在专利授权之外。我国《专利法》第25条规定，“对下列各项不授予专利权：①科学发现；②智力活动的规则和方法；③疾病的诊断和治疗方法；④动物和植物的品种；⑤用原子核变换方法获得的物质。”凡属《专利法》第25条所列各项范围内的技术，均无法获得专利权。该项技术的发明人为保护其技术，通常只能采用专有技术的形式。

(2) 某种技术不具备专利性或无法通过专利审查程序，则不能获得专利权。例如，有的技术新颖性或创造性不够充分，难以通过专利审查；有的技术本身仅存在于技术人员的头脑中，难以通过文字、图形等方式转化为专利请求权限项的技术成果，无法提出专利申请。凡属于此种类型的技术，该技术所有人通常只能以专有技术的方式保护其技术。

2) 技术所有人不愿申请专利

技术所有人不愿将技术全部或部分申请专利主要有以下两种情况。

(1) 申请专利时有意保留。在实际生活中，技术发明人在提出专利申请时，往往把核心部分作为专有技术保留下来，目的在于更加充分地保护其发明。尽管按照多数国家专利法的规定，一项发明在申请专利时必须“充分公开”，并将此作为获得专利的先决条件，但“公开”到什么程度才算“充分”，法律并没有明确具体的规定。实践中，各国专利审查机关通常以“同专业一般技术人员能据以实现”为准，而“一般技术人员”的实际判定完全取决于专利审查员自身的水平。因此，专利申请人在提出专利申请时，一般仅以“充分公开”得以获得批准为原则，对不影响获权的核心内容尽可能保留下来。这种做法甚至已成为技术发明人有效保护其发明的最佳选择。

(2) 发明人不申请专利。在实践中有大量的发明，这些发明本身具有专利性，但发明人出于种种考虑而不去申请专利，以求长期维护其技术的垄断地位。就发明人而言，一项具体的发明是选择专利保护，还是选择专有技术保护，通常考虑以下4个因素。

① 其他竞争厂家研制、开发或发明此项目的难易程度。如果其他厂家很容易研制或发明此项目，则一般应申请专利，求得专利法保护；反之，如果该项发明即使为申请专利而公开，其他竞争对手亦难以仿制，则可以不申请专利。

② 此项发明作为专有技术保护的可能性。如果发明人利用其发明大量制造产品，而其他竞争对手通过产品，包括通过“反向工程”无法掌握其发明的技术奥秘，则可以不去申请专利，仅将此项发明作为专有技术保护起来。在实践中，这种专有技术普遍存在，大到波音747飞机制造技术，小到可口可乐的配方。尽管利用这些技术生产的产品已经遍及全球，但其技术内容仍难以为他人所知晓。

③ 当一项发明因申请专利而公开后，如果有人非法利用这一技术，发明人能否较容易地发现，并能采取有效的措施予以制止。如果很难发现，或虽然能发现，但难以提出充分的证据，并采取有效的措施制止这种侵权行为，则一般不宜申请专利，而应采用专有技术的保护形式。

④ 此项发明的技术状况。如果此项技术的生命周期较短，更新的速度很快，在获得

专利审查批准之前可能被新的发明所取代，则可考虑不去申请专利。此外，技术发明人还应考虑，此项技术是否被其他人所掌握以及其他人提出专利申请的可能性。如果一项专有技术已被其他人所掌握，而且其他人可能会提出专利申请，并且此种申请有可能获得批准，则发明人应尽快提出专利申请，以免此项发明被他人抢先申请专利。

3) 技术所有人在提出专利申请后所获得的技术

技术所有人在提出专利申请后，通常要对其发明做进一步研究，使其趋于完善。特别是一项发明被授予专利权，并不意味着它具备了投入批量生产或商业运用的条件。要想使此项专利技术得以顺利实施，需要做大量的研究开发工作。在此过程中，往往会产生许多新的改进和发明，这些改进和发明一般都作为专有技术而得到保护。

4) 作为专有技术的管理技术和商务技术

管理技术和商务技术本身不具有专利性，无法获得专利权。对于这些管理技术和商务技术，只能以专有技术的方式保护起来。

综上所述，专有技术是一种独立的技术形态，从保护技术发明的角度来看，它是与专利制度并行不悖、对技术发明实施有效保护的不可或缺的方式之一。由于专有技术有其特定的保护方法和保护领域，而专利又存在时间性、地域性以及费时耗资的审批程序等缺陷，因此，专有技术的重要性既不会因为专利制度的建立而被取代，也不会由于专利制度的发展而被削弱。恰恰相反，随着科学技术的发展，大量的技术发明将会以专有技术的形式保持下来，并以此方式弥补专利保护的不足，与专利技术相互补充，共同促进科学技术的进步和社会经济的发展。

4.4.2　专有技术侵权形式及法律保护

1. 专有技术的侵权形式

(1) 雇员利用雇佣关系把雇主交托的或者在日常工作中接触的专有技术泄露给第三者。

(2) 利用不正当手段发现或取得专有技术，自己利用或者泄露给他人。

(3) 违反合同保密义务，泄露或者使用他人的专有技术。

(4) 直接窃取或引诱他人窃取与泄露他人的专有技术。

(5) 为了达到竞争或获利的目的无理利用在交易中获得的技术资料、图纸、配方或加工方法，自己使用或者泄露给他人。

(6) 明知第三者是以不正当手段获得他人的专有技术，但仍向该第三者索取此专有技术。

(7) 明知他人是由于过失而把专有技术泄露给他人，但仍加以利用和披露。

2. 专有技术的国内保护

迄今为止，大多数国家都没有制定有关保护专有技术的专门性法律，对专有技术的保护分散在不同的法律中。各国通常援引以下法律中的有关规定对专有技术进行保护。

(1) 合同法。合同法对专有技术的保护主要体现在以下两个方面。①专有技术转让合同。专有技术转让一般通过专有技术转让协议来实现。协议除普通技术许可的一般条款外，还必须详细制定特殊条款，明确各当事人的权利与义务，其中保密条款最为重要。《中华人民共和国技术引进合同管理条例》第七条规定，“受方应当按照双方商定的范围和期限，对供方提供的技术中尚未公开的秘密部分，承担保密义务。”《中华人民共和国合同法》第三百四十八条规定，“技术秘密转让合同的受让人应当按照约定使用技术，支付使用费，承担保密义务。”②劳动合同。专有技术对直接运用技术的雇员无法保密，所以在劳动合同中，一般明确规定雇员在受雇期间及解雇或离职后一定时期内，对其出于职务上的原因所接触的一切技术秘密，承担保密义务。许多国家在其雇工法中都对此做出规定。《中华人民共和国劳动法》第二十二条便有类似内容的规定。

(2) 侵权行为法。专有技术作为财产权，当权利受到侵害时，可直接运用民法中的侵权行为法对其加以保护。凡因过失、故意或不法行为侵害他人权利使他人遭受损害者就构成侵权行为，侵权者必须承担赔偿责任。侵犯他人的秘密技术构成侵权行为，受损害一方可以以侵权行为为理由对侵权者进行起诉。原告只要证明第三者以非法手段取得或使用了自己的秘密技术，就可以要求被告赔偿损失，而不需要以原告与被告之间存在合同关系为前提。法院将根据防止侵权行为法来做出裁决，使专有技术得到保护。美国、英国等承认专有技术为财产权的国家均有此立法。对于德国、日本等不承认专有技术为财产权的国家来说，当专有技术受到侵害时，只能以公平竞争的权利受到侵害为由间接地得到侵权行为法的保护。日本《民法典》第七百零九条明文规定，“因故意或过失损害他人的权利者，应承担由此所产生损害的赔偿责任。”因此，侵犯专有技术应认为构成侵权行为，受损害的一方可以要求侵权者赔偿其损失。在以侵权行为为理由起诉时，原告只要证明自己有某种权利，而这种权利受到被告的侵害，就可以要求被告赔偿损失，而不要求在原告和被告之间存在某种合同关系。这对专有技术所有人对付第三人非法窃取、使用或披露其专有技术，是一种可行的保护方法。我国还没有确定专有技术的法律性质，专有技术还得不到侵权法的直接保护。

(3) 反不正当竞争法。侵害专有技术作为一种不正当竞争的行为，为大多数国家的法律、判例及学者所认可。大多数市场经济国家均制定了反不正当竞争法来制止这种行为。反不正当竞争法对专有技术进行法律保护可有效地约束他人对专有技术的侵害行为，保障经营者正当的竞争权利，创造公平竞争的环境。

在发达国家的反不正当竞争法中，有些涉及专有技术的保护。德国于1909年制定的《防止不正当竞争法对技术秘密和商业秘密的保护规定》对专有技术的保护规定最为详尽。这项法规规定了要惩罚为了竞争或自私自利目的，在业务交往中擅自滥用提供给他的保密样品或技术规范(特别是图纸、模型、样板、试样和配方等)或将它们泄露给别人的人，其中也包括获取保密样品或技术规范并加以利用的人。专有技术所有人有权援引反不正当竞争法，对侵害者提出指控，一旦指控成立，侵害者除要赔偿经济损失外，还可能承担刑事责任。《中华人民共和国反不正当竞争法》第八条对保护专有技术也有明确的规定。

(4) 刑事立法。利用刑事立法对专有技术进行法律保护可以有效弥补民事立法的不足。许多国家都在刑事法典或刑事判例中规定了对专有技术保护的内容，也体现了专有技术在经济发展和市场竞争中的地位日趋重要。在这方面德国的《防止不正当竞争法》、美国的《刑法典》、奥地利的《刑法》等均明确规定了刑事责任，日本还单设了“泄露企业秘密罪”等罪名。《中华人民共和国刑法》第一百一十九条、第二百二十条规定了侵犯商业秘密行为的刑事责任。

(5) 工业产权法。专有技术是否属于工业产权，这是长期以来一直争论不休的问题。自20世纪60年代，一些国际组织在这方面做了大量的工作，试图按照保护工业产权法的某些原则，建立一种新的保护专有技术的法律制度。

国际商会(The International Chamber of Commerce，ICC)于1961年制定了有关保护专有技术的草案。世界知识产权组织在1965年制定的有关专利权的示范法草案中也涉及专有技术的保护问题。这两个文件均主张对具有秘密性的专有技术予以保护，对于第三人非法披露、传授、使用他人的专有技术的行为，专有技术所有人有权单独或同时提出非法侵害之诉讼和损害赔偿之诉讼。但是，这两个文件只是草案，并无法律约束力。

20世纪80年代以来，一些国家的立法机关也在考虑制定专门的专有技术保护法，或将专有技术列入工业产权法之中。1981年，英国国会授权的法律委员会将其9年的研究成果、长达15万字的《关于“保护秘密权利法”立法报告》提交国会，建议将专有技术作为一种“特殊产权”对待，对侵犯专有技术的行为予以法律制裁。1983年，瑞典法律委员会在报告中提出，应制定专门的商业秘密法，以改变目前依靠反不正当竞争法保护专有技术的状态，使专有技术得到更充分的保护。加拿大、法国、日本等国的一些法律研究机构，也相继提出制定专门的专有技术保护法的建议，主张将专有技术列入工业产权的保护范畴。

值得一提的是，墨西哥立法机关于1991年6月28日公布了经过修改的《促进和保护工业产权法》，首次将专有技术列入工业产权的保护范围，对专有技术提供了较充分、较有力的保护，这是保护专有技术法律制度上的一个突破。

除此之外，有的国家还在外汇管制法、代理行为法、版权法和有关隐私权保护法等法规中对专有技术直接或间接加以保护。应看到的是，各种途径均不同程度地存在一定的缺陷。各种法律法规对专有技术保护的侧重不同，在同一国家内对专有技术的界定也不一致，适用起来亦存在问题。因此，应待时机成熟后对此予以专门立法，从而有效地保护专有技术持有人的合法权利。

在我国，企业和个人可以通过反不正当竞争法、合同法以及刑法的有关规定来对专有技术进行保护。1993年9月2日颁布的《中华人民共和国反不正当竞争法》规定，对于非法侵犯他人专有技术的行为，监督检查部门可以责令其停止违法行为，并据情节处以1万元人民币以上20万元人民币以下罚款。又如《中华人民共和国民法通则》第一百一十八条规定，“公民、法人的著作权(版权)、专利权、商标专用权、发现权、发明权和其他科技成果权受到剽窃、篡改、假冒等侵害的，有权要求停止侵害，消除影响，赔偿损失。”同时，对于非法严重侵犯技术秘密的行为，《中华人民共和国刑法》第二百一十九条规定可判处3年以上、7年以下徒刑，即已经涉及刑事责任。

3. 专有技术的国际保护

专有技术在实践中大量存在。在国际许可贸易中，专有技术许可协议的数量位居第二，占所有技术许可协议数量的30%，但关于知识产权的国际保护，发达国家和发展中国家之间歧义较多。对专有技术的国际立法，则是最近才开始关注的事。

“专有技术”这一术语出现近70年来，从未独立出现在国际知识产权保护协定中。TRIPs首次将“未披露信息”(Undisclosed Information)作为知识产权加以保护。该协议第七节第三十九条规定此类信息的三个要件为：①作为一个整体或作为其组成部分的确切构造或组合，未被通常从事该类信息工作的人们普遍知悉或容易获得；②由于秘密而具有商业价值；③合法控制该信息的人根据情况采取了合理的保密措施。人们普遍认为，TRIPs中有关“未披露信息”的保护规定就是保护商业秘密的规定，但其中也包括专有技术的法律特点，可以说是第一次在知识产权国际条约中对专有技术持有人的权利予以保护。使用“未披露信息”的提法，无疑增加了条款适应的弹性。TRIPs的规定为以后与专有技术相关知识产权国际立法提供了示范性标准。例如，《北美自由贸易协定》第一千七百一十一条第一款有关保护商业秘密的规定完全照搬了“未披露信息”条款的内容，只是将“未披露信息”换成“商业秘密”。各国在立法和司法实践中应进一步做出规定，明确将专有技术纳入“未披露信息”或者“商业秘密”进行保护。

(1) 利用反不正当竞争法。“反不正当竞争”这个概念自出现以来，便与知识产权保护有着密切的联系。国际民间组织多次指出反不正当竞争应主要立足于对知识产权的保护。近年来，保护商业秘密，尤其是技术秘密，已成为反不正当竞争的另一个热点。世界知识产权组织在其1993年草拟的《对反不正当竞争的保护》及1996年起草的《反不正当竞争示范法》中，明确规定“侵犯商业秘密”(Secret Information)为不正当竞争。《反不正当竞争示范法》第六条第三项对“侵犯商业秘密”的解释与TRIPs第三十九条“未披露信息”(Undisclosed Information)的含义一致。虽然《反不正当竞争示范法》最终因发达国家与发展中国家的分歧而未能通过，但其作为示范法，对知识产权的国际立法及国内立法的作用不可忽视。随着国际社会国家间经济及联系日益密切，相信国际社会协调一致的《反不正当竞争法》最终能得以通过。

(2) 国际技术贸易规则。20世纪后期，各国均强烈意识到国际技术转让在国际贸易中的地位。从20世纪70年代初开始，在联合国的主持下，国际社会一直在努力建立调整国际技术转让行为的国际统一法。在发展中国家的推动下，联合国于1974年5月1日通过了关于起草国际技术转让的行动守则的决议。经过几年的努力，1978年，77国集团、西方发达国家、前苏联、东欧集团和蒙古等分别提出草案大纲，然后由专家组整理写成《国际技术转让守则草案》，并正式提交国际贸易发展会议第五届会议讨论，但因在许多主要问题上各国立场相去甚远而未能通过。

另外，联合国工业发展组织(United Nations Industrial Development Organization，UNIDO)于20世纪70年代初到80年代初提出了10多份有关技术转让的文件，如1979年提出的《合同评价指南》侧重专有技术转让合同谈判中受方可提出的要求，包括要求供方明确专有技术的定义、明确标的物秘密的范围、提供该技术足够的情报及必要的辅助情报、保证技术的合格性和合法性等，为各国进行技术贸易提供了可借鉴的合同蓝本。

案例4-4

可口可乐的专有技术

著名的美国可口可乐公司成功地运用了技术秘密来保护自己的产品。尽管“可口可乐”饮料在全世界几乎是家喻户晓，但可口可乐的产品配方历经数十年，对外界而言仍是一个谜，可口可乐公司对外许可生产过程中，对其配方采用半成品保护措施，即不提供生产技术和配方，只提供浓缩的原浆让被许可方配成可口可乐成品。

笔者认为，配方得以保护的原因在于可口可乐公司将技术秘密与商标专用权保护相结合。在巨大的商业价值诱惑下，有无数的人试图破获可口可乐的配方，或者有人已经找到一个配比，但这毫无意义，只要权利人不主动承认，配方永远都是秘密，因为即使你能生产类似可口可乐的饮料，甚至你认为比可口可乐更好喝，也不可能是可口可乐，而只能是“百事可乐”或其他。

资料来源：http://www.e-gtm.com.cn/know/show-13127.html.

第5章 国际技术贸易的标的(二)

本章主要介绍计算机软件及其贸易方式、法律保护以及我国对计算机软件的保护；工业品外观设计及其保护目的、保护条件、注册和保护期限等；集成电路布图设计及其法律保护和保护期限等；版权及邻接权的含义、主客体以及对版权的保护与限制。

5.1 计算机软件

软件业已经成为衡量国际综合实力的关键指标，逐渐成为人们日常生活中不可或缺的一部分。以2000年中国国务院发布《鼓励软件产业和集成电路产业发展若干政策》为起点，中国软件产业的发展突飞猛进，2011年国务院发布的《进一步鼓励软件产业和集成电路产业发展的若干政策》再次明确要“严格落实软件和集成电路知识产权保护制度，依法打击各类侵权行为；进一步推进软件正版化工作”。

5.1.1 计算机软件的概念及分类

目前，世界上对于计算机软件的概念并没有完全一致的表述。世界知识产权组织在1978年发表的《保护计算机软件示范条款》中将计算机软件定义为：计算机软件包括程序、程序说明和程序使用指导三项内容。

我国2002年1月1日起实施的《计算机软件保护条例》(2013年修订版)提出，“计算机软件是指计算机程序及其有关文档。”“计算机程序是指为了得到某种结果而可以由计算机等具有信息处理能力的装置执行的代码化指令序列，或者可以被自动转换成代码化指令序列的符号化指令序列或者符号化语句序列。同一计算机程序的源程序和目标程序为同一作品。” 计算机程序包括源程序和目标程序。源程序是指用高级语言或汇编语言编写的程序；目标程序是指源程序经编译或解释加工后可以由计算机直接执行的程序。同一程序的源程序与目标程序应视为同一作品。“文档是指用来描述程序的内容、组成、设计、功能规格、开发情况、测试结果及使用方法的文字资料和图表等，如程序设计说明书、流程图、用户手册等。”

计算机软件可以从不同角度进行类型划分。

1. 按构成程序的语言划分

(1) 源程序，由人类可读的高级计算机程序设计语言(如FORTRAN语言)构成。

(2) 目标程序，是把源程序译成计算机可读语言后的产物，即二进制代码。目标程序的扩展名为“.obj”。目标代码尽管已经是机器指令，但是不能运行，因为目标程序还没有解决函数调用问题，需要将各个目标程序与库函数连接，才能形成完整的可执行程序。

(3) 可执行程序，是指目标程序与库函数连接形成的完整的可在操作系统下独立执行的程序。可执行程序的扩展名为“.exe”(在Dos/Windows环境下)。

2. 按软件在计算机上的用途划分

(1) 系统软件(System Software)，即系统程序、控制程序或管理程序，用于启动与终止输入输出部件的运行、分配中央处理机在各终端机的使用权等，如操作系统、解释器、编译器、数据库管理系统、公用程序等面向开发者的软件。其中操作系统(Operating System)最为常见，它是指控制与管理计算机硬件与软件资源，并提供用户操作界面，让用户可与计算机交互的系统软件，如UNIX、Linux、OS X、Microsoft Windows。

(2) 应用软件(Application Software)，即为解决具体的计算、数据处理、信息存储等问题而设计的程序，辅助使用者利用计算机来解决某些特定问题，如办公软件Office、WPS，互联网软件QQ、Foxmail等。

(3) 数据管理系统(Database Management System)，即为计算机存储、安排及检索数据而使用的软件。具有代表性的数据管理系统有：Oracle、Microsoft SQL Server、Access、MySQL及PostgreSQL等。通常数据库管理师会使用数据库管理系统来创建数据库系统。

3. 按软件标准化程序划分

(1) 通用软件，也叫软件包，是指同类计算机的所有用户在解决同一类问题时都可以使用的软件。如国际上通用的用于统计分析的SAS、SPSS等都属于通用软件。

(2) 专用软件，即计算机用户为解决自己的特定问题而专用的软件，例如，企业的ERP(Enterprise Resource Planning)系统。

(3) 定做软件，是指按用户的需要特殊设计或把原软件做特殊修改以适应用户需要的专用软件。

5.1.2　计算机软件的性质、特点和产业发展

1. 计算机软件的性质

计算机软件是一种编辑的作品，其性质与文字作品或图形作品一样。这一点在国际保护知识产权公约中均有体现，如《保护文学和艺术作品伯尔尼公约》《世界版权公约》以及《与贸易有关的知识产权协议》。特别是《与贸易有关的知识产权协议》第十条明确指出，“无论以源代码还是目标代码表达的计算机程序，均应作为《伯尔尼公约》1971年文本所指的文字作品给予保护。”

在现实生活中，软件贸易包含两项具体内容：提供软件使用权和提供软件技术服务。软件贸易具有版权贸易和技术贸易的双重性质。计算机程序作为某种算法或逻辑思维的表达形式，具有版权性，因此可以通过版权法对其进行保护。程序的表达形式是软件保护的

核心内容。权利人一旦失去了对软件程序表达形式的控制，那么事实上他就丧失了软件的核心经济权利。因此，保护软件的表现形式不被随意复制是软件保护的关键。在软件贸易中，软件权利所有人向软件用户提供软件的表现形式，就必然存在软件的复制过程。因此，软件贸易是一种版权贸易。

软件贸易还包括提供软件技术服务。这是因为软件不同于文学作品之类的普通商品，用户仅获得使用权而不会使用就不能获得软件给他带来的经济价值，不能达到购买该软件所期望达到的功能目的。软件贸易不能仅提供使用权，还必须提供技术指导，确保用户能够使用该软件。因此，软件贸易又具有技术贸易的性质。

2. 计算机软件的特点

(1) 软件是一种逻辑实体而不是物理实体，开发过程具有抽象性、无明显制造特征。人们可以把与软件相关的程序记录在纸面上，保存在计算机的存储器上，也可以保存在磁盘、磁带或光盘上，但无法看到软件本身的形态，必须通过观察、分析、思考、判断去了解其功能、性能和其他特性。软件一旦研制成功，便可以重复制造，并且在制造过程中需要进行质量控制。软件是通过人的智力活动，把知识与技术转化成信息产品。由于某一软件项目研制成功，即可被大量复制，所以对软件的质量控制必须在软件开发方面下功夫。复制软件非常容易，因此出现了对软件产品的保护问题。

(2) 软件的运行和使用不会出现硬件的机械磨损、老化问题，但是会受到计算机硬件的限制甚至有不同程度的依赖性。任何机械、电子设备在使用过程中，其失效率大都遵循“浴盆曲线”(Bathtub Curve)。在刚投入使用时，各部件尚未做到配合良好、运转灵活，容易出现问题，经过一段时间的运行才可稳定下来。设备经历了相当长的时间运转后就会出现磨损、老化，使失效率越来越大，当到一定程度时，就达到寿命的终点。软件不能完全摆脱硬件而单独活动，有些软件依赖性大，常常为某个型号的计算机所专用，有些软件依赖某个操作系统。在软件的生命周期中，为了使它能够克服以前没有发现的问题并且适应硬件、软件环境的变化以及用户的新要求，必须多次修改(维护)软件，而每次修改又不可避免引入新的错误，导致软件失效率升高，从而使软件退化。

(3) 计算机软件的价值在于软件编制者的总体设计思想，即软件的精华，而不在于软件的表达形式。软件的表达形式十分有限。因此，与一般著作权法不同，计算机软件的保护更多是要求保护内容，而不只是保护形式。计算机软件可援引多种法律保护，文字作品则只能援引著作权法。计算机软件的法律保护是有条件的，而文字作品的保护遵循“自动保护原则”。计算机软件虽然也遵循自动保护原则，但一般要履行登记手续。登记不是取得著作权的前提，但登记是依法提出软件权利纠纷、行政处理或进行法律诉讼的前提，因此登记对计算机软件的法律保护具有重要意义。

(4) 软件的开发至今尚未摆脱手工艺的开发方式，成本相当高。软件产品大多是“定做”的，很少能做到利用现成的部件组装所需的软件。近年来，软件技术虽然取得了很大进展，提出很多新的开发方法，例如，利用现成软件的复用技术、自动生成系统研制了一些有效的软件开发工具和软件开发环境，但在软件项目中采用的比率仍然很低。由于传统的手工艺开发方式仍然占统治地位，软件开发的效率会受到很大限制。软件的研制工作需要投入大量的、复杂的、高强度的脑力劳动，因此其成本比较高，美国每年投入软件开发的费用高达几百亿美元。

(5) 软件本身非常复杂，涉及多个社会因素。软件的复杂性一方面来自它所反映的实际问题的复杂性，例如，它所反映的自然规律或人类社会的事物都具有一定的复杂性；另一方面来自程序逻辑结构的复杂性。软件开发，特别是应用软件的开发常常涉及其他领域的专门知识，这对软件开发人员提出了很高的要求。软件的复杂性与软件技术的发展不相适应的状况越来越明显。许多软件的开发和运行涉及机构、体制及管理方式等问题，甚至涉及人的观念和心理。

3. 计算机软件产业的发展

计算机软件是相对计算机硬件而言的。在计算机产业发展的初期，计算机软件通常与计算机硬件一起发售。随着科学技术的迅猛发展和个人电脑(Personal Computer，PC)的迅速普及，计算机软件逐渐与计算机硬件分离，生产计算机硬件的企业与编制计算机软件的企业分离，从而出现专门从事计算机软件编制和软件贸易的公司。同时，随着专门从事计算机软件编制的公司日益增多和壮大，在一些国家形成重要的产业部门，统称为“计算机软件产业”。另外，在工业发达国家和一些智力资源比较丰富的国家还出现了软件市场，软件市场最早出现在美国和欧洲，后来出现在印度、中国等。世界计算机软件产业发展大体分为以下5个阶段。

(1) 萌芽阶段(1949—1959年)：“软件(Software)”一词最早可以追溯到1953年，但是直到20世纪60年代才正式出现。在此之前，计算机软件主要由客户或者少数商业计算机供应商开发，例如，通用自动计算机(UNIVAC)和国际商业机器(IBM)公司。1955年，第一家提供软件产品和服务的公司——计算机使用公司(Computer Usage Company)成立。第一批独立于卖主的软件公司是为客户开发定制解决方案的专业软件服务公司。在美国，这个发展过程是由几个大型软件项目推进的，这些项目先是由美国政府出面推进，后来由几家美国大公司认购。这些巨型项目为第一批独立的美国软件公司提供了重要的学习机会，并使美国在软件业中成为早期的主角。

(2) 拓展阶段(1960—1969年)：在20世纪60年代计算机首次大规模销售之后软件产业获得了快速发展。大学、政府和企业客户产生了软件需求。许多软件程序都由全栈工程师在家里开发，部分软件免费在用户之间流传。其他软件由商业化公司提供，除了Computer Sciences Corporation之外，Advanced Computer Techniques，Automatic Data Processing，Applied Data Research，and Informatics General等具有影响力的典型软件公司开始快速发展。计算机硬件公司开始捆绑销售计算机及其操作系统、系统软件和程序环境。

(3) PC阶段(1970—1983年)：计算机软件走上了产业化、系统化的轨道。20世纪70年代中期，PC获得了极大发展，首次将桌面电脑用于办公，后来陆续出现了游戏、应用等市场。计算机软件设计和生产逐步与计算机硬件制造分开，出现了专业的计算机软件公司，如Microsoft等。当时，Microsoft的第一款操作系统产品DOS主导了操作系统市场。

(4) 平台阶段(1984—1995年)：计算机软件平台化、开放化阶段。一些重要的计算机软件平台如Windows、Java等，成为计算机软件开发的基础和发展的基点。

(5) 服务阶段(1996年至今)：计算机软件向集成化、网络化发展。用户可以根据需要随时从网络中调用程序或设计各种解决方案。进入21世纪后，软件服务(Software-as-a-Service，SaaS)已经成为一种成功的商业模式。SaaS不会担心非法复制的问题，因为只能通过Web进行访问，客户软件不会被安装到最终用户的个人电脑上。目前，世界计算机软件产业已进入蓬勃发展时期，其前途不可限量。它不仅影响人们的思维方式、生活方式和生产方式，而且成为21世纪世界各国发展的主要因素。

5.1.3 计算机软件的贸易方式

计算机软件的贸易方式主要有以下三种。

(1) 软件发行销售。计算机软件著作权人拥有软件的使用权，发行是使用方式的一种。采用发行方式的软件一般是系统软件，如Windows，像发行书刊一样，采取买卖方式进行，无须签订合同。

(2) 软件使用权许可。软件的著作权人或其受让者，在软件著作权保护期内，根据有关法规与被许可方签订书面合同，许可被许可方在合同规定的方式、条件、范围和时间内行使软件著作权人或其受让者拥有的使用权。一般软件使用许可的标的多为专用软件，如银行财会软件、项目评估软件、质量控制与检测软件等。

(3) 软件使用权转让。在软件著作权保护期内，软件著作权人和使用许可权的享有者，可以把使用权和使用许可权转让给他人。转让之后，著作权人和使用许可权的享有者则不再享有软件的使用权和使用许可权。软件转让只涉及软件使用权，不涉及软件的人身权利，人身权利不能转让。软件使用权转让须根据我国有关法律规定，以签订和执行书面合同的方式进行。

此外，计算机软件交易中还包括一种综合的贸易方式，即将计算机硬件与软件使用许可或转让相结合，统称为交钥匙合同(System Turnkey Agreement)。计算机交钥匙合同一般包括：计算机系统详述；硬件、附件和外围设备；系统软件与应用软件；硬件与软件测试；技术服务；实现合同的规划等。

5.1.4 计算机软件许可合同的主要条款

计算机软件许可合同是计算机软件的许可方(Licensor)与被许可方(Licensee)为许可某项软件(专用软件、定做软件或通用软件)的使用权，经协商所达成的具有法律约束力的文件。由于通用软件可以大批量生产，软件公司与大量的用户之间所签订的合同大多是简单的格式合同，其内容主要是规定软件公司转让软件之后提供必要技术服务的义务，以及用户承担不复制、不自行转让有关软件的义务，本书不过多介绍这类合同。定做软件与专用软件的法律地位相同，用户获得的使用权也多是专用的，下文着重介绍专用软件许可合同的主要条款。

计算机软件贸易作为技术贸易的重要内容之一的时间还不长，其许可合同也未形成完整的固定体系，正如其他技术贸易的初期阶段一样，被许可方考虑的重点多是怎样获得和使用技术，没有考虑怎样使许可方承担更多的义务。因此，现在很多软件合同多规定如何维护许可方利益，例如，如何维护许可方对软件的专有权，被许可方不得复制、转让、转售等。随着软件贸易的不断发展，许可方感到这种“一边倒式”的合同很不合理，应该加以改变，应该订立更多一些能够保护被许可方利益的合同条款。由于软件许可合同和其他许可合同具有相同的结构和一些共性的条款，因此，下文略去共同的部分，只对软件许可合同的特殊条款进行介绍。

1. 鉴于条款

鉴于条款(Whereas Clause)在软件许可合同中不是合同正文的组成部分，起到合同导言的作用。它的内容一般是分段叙述，主要表明双方签订合同的目的和愿望，以及许可方拥有何种权利、准备许可何种权利、被许可方愿意获得何种权利等。

例如，许可方开发并作为一切权利的所有者对于所述的×××专用程序(Proprietary Program)拥有所有权和利益；许可方愿意给予被许可方在用于研究的非商业使用该程序的有限的、非独占的使用许可；被许可方希望获得该程序的有限的、非独占的使用许可，作为教学工具和非商业的内部研究及行政管理活动的工具，排他的、非独占的、非商业性的使用程序；被许可方承认许可方开发程序的知识产权价值，承认许可方为本合同的主体并采取一切合理的措施，保护其在知识产权方面的利益。

在计算机软件许可合同中，会涉及大量的计算机软件的专有名词和计算机技术术语，它们对于解释软件许可合同的有关条款，确定当事人的权利、义务和责任等起着非常重要的作用。特别是如今在许多名词术语尚未规范化的条件下，对于软件许可合同中反复出现的名词术语首先在合同开头规定明确的定义，可以减少当事人之间的很多误解和纠纷，有助于合同整体上的一致性。经常需要下定义的合同术语主要有以下几个。

(1) 专用单元(Customer Unit)，是指供方所转让的软件可以用在哪种计算机上。

(2) 替代单元(Substitute Unit)，是指专用单元因维修暂停使用时，可以用哪些其他型号的计算机替代。

(3) 软件包(Enhancement Package)，是指特别设计的软件程序组，以此可以把源代码写成除本程序(即所转让的程序)以外的任何语言，但该软件包的使用没有本程序的支持是不可能实现的。

(4) 使用(Use)，是指把本程序的任何部分输入计算机中，或计算机指导书的加工，说明书的加工或本程序资料的加工，转换到计算机中的行为。

(5) 源代码(Source Code)，是指未编译的、按照一定的程序设计语言规范书写的文本文件，是一系列人类可读的计算机语言指令。

(6) 缺陷(Bug)，是指由于偏离用户程序指导书说明的程序所引起的程序性错误。

2. 许可的范围和被许可方使用程序的限制

该条款主要是许可方为其本身的利益，对被许可方使用软件程序的范围所做的限制性规定。这些规定往往非常具体，如只限被许可方一家使用；只限某些人使用；只限在某地点使用；只限在某些计算机上使用等。例如，被许可方同意，只由被许可方，即其系、学生或职员排他地、独占地使用该程序，并保证其系、学生或职员不将该程序的任何部分销售、转让、许可给境内外的任何其他第三者、公司、企业；被许可方进一步同意，将尽最大努力保证其系、学生、职员和其他人不为其本人和境内外的其他任何第三者对该程序做商业上的使用；被许可方同意，只将该程序用在规定的计算机上；被许可方同意，被许可方及其系、学生或职员未经许可方授权代表的书面许可，都不对该程序做任何改变或扩展。

3. 提供的软件内容及软件的形式

许可方所提供的软件及该软件的表现形式很重要，也是许可方与被许可方争论的焦点。作为许可方来说，通常只提供结果程序(Object Code)，即计算机可读程序，而不愿提供源代码。这样被许可方就只能依赖许可方，很难修改或发展所接受的软件。因此，在专用软件的许可合同中，被许可方应坚持由许可方提供“源代码”。

此外，许可方还应提供程序说明书(Specification)和使用手册(Users Manual)或指导书(Supporting Materials)。程序说明书的内容一般包括：对软件功能的说明(即该软件所能完成的任务、数据处理要求、资料容量等)；软件所适用的计算机、储存器、接口等要求；程序工作的条件；软件出错可修正和恢复的程度等。指导书的内容主要包括：怎样输入数据；怎样运用程序；怎样处理意外事故；程序进入工作状态的流程图等。软件的形式有磁带、磁盘、穿孔卡片等，合同中要准确说明提供的形式和数量。例如，合同生效后30天内，许可方将向被许可方提供一套以磁盘形式存储的计算机可读程序副本和每台计算机一套使用说明书，但许可方规定并经被许可方同意，将不向被许可方提供“源代码”。

4. 使用软件的地点

计算机软件通常只限在某一特定地点使用，使用软件的地点不同于其他类型的许可合同中的“地域”概念，而是指某一通信地址、某一座建筑物。例如，使用本程序的指定计算机是计算机制造型号，制造厂序号，工作系统放置地点(完整的街名、城市、国家)。

5. 支付条款

被许可方取得软件的许可后并不能通过软件的使用生产出直接上市的产品，因此软件的使用费也无法按其直接的效益作为计算的基础。目前，软件使用费大多按以下两种方式计算。

(1) 固定计价(Fixed Price)或固定使用费，即软件使用费为一个固定数额，在合同有效期内不变。这笔规定的数额通常是根据工作的进度按比例分期支付。

(2) 计时支付(Time Price)，是指按照被许可方使用有关软件的时间计算使用费。这种支付方式沿用了计算软件以租赁方式使用的做法。采用这种方式时，最好规定被许可方支付使用费的最高数额，这样有利于被许可方支付满一定额度后，继续使用软件而不支付费用。此外，在计时支付条件下，许可方往往要求保留中途调整使用费的权利，如被许可方不同意，有权中止合同。这种要求是不合理的，被许可方一般不应轻易接受。

6. 软件支持或支持服务

为了使被许可方更好地使用所提供的软件，许可方应该提供支持服务。支持服务一般包括：为适应被许可方所使用的计算机，输入所提供的程序，许可方提供一套完整的书面说明；在合同有效期内，免费提供改进或更新的版本；为使用程序的每台计算机配备一套使用手册等。

7. 担保条款

在软件许可合同中，许可方一般不承担担保责任，特别是赔偿损失的担保，也不担保使用程序的计算机媒介的质量，但可以担保程序的功能，担保的功能要与提供的说明书相符。为了使许可方提供的有限担保不落空，最好在许可合同中规定“担保期”，并且把担保期与使用费的支付联系起来，以便对许可方有一定的制约。

5.1.5　计算机软件的法律保护

1. 计算机软件保护的条件

计算机软件是人类的智力劳动成果。软件的研制与开发过程较复杂，特别是大型软件，开发工作量大、周期长、投资多、商品化难度大、易于复制或模仿。随着计算机软件及软件产业的迅速发展，人们更加关注对软件的保护。

2013年1月30日修订的《计算机软件保护条例》规定，中国公民、法人或者其他组织对其所开发的软件，不论是否发表，依照本条例享有著作权。受保护的软件著作权应具备以下条件。

(1) 原创性。软件必须由开发者独立开发，即具有独立性或原创性，而不是复制或抄袭他人已开发的软件。

(2) 可感知性。计算机软件的核心是一种设计思想，其本身是无形的，只有将这种设计思想附着在某种有形载体上，才能使人们感知其存在，供人们在一定条件下反复地、稳定地加以利用。

(3) 再现性。即可复制性，可以把软件转载到其他有形物体上。

2. 计算机软件的国内法律保护

就保护计算机软件的国内法而言，主要有以下几种法律保护。

(1) 著作权法保护。目前，大多数国家采用著作权法保护计算机软件，这种保护方式是20世纪70年代由菲律宾首先采用，后来美国在修改版权法时也明确规定计算机软件属于版权法的保护范围。不仅如此，美国出于保护自身利益的考虑，在国际上竭力推行这种保护制度。由于重新制定保护计算机软件的专门立法需要较长的时间，建立统一的国际保护体系需要更长的时间，故美国选择用著作权法保护计算机软件，以使美国这个最大的计算机软件出口国的利益得到有效保护。

著作权保护与专利保护相比有其优越性。若用专利法予以保护，一则申请周期长，申请时检索过程麻烦；二则软件产品中符合新颖性、创造性、实用性要求的不多。而著作权保护手续简单，花费少，而且有相当长的保护期限，不失为一种高效的方法。加之各国国内著作权法和国际上存在的著作权公约比较多，对著作权的国内、国际保护体系也比较完善。一旦软件取得著作权保护，软件的国际保护也较容易实现。

美国分别于1976年和1980年两次修订《著作权法》，明确用《著作权法》保护计算机软件，并结合计算机程序的特点做了一些具体规定。此后，其他国家也纷纷效仿。通过著作权途径保护软件，在国际上已成为主流。根据著作权保护的基本原则，即思想(Idea)与表达(Expression)二分法，著作权法保护思想的表达不保护思想本身。如果思想以某种有形的形式表达，那么这种表达受到著作权法的保护并且不可复制，但是该思想本身可以由他人自由使用。然而，由于计算机软件的开发本身具有“思想与表达相混合”的特点，所以要想在保护中严格区分思想和表达很困难。1992年，美国确立了“抽象检测法”，即抽象-过滤-对比测试法(Abstraction-filtration-comparison Test)。这种方法的核心思想是将软件分为若干层，然后一层一层抽象出思想，过滤掉共有领域的内容，再将剩下的部分进行对比测试。这种方法虽然已被很多专家认同，但对于思想表达复杂性强的计算机软件，在实际操作中仍较难把握。

(2) 专利法保护。计算机软件既具有与文字作品相似的表现形式，又是一种技术方案。特别是软件中的“程序”，具有文字作品和实用工具的双重性。计算机软件的核心内容是计算机程序，而计算机程序的精华往往不在其表现形式，而在其内涵，即计算机程序的设计构思原理、运算模型和运行方法等。因此，依据《著作权法》对计算机软件予以保护，并非尽善尽美。基于计算机程序的特征，它可以成为专利法保护的客体，也就是说计算机程序的开发理念、方案、程序以及执行步骤，或者以计算机程序为基础、以人类自然语言描述的完整方案，也可以寻求专利法的保护。

目前，各国软件保护立法都或多或少地向工业产权保护的方向发展。如率先采用著作权保护软件的美国，通过司法解释加进了关于工业产权的内容。1980年10月，美国专利与商标局(USPTO)规定，涉及工艺方法、材料配方、计算机操作程序等可以实际应用的计算机软件可以申请专利，但对仅包含数学计算公式、计算方法及抽象理论概念的计算机程序不能申请专利。1976年，日本颁布了计算机程序申请发明专利权的范围和审查标准，解决了计算机软件的法律保护问题。日本在1985年增订《版权法》时，也加进了关于工业产权的内容。美国将计算机软件作为产权受专利法保护，主要是为了充分鼓励计算机软件的开发并保障开发者的合法权益；促进计算机软件的广泛普及；促进计算机技术的应用，提高生产和管理水平。

(3) 商业秘密保护和合同法保护。计算机软件申请专利保护仍不能满足对软件思想内容保护的要求。因为专利申请有许多限制和条件，比如专利申请必须有技术内容，专利法不保护抽象的数学公式、算法和逻辑推理等，很多软件无法满足这个要求，而对于专利的创造性、新颖性和实用性的要求也不是有技术内容的软件就一定能达到，所以有必要用商业秘密保护和合同法保护。商业秘密保护和合同法保护的优点是既能保护体现软件作者思想的“表达”，又能保护软件作者的“思想”，不需要履行任何手续。只要软件的思想不为社会所知，这种保护就是有效的。商业秘密保护与合同法的保护是分不开的，商业秘密的保护往往通过合同的方式实现。因此，要想有效地保护软件，一定要利用各种合同。我国的计算机软件著作权和转让合同登记制度为这种保护方式提供了条件。

当然，商业秘密保护也存在一些问题，如对善意的第三方使用或销售的行为不能采取任何措施；再如，如果没有合同关系的第三方通过正当途径(如合法的购买、转让)取得软件后将软件技术扩散，那么软件权利人对该第三人不能提起诉讼。显然，对于需要在市场上大量销售和使用的软件，这种保护方式就不太有效。一旦了解软件的人数增加，保护的可能性就会降低；如果他人独立设计出相同或相似的软件并申请专利，原软件权利人不仅会丧失商业秘密权利，而且在遵循“申请在先”原则的国家中，原软件权利人的行为要受到专利法的约束。

(4) 反不正当竞争法保护。软件权利人利用反不正当竞争法的规定，即使在该国没有商业秘密法或软件权利人没有与他人签合同的情况下，也可以寻求一定的保护。比如，为了达到获得软件开发技术秘密的目的，将竞争企业的“人才”挖走，这是反不正当竞争法所禁止的。

(5) 商标法保护。对于大量投放市场的软件，商标保护是一种必要的、有效的手段。软件产品的商标代表了产品开发者或开发企业的信誉，也是其重要的无形资产。商标制度的普及有助于软件开发者对软件的保护。首先，商标的申请应该在新软件创作出来以前就进行。在这一点上，我国可以借鉴国外企业的经验。其次，一项计算机程序设计完成之后，可就其中的构思、方法、步骤等申请发明专利，并为其中较有价值的版本办理计算机软件登记。这样，在保护力度和快速占领市场上都会取得主动权，特别是在发明专利尚未授权的情况下，必要的软件登记可以起到抑制盗版的作用。

综上所述，对于计算机软件这样的新生事物，简单地用传统的、单一的方式已难以实现有效保护，软件权利人应该综合运用多种法律手段对计算机软件进行全面的、有效的保护。

3. 计算机软件的国际保护

在国际上，保护计算机软件主要通过保护著作权的国际公约——《世界版权公约》和《保护文学和艺术作品伯尔尼公约》来实现，但是这两个公约对于保护计算机软件来说并不完备。因此，人们希望有一个国际上统一的保护计算机软件公约。1983年，世界知识产权组织提出了《计算机软件保护条约》草案，为缔结一项保护计算机软件的国际公约开辟了道路。该公约给软件下了定义，共有6条实质性条款，并提出了参加该条约的成员国国内法律必须达到的最低要求。它的总原则是防止和制裁一切非法复制、使用或销售软件的行为。它的核心内容有以下几点。

(1) 不得用任何工具，以任何形式复制他人的软件。

(2) 未经软件所有人同意，不得向任何人披露软件的内容，也不允许为任何人存储、复制和披露创造任何条件。

(3) 不得利用一种计算机程序或程序说明书来制作(即设计)相同的(或实质上相同的)另一种计算机程序或程序说明书。

(4) 不得把上述(即第3项)所指的那种仿制的计算机程序储存在计算机中，也不得用它来操作计算机。

(5) 不得出于出售、出租、进出口或发放许可证等目的，提供或存放非法复制、复印、仿制的软件。

(6) 保护期限至少为20年。

从上文介绍的关于计算机软件的法律保护形式可以看出，目前大多数国家对计算机软件的保护主要采用专利法、版权法或工商业秘密的方式。国际上虽然有世界知识产权组织提出的《计算机软件保护条约》草案，但尚未得到普遍应用。

1986年，关税与贸易总协定(GATT)第八轮乌拉圭回合谈判中，发达国家与发展中国家经过激烈的谈判，达成《与贸易有关的知识产权协议》(简称TRIPs)。该协议是知识产权领域的主要成果之一，它代表了世界各国针对包括软件在内的知识产权问题达成的最广泛的共识。在该协议中，计算机软件被明确作为文学作品加以保护。世界知识产权组织于1996年12月20日通过了《世界知识产权组织版权公约》(WCT)。该公约第4条明确规定，不论计算机软件表达方式和表达形式如何，均作为《伯尼尔公约》第2条意义上的文学作品受到保护。这两个国际条约为计算机软件版权保护提供了统一的标准和依据。通过《版权法》来保护计算机软件被世界主要国家和国际组织所认可，软件版权保护的主流地位最终形成。

5.1.6 我国计算机软件保护

随着信息经济的快速发展，计算机软件贸易在技术贸易中的比重不断增加，我国更加关注对计算机软件的保护。目前，我国对出口的计算机软件，无论是源程序还是目标程序，都是按《保护文学和艺术作品伯尔尼公约》作为版权给予保护，其保护期限为50年。从国内法的角度来讲，我国目前对计算机软件进行保护最有力的法律仍然是《著作权法》[①]，这部法律对计算机软件的概念、特点和性质都进行了比较明确的规定。《著作权法》从我国实际情况出发，对软件贸易中经常出现的侵权、仿冒等行为制定了相应的防范规范和惩罚标准。依托《著作权法》，国务院出台了《计算机软件保护条例》，从而使法律的执行具体化。

目前，我国对计算机软件的保护仍然处于不利的状态，国内软件侵权、盗版的现象频发，国际软件市场纠纷不断，我国在计算机软件的保护上仍有相当长的路要走。

1. 建立健全法律保护体系

我国应该建立以著作权法为核心，包括专利法、商标法、反不正当竞争法等法律法规

① 2001年10月27日第九届全国人民代表大会常务委员会第24次会议《关于修改<中华人民共和国著作权法>的决定》第一次修正；2012年3月《著作权法》的第三次修改草案公布。

的保护体系。计算机软件作为软件开发者的脑力劳动成果，从其产生就属于著作权法的保护范围，因此首先要做的就是加强著作权的保护。[①]同时，计算机软件中会带有企业特有的商标等标记，属于专利法或者商标法的保护范围。由于计算机软件行业纷乱复杂，各企业为了获取更大的市场往往会采取不正当竞争手段，扰乱市场秩序，因此必须在反不正当竞争法的范围内严厉打击这些行为，加大对软件侵权、仿冒等违法行为的打击力度，从而真正实现国内软件的有效保护，使软件行业在国内形成良性竞争、合作有序的行业气象，使国内软件行业真正提升竞争力，并借此减少其他国家与我国在软件知识产权保护方面的摩擦。

2. 提高我国软件国际保护力度

(1) 向技术引进国著作权管理机构办理登记手续，获取日后发生纠纷时可用来提交行政处理或诉讼使用的初步证据。

(2) 我方软件版权所有人在掌握了确凿的盗版侵犯证据后，可通过受让方国家相应的行政和法律机关对其盗版软件，不论其是进口还是出口，向海关申请予以扣留或销毁。

(3) 为了防止我国出口的计算机软件被任意扩散使用，我方应在软件许可合同中争取受让方同意，对软件的使用范围和地区给予合同的限制。另外，应对软件权利的归属、最终用户的授权诸如不得进行销售、转租、转让等进行限制，对权利人的义务与免责条件等在合同中要做出明确规定。

3. 充分发挥技术贸易政策导向作用

为了推动我国软件产业和集成电路产业的发展，增强信息产业创新能力和国际竞争力，带动传统产业改造和产品升级换代，进一步促进国民经济持续、快速、健康发展，我国于2000年7月1日发布了《鼓励软件产业和集成电路产业发展的若干政策》，并于2011年1月28日印发了《进一步鼓励软件产业和集成电路产业发展的若干政策》(《软件出口有关问题的通知》已于2009年12月18日被废止)。

1) 在知识产权保护方面

(1) 鼓励软件企业进行著作权登记。支持软件和集成电路企业依法到国外申请知识产权，对符合有关规定的，可申请财政资金支持。加大政策扶持力度，大力发展知识产权服务业。

(2) 严格落实软件和集成电路知识产权保护制度，依法打击各类侵权行为。加大对网络环境下软件著作权、集成电路布图设计专有权的保护力度，积极开发和应用正版软件网络版权保护技术，有效保护软件和集成电路知识产权。

(3) 进一步推进软件正版化工作，探索建立长效机制。凡在我国境内销售的计算机(大型计算机、服务器、微型计算机和笔记本电脑)所预装软件必须为正版软件，禁止预装非正版软件的计算机上市销售。全面落实政府机关使用正版软件的政策措施，将软件购置经费纳入财政预算，对通用软件实行政府集中采购，加强对软件资产的管理。大力引导企业

---

① 杨展望. 我国计算机软件法律保护之我见[J]. 数字化用户，2013(11)：64.

和社会公众使用正版软件。

2) 在进出口方面

(1) 对软件企业和集成电路设计企业需要临时进口的自用设备(包括开发测试设备、软硬件环境、样机及部件、元器件等)，经地市级商务主管部门确认，可以向海关申请按暂时进境货物进行监管，其进口税收按照现行法规执行。对符合条件的软件企业和集成电路企业，质检部门可提供提前预约报检服务，海关根据企业要求提供提前预约通关服务。

(2) 对软件企业与国外资信等级较高的企业签订的软件出口合同，政策性金融机构可按照独立审贷和风险可控的原则，在批准的业务范围内提供融资和保险支持。

(3) 支持企业“走出去”，建立境外营销网络和研发中心，推动集成电路、软件和信息服务出口，大力发展国际服务外包业务。商务部要会同有关部门与重点国家和地区建立长效合作机制，采取综合措施为企业拓展新兴市场创造条件。

5.2 工业品外观设计

5.2.1 工业品外观设计的概念、性质和历史

1. 工业品外观设计的概念

工业品外观设计在英语国家一般被称为“Industrial Design”，直译就是“工业设计”。现今我国法律界以外的从事工业品外观设计理论研究与实践的人称其为“工业设计”。在工业机械化和生产线大规模运用到生产中之前，每一种物品的工艺在很大程度上都相互独立，不会有大规模的单一设计生产。每一件产品都根据工匠的技艺将实用和工艺结合为一体。

工业品外观设计是指产品上的形状、外形、式样或装饰的特征可以被观察、识别和辨识，必须具有独创性和新颖性，其制作程序和方法不属于此范畴。工业品的外观作为事实的创造性智力活动成果，是民法和知识产权法的保护对象。工业品外观具有艺术性、技术性、显著性和可识别性等多重法律属性。依据著作权法、专利法和商标法分别规定的作品、外观设计专利和注册商标的条件，工业品可以获得相应的知识产权保护。同时基于诚实信用原则，工业品外观可以作为产品的装潢得到反不正当竞争法的保护。法律对工业品外观的多重保护，使企业的无形财产得到了全面、充分的保护。

2. 工业品外观设计的性质

一般意义上，工业品外观设计是指为了使实用物品更加美观悦目，通过对物品的外观、形状和颜色进行组合的装饰。在工业大生产的背景下，各种外观设计都必须适合机器大生产，这样才能称为工业品外观设计。只有同时具有艺术观赏性和工业大生产这两种特性的外观设计才能受到工业产权法的保护。

依据工业品外观设计对工业产品性能的影响，可以将工业品外观设计分为无实用性的外观设计和影响实用性的外观设计。

某些适用于批量生产产品的外观设计不会增加产品的任何实用性，但可以迎合广大消费者的消费偏好，影响其对潜在购买者的吸引力。例如，纺织品所采用的图案并不影响纺织品的质量，不同的图案却可以对不同的消费者产生不同的影响力，进而就有了不同的市场效果。

有时，一件物品的外观设计虽然可以增强物品的美感，但也可能降低或增强产品的实用性。例如，汽车挡风玻璃的不同流线设计既能给人带来不同的美感，也能使汽车的风动阻力不同，进而影响汽车的整体性能。

3. 工业品外观设计的历史

工业品外观设计是工业革命的产物。18世纪60年代开始的工业革命，使得西方国家开始发展工业化的生产方式，其重要特点就是机器化大批量生产；也正是从这一时期，适应批量工业化生产相同产品的现代设计应运而生。工业品外观设计最初发生和发展在纺织工业，一方面表现在当时经济的发展，另一方面表现在工业品外观设计法律保护的发展。

英国的工业革命首先是从资本周转较快的轻工业开始，尤其是当时不受封建社会行为和政府法规束缚、便于采用先进技术的棉纺织业。法国的工业革命晚于英国，直至19世纪末，法国经济一直不景气，但其消费品尤其是奢侈品在工业生产中占有重要的地位，法国的时装、化妆品和葡萄酒十分发达，一直在世界同类产品中占主要地位。[①]因此，无论是英国还是法国，其工业品外观设计保护均是从纺织工业开始，而后扩展到其他工业领域。

工业品外观设计理论和实践真正获得长足发展是在20世纪。从20世纪初期的“德意志工业联盟”对于标准化、大批量生产方式的探讨，到20年代“包豪斯设计学校”设计教育体系的确立，经过了50年代功能主义和国际主义风格的流行，再到60年代的波普设计及80年代的后现代设计，以及今天所提倡的绿色设计、生态设计等，现代设计已发展成为一门交叉性的学科。在近200年的发展过程中，产生了许多有关现代设计的观念和思想，经历了多种风格和潮流的变化，也积累了丰富的经验。工业品外观的重要性不会随着机械化生产而减弱，相反，既能迎合广大消费者的品位又能适合大规模生产的外观设计，会加大新产品的开发力度。

5.2.2 工业品外观设计保护的目的

工业品外观设计能够给企业和国家带来经济效益，促进工业和经济的发展。工业品外观设计会对商品的销路产生影响，进而影响企业在该种商品上的赢利状况。外观设计会成为专业外观设计公司和使用这种设计的公司的重要产品。外观设计保护可以真正维护设计单位、外观设计使用企业和社会公众的利益。

① 林举岱，陈崇武，艾周昌. 世界近代史[M]. 上海：上海人民出版社，1982：99-100.

1. 确定外观设计保护范围

有比较明确的保护范围之后，外观设计公司能够十分清楚地知道自己在生产过程中可以复制哪些设计，避免由于特定设计保护的不确定性造成阻碍。

2. 方便转让或许可使用

好的设计往往会成为大家争相效仿的对象，这样会给原创单位带来经济利益的损失。在确定了保护对象和保护范围之后，原创单位可以基于这些保护内容更好地保护自己的外观设计产品并取得相应的经济利益。

3. 防止过度保护而危害公共利益

过度保护会对同一行业内其他企业的合法利益造成损害，为了防止这种现象的发生，其他公司可以根据法律规定采取行动反对或取消不公平待遇。

5.2.3 工业品外观设计保护的条件

1993年修订的《与贸易有关的知识产权协议》(TRIPs)中第25条第1款规定，各贸易组织成员必须对工业品外观设计实施保护。此外，该协议还规定，若想获得工业品外观设计保护，该工业品外观设计必须满足独立创造性、新颖性、原创新。

各个国家对于新颖性的规定不尽相同。一些国家规定了一种世界性、新颖性标准，按照这些国家的法律规定，在申请注册日之前，一个工业品外观设计不能被世界上任何地方以任何形式预先使用过。有些国家通过立法确定了一种限制性的世界性、新颖性标准：以印刷文件或任何其他有形出现的公开而言，新颖性标准是世界性的，但公开使用、会展、销售等方式则属于国内性。

有些国家规定，如果外观设计注册申请是在一个特定的期限内，从可申请日算起6个月内出现，允许某些例外和特定的公开情况不被视为破坏新颖性。这些例外包括在官方或官方承认的展览会上公开外观设计，由滥用、不守信用或其他违背工业品外观设计所有人的意愿而引起的公开可能也包括在内。

如果一个外观设计与一个已有的外观设计相同或实质上相同，只有不足以改变后者性质或影响其相同性的改动，则不具有新颖性。外观上的微小差别或将某种外观设计用于另一种产品，不足以构成新颖性要素。

外观设计必须是独立创作的，具有原创性，这是外观设计获得法律保护的前提。独创性主要是指授予专利权的外观设计与现有的外观设计相比应具有明显的特点，或者说用“不相近似”来判断两个外观设计是否近似，应比较使用外观设计的同类的两个产品，看它们从整体上是否相似，对于近似的外观设计不能授予专利权。我国于2009年10月实施的《中华人民共和国专利法》第二十三条规定，授予专利权的外观设计，应当不属于现有设计；也没有任何单位或者个人就同样的外观设计在申请日以前向国务院专利行政部门提出过申请，并记载在申请日后公告的专利文件中。授予专利权的外观设计与现有设计或者现有设计特征的组合相比，应当具有明显的区别。授予专利权的外观设计不得与他人在申请日以前已经取得的合法权利相冲突。

5.2.4　工业品外观设计保护的内容

1. 工业品外观设计的保护申请

工业品外观设计的保护并不是自动赋予，而是依照法律的规定条件或正式要求，向工业品外观设计局提出注册申请后才赋予的。申请资料包括申请人或代办人的身份证明和申请书，工业品外观设计产品的样品，如是委托关系还应提交委托代理书。在提交上述申请材料之后，工业品外观设计保护的主管部门会对其进行形式审查，有些国家的主管部门还会进行实际审查。在审查公示期间如果有人提出异议，工业品外观设计保护的主管部门将异议通知申请人，请他在3个月内提出自己的意见。主管部门如果认定异议合理，则拒绝提出的保护申请。审查通过之后，在主管部门进行备案登记即可取得法律赋予的权利。

2. 工业品外观设计的保护范围

各国对工业品外观设计保护立法的重心在于其“外观设计”，而非“产品”的功能及技术方面的保护。产品的功能和技术为消费者带来的效用，不是工业品外观设计保护的重点。通过颁发注册证或授予专利权给予工业品外观设计所有人利用其外观设计或授权他人利用外观设计的专有权。立法可以在许多方面对专有权加以限制，工业产品外观设计注册授予的权利是典型的工业或商业行为，科学或教育范围内的行为被排除在外。例如，为了公众利益，政府或由政府授权的第三方可以征用、废除和使用专用权。

3. 工业品外观设计的保护期限

根据《与贸易有关的知识产权协议》第26条第3款的规定，工业品外观设计的保护期不少于10年。这是对工业品外观设计保护的最起码的要求，但这并不排斥一些国家可以签订协议，进而推动对工业品外观设计实行较长时间的保护期。与工业产权的其他形式相比，这个相对较短的期限反映了工业品外观设计作为一种创造仅受到暂时保护的特点。

5.3　集成电路布图设计

5.3.1　集成电路及其布图设计的基本概念

1. 集成电路

集成电路是指半导体集成电路，也就是我们通常所说的芯片。它是整个电子工业的基础，信息产业的核心。集成电路是目前发展非常迅速的一种新技术，作为微电子技术的核心，广泛地应用于多种产品。

世界知识产权组织制定的《关于集成电路知识产权条约》第二条指出，“集成电路”是指一种产品，在它的最终形态或中间形态全部或部分互连或集成在一块材料之中/之上，以执行某种电子功能。

集成电路具有以下特征。

(1) 集成性。集成电路中的所有电子元件高度集中于一块芯片上。根据集成度(即一块芯片上有多少电子元件)大小，可分为小规模、中规模、大规模和超大规模集成电路。

(2) 整体性。集成电路中各元件同时制成，彼此互连，不可分割，任何一个元件的损坏都将导致整块集成电路的障碍。

(3) 工艺严格。如超大规模集成电路要将十几万个元件集成于一块30平方毫米的芯片上，其制作工艺要求极为严格，堪称“精工细作”。

2. 集成电路布图设计

集成电路布图设计(以下简称布图设计)是指集成电路中多个元件，其中至少有一个是有源元件及其部分或全部集成电路互连的三维配置，或者是指为集成电路的制造而准备的这样的三维配置。布图设计又称掩模作品或拓扑图。布图设计或是以掩模图形的方式存在于掩模板上，或是以图形的方式存在于芯片表面和表面下的不同深度处，或是以编码方式存在于磁盘、磁带等介质中。布图设计要受到保护必须具备独创性。

5.3.2 集成电路布图设计的专有权

1. 布图设计专有权的概念

布图设计专有权是指通过申请注册后，依法获得的利用集成电路设计布图实现布图设计价值、得到商业利益的权利。权利人有权将受保护的布图设计、含有布图设计的集成电路或含有集成电路的物品投入商业利用。布图设计专有权具有排他性和财产性的特征。

2. 布图设计专有权的性质

集成电路布图设计是一种高科技的成果结晶，是智力成果的一种重要表现形式，而知识产权是对人们的智力活动创造的成果和经营管理活动经验、知识的结晶依法享有的民事权利。①国际上，集成电路布图设计主要有以下两种保护方式。

1) 著作权保护

1979年，美国伊利诺伊州(Illinois)北区联邦法院及第七巡回法院在处理一个仿制集成电路布图设计的诉讼案时，在《著作权法》中找到了判决依据。著作权保护方式作为最初选择，存在以下问题。

(1) 版权法所保护的图形作品皆是一定思想、情感的表达形式，而布图设计则是由电子元件及其连线组成，其根本任务是执行某种电子功能，不能表现任何思想情感。

① 周莳文，黄国健. 集成电路布图设计的法律保护及立法反思[J]. 商场现代化，2006(08)：269-271.

(2) 造型艺术作品基于其“艺术性”而非“实用性”受到版权法保护，而与之相反，布图设计作为由多个元件合理分布并相互关联的三维配置是基于其“实用性”而非“艺术性”受到法律保护。

(3) 即使将布图设计视为作品，版权法亦无法提供充分有效的保护。对集成电路布图设计的复制，是将分解的布图设计重新配置在芯片上，这种对立体作品的非表面化复制，在许多国家的版权法中并不被禁止。

(4) 版权法对作品的保护期较长，一般不少于50年。对处于版权保护期内作品的修改须经版权人的同意。如果将集成电路布图设计作为作品进行保护，不利于集成电路的更新换代，会限制集成电路产业的发展。

2) 专利保护

布图设计旨在实现某种功能，达到某种技术效果，可以通过专利法进行保护。然而，专利法保护亦有不合适之处，其理由如下所述。

(1) 大多数布图设计很难达到发明专利法所要求的创造性。

(2) 布图设计无法决定集成电路的外观，因此不能通过工业品外观设计加以保护。

(3) 集成电路技术发展迅速，产品更新换代很快，而专利的申请和审批周期又比较长，因此，通过专利法保护不利于布图设计的及时应用。

布图设计是一种新生的智力成果，现有的知识产权法律保护形式均无法满足保护集成电路布图设计的需要。因此，必须突破已有的知识产权法的界线，采取专门立法予以保护。美国是世界集成电路的生产和出口大国，为了保持其半导体工业的优势和领先地位，1984年，美国国会通过了《半导体芯片保护法》，从而确立了一种新型半导体芯片法律保护制度。该法对布图设计专有权的保护，借鉴了版权法与专利法的有关规则和方法。

在美国的影响下，日本于1985年、欧盟于1986年先后做出了保护集成电路布图设计的法律规定。与此同时，国际组织也着手研究布图设计的法律保护问题。1989年5月，世界知识产权组织在华盛顿召开的专门会议上通过了《关于集成电路的知识产权条约》(Treaty on Intellectual Property in Respect of Integrated Circuits)(以下简称《集成电路条约》)。该条约对布图设计的客体条件、保护的法律形式及保护范围、国民待遇权利限制等做出了具体规定。《与贸易有关的知识产权协议》也针对集成电路布图设计的保护问题做出了专门规定。2001年，我国颁布了《集成电路布图设计保护条例》及其实施细则。

3. 取得集成电路布图设计保护的条件

(1) 布图设计要有独创性，布图设计应当是作者依靠自己的脑力劳动完成，设计必须突破常规；或者设计者使用常规设计但通过不同的组合方式体现出独创性，都可以获得法律保护。

(2) 布图设计创作完成，创作人或其他想取得专有权的人必须在有关部门办理登记手续后，才能取得专有权。

4. 布图设计权的内容

(1) 复制权。复制权是指重复制作布图设计或者重复制作含有该布图设计集成电路的权利。

(2) 商业利用权。商业利用权是指专有权人为商业目的而利用布图设计或含有布图设计集成电路的权利，具体包括以下权利。

① 为商业目的进口、销售或以其他方式提供受保护的布图设计。

② 为商业目的进口、销售或以其他方式提供含有受保护布图设计的集成电路。

③ 为商业目的进口、销售或以其他方式提供含有该集成电路的物品。

5.3.3 集成电路布图设计的法律保护

1. 保护的主体和客体

1) 集成电路布图设计专有权的主体

(1) 布图设计专有权属于布图设计创作者，但条例另有规定的除外。

(2) 两个以上自然人、法人或者其他组织合作创作的布图设计，其专有权的归属由合作者约定；未做约定或者约定不明的，其专有权由合作者共同享有。

(3) 受委托创作的布图设计，其专有权的归属由委托人和受托人双方约定；未做约定或约定不明的，其专有权由受托人享有。

(4) 创作人依其职务进行集成电路布图设计，而且主要利用所在的法人单位或非法人单位的设备、材料、资料、场地、经费等进行设计工作，该布图设计的专有权由创作人所在单位享有，除非雇佣合同存在不同规定。

2) 集成电路布图设计专有权的客体

《集成电路条约》第3条规定，每一缔约方有义务保证在其领土内按照条约规定对布图设计(拓扑图)给予知识产权保护。法律保护的是集成电路布图设计，而非集成电路本身，也不延及思想、处理过程、操作方法或者数学概念等。

2. 保护的必要性

(1) 集成电路设计是作者以及相关团队智慧的结晶和脑力劳动的成果，是开发单位投入资金和精力的最终物化表现。新的集成电路设计可以减小原材料的使用量、发热量、体积并提高其性能。对集成电路设计的保护就是对财产的保护。

(2) 集成电路布图设计成为盗版行为的侵害对象，对集成电路布图设计进行法律保护可以减少因盗版在开发上造成的损失。

(3) 加强集成电路布图设计保护有利于促进一国集成电路产业的发展。通过立法，建立布图设计专有权保护，保护布图设计创作者的合法权益，可以促进整个集成电路产业的良性发展。

(4) 加强集成电路保护有利于促进新的布图设计的产生。集成电路在设计过程中会参考过去的设计方案，只有明确表示保护的形式和范围，才能防止投入资金和精力而设计出的产品有盗版之嫌。

3. 保护期限

《集成电路条约》规定的保护期限至少为8年，但保护期限从何时起算，该条约没有明确规定。通常自布图设计登记申请之日或者在世界任何地方首次投入商业利用之日起计算，以比较前日期为准。布图设计成为以正当方式向主管机关提出登记申请的内容或登记的内容之前，任何缔约方均有不保护该布图设计的权利。无论是否登记或者投入商业利用，布图设计自创作完成之日起15年后，不再受本条例保护。

5.3.4 集成电路布图设计保护的法律限制

1. 合理使用

《集成电路布图设计保护条例》第23条规定，下列行为可以不经布图设计权利人许可，不向其支付报酬。

(1) 为个人目的或者单纯为评价、分析、研究、教学等目的而复制受保护的布图设计。

(2) 在依据前项评价、分析受保护的布图设计基础上，创作出具有独创性的布图设计。该规定又被称为保护“第二布图设计”。

(3) 对自己独立创作的与他人相同的布图设计进行复制或者将其投入商业利用。该规定旨在保护独立创作的第三人的利益。

2. 权利用尽

《集成电路布图设计保护条例》第24条规定，受保护的布图设计，含有该布图设计的集成电路或者含有该集成电路的物品，由布图设计权利人或者经其许可投放市场后，他人再次进行商业利用，可以不经布图设计权利人许可，并且不向其支付报酬。

3. 非自愿许可

《集成电路布图设计保护条例》第25条规定，在国家出现紧急状态或者非常情况时，或者为了公共利益，或者经人民法院、不正当竞争行为监督检查部门依法认定布图设计权利人有不正当竞争行为而需要给予补救时，国务院知识产权行政部门可以给予使用其布图设计的非自愿许可，做出上述决定时，应当及时通知权利人。非自愿许可的理由消除并且不再发生时，应根据权利人的请求，经审查后做出终止使用布图设计非自愿许可的决定。取得使用布图非自愿许可的主体不享有独占使用权，无权允许他人使用并应向权利人支付合理报酬，数据由双方协商；双方不能达成协议的，由国务院知识产权行政部门裁决。对国务院知识产权行政部门决定或裁定不服，有关当事人可以自收到通知之日起3个月内向人民法院提起行政诉讼。

4. 反向工程

反向工程又称还原工程，是指对他人的布图设计进行分析、评价，然后根据这种分析评价的结果创作出新的布图设计。运用反向工程对布图设计进行复制的行为，不构成侵权。

5. 善意买主

如果一个人在不知情的情况下购买了含有非法复制的受保护的布图设计的集成电路产品，而将该产品进口、销售或从事其他商业利用，不追究其法律责任。

5.4 版权及邻接权

5.4.1 版权及邻接权的基本概念

版权又称著作权，是指文学、艺术和科学作品的作者依版权法及相关法律所享有的权利。版权属于民事权的范畴，是知识产权的一个重要组成部分。版权是知识产权的传统形式。与专利权一样，版权持有者有权禁止或允许任何人在某一段确定年限内复制自己的材料；可以销售、遗赠或许可自己的权利。

版权的特点包括：①版权只有在申请时才能确立，没有筛选或接受程序；②版权可以跨越很长的时间段，通常是创作者的有生之年至其死后50年；③版权争端要在法院解决；④版权包含对某个创意的独特表达方式，并非创意本身，例如，一本有关技术转让的书是可以被授予版权的，但书中观点不能获得版权。

版权法是有关智力创造者权利的一个法律分支。版权规定了智力创造者对其创作品的权利。这些权利为大多数国家的法律确认，其目的是鼓励和激发个人的创造力，保护通过包括物质载体和非物质载体表现出来的创造性知识成果，使这些成果发挥最大作用。在各国版权法中，版权的内涵有狭义和广义之分。狭义的版权包括著作人身权与著作财产权；广义的版权包括著作人身权、著作财产权和著作邻接权。

1. 著作人身权

著作人身权的内容主要包括发表权、署名权、作品修改权和保护作品完整权。

(1) 发表权。发表权是作者所享有的决定作品是否公之于众的权利。文学艺术作品完成之后，其作者有权决定是否将其公之于众，公开的时间、地点、地域范围以及公开的方式都应当取决于作者的意愿。

(2) 署名权。署名权是作者所享有的在其创作的作品及其复制品上标示自己姓名的权利。署名权只能由作品的实际作者和被认定为作者的法人和非法人单位享用，实际作者以外的任何其他人都无权享受署名权。署名权说明了只有实际作者署名才是合法行为，其他人员未经允许署名都是非法行为；作者在自己的作品上署上他人姓名是无效的法律行为，他人也不能享受署名权及该作品的财产权或人身权。

(3) 作品修改权。作品修改权即修改或授权他人修改作品的权利。作品在完成或发表之后，作者可自行修改，也可以授权他人修改其作品。

(4) 保护产品完整权。与作品修改权相对应的是保护作品完整权，即保护作品不受歪曲、篡改、贬抑或其他更改的权利。此处所讲的歪曲是指故意改变事物的真相、事实或内容；篡改是指用作假、伪造的手段对作品进行改动或曲解。

上述著作人身权也称作者精神权利。根据《与贸易有关的知识产权协议》的规定，各成员不对该精神权利的规定承担义务。

2. 著作财产权

著作财产权是著作权人依据著作权法及相关法律通过各种合法形式利用其作品，从而享受其带来的经济利益的权利。由于著作权人利用作品可给其带来经济利益，故称之为著作财产权或版权的经济权利。著作财产权因作品的创作由依法获得著作权的著作权人拥有，也因法律规定的期限届满而消灭，并不是永久存在。著作财产权可以分为复制权、演绎权和传播权三大类。具体而言，著作财产权至少包括以下8项经济权利：翻译权、复制权、公演权、广播权、朗诵权、改编权、录制权、制版权。除了上述经济权利，版权法还赋予原作者道义权，以确保作者即使在经济权利转让之后也可以声明其作品的作者身份，反对任何歪曲或篡改行为，以防败坏或者损害作者的声誉。

3. 著作邻接权

邻接权(Neighboring Right)是指与版权相邻近的权利。它主要包括唱片制作者对其录制的唱片、表演者对其表演的节目、广播电视组织对其广播的节目所享有的权利。

广义的版权除了包括著作人身权、著作财产权，还应包括著作邻接权等。文学艺术作品创作的目的往往是在大众中间传播，因此需要具有专业技巧和特长的人来赋予作品某种适当的形式，以便增加传播的效果并使社会公众较容易接受。除了保护作品作者的权利，还应对作品表演者、唱片制作者和广播者的权利进行保护。这些中间手段的权利随版权而形成，而且这些权利的行使与版权行使密切相关，故称之为著作邻接权。

4. 版权中著作权与邻接权的关系

著作权和邻接权同属版权的范围，因而同属知识产权范畴。邻接权由著作权转化而来，是从属于著作权的一种权利。两者的区别具体表现为以下几个方面。

(1) 主体不同。著作权的主体是智力作品的创作者，包括自然人和法人；邻接权的主体除了表演者，几乎都是法人。

(2) 保护对象不同。著作权保护的对象是文学、艺术和科学作品；邻接权保护的对象是经过传播者艺术加工后的作品。

(3) 内容不同。著作权主要是指作者对其作品享有的人身权和财产权；邻接权的内容主要是出版者对其出版的书刊的权利、表演者对其表演的权利、音像制作者对其音像制品的权利、广播电视组织对其广播或电视节目的权利等。

(4) 受保护的前提条件不同。作品只要符合法定条件，一经产生就可获得著作权保护；邻接权的取得需要以著作权人的授权以及对作品的再利用为前提。

5.4.2 版权的主体和客体

1. 版权的主体

版权的主体是指因创作成果而享有版权的人，可以是自然人，也可以是法人，少数情况下也可以是国家。就自然人来看，包括从事科学研究、文学艺术创作的专业人员及业余人员，成年人、未成年人以及少数创作了作品(如绘画、书法、表演)的少年儿童。

版权主体有个人(独立创作作品)和集体(两个以上的作者合著作品)之分。合著中，有的是一部完整著作，其中各组成部分不能独立存在，全体合著人是版权主体；有的是各组成部分，可以分别存在(如歌词或歌谱)，全体合著人或各组成部分的作者可分别成为整部作品或组成部分作品版权的主体。

就法人来看，作为版权主体的有编辑刊物、辞书等集体作品的编辑出版单位；也有制订写作计划、组织人员创作并以法人名义发表作品的机构。版权的主体还可以是原始的或继受的主体。前者是直接以创作活动完成作品的人，享有包括人身权和财产权益的完整著作权利；后者是依据合同、继承等方式承受著作权利的人，只享有获得财产权益的部分版权。

就版权主体与版权客体之间关系来看，版权主体还可以分为版权所有人和作者。作者是版权的原始所有人，但版权可以通过合同、继承等转归非作者所有。作者在出让版权(一般仅指经济权利)后成为非版权所有人，不能妨碍作为版权所有人的非作者行使权利。在国际范围内，一个受公约保护的作者可以将其权利转让。

2. 版权的客体

版权的客体表现为创作活动的某种客观形式。版权的客体是作品，一般认为其构成要件有三项：一是思想或感情的表现；二是具有独创性和原创性；三是具有有形的表现形式。

首先，作品必须是创作的，而不是抄袭的，否则应对剽窃人追究法律责任。作品中表现的思想不要求是新的，但其文学的和艺术的表现形式必须是由作者首创。版权与作品的质量和价值无关。

其次，作品内容必须通过一定形式加以表现，包括文字形式(论著、翻译、创作、注解等)；口头形式(演讲、报告、说唱等)；其他形式(乐谱、绘画、书法、雕塑、舞蹈、摄影、电影、录像、图表等)。

不是所有的作品都可以成为受版权法保护的版权客体，作品要成为版权客体必须具备以下构成要件。

(1) 独创性。独创性也称原始性或创造性，是指由作者独立构思而成，作品的内容或者表现形式完全不是或基本不与他人已经发表的作品相同，即不是抄袭、剽窃或篡改他人的作品。这是作品称为版权客体的首要条件。由于受不同的法律系统和法律哲学思想的影响，大陆法系国家和普通法系国家对“独创性”的理解大相径庭。

大陆法系国家强调保护作者的精神权利，认为作品是作者人格的延伸。“独创性”被规定为必须是作者运用创造力从事智力创作活动，而非单凭技巧的劳动和一般的智力活动，并且这种智力活动可以用“个性”来衡量。个性使不同的智力创造成果存在一定的差异，这种差异是作为智力创作成果创造性量的规定上必然呈现的特征，是智力创作成果经个性化后出现的必然性。著作权保护的目的，即保护带有个性的智力成果或艺术创作，保障作者对其作品的利用中得到适当的份额，是以个性的标志来体现。我国也有学者持这一类似观点，认为独创性是指作者运用自己的方法和习惯将其思想通过文学、艺术、科学等形式表现出来的个性。

普通法系国家对“独创性”的要求明显低于大陆法系国家，英国对独创性的理解是“独立完成”+“足够的技巧、劳动或资金投入”。美国长期以来对独创性的理解是“独立完成”+“劳动、技巧和判断的付出”。美国联邦最高法院在1903年Bleistein案的判决中指出：“版权保护不能仅限于优秀的艺术作品，试图评估原始创作的艺术价值不仅超出了版权法的范围，也超出了法官的能力”“只要作品符合法定的版权种类，并由权利主张者创作完成，它就具有独创性”，而“个性即使在笔迹中也能够表现出其独特之处，一件极低水平的艺术品也存在某些不可约减的东西，这就是独立完成”。1991年，费斯特案的判决结果否定了“额头出汗”的标准，美国联邦最高法院在该案判决中首次以创造性是版权法独创性要求的构成部分为前提，认为“创造性不仅意味着这件作品是由作者独立完成的，而且意味着它至少具有某种最低程度的创造性”“某些法院一直遵循的‘额头出汗’或‘辛勤采集’理论是错误的，是对版权基本原理的嘲弄”。尽管如此，这一判决是否能够使独创性成为一个相对确定的概念，仍需要关注美国今后一定时期的版权判例法发展的趋势。

我国版权法律制度对“独创性”的解释主要倾向大陆法系的观点。《著作权法实施条例》第3条(1)规定：“著作权法所称创作，是指直接产生文学、艺术和科学作品的智力活动。”但《计算机软件保护条例》第4条规定：“受本条例保护的软件必须由开发者独立开发，并已固定在某种有形物体上。”这显然是普通法系的观点。因此，我国有些法学家认为，“这乍看起来似乎有兼收并蓄的意味，但自相矛盾的创作概念会给版权理论和司法实践带来更多的困难和问题”。

(2) 可复制性。符合著作权保护条件的作品，通常是能以某种物质复制形式表现的智力创作成果。作品能够以某种形式进行复制，是人们能够感知作品内容的前提，也是对其进行版权保护的基本条件。凡制定了著作权法的国家，通常强调著作权只保护作者思想的表现形式，而不保护思想本身。这就是说，单纯的思想或者情感本身不具有文学、艺术等客观的表现形式，因而不能称之为作品，不能成为著作权客体。如果作者只有思想而没有一定的表现形式，人们不但看不见、摸不着，更不可能进行复制，也谈不上对其进行版权保护，这就是为什么各国版权法都只保护作者的思想表现形式而不保护思想本身的原因所在。我国版权制度不要求作品完成时必须以某种物质载体固定下来才能成为版权客体。我国《著作权法实施条例》第2条规定：“本法所称作品，是指文学、艺术和科学领域内具有独创性并能以某种有形形式复制的智力成果。”也就是说，只要作品具有被复制的可能性即可，未被有形载体固定下来的“口述作品”不可能成为我国《著作权法》保护的对象。

5.4.3 版权的保护

1. 版权邻接权保护原则

(1) 独立性原则。除《伯尔尼公约》的规定外，世界贸易组织成员版权及邻接权受保护的程度及为保护作者权利而提供保护的方式，完全适用提供保护的所在国的法律。各国不得以本原则为由拒绝为外国作品提供保护。

(2) 国民待遇原则。国民待遇原则，即外国商品或服务与进口国国内商品或服务享有平等待遇的原则。

(3) 自动保护原则。自动保护原则，即作品不论其来源国，只要享受国民待遇，无须经过任何手续就可以自动受到保护。按照这个原则，世界贸易组织成员和《伯尔尼公约》签署国国民、在成员国有长期居住权的非《伯尔尼公约》签署国的国民，在其文学艺术作品创作完成时应自动享有版权，如果非签署国国民在签署国无长期居所地，则其作品首先在成员国出版时享有版权。

2. 最低保护标准原则

各国进行版权保护时的最低标准原则主要包括以下内容。

(1) 无论作品表现形式如何，应当包括文学、科学和艺术领域的一切成果。

(2) 各国版权法中的权利限定在一定的范围之内。可以未经作者允许将讲课、演讲等公开发表的口头作品以印刷、广播等方式复制并传播，但权利仍属于作者。

(3) 只在特定条件下才能行使限制权利。

3. 版权保护范围

法律不仅保护智力作品创作者的权利，而且保护帮助传播这些作品的辅助者的权利。辅助者对文化成果的传播和保护起到十分重要的作用。特别是在发展中国家，这些辅助者起到连接国内外的桥梁作用，有利于国外先进技术信息引进国内，同时有助于保留本国传统文化遗产。

5.4.4 版权保护的限制

1. 作品保护期限

一般作品保护期不少于作者有生之年及其死后50年。具体的保护时间如下所述。

(1) 电影作品不少于与观众见面起50年，若50年尚未与观众见面，则为摄制完成的50年。

(2) 摄制作品及实用艺术作品作为艺术作品在《伯尔尼公约》成员国受到保护。该成员国可自行立法决定其保护期，但该保护期至少维持到该作品完成之后25年。

(3) 合作作品或被视为共同创作的作品，保护期为共同作者中最后一个去世者有生之年直至死后50年。

(4) 匿名或用假名作品，用合法方式证明其假名身份，则保护期为作者有生之年加死后50年。只要能够合理推断匿名或假名作者去世已超过50年，则不再要求成员国对其作品予以保护。

《与贸易有关的知识产权协议》第十四条第五款规定，对唱片表演者和制作者的有效保护期为录制或节目表演当年年底开始起算至少50年。对广播组织的保护期限一般为广播开始那一年年底起至少20年。

2. 关于邻接权的保护范围

《与贸易有关的知识产权协议》第十四条规定了表演者、唱片制作者和广播组织的保护范围。

(1) 表演者可以禁止下列未经其授权的行为：录制其未曾录制的表演并翻录这些录制品；以无线广播的方式播出和向公众播出其现场表演。

(2) 唱片制作者有权授权或禁止他人复制发行并获得报酬。

(3) 广播组织有权禁止未经其授权的下列行为：录制其广播、复制其广播作品、通过无线方式重播或广播、原样向公众播送电视广播。

(4) 唱片制作者享有出租权。

3. 对邻接权保护的权利限制、例外和保留

《与贸易有关的知识产权协议》允许各成员国对邻接权的保护做出例外，也允许成员国或地区降低对邻接权的保护标准。

4. 地域限制

作品版权所有人受到一国法律的保护，以禁止在该国内进行受版权限制的活动。为了在某个其他国家取得同样的保护以禁止这些活动，版权所有者必须求助于这个国家的法律。如果这两个国家都是国际版权公约的成员国，那么由于地理界限所产生的实际问题就比较容易解决。

案例5-1

“蜡笔小新”侵权案

日本漫画家臼井仪人创作的卡通人物“蜡笔小新”早已深入人心。获得包括该作品出版权、商品化权等在内授权的日本双叶株式会社以侵权为由，把上海、广州以及江苏的三家公司告上法庭，并诉请三家被告赔偿经济损失并支付相关费用106万余元。此案在上海第一中级人民法院开庭审理。

据了解，原告双叶株式会社于1992年从臼井仪人处获得“蜡笔小新”独家授权。2004年1月以来，经原告授权，“蜡笔小新”系列在中国大陆地区的商业推广全面展开。原告方指出，被告未经授权，在其产品、销售、宣传及商标上非法使用“蜡笔小新”美术作品，且拥有“蜡笔小新”品牌的产品范围涵盖服装、鞋帽、箱包、铅笔刀、橡皮等。被告还开展了“蜡笔小新”产品市场加盟连锁、网上产品销售等多项活动。

双叶株式会社表示，原告作为“蜡笔小新”作品著作权相关财产权利人，权利产生远早于被告所述的商标注册行为。

双叶株式会社在诉状中认为，被告上述行为已经构成对原告著作权的侵犯，同时严重扰乱了市场秩序，严重影响了原告正在进行的“蜡笔小新”动画形象授权及

商业推广，给原告造成难以弥补的巨大损失。为此，双叶株式会社要求三家被告即上海恩嘉经贸发展有限公司、广州市诚益眼镜有限公司以及江苏响水县世福经济发展有限公司停止各自的侵权行为，并共同赔偿经济损失100万元，同时承担相关费用，总计106万元。

资料来源：http: //news.xwh.cn/news/system/2012/02/15/010235567.shtml.

案例5-2

《港囧》盗版事件的连锁反应

日前，国家新闻出版广电总局电影局针对影院盗录等侵权行为发布了《国家新闻出版广电总局电影局关于严厉打击在影院盗录影片等侵权违法行为的通知》(以下简称《通知》)，重申了三项打击盗版侵权行为的重要事项。

《通知》中写道："近期，影片刚刚上映即在影院被盗录并通过网络非法传播的侵权违法行为愈演愈烈，严重影响了中国电影正在建立的投资回报良性循环体系，损害了投资者对中国电影市场的信心和投资热情，伤害了创作人员的创作热情……"文中所指，应该就是最近上映的电影《港囧》遭遇的盗版事件。《港囧》上映不到三天，27日中秋节当天，疑似盗录的清晰版视频资源就开始在网上传播，给《港囧》的票房带来了一定的损害。

导演徐峥当时也在朋友圈发了一条信息，控诉盗版行为："从昨日(27日)起《港囧》在网上盗版出现有规模有组织的投放，到现在已经很猖獗……很多贴吧给的链接还有网盘都能直接看……便捷到手机端可以直接点开看全片。义正言辞的话不想多说了，这是行业的灾难，请朋友圈高手赐教处理方式，私信我，谢谢！"

28日上午，一位微信名为"乐视粟潜"的微信用户传播《港囧》盗版链接的朋友圈截图被曝光出来，上面附上了《港囧》的盗版链接，还写道："不要问我是谁，我只是大自然的搬运工！"乐视影业随后在官微上发表声明，称粟某是乐视影业昆明地区员工，并表示这种在朋友圈传播盗版链接的行为属于粟某的个人行为，乐视已经辞退了这名员工，并向徐峥致歉。

资料来源：http: //news.xwh.cn/2015/0930/347240.shtml.

第6章
国际技术贸易的主要方式(一)

本章介绍国际技术贸易的主要方式，包括许可贸易的内涵、类型和合同；国际BOT方式的内涵、程序和项目合同；特许经营的内涵、优劣势以及选择特许经营的注意事项。

6.1 许可贸易方式

6.1.1 许可贸易的内涵

1. 许可贸易的概念

许可是指允许某人做某事。许可贸易也称许可证贸易，是指知识产权所有人作为许可方，在一定条件下，通过与被许可方(技术引进方)签订许可合同，将其所拥有的专利权、商标权、专有技术和计算机软件著作权等授予被许可方，允许被许可方使用该项技术，制造、销售进口合同产品的技术贸易行为。在许可贸易方式下，转让技术的一方被称为许可方，技术受方被称为被许可方。许可贸易是一项专业性、法律性很强的贸易活动，目前已经成为国际技术贸易中最主要的方式。它既可以是以专利、商标、专有技术等知识产权利作为合同标的的单纯的许可贸易，也可以是与国际工程承包、BOT方式等相结合的一揽子交易。

近年来，许可贸易方式日益普及的原因主要有以下三个方面：一是技术所有权的价格十分昂贵，希望得到先进技术的企业难以承受，购买技术的使用权比购买技术的所有权要便宜得多。二是技术的时效性很强，有些技术已接近保护期的期限，或者会因新技术的出现而逐渐进入衰退期，许可贸易可以最大化地发挥技术的价值。三是有些技术贸易标的的所有权无法转让，如专有技术，专有性要靠保密来维持。

2. 许可贸易的特征

许可贸易与其他贸易方式相比，具有以下几个特征。

(1) 贸易双方的利益关系复杂。许可方不仅想通过出让技术使用权收回其投资并获得一定利润，还试图在技术出让后最大限度地维持其垄断地位；被许可方不仅想通过获取技术使用权，直接获得商业利益，还试图通过技术模仿、改进或再创新，打破许可方的技术垄断。

(2) 许可贸易涉及广泛的法律。一般的货物买卖合同主要适用合同法和买卖法的有关条文。许可贸易除了上述法律的一般规定外，还适用工业产权法、国际贸易法、国际投资法，特别是技术转让法的有关规定。因为技术的转让不仅是企业行为，还与一个国家的长远经济发展战略和国民经济发展有着密不可分的联系，直接关系社会的公共利益。

(3) 许可贸易涉及长期的过程。由于许可贸易不仅是交易标的的买卖，还包括技术的传授、吸收和实践并转化为生产力的整个过程，因而许可贸易的合同期限要比一般商品的合同期限长，通常都是长期合同。如果许可贸易的转让期限过长，会对技术引进国及其企业的科技进步及经济利益造成不利影响，所以有些国家在法律上规定了技术合同的最高年限，譬如我国规定不得超过10年。

(4) 许可贸易具有综合性和复杂性。许可贸易是一种综合性强、内容复杂的经济活动，通常涉及技术、投资、贸易、价格、税法、外汇管理、劳动管理等方面。

6.1.2 许可贸易的类型

1. 根据被许可方的权利划分

(1) 独占许可。独占许可是指在许可贸易合同规定的有效期限和区域内，被许可方对许可证协议下的许可标的享有独占使用、制造、进口和销售等权利，许可方不得在该期限和区域内享受这些权利，也不得把该项标的转让给合同区域内的任何第三方。

(2) 排他许可。排他许可是指在许可贸易合同规定的有效期限和区域内，被许可方有权用许可标的从事使用、制造、进口和销售等活动；许可方可保留这些权利，但许可方不得把该项标的转让给合同区域内的任何第三方。排他许可是授权范围仅次于独占许可的一种许可。

(3) 普通许可。普通许可是指在许可贸易合同规定的有效期限和区域内，被许可方有权用许可标的从事使用、制造、进口和销售等活动；许可方可保留这些权利，同时许可方可以把该项标的转让给任何第三方。普通许可是许可方授予被许可方权限最小的一种授权，许可费也比较低。因而，许多发展中国家在引进技术时都采用这种方式。按照国际许可贸易的惯例，如果在许可合同中没有特别指明是什么性质的许可，则视为普通许可。

(4) 可转让许可。可转让许可又称分许可、再许可或者从属许可，是指在许可贸易合同规定的有效期限和区域内，被许可方有权用许可标的从事使用、制造、进口和销售等活动；经许可方同意，被许可方有权以许可人的身份允许第三方在规定地域内使用许可方获得的许可标的，即被许可方拥有许可标的的转让权。这种由被许可方向第三方授权的合同，称为可转让许可合同。

可转让许可合同是与原合同完全独立的合同，原技术许可方与再许可的第三方没有契约关系，原许可方对分许可方不负责任。同时，可转让许可合同是在普通许可合同下产生的，其授权的范围不得超过原合同的授权范围。如果许可方不愿意授予可转让许可权，一般会在合同中明确规定“许可权不可转让”。如原许可合同未注明授予可转让许可权，被许可方就不得与第三方签订可转让许可合同。

(5) 交叉许可。交叉许可是指在许可贸易合同规定的有效期限和区域内，合同当事双方均以其所拥有或持有的技术，按照合同所规定的条件交换技术的使用权，供对方使用，互为许可方和被许可方。许可各方的权利可以是独占的，也可以是非独占的。双方权利对等，一般不需要支付使用费。

交叉许可常见于原发明的专利权人与派生发明的专利权人之间，后者要实施其发明，难免要侵犯前者的权利，因此要得到原专利发明人的许可；而前者要更新其专利产品时须采用后者的派生专利技术，也要得到派生发明的专利权人的许可。此外，合作开发、合作制造以及技术贸易合同的回授条款，都有可能导致交叉许可。

一般而言，提供同一项技术，独占许可证的费用是最高的，排他许可证次之，普通许可证的费用最低。究竟选择哪一种，主要视在同一地域内可能应用同一技术生产相同产品的竞争者的情况而定。如果竞争者较少，那么被许可方完全不必取得独占许可证。我国地域宽广，市场容量大，即使多家企业同时使用一种先进技术生产某种产品，市场也未必达到饱和。因此，许可方保留向其他人再发许可证的权利，对被许可方的威胁不是很大。

此外，被许可方采用什么类型的许可贸易要根据自己的实际需要来决定。针对不同的许可证，许可方向被许可方提供同一种技术时，授权范围也不同。因而，采用不同的许可方式对许可方和被许可方而言，让与和享受的权利是不一样的。被许可方应当特别注意：许可证的种类反映的是法律问题，即权利与责任问题，并不反映技术上的问题。许可方不会由于被许可方需要的是非独占许可证，就只供给他少于独占许可证的被许可人能得到的技术情报或技术服务，使他的生产达不到应有的效益。在过去的经济体制下，有许多垄断程度较高的独家经营的企业，它们在短期内基本上不会面临其他竞争者的威胁，也就没有必要通过采用独占许可的方式来阻止对自己有竞争威胁的产品进入市场。

2. 根据许可贸易的标的划分

许可贸易按其标的内容可分为专利许可、商标许可、专有技术许可等。在国际技术贸易实践中，一项许可贸易可能包括上述一项内容，如单纯的专利许可；也可能包括上述两项或两项以上内容，称为一揽子许可。

(1) 专利许可。各国专利法规定，任何其他人要使用专利技术时，必须与专利人签订专利许可合同，并向其支付专利许可费用。

(2) 商标许可。与专利许可相似，商标法规定任何人要采用商标权人的注册商标，必须与商标权人签订使用商标的许可合同。

(3) 专有技术许可。专有技术并非工业产权，一般不受专利法保护，从法律上来看不能称为许可，而称为专有技术转让协议更为合适。目前，国内外许多专家认为，企业秘密等专有技术在受到反垄断等相关法律保护，也可称许可协议。这两种做法并存使用。

(4) 一揽子许可。一揽子许可也称“成捆许可”“组合许可”或“混合许可”，是指在一个合同中，同时包含专利、商标、专有技术三项内容中的两项或两项以上内容的许可。它是国际技术贸易中最常用的一种形式，特别是专利与专有技术捆在一起的许可最为常见。

6.1.3 许可贸易的合同

1. 许可贸易合同概述

在国际技术贸易实践中，实际应用的技术贸易合同形式多样，许可贸易合同是最典型、最普遍的一种合同。许可贸易合同通常又称为许可证贸易合同，或者许可协议，是指从事国际技术贸易活动的双方以合同文本的形式，规定合同双方的权利和义务，允许被许可方使用其技术，实现特定技术转让目的的法律性文件。

从法律上说，许可贸易合同是一种“授权协议”。许可，英文是“License”，意思是根据法律规定得到所有者的允许后才能从事的行为。因而，在许可贸易中，技术的所有者或持有者在特定的时间和地域内授予被许可方使用其技术的权利，许可方支付酬金予以回报，被许可方要承担保守秘密等义务。

2. 许可贸易合同的基本条款

一般而言，许可贸易合同由以下4部分构成：前言、合同主体、合同尾部、合同附件。

1) 前言

在合同的正式条文之前，一般附有简要的前言。前言是合同的重要组成部分，它一般包括合同名称、合同编号、签约时间和地点、双方当事人的名称和地址及“鉴于”条款。注意事项如下所述。

(1) 合同的名称和编号。合同的名称要与合同的内容、类型和性质相符。譬如，“××专利申请许可合同”“生产××产品商标许可合同”等。为了方便合同的执行、立卷、归档、查阅及当事人双方通信往来，每个合同都有其特定的编号。

(2) 签约时间和地点。要在合同中写明签订合同的时间和地点。签约日期是一个十分重要的日期，因为它是履行审批手续的起算日期，又是适用法律的时间分界线。需要注意的是，签约时间并不一定就是合同生效的时间，因为有些国家规定，合同签订后必须履行审批手续，经过批准后才能生效。

前言中一定要写明签约地点。按照国际私法中的原则，签订合同的地点可以成为日后发生合同争议时，法院或仲裁庭确定合同适用哪一国法律的依据。因而，地点的注明对于没有规定适用法的合同尤为重要。

(3) 当事人的名称和地址。由于合同双方是整个合同的权利、义务和一切法律责任的承担者，合同中的全部条款都是以双方当事人为中心拟定，因而完整、确切地写明双方当事人的名称和法定地址有着重要的意义。当事人的法定地址关系着发生争议时对适用法律的选择。

(4) “鉴于”条款。“鉴于”条款，英文以“Whereas”开头，用以说明合同双方当事人的背景，阐述当事双方签订合同的理由，表达双方想实现合同规定目标的愿望，陈述工业产权或专有技术的拥有情况、合法性和实施情况及表明合同双方当事人为达到预期目标而共同合作的意愿。与其他部分相比，“鉴于”条款并不是特别重要，但它有助于对合同的解释和理解。

例如，“鉴于乙方拥有××技术”“鉴于乙方拥有并能得到本国政府的许可，出让乙方的专有技术已涉及、制造、销售和出口××产品给甲方，双方本着诚信、互利的态度，通过友好协商，达成如下协议”。

2) 合同主体

合同基本条款是指合同的正文，它是整个许可贸易合同的主体部分。它包括以下几个方面。

(1) 定义条款。在国际技术贸易中，由于交易双方当事人所在国家不同，有着语言、文化、法律等方面的差异，各国对同一名词的使用和理解可能不完全一样。为了避免当事人日后在执行合同时产生分歧，便于当事人在合同中明确表达双方达成的一致意见，就必须明确地对一些关键词语做出定义，譬如合同产品、技术服务、技术资料、净销售价、专利、专有技术、改进与发明、子公司、附属公司、合伙人、第三方等。定义在合同中往往是单独作为一条列出的，一般置于各条款之首。

(2) 技术的内容和范围条款。这是整个合同的核心部分，是合同中规定当事人双方各项责任、义务和权利的基础。它主要规定了以下内容。

① 对技术的基本说明。它包括合同产品的名称、系列、型号、规格、地域(即可以销售和生产该项产品的国家和地区)、期限以及要达到的性能和技术指标等内容。

② 被许可方使用技术的方式。例如，是独占许可还是排他许可，或是交叉许可，被许可方有无权利发放可转让许可证等，以此明确许可证的种类。

③ 转让技术的方式。转让技术可以通过以下三种方式来完成。

首先，提供技术资料。许可方提供合同产品的设计图纸、数据，生产工艺的资料和说明，技术资料清单以及文字说明，还应包括使用国际上通用的度量单位，以便技术引进方能对许可方提供的技术资料进行合理的修改和转化。

其次，提供技术服务。对于一些需要特殊技巧和诀窍的项目，被许可方需要许可方提供技术服务，派遣有关技术人员到被许可方的合同工厂进行实际操作、安装调试、传授技术、提供技术指导和服务，这对被许可方迅速掌握技术会有很大帮助，但技术服务费比较高。

最后，可以采用技术培训的方式。技术培训是指许可方负责培训被许可方有关人员，使之掌握和运用技术。双方要在合同中把人员培训的目的、范围、内容、方法、人数、专业、工作时间和实施的条件规定清楚，使得合同双方都有章可循，以免许可方逃避责任，影响培训效果。

除了写明基本技术，若还有其他技术转让，应写明相应的条款。例如，在签订一揽子许可合同时，要写清楚转让的技术标的。

在订立这部分条款时，应注意以下事项。

① 对合同标的和要达到的目标，要详尽地规定清楚，不要有任何遗漏。许可方提供的技术资料应该完整、正确、可靠，并要及时发送。完整是指许可方提供的技术资料应与其有关经营范围内所使用的一样，不应有任何删减。正确是指文件不得有任何差错，熟练

人员按许可方所提供技术资料加工出来的零部件不得有任何缺陷。可靠是指测量值不超过有关规范标准所规定的测量公差。同时，要规定被许可方获得的技术资料应具有永久使用权，除非由于被许可方的过失，否则不得终止被许可方的资料使用权，或要求被许可方退回资料。

② 规定的技术指标要符合实际，要根据可行性报告的技术要求及被许可方的消化和吸收能力来确定，指标高低要合适和恰当，一旦被订入合同，双方均应保证履行。

③ 提供的技术资料，应根据实际需要有所选择，许可方不要把自己掌握的或被许可方不需要的资料提供给被许可方，这将增加被许可方的费用支出。

④ 不能接受限制性采购条款。

(3) 技术修改、改进与发展条款。技术的修改是指如果许可方提供的技术资料不能完全适用被许可方实际的生产条件，许可方应当允许被许可方根据本企业的实际情况做适当的修改，并给予必要的帮助。世界知识产权组织在其编著的《供发展中国家使用的许可证贸易手册》中指出，改进是指在不改变已有技术本质的基础上，对已有技术的工艺、性能进行非本质性的、局部的完善和提高。发展是指超出了原有技术的本质和主题，使原有产品或工艺发生实质性的进步。在订立合同时，应注明这一点。

事实上，被许可方能否对许可方提供的技术进行修改，是合同双方当事人的争议焦点。被许可方认为，为使引进的技术适应其自身条件，有权对许可方的技术进行修改，许可方应当给予必要的协助，并对此仍承担技术上的担保责任。而许可方认为，为保证技术的完整性、安全性和可靠性，被许可方不得擅自对引进技术进行修改，如若修改，必须事先征得许可方的同意，否则，对由此而产生的一切后果概不负责。从根本上说，双方争论的焦点是对技术修改后产生的风险和责任由谁负责的问题。

技术的改进与发展讨论的重点是各方在改进或发展原技术并取得新的专利权之后，许可贸易合同应当如何以优惠条件向对方提供新技术的问题。对此，各个国家的看法存在较大差异，争论广泛存在于发达国家与发展中国家之间。在这里技术改进与发展是指在技术转让合同有效期内，一方或者双方在实施专利或者使用技术秘密成果时，对原有技术做出的改进和创新。这种技术改进和技术创新，既可能是一项重大的突破性科技成就，也可能只是在技术细节上有实质意义的改良和革新。技术转让合同的订立和履行，不仅实现了现有技术的转移、推广和应用，也是当事人双方进行研究和技术创新的基础。在合同期限内，许可方和被许可方都有可能对转让的技术做出某种改进或发展，双方对技术的改进和发展有哪些权利和义务，应该充分协商，并在合同中确定下来。如合同规定，许可方应将改进和发展的技术无偿地提供给被许可方，习惯上把这种行为称为继续提供技术援助；而被许可方无偿地将自己改进和发展的技术提供给许可方称为技术反馈或“回授”。

这一合同条款应该包括以下内容。

① 改进和发展技术的所有权和使用权。我国法律明确规定，互相提供改进和发展技术是关于使用许可的问题，而不是所有权的转让。除非合同另有约定，改进和发展技术的所有权应属于做出改进或发展的一方，另一方享有使用权；如果另一方想将使用权许可转让给第三方，应征得做出改进一方的同意。

② 双方当事人之间应按互利、互惠、权利与义务相一致的原则，约定相互提供后续改进的信息、彼此互惠利用后续改进的成果。首先，有关后续改进和发展技术成果分享的约定必须是自愿的而不是强迫的，任何一方不得通过欺诈或者威迫手段设定不合理改进和发展条款。其次，双方给予对方使用其技术授权的性质和条件应该相同，而且这种授权的性质在原则上应与合同中许可方给予被许可方授权的性质相一致。最后，要防止技术许可方规定“片面回授”的不合理、不对等的条件和要求。

③ 约定分享改进和发展的技术成果应当有偿。完成改进和发展的一方有义务向另一方提供这一新技术，并有权按照合理的商业条件取得收益。改进技术通常免费提供给对方，而发展技术可以是有偿的也可以是无偿的。

一般来说，在合同有效期内，双方均承担互相交换改进和发展原有技术的义务，这对于双方发展相互间的合作、更好地完成技术转移是有利的，双方均可受益。

(4) 支付条款。许可贸易合同价格又称使用费。技术价格的构成与商品价格的构成有很大差异，影响技术价格的因素与一般贸易标的不一样，比一般商品要复杂得多。因而在合同中规定交易标的的价格，不能简单地照搬照抄一般商品价格的确定方法。

在国际许可贸易中，通常有三种支付方式：一次总付、按提成费支付、入门费和提成费相结合支付。目前，国际许可贸易中普遍采用的是第三种方式，即入门费加提成支付。究竟采用哪一种支付方式，要由当事人双方协商决定。

在计算技术使用费时应注意：许可方在被许可方所在国内因取得该使用费而应支付的所得税额，包括在该使用费之内，不应由许可方另行负担。在许可方要求以外汇支付，而使用有关技术生产的产品用于内销时，销售日期和外汇的兑换率以哪一天官方公布的汇兑率为准，必须在支付条款中明确规定。否则，如果外汇汇率发生较大波动，合同双方难免在支付时发生争执。

对于被许可方来说，支付条款是一切合同条款中最重要的条款，在签订这个条款时要格外慎重。签订支付条款的主要工作由被许可方的会计师、审计师承担，因为计算中会涉及许多财务上的技术性问题。参加合同谈判的被许可方的法律顾问必须注意不能在该条款中订入对被许可方不利的内容，如过高的入门费，使被许可方承担过多技术转让带来的风险。

(5) 保证与索赔条款。在许可贸易中，合同工厂是否能生产出合格的产品、是否能达到签订合同时的预期目的，主要取决于许可方提供的技术是否成熟、可靠，取决于许可方是否为被许可方做好了相应的配套服务，譬如提供详尽的资料、提供技术服务和人员培训等。因此，在许可合同中签订保证与索赔条款主要是为了保障被许可方的利益，防止许可方在执行合同时以次充好、以假乱真或者对应该履行的合同义务采取不认真、不负责的态度。为此，被许可方会在许可合同中要求许可方对技术的合法性、可靠性和有效性承担保证责任。对于非故意违约，而是出于技术上或者其他客观原因所导致的未能履约或达不到合同中的某些规定标准的，被许可方有权向许可方索取经济赔偿，这就是索赔。因而，索赔是一种在合同不能按规定执行时，对被许可方的损失进行补救的处理方法。

在许可合同中，许可方承担的保证主要有以下几个方面。

第一，许可方权利的担保。许可方权利担保的含义与内容因交易的技术内容、授权的性质而异。一般而言，许可方的担保包括三个方面：①许可方是其所转让技术的合法所有者或持有人。②许可方有权进行转让，并在合同所确定的范围内保证此种转让没有侵犯任何其他人或组织的权利。③如果在执行合同的过程中，发生任何第三方的指控，许可方应负责与此侵权行为有关的一切谈判事宜，并按照约定承担由此引起的一切后果。

第二，许可方对技术资料的担保。许可方的另一项义务是对其所转让的技术及相关设备的性能和质量进行保证。它包括：①保证所提供的技术是许可方实际使用的最新技术；②保证该技术资料是完整的、正确的和清晰的；③保证许可方将按合同规定的时间和内容交付技术资料；④保证被许可方在正确应用技术资料时，能达到双方规定的技术目标和各项性能指标；⑤保证在产品达不到合同规定时能与被许可方共同分析原因，采取措施，消除缺陷，争取再次考核时能达到合同要求；⑥若许可方交付的资料内容有错误、数量不足，许可方要保证按期更换和补齐。

如果许可方未能很好地履行上述合同保证条款，那么在法律上就构成违约行为，被许可方有权要求对方承担损害赔偿的责任。因此，在合同中还要规定具体的索赔条款。索赔条款的具体内容主要包括以下几个方面。

第一，对技术资料迟交的罚款。被许可方可根据造成损失的多少，要求许可方支付一定比例的罚款。一般以时间来计算，迟交时间越长，罚款比例越大；合同中一般都应规定一个最高罚款额和最长期限。超过一定期限，被许可方可按许可方违约而终止合同。譬如，迟交1～4周，每周按合同总价的0.2%～0.3%计算罚款；迟交5～8周，每周按合同总价的0.3%～0.5%计算罚款；迟交8周以上，每周按合同总价的1%计算罚款。

第二，对产品达不到性能指标的罚款。如果许可方违反技术保证义务，或经过许可方多次努力，仍达不到合同规定的性能指标，则根据所转让的技术或合同产品的具体情况，按以下几种情况进行罚款：①合同按一次总付计价时，合同产品的性能指标每降低1%，按合同总价的××%罚款；②合同按提成费计价时，合同产品的性能指标每降低1%，按降低提成率的××%罚款；③合同按入门费与提成费相结合计价时，合同产品的性能指标每降低1%，按合同的入门费的××%和降低提成率的××%两项合并计算罚款。

第三，由于资料错误或许可方专家指导错误，致使产品零部件返修或报废的损失补偿。

(6) 考核与验收条款。考核和验收是对许可方是否按照合同规定交付技术资料、提供技术服务、正确有效地履行合同义务的最终检验。对产品的考核和验收可以起到对技术转让的各个环节进行综合考核的作用。该条款主要包括以下内容。

① 考核验收的时间和地点。一般在引进方生产出第一批同类产品时，在合同工厂进行。

② 考核验收的内容。主要是指合同产品的型号、规格、数量技术指标和经济指标。

③ 考核验收的标准，即当事人双方在合同中规定各种质量和数量的参数和指标。

④ 考核验收的组织工作，即由谁来进行考核。一般是由双方派人组成专门的考核小组，要具体规定该小组成员的组成情况。

⑤ 考核验收的方法。一般在附件中加以规定。

对产品的考核一般可允许进行一至三次。考核合格后，双方签署验收合格证书。若考核不合格，应检查原因，分清责任，限期进行下一次考核。如果不合格的责任在许可方，下一次考核所需费用应由许可方负担；反之，则应由被许可方负担；若规定的最后一次(一般是第三次)考核仍不能通过验收，并且责任在许可方，被许可方有权视情况要求许可方给予经济补偿(对许可方罚款或要求降低合同价格)，或按许可方违约而终止合同。具体处理方法可参照“保证与索赔”条款中的规定。若责任在被许可方，而且被许可方仍愿意继续完成合同时，许可方则有义务协助被许可方查出原因，继续调试，直至考核合格为止。

拟定考核验收条款时应注意：①考核验收的内容、标准、方法的规定应与技术内容和范围条款中所规定的技术指标、技术参数相适应，不能有任何矛盾。②考核验收的标准要在签订合同前就确定下来，不要留到合同签订后再协商解决，否则容易产生纠纷。③被许可方应约束许可方的权利，使其尽量合理。例如，因产品质量达不到标准而终止合同前，必须有一个提前的警告，即要求被许可方提高质量，只有在一定时期内仍提高不上去，才可终止合同。如果这段时期太短，对生产经营效率暂时较差的被许可方来说，显然做不到，因此争取时间尽量长一些。

(7) 保密条款。保密条款包括：①被许可方为许可方的专有技术等技术秘密保密。在签订合同时，许可方会要求把保密条款规定得尽量详细。在尚未正式签订合同之前，会先谈保密问题，否则一旦谈判不成，许可方已经告知被许可方的部分技术秘密有被泄露的危险。订立了合同后，在合同因故终止时，被许可方仍应继续保密；合同正常履行完毕后，如果有关秘密尚未进入公共领域，也要继续保密。但是，技术保密也不单纯是被许可方的义务，许可方也必须保证不泄密，尤其是在独占许可合同的情况下，一旦许可方泄露技术给第三方，独占就失去了意义。②双方均有义务为对方的经营状况保密。因为在合同履行过程中，双方当事人都有可能掌握对方的经营信息。例如，许可方为了保证质量需要检查被许可方的产品，也有可能为了了解销售额而检查被许可方的账目等，在这些情况下都需要许可方履行保密义务。

(8) 税收条款。由于税收问题直接关系技术转让的价格和收益，因而税收条款是许可贸易合同极为重要的一个条款。

由于国际技术贸易当事人要在不同国家纳税，不可避免地要产生双重征税问题。所谓双重征税，是指两个或两个以上国家政府，根据各自的税收管辖权，在同一时期，对同一个跨国纳税人，就同一笔跨国所得按同一税种征税。许多发达国家为了鼓励本国的对外投资者发展对外贸易，都制定了许多税收优惠政策，并以法律的形式固定下来。

避免双重征税的方法有两种：一是实行税收抵免；二是实行税收饶让。税收抵免是指如果在收入来源国已经缴纳所得税款，允许在支付给本国政府的应税所得额中加以抵免，抵免的范围是所得税，并且须是双重征收并在收入来源国已支付的才能抵免，这种抵免相互给予。所得税的抵免实行的是限额抵免原则，即对国外所纳税款的抵免额不得超过按本国税法规定的税率所应缴纳的税款额。税收饶让是指居住国政府对跨国纳税人从非居住国得到减免的那部分税收，视同已经缴纳。税收饶让是一种特殊的税收抵免，是对非居住国引进外资和技术的税收优惠政策的一种积极配合，使之具有实际的意义。

税收抵免或税收饶让涉及国家之间的税收关系，因此要使之真正得到贯彻落实，只有各国的法律规定还不够，一般还要有收入来源国和居住国之间有关避免双重征税的双边协定。许多国家相互之间都签有避免双重征税的协定。双边协定所遵循的一般原则是发生于缔约国一方而支付给缔约国另一方居民的特权许可费，可以在该缔约国另一方征税。然而，这些特权许可费也可以发生在缔约国，按照该缔约国的法律规定征税。

我国已经与美国、英国、日本等90多个国家签订了避免双重征税的双边协定。我国对外签订的避免双重征税协定明确规定，中国居民在缔约对方国取得的所得，按照协定规定在对方国家缴纳的所得税，应允许在对其征收的中国税收中抵免。但是，抵免额不得超过对该项所得按照中国税法和规章计算的中国税额。

(9) 争端解决条款。在合同的执行过程中，当事人双方发生争议的解决办法通常有4种：友好协商、调解、仲裁和诉讼。

① 友好协商。在合同双方当事人发生纠纷以后，由双方直接接触，尽量在友好的气氛中，在彼此认为可以接受的基础上，相互让步、协商，最终达成一致意见，形成和解协议，解决双方争端。

② 调解。如果通过友好协商不能达成和解，可以把争议提交给第三方，由其提出解决办法，从中调解。双方当事人可以在合同中指定一名独立的专家作为调解人，并对这位专家应具备的条件、专家指定的方式、专家提出的解决方案及其法律效力、专家费用的分担等，都做出具体的规定。

③ 仲裁。仲裁是指合同当事人双方达成协议，在双方发生争议时，愿将有关争议提交双方所同意的第三者进行裁决，裁决的结果对双方都有约束力，双方都必须遵照执行。仲裁条款是合同当事人双方同意把争议提交给仲裁机构审理的协议，它是仲裁机构受理争议案的法律依据。若合同中未设仲裁条款，合同双方必须另行签订仲裁协议，否则仲裁机构不受理双方的争议案。仲裁协议内容要求明确和全面，一般包括仲裁机构和地点、仲裁规则、仲裁的事项及范围、仲裁裁决的效力和费用的负担。

④ 诉讼。如果当事人双方不能通过合作协商解决问题，双方当事人之间又没有订立仲裁协议，任何一方当事人都可以向有管辖权的法院起诉。但是，一般不鼓励合同双方采用诉讼方法解决争端，因为诉讼会破坏双方当事人友好合作的气氛，不利于双方的长期合作。

(10) 适用法律条款。合同的适用法律条款是指合同成立和条款的解释受哪一个国家法律的约束，双方当事人的义务应以哪个国家的法律为准。由于各国法律不同，按照不同国家的法律处理争端，可能会产生不同的结果。一般情况下，许可合同的当事人都各自熟悉本国的法律，因而都希望合同中能选择自己所在国的法律为适用法，以便发生合同争议时，按自己国家的法律对合同做出解释。由此可见，合同适用法律条款是一个重要条款，合同的当事人双方都十分重视法律适用问题，在谈判过程中，常常在这个问题上相持不下，不容易达成协议。

世界上大多数国家都允许当事人有选择合同适用法律的自由。订明法律选择条款的目的在于使合同在法律上具有确定性，以免将来发生争议时在选择适用法律上发生分歧。

当事人选择适用法律时应了解有关法律规定，并且不能违反本国的法律规定。如果合同双方当事人协商选择合同的适用法律，则意味着合同的签订、效力、解释、履行等均以该法律为准。在订立这一条款时，应注意知识产权的法律特性，如地域性，即它们仅在各自依法产生的那个国家有效。

在当事人未明示或默示表明其愿意以何种法律适用其合同的情况下，可由法院根据合同以及一切与合同有关联的事项，或从合同的其他条款推测当事人的意向，来确定合同适用的法律准则。

(11) 合同有效期和终止条款。许可贸易合同都会规定一个有效的期限。有效期的长短可由双方当事人根据具体情况协商，一般不会超过10年。有效期太长，必定限制某一方当事人或双方当事人选择与其他人进行交易的自由，尤其在技术更新快的领域，将会造成技术已过时还需要支付提成费的不合理现象。因而，有些国家对许可贸易合同的最长有效期限做了规定。

在许可贸易合同期限届满时，如果双方当事人同意，可以适当予以延长。通常，国家会在审批条例中规定，如果需要延展许可贸易合同的期限，必须提出申请，经过有关部门审批通过后才能延展。

合同的终止一般有三种情况：①自然终止。合同规定的有效期限届满双方当事人不准备延展合同，则合同自然终止。②不可抗力终止。合同签订后，某一方当事人遇到了不可抗力事故，致使合同无法执行，则可以中途终止，双方当事人可以免除法律责任。③违约造成的终止。因一方违约造成合同中途终止，则后果的处理比较复杂。一般会在保证与索赔条款等许多条款中，对何种情况下一方当事人如何行使终止权，分别做出规定。所以，终止条款有时并非一个独立的条款，而是分散在许多条款之中。终止条款中最重要的是双方应协商好如何安排合同终止后的善后工作。例如，许可方有无权利取得使用费；如有权取得，以多少数额为限；被许可方是否应归还技术资料；被许可方有无权利继续使用有关技术；如不能继续使用，则已建成的生产线如何处理；等等。

3) 合同尾部

合同尾部包括合同生效与签字等内容。

合同成立与合同生效是两个概念，两者不是简单的等同。我国《合同法》(自1999年10月1日起施行)规定：“依法成立的合同，自成立时生效。法律、行政法规规定应办理批准、登记等手续生效的，则依照其规定。”

许可贸易合同经双方代表签字后，即告成立。如果双方签字日期不同，则以最后一方签字日期为签约日期。但是，根据大多数国家的法律规定，国际技术贸易合同须经国家有关部门审查批准后才能生效。所以，一般会在合同中规定：“本合同于某年某月某日在某地经双方代表签字，并须经双方政府批准，以最后批准一方的批准日期为本合同生效日期。应以电传或其他方式及时通知对方，并以信件确认。”

4) 合同附件

合同附件是附在合同之后用以说明合同正文不便详细罗列的内容，其地位与合同正文等同。双方当事人有必要在合同中明确这一点，如“本合同附件系合同不可分割的一部分，与合同正文同样有效”。

许可贸易合同附件至少要有技术附件与产品附件。技术附件包括许可方将提供的各种技术的名称、资料细目、向被许可方发送的步骤及具体日期等。产品附件包括适用该技术生产的产品将在性能、功能、质量等方面应达到的指标。许可方日后不能履约，一般都表现为不能按时或按量送交技术文件或所提供的技术不能使被许可方的产品达到应有的指标。因此，附件本身虽是技术性的东西，但在合同争议诉讼中往往成为重要的依据。

所有附件应与合同正文提到的附件相对应，并按前后顺序一一排列，不可任意颠倒。

3. 许可贸易合同的特殊条款

专利、商标和专有技术作为技术贸易的主要标的，各有特点且在交易过程中涉及不同的问题。因此，除了前文介绍的许可贸易合同的基本条款，还应针对合同的具体转让标的，在许可合同中加入一些特殊条款。

1) 专利许可合同的特殊条款

(1) 专利条款。在签订专利许可贸易合同时，由于专利涉及很多相关法律问题，应要求许可方把项目中所包含的专利内容一一列出，包括专利号、申请国别、申请时间和有效期限，目的是使被许可方便于鉴别专利的真伪，并能准确地支付应支付的专利技术使用费。

(2) 专利有效性的保持。按照各国专利法的规定，专利申请后，专利权人应按期向主管部门交纳一定的费用，称为年费。年费的交纳金额通常采取累进制，即专利维持时间越长，年费越高。为了保持专利在合同有效期内的有效性，合同应规定，许可方应按期向专利主管部门交纳年费。这样做对于当事人双方，特别是被许可方有利；否则，合同有效期限尚未届满，专利可能因未交纳年费而失去法律的保护，当第三者利用该专利时，当事人均无法援引法律，要求法院或专利局追究第三者的法律和经济责任，当事人之间还会因此发生纠纷。

(3) 关于侵权的处理。侵权是指未经专利权人许可，第三者即实施其专利，或专利权人或者其利害关系人被指控侵犯了第三者的专利时所产生的一种违法行为。在许可方为转让专利权而与被许可方签订合同时，被许可方利用许可方专利技术生产并出售产品时，有时会受到第三者的指控，从而发生侵权纠纷。合同中一般规定：“如果第三方指控侵权，则由许可方负责与第三方交涉，并承担由此产生的法律和经济上的全部责任。”

对于应当如何解决侵犯专利权的诉讼问题，双方当事人应在许可合同中做出明确的规定，一般应包括以下内容。

① 通知的义务。被许可方如果发现有可能引起专利权诉讼的情况，应及时通知许可方，以便其采取相应的对策。双方都应该有相互通知对方的义务。

② 起诉或被起诉的义务。当许可方的专利权受到第三者的侵犯，或被第三者提出异议或指控时，许可方有义务对第三者提起诉讼，或对第三者的控告出庭应诉。在某些情况下，也可规定由许可方承担费用，而由被许可方提起诉讼或出庭应诉。

③ 关于诉讼期间提成费的支付。在专利权诉讼期间，引进方有权暂时停止支付提成

费，或只按约定的百分比支付提成费。

(4) 专利被宣布无效时的处理。通常有以下几种处理方法：①如果合同签订后双方尚未执行，而专利被宣布无效时，被许可方可以宣布合同无效。②合同签订后，如果许可方认为不值得为保持该专利有效而支付年费，但被许可方仍认为所转让的技术有用，此时，许可方应及时通知被许可方，以便使被许可方有机会接受专利的转让，由被许可方交纳年费，以继续维持专利的有效。③如果专利被宣布无效，但合同仍有存在价值，则应对原签订的合同进行修改，以使双方当事人的权利、义务规定适应变化的情况。

2) 商标许可合同的特殊条款

商标是工业产权的一种，商标所有人可以将商标转让给他人使用。在商标许可合同中，须明确规定以下内容。

(1) 商品的内容条款。商品的内容条款主要说明商品的名称，并附有商标图样、使用该商标的商品类别。

(2) 商标权的合法性和有效性条款。为说明商标权的合法性和有效性，合同中必须明确说明商标注册的国别、有效期和适用的地域范围。必要时要提供注册证明或批准的影印件。此外许可方还应声明，许可方是该注册商标的合法所有者，有权授予该商标的使用许可。

(3) 授权的性质及许可使用的地区和商品条款。商标许可使用主要分为独占许可和非独占许可，一般多为非独占许可方式，就是指商标权人许可被许可方在合同规定的地区销售带有该注册商标的商品，许可方自己保留使用该商标的权利，即有权销售带有该商标的商品。

(4) 被许可方使用商标方式条款。在一项商标许可或包含商标许可的合同中，究竟采用哪种方式，我国法律和政策都没有做限制性规定。被许可方应该从企业长远发展考虑，同时要根据自己产品的销售情况及市场需求决定采用哪种方式。

被许可方使用商标的常见方式，一般有以下几种。

① 原样使用许可方商标。原样使用许可方商标是指将许可商标原封不动地使用在被许可方商品上。原样使用的商标一般知名度很高，特别是国际驰名的商标，以不改变原有形式为宜。我国在加工贸易中大多采用这种方式，如“定牌生产”或“贴牌生产”，即商标标识由国外直接提供，我国的加工企业将商标直接粘贴或缝制在产品上。但是，这种使用形式对被许可方来讲存在很大的弊端，因为使用原商标带来的好处会在合同到期时消失。一旦许可合同期限届满，或许可方终止合同不让被许可方继续使用其商标时，被许可方就必须改用其他商标，而改用新商标往往会在相当一段时间内影响商品销路。在实际业务中，这种使用形式并不常见。

② 联结使用双方商标。联结商标是指将许可方商标的主要特征和被许可方商标的主要特征联结在一起，组成一个新的商标，而联结商标的所有权属于被许可方。这种做法有利于使消费者产生联想，将被许可方的产品质量与许可方的产品质量和制造技术联系起来，逐步树立新商标的信誉，扩大产品销路，不会受许可合同有效期的影响。例如，“索爱”手机是索尼公司和爱立信公司共同生产的，是索尼公司将爱立信公司在通信领域的优势与自身品牌相结合的产物。

③ 联合使用双方商标。联合使用双方商标是指将许可方原商标与被许可方自有商标并列使用。如上海汽车制造厂和德国大众汽车公司进行合作生产，其小轿车的商标是“上海大众”。这种商标的优点与联结商标的优点基本一样。

④ 将许可方的商标与制造地点联系起来的商标。该方式是指注明由××国××厂根据××号许可证制造的商标。这种使用形式一方面可以利用许可方商标的信誉，另一方面便于与许可方自己制造的产品相区别。如果产品质量存在缺陷，易于查找产品来源。这种使用形式在国际转让中比较常见。

企业在实际操作中，一般选择上述使用形式的后三种，因为这涉及企业商标战略问题。被许可方引进商标使用权的主要目的在于利用许可方商标的信誉，以利于产品的销售，并且希望以此建立被许可方自己产品的信誉。选择第一种形式由于在合同期满后，被许可方不得继续使用许可方的商标，这就大大影响将来产品的销路和市场。为了避免这种情况的发生，也可以在合同中规定若干年使用许可方商标，若干年后改用许可方和被许可方的联合商标或联结商标，再过若干年后变为完全使用被许可方的商标。

(5) 质量控制与监督条款。被许可方使用许可方商标直接关系着许可方产品和企业的信誉。因此，许可方十分重视被许可方生产产品的质量。为了保证其质量与许可方所生产的产品质量相同，避免因被许可方产品质量达不到标准而毁坏商标信誉，甚至影响被许可企业的声誉，许可方会要求对被许可方产品的质量行使控制权和监督权。

质量控制和监督条款的主要内容应视合同内容而定。这一条款规定的宽严程度，一般是根据产品的特性和被许可方的技术水平而定，有的只需笼统规定，有的则需要比较详细具体的规定。一般而言，这一条款通常包括以下内容。

① 许可方对被许可方生产的产品有定期或不定期抽查的权利。抽查的方式可根据商品特性，由许可方派人员前往被许可方产品的生产现场抽查，或由被许可方按约定的方法自行抽取一定数量的样品，寄送到许可方实验室进行鉴定，许可方提出评估意见和改进的建议。

② 许可方有权派人员前往被许可方产品的生产现场，对生产设备和技术状况进行检查。

③ 许可方有权检查被许可方生产产品所使用的原材料，如用替代的或当地原材料，应以不影响产品的质量为前提。

④ 严格控制被许可方产品的质量与许可方商标代表的质量相一致。

⑤ 如果发生质量不符情况，许可方有权要求被许可方采取措施限制改进，如果被许可方在限期内仍不能达到要求的质量标准，许可方有权要求被许可方暂停使用许可的商标。

另外，拟定质量控制条款应注意以下事项。

第一，应防止许可方提出过于苛刻、不合理的要求，甚至是限制性的要求。如必须使用指定的设备和原材料，必须雇佣许可方指定的人员，达不到质量标准不允许生产和销售等。这类要求都属于不合理的限制性规定，应予以反对。

第二，在产品质量达不到质量标准时，许可方应持积极态度，不能单纯地指责和限制。最好在合同中规定，许可方有提供技术服务的义务。在产品质量达不到质量标准时，许可方应提供技术协助，如协助检查产品不合格的原因、寻求克服缺陷的办法等。

(6) 备案或注册。根据各国商标法的规定，商标使用许可合同签订之后均需向被许可方国家商标主管机关办理备案或注册，使许可的商标在被许可方国家受到法律的有效保护。在许可商标受到第三者侵权时，合同当事人可以提起侵权诉讼，以制止侵权行为，否则将使合同当事人处于不利地位。

办理备案和注册一般有区别。若合同许可的商标已在被许可方国家注册过，只需办理备案。如果合同规定的商标使用方式不同于原商标，譬如联结商标或联合商标，这种商标已是一种新商标，则需要办理注册手续，以得到被许可方国家法律的批准。

合同应明确规定由谁来履行注册或备案手续，这一手续可由被许可方或双方共同委托商标注册代理人办理。

3) 专有技术许可合同的特殊条款

秘密性是专有技术的特点之一，专有技术的商业价值就在于保密。由于保密，企业获得了商业竞争力。专有技术一旦被外界所知晓，其商业价值就会立即降低，甚至完全消失。因此，许可方转让技术时，将根据技术的发展情况和需要保密的程序，要求被许可方承担保密义务，限制被许可方扩散或泄露专业技术内容。保密条款是专有技术许可合同的特殊条款，是许可方减少风险的一项保护性条款。

(1) 初期保密协议。

在专有技术转让谈判过程中，被许可方必须取得必要的技术情报资料才能对拟议中的项目进行评价，这难免要涉及一些技术细节，许可方不得不透露一些技术秘密；许可方往往由于担心日后谈判破裂会泄密，不愿意把技术细节告知对方。为了避免出现这种两难境地，双方在合同正式签订之前的谈判阶段，先要签订一项初期保密协议，以此约束对方，维护自身的利益。这是国际技术贸易中较为常见的做法。

初期保密协议的具体内容由双方商定，通常包括以下几个方面的内容：①应明确规定被许可方有义务对从对方获得的一切技术情报予以保密，不得利用和扩散，否则就要承担经济和法律上的责任。②应确定协议的保密期限。③可以在协议中规定一定数额的保证金，即要求被许可方在初期保密协议签订后，立即支付给许可方一笔款项作为其履行保密义务的保证。一旦被许可方在规定期限内违约，许可方则没收这笔保证金，同时要求追究对方的违约责任。

(2) 被许可方的保密义务。

① 保密的范围。保密的范围是指被许可方应当对哪些技术内容承担保密责任。

在技术转让中，许可方提供的技术资料包括两类，即非机密资料和核心资料。合同订立时，既要保证许可方的秘密没有被泄露，也应防止对许可方提供的所有资料不加区分，一概要求被许可方承担保密义务和保密责任，束缚被许可方的发展。对被许可方应当承担的保密责任，一般在合同附件中一一列出。这样一方面有利于使保密的内容具体化，另一方面有利于将不需要保密的部分排除在外。

被许可方应该对技术的核心部分，即基本设计、工艺和图纸等保守秘密。一般情况下，应保密的资料包括：被引证的机密资料；公众不知悉，被许可方亦不知悉的资料；以书面形式提供的资料；以口头形式传授的可以采取措施加以控制的无形知识和经验。

一般而言，对于下列情况被许可方不需要承担保密责任：被许可方取得专有技术时已经拥有或掌握的技术；非因被许可方过失已为公众所知晓的技术；许可方公开或被他人窃取而泄密的技术；许可方或第三方已发表的技术资料。

② 保密的地域范围。保密的地域范围是指保密者承担的不向任何第三方泄露所负责保密技术的区域范围。这个区域范围取决于合同的性质，即取决于该合同授权条款中规定的授权性质。如果该合同授权条款规定的授权属于普通许可，那么被许可方承担的保密义务则不受地域范围的限制。如果合同中的授权是一种分许可，被许可方有权根据合同规定将许可方转让的技术向第三方转让，则被许可方承担的保密义务的地域范围就是有限的，不包括合同规定的分许可地区。

③ 保密的期限。保密的期限，即被许可方承担保密义务的期限。保密期限的长短应根据所转让技术的实际寿命以及国家的有关法律规定来确定。对于一般技术，保密期限与合同有效期相同。对尖端、先进技术或经济价值很大的技术，保密期可以长于合同有效期，特别是合同有效期限届满后，专有技术的内容仍未被公众所知晓，而且该技术在当时仍是有效的，被许可方可以承担长于合同有效期一定时限的保密义务。如某些西方国家法律或判例允许合同期限届满后，保密期延长3～5年。

保密的期限也可以续展，它是指在合同执行过程中，由于某种情况的发生，合同当事人双方同意将合同原定的保密期限予以延长。在许可合同中，一般都定有技术的改进和发展条款，当许可方在合同有效期内根据合同规定，将其新发展的技术提供给对方时，保密期的续展也就随之发生。一般来说，续展的时间为该合同已经实际执行的时间。如某一合同规定的保密期为10年，当合同执行到第5年时，许可方将新发展的技术提供给被许可方，被许可方对新发展的技术的保密期同样为10年，自被许可方收到许可方提供的新发展的技术资料之日起计算，该合同的保密期的续展时间为5年。

④ 保密的措施。根据专有技术本身的特点，对保密措施做宽严程度不同的规定。对于一般技术，保密措施的规定可以简单和笼统；对于尖端专有技术或经济价值丰厚的技术，保密措施应该严格。合同中规定的保密措施通常有以下两种：第一，规定技术资料的复制和使用办法以及技术资料的回收。如合同规定被许可方不得以任何方式复印、复制和抄录许可方提供的技术资料；被许可方应妥善保管技术资料并详细记录每次使用技术资料的情况，以备许可方检查；许可方有权对被许可方的保密工作进行监督；在合同执行完毕或因故不能继续执行时，被许可方应将许可方提供的某些秘密资料退回等。第二，限制接触核心技术秘密的成员。在被许可方使用资料的过程中，要限制接触资料的人员，如仅限于某些具体执行该合同的技术人员。必要时可以与所有接触技术资料的人员签订保密协议或保证，并可以规定雇员在职期间和离职后一定时间内不得以论文、著作形式泄露专有技术的内容，也不得向无关人员或第三者谈论专有技术的内容。通过协议或保证约束雇员，以阻塞泄密的渠道，达到防患于未然的目的。

⑤ 泄密的责任。在合同中规定承担违反义务的违约责任条件，实际上是规定不承担违约责任的例外情况，即免除条件。哪些情况可以作为免责条件由双方约定，一般仅限于保密义务人自身以外的原因，使继续执行保密义务成为不必要或不可能等情况才能免除承担违约责任。

在合同的有效期内，泄密不但可能发生在被许可方一方，也可能发生在许可方一方。就合同当事人的责任而言，被许可方泄密即构成违约行为，应承担违约责任，赔偿给许可方造成的经济损失。反之，许可方泄密，如全部泄密，被许可方有权终止合同，并要求赔偿损失；如属部分泄密，被许可方对泄密的部分不再继续承担保密义务，并可要求降低技术使用费。如泄密非合同当事人所为，而是当事人的雇员行为，则应追究泄密人员的刑事责任，可根据情节轻重，移交司法部门进行查处。

确定违约赔偿的范围是一个复杂的问题。违反合同保密义务的后果同违反其他合同义务的后果不尽相同，其实际后果很可能是使转让的技术秘密失去商业价值。泄密的违约赔偿范围直接或间接地涉及确定该技术的可得利益损失，而可得利益是未来可能获得的利益，对它的确定更是一个复杂的问题，一般只能对其做相对合理的估算而无法精确计算。为了避免一旦发生违约，在赔偿范围问题上纠缠不清，应尽可能在合同中对违反保密义务的赔偿范围及计算方法做出明确的规定。

(3) 许可方的保密义务。

在国际技术贸易中，许可方要承担一定的保密义务。许可方的保密义务至少表现在以下几个方面。

① 许可方对被许可方提供的合同工厂的厂址、水文地质情况、生产能力、产品种类、经销渠道等生产经营情况应承担保密义务。因为合同工厂的厂址和周边环境、生产经营情况等属于该厂的重要经济情报或商业秘密，一旦泄露，势必有碍于该厂在商业上的竞争地位。

② 许可方在订立合同后，一般应对其转让的技术进行保密，不得以危害被许可方为目的将其技术公开。被许可方与许可方签订专有技术转让合同后，为了最大限度地从其购买的技术中获得利润补偿，被许可方会要求许可方对其所转让的技术予以保密，以防一旦泄露或公开，会加强竞争对手的实力或者丧失该技术的商业价值，进而造成损失。

③ 在被许可方将其发展的技术回授给许可方时，许可方应承担保密义务，不得泄露被许可方回授的技术内容。

6.2 国际BOT方式

6.2.1 国际BOT方式的内涵

1. 国际BOT方式的概念

BOT(Build-Operate-Transfer) 方式，又称为“公共工程特许权”，是政府吸引非官方资本，如基础设施投资的一种投融资方式。它的运行特征是：政府与非官方资本投资机构签订项目特许权经营协议，将基础设施项目的建设和投产后一定时间内的经营权交给非官方资本组建的投资机构，由该投资机构自行筹集资金进行项目建设和经营，在特许经营期内非官方投资机构收回项目建设成本，并取得合理利润，经营期满后将基础设施无偿移交给政府。BOT不仅是一种投资方式，也是一种融资方式，作为基础设施项目的建设方式，其融资性质比投资性质更明显。

国际BOT方式是一国利用外资引进大型工业技术进行基础设施建设的一种新的、有效的国际经济技术合作方式，是国际经济技术合作发展到一定阶段的产物。由于公共项目一般集中在电力、通信、交通、市政、环保等基础设施和公共事业领域，这些项目往往所需投资额大，投资回收期长，政府或私营部门单方都难以完全独立承担。采用BOT方式利用外资可以减轻政府直接的财政负担，大大降低政府的投资风险，同时也避免了政府的债务风险，有助于吸收先进的设计、施工和管理技术，有利于提高项目运作的效率，减少在克服公共产品生产过程中“寻租”活动所带来的社会经济资源浪费。由于BOT方式在基础设施建设方面的优越性，其在世界各国都得到了迅猛发展。20世纪80年代中期以来，BOT方式逐渐被国际社会，特别是发展中国家广泛采用。

2. 国际BOT方式的特点

国际BOT方式之所以受到发展中国家的青睐，是因为它具有以下两个特点：首先，国际BOT方式的一方是政府部门(项目方)，另一方是外国私营部门；其次，对于采用国际BOT方式的政府部门来说，该项目具有引进技术与利用外资相结合的特点。

国际BOT方式与传统意义上的合资、独资等方式有着一定的区别，这种区别体现在主体、经营管理、转让的对象、项目的复杂程度和成交方式上。①主体不同：传统的利用外资方式的主体一般为企业，而国际BOT方式的主体为政府部门与外国私营部门。②经营管理差异：传统的利用外资的经营管理是依照双方合同约定或项目方国家有关法律进行的；国际BOT的经营管理是在项目方政府许可范围内，由建设方依照自己的经营管理模式进行。③转让对象的不同：在传统的利用外资合作方式期满后，合同项下的工程项目会依照合同的约定转让给另一方或合同约定的其他单位；而国际BOT方式合作期满后，建设方将把建成的基础设施转让给项目方的政府。④项目复杂程度不同：国际BOT项目的执行往往涉及公共利益、经济及金融等因素，是一个大规模的系统工程。BOT项目的成功在很大程度上取决于项目方政府强有力的支持。⑤成交方式不同：国际BOT项目一般采用国际招标方式来选择建设方，这也是BOT方式的一个特点。

6.2.2 国际BOT方式的程序

一般而言，国际BOT项目的运作要经过以下步骤。

(1) 项目的选择。项目的选择可以通过两种方式：一是由政府根据自己国家的经济发展程度、技术水平及法律上的可行性，确定适合进行国际BOT方式的建设项目；二是由私营部门经过对各种因素的分析，根据政府的需要，向政府部门提出项目建议。

(2) 招标。政府部门首先对候选承包商进行资格审查，分析候选公司的情况，确定有资格参加投标的公司名单。招标商提交技术及融资方案。政府部门根据自己的标准对各投标者的建议进行评价和选择，确定中标者。

(3) 合同谈判。政府部门同中标者就项目进行实质性谈判。双方就项目的合同条款进行协谈、磋商，所有的法律文件都将在这一阶段形成，双方将签订项目合同作为谈判成果。

(4) 项目建设。由项目承包商负责项目的设计、施工、设备供应和安装，直至试生产等一系列工作，并在产品质量、产量和原材料消耗等方面完全符合合同规定标准的条件下移交项目。

(5) 项目经营。在项目经营期内，项目公司全权负责整个项目的生产经营管理。在此阶段，项目公司要通过生产经营回收投资，包括负担经营成本、偿还贷款和股东分红。

(6) 转让。项目期限一到，项目公司按照合同规定，把项目无偿移交给政府。至此，建设、运营和转让的全过程结束。

6.2.3 国际BOT项目的合同

在一个典型的国际BOT方式项目中，有关的当事人之间要签订一系列合同。下文介绍国际BOT项目涉及的主要的合同类型。

(1) 项目协议。项目协议是指东道国政府与项目公司之间签订的合同。该合同的主要内容包括：东道国政府允许项目公司建设并运营特定的项目；对项目公司设计、建设、运营、维护等提出一定的条件；确定项目公司运营期限、使用当地设施的条件等。项目协议是国际BOT项目的基本合同和关键的法律文件，其他合同均以它为基础。

(2) 股东协议。股东协议是在股东之间签订的合同，它规定招股条件和合同文件。项目公司的主要股东一般为土建公司、设备供应商、国际贸易公司和金融机构。在特定领域如石油、电力工业等，东道国政府可以作为股东参股的情况并不少见。

(3) 工程承包合同。工程承包合同由项目公司与承包商签订，该合同一般是固定价格的交钥匙合同。在许多情况下，交钥匙承包合同生效可能以项目公司取得贷款为条件。

(4) 采购协议。如果东道国政府机构是某项目的唯一用户，那么项目公司要与政府机构洽谈单独的采购协议，明确政府保证的最低采购数额并确定价格结构。这样，只要政府履约并按时付费，项目公司就有充足的资金承担项目成本、偿还债务并获取利润。

(5) 贷款协议。项目公司与贷款人之间须签订贷款协议。国际BOT项目的融资方式和贷款条件各式各样，没有统一的模式。一般采用两种方法来规避还贷的风险。首先，采用标准形式的担保措施，如固定交钥匙工程价格、提供履约保函和约定损害赔偿、不动产抵押、制定违约救济条款、保险合同的转让等。其次，采用国际BOT方式项目的特殊担保措施，如政府对政府机构的履约担保、有条件的所有权转让协议和股东对项目的支持协议等。

(6) 运营和管理合同。项目公司一般与专业的管理公司签订运营和管理合同。该合同规定经营人在一定期限内的经营范围、设备维护标准、经营成本和奖励等。

(7) 保险协议。项目公司一般在项目建设和运营期间都要与保险公司签订保险协议，一旦发生意外事故，项目公司可以从保险公司得到补偿。

6.3 特许经营方式

6.3.1 特许经营的内涵

1. 特许经营的概念

特许经营，也称经营模式特许，是指由一家已经取得商业成功的企业(特许方)，将其商标、商号名称、专利、专有技术、服务标志和经营模式等授予另一家企业(被特许方)使用。被特许方用特许方的商业名称经营业务，遵循特许方制定的方针和程序。同时，特许方有义务不断地对被特许方的经营提供资金、技术、商业秘密、人员培训或管理等方面的援助和支持。特许方从被特许方处得到连续提成费或其他形式的补偿，一般称为特许费。

特许经营是一种新发展起来的贸易方式，它可以适用于商业、服务行业和工业，目前在许多欧美发达国家非常流行。服务特许是指特许方特许其他服务商按照其提供的服务商标、服务模式等从事服务型经营。工业特许是指特许方特许其他制造商按照其提供的商标、专有技术、生产规格等生产同类产品。

在特许经营合同中，特许方一般会在技术操作和经营方式上起到控制和监督被特许方的作用。特许方和被特许方既不是总公司和分支机构、母公司和子公司的关系，也不是独立企业的自由联合，而是各自独立经营、自负盈亏的企业。

特许经营涉及的行业类型相当多。在美国，特许经营几乎包括所有的零售业。例如，餐饮、旅店、休闲旅游、汽车用品和服务、零售商店、印刷和影印服务、人力资源开发和猎头、家庭服务、住宅装修等。

2. 特许经营的特点

(1) 标准化。特许经营合同双方经营相同的行业，出售同样的产品或提供相同的服务，使用相同的商号名称、商标或服务标识，甚至商店的门面装潢、用具、员工工作服、产品制作方法、服务方式等都完全一样。

(2) 独立性。使用统一商号的各特许经营企业并不是由一个企业主经营，特许经营被许可方不是许可方的分支机构或子公司，也不是自由联合的独立经营企业，而是独立经营、自负盈亏的企业。

(3) 模式化。许可方通常是已经取得成功经验、有一定知名度的商业企业，相关经营活动已经形成固定模式，通过许可合同可以进一步开拓市场、扩大影响力，主要收取特许使用费、技术援助费、管理服务费等。被许可方可以利用许可方的生产技术优势、管理经验、知名品牌等，但要支付特许经营使用费，承担生产销售责任。

3. 特许经营的基本原则

(1) 以消费者为中心原则。特许经营是特许方、受许方、供应商三方分工合作，共同为消费者提供有价值服务的经营体系。整个系统的目的是为消费者创造更经济、更好的产品和服务。因此，成功的特许经营系统必须把以消费者为中心的理念贯彻系统的每个环节。

(2) 资源有效配置原则。特许经营能够取得成功的根本原因在于它把现有的资源进行整合，实现了资源的优化配置和规模经济。每一家特许分店都由受许方自行投资，由特许方提供已经成熟的经营方式，所以特许经营系统可以不受资金限制而迅速扩张。在没有专业知识、管理经验和良好商业信誉的情况下，受许方一旦取得特许使用权，即得到特许方的培训和帮助，就很容易获得成功。显然，这种优势互补关系促进了整个系统的良性互动。

(3) 简单化、标准化、专业化的原则。特许经营可以快速发展和扩大的特性在于整个系统经简单化、标准化、专业化后，参与者分工明确。例如，要求有统一的品牌、统一的品质、统一的店面装修、统一的供货等。这样可以使各项工作便于掌握和考核，从而使整个系统处于高效运转的状态。

(4) 各方互惠互利的原则。特许经营系统的本质是由特许方、受许方、供应商组成的为消费者服务的体系，需要具备品牌意识和团体精神。在特许经营系统中，每一方都应本着互惠互利和不损害对方利益的原则，在不断重复的交易中始终秉承共同发展的理念。只有这样，系统才能不断地拓展壮大，倘若任何一方为谋私利而不顾整个体系的长远利益，则合作关系必定不能长久。对于一个成功的多赢系统，不仅特许方要赢，受许方和供应商也要赢，而最大的受益群体是消费者。

6.3.2　特许经营的优势和劣势

1. 特许经营的优势

1) 技术优势

某一受许方在购买一项特许经营权时，实际上购买了特许方多年的业务经验和被证明已取得成功的运作模式。正如一位受许人所说：“我从特许方那里学到东西的价值，是我购买特许经营权付出价值的十倍。”在任何一个新领域的经营中，人们总是要花很多时间和资金进行摸索，并承担失败的风险。经过市场检验的特许经营权会帮助他们解决创业过程中的许多问题，使其即使在缺少行业经验的情况下也能较为顺利地经营。好的公司为了提高整个企业的声誉，会经常开发具有独创性、高附加值的商品和服务，运用差别化战略领先竞争对手，各受许方可以不必自设技术研究和开发部门，就享受到特许企业技术开发的成果。

2) 品牌优势

品牌是一种无形资产，特许经营是将这种无形资产完全用有形资产体现出来的一种方式，例如，麦当劳、肯德基。特许经营是一种品牌相关知识产权的总体转让，不仅包括专利、商标等工业产权，也包括计算机软件、版权等著作权以及技术秘密和商业秘密等专有技术。特许经营使人们很容易看到这一无形资产的价值和全貌，并且不容易被他人模仿。

一般情况下，双方会在特许合同中规定，特许人在特定期限内向受许人提供经营所必需的所有信息、知识、技术和训练等，同时要授予店名、商标、服务标志等在一定区域内的垄断使用权，特许人对加盟店在经营上有持续控制权，开店后仍要继续进行经营指导。

3) 服务优势

(1) 培训。优秀的特许方应该为新的受许方提供培训。特许培训通常在特许方的总部和受许方的经营过程中进行。无论是新加盟店还是原有的加盟店，特许方都会在总部设有专职指导员对受许方和从业人员进行培训。这种培训将使新加盟店的拥有者认识并解决经营中遇到的各方面问题。

(2) 采购经营和广告宣传。大多数小本经营者无力购买批量商品并做广告宣传。受许方通过购买特许权获得了较强的购买能力和广告优势。同时，为了达到促进加盟店的销售、提高特许经营体系形象和推广新产品的目的，总部会开展各种促销宣传活动。

(3) 提供市场调查结果和发展计划。受许方在努力进行实业活动的全过程中始终需要帮助。特许方能在实业活动的各个方面为受许方提供帮助，始终不断地向受许方提供市场调查结果和发展计划。特许方提供的新产品和服务会使受许方大为受益。

(4) 提供金融援助。特许方对于财力较弱的加盟店，可以进行资金援助和融资活动，可以通过与融资机关协商，采取连带担保的方式，使受许方取得贷款。

4) 管理优势

特许经营在组织管理方面的优势，集中体现在总部的战略、规划、开发等功能方面。特许经营总部是统率众多加盟店的组织，具体包括加盟店开发和培训部、市场营销与操作部等。加盟店开发和培训部门主要包括劳务与训练、新店铺选定、设计建筑、总务等机构，主要任务是不断扩展新兴店铺，保持和维护现有的加盟店。市场营销和操作部门包括广告宣传、研究开发、店铺营运指导等机构，主要负责维护特许经营的营运体系。

总部代理加盟店承担销售以外日常的繁重工作，这些工作主要包括以下三个方面。

(1) 统一核算。总部统一处理加盟店的经营统计数据，计算销售额、成本、费用、利润、薪金、福利和支付事务等，对所有加盟店之间的经营实绩进行比较和分析。

(2) 统一采购。特许方总部统一开发和采购商品、原材料及加盟店需要的各种物资，以此来保证加盟店能够提供的产品或服务达到特许方的要求，同时实现规模效益。特许经营企业在商品供给和补充方面有系统的安排，一般都集中采购、批量进货、联购分销，并建立配送中心、降低采购成本、简化手续、保障货源充足，比单体店有着明显的优势。

(3) 统一开发。特许方总部承担商品与服务开发的重任。这主要体现在三个方面：开发不同于其他特许经营体系和店铺的独特的新优商品；以合适的价格与销售方法把商品提供给加盟店；及时改变其商品质量、商品构成和销售方法，从而适应竞争条件和市场条件的变化。

通过总部的统筹规划，整个特许经营体系要既相互独立、自负盈亏，又相互联结、相互依赖，同时要实现效率的提高和资源的合理配置。

2. 特许经营的劣势

(1) 受许方经营自主权受到限制。由于特许方对受许方的一致性有严格的要求，受许方想要独立自主经营几乎不可能。特许方拥有控制受许方的权利，从而保证受许方提供给顾客的服务或产品质量的稳定性。受许方可以接受特许方提供的指导和帮助，代价是接受特许方的集中控制。此外，受许方从货物采购、分装到送货、补货，甚至器材供应都要由总部负责。

(2) 受许方受制于特许合约期限。如果实行特许经营，受许方就要和特许方签订合约，合约期限或长或短，这在一定程度上会影响企业的投资和经营。一旦合同到期，受许方又要面临新的选择，经营的持续性无法得到保障。

(3) 受许方难以转让或转移特许经营业务。在未得到特许方同意的情况下，受许方不允许私自将特许经营业务转让给第三者或迁往他址，即使该店和建筑物归受许方所有也不允许这样做。特许经营合同条款往往限制其业务的转让，特许方出于自身利益的考虑，往往不会轻易同意受许方中途终止合同。

(4) 受许方会过分依赖特许方。在特许经营业务中，受许方投资的得失无形中已经与特许方连在一起，形成命运共同体。如果特许方不擅长经营业务和管理，会让受许方承担经营与资金风险。

6.3.3 选择特许经营的注意事项

潜在受许方在选择特许经营公司时，需要考察特许经营公司的背景，了解公司进行特许经营的条款和过往业绩。潜在受许方在了解特许方所有的相关情况之后，才能决定是否加入一个特许经营系统。在选择特许经营公司时，可从以下方面进行判断。

(1) 良好的业绩要素。良好的业绩要素包括：①有一定声望的企业名称或商标；②好的经营理念；③良好的商业形象；④经过实践验证的产品或服务；⑤出色的运作系统；⑥高效的营销计划；⑦独有的技术诀窍。上述要素有助于潜在受许方评估特许经营业务在特定区域的竞争力，受许方在做判断时无须特许方满足所有要素，但是多多益善。

(2) 实际的投资成本。许可方需要确定实际而非预计的投资成本，尤其需要精确地核对租金、定金、交通费、工资和保险费等成本项目。如果潜在受许方对业务不熟悉，则要更加详细且准确地核算投资成本。

(3) 董事和主要经理人的经营记录。从特许方经营记录中了解创立者是否主持公司，行政总裁是否为主要股东，董事和主要经理人加入公司的时间，是否有过失败的特许经营业务等。潜在受许方有必要与特许经营公司的员工进行交流，了解关于公司经营者的更多情况。

(4) 特许方的过往业绩。特许经营公司不仅要表明它有一项良好的业务，还应表明它是一个优秀的特许者。特许方应提供的基本情况和统计资料包括：①公司从事特许经营的时间长短；②公司直营店的数目和地点；③特许经营网络中受许方的数目和地点；④如果有外国受许方，其数目和地点；⑤关门或转售的店铺数目；⑥特许经营网络的增长率；⑦诉讼记录。

(5) 特许方提供的培训和支持水平。这可能是特许经营关系中最有争议的部分。如果特许方不做出精确的说明，潜在受许方很容易对所要提供的培训和支持水平产生误解。实际上，许多特许方往往许诺过多，但难以实现。因此，潜在受许方应以书面形式记录特许方的许诺，清楚地认识特许方实际能够提供的培训和支持水平。

(6) 受许方的义务。这是特许经营业务中可能产生争议之处。在某些情况下，如果受许方需要履行的义务过多，那么还不如单独经营。通常情况下，在特许经营协议中会规定受许方的义务，具有法律约束力。这些义务的含义必须得到受许方的同意和理解。

第7章 国际技术贸易的主要方式(二)

本章主要介绍国际技术贸易的其他方式，包括技术服务与技术咨询的内涵、联系与区别、主要方式、业务程序以及合同；国际工程承包的内涵、基本程序以及合同；国际合作生产与开发的主要概念、特点、基本形式和合同；补偿贸易的概念、形式、特点以及利弊等。

7.1 技术服务与技术咨询

7.1.1 技术服务与技术咨询的内涵

1. 技术服务与技术咨询的概念

技术服务是指受托方应委托方的请求，运用所掌握的专业知识、技能和经验，针对某一特定技术课题向委托方提供知识性的服务。其中，技术课题是指有关改进产品的结构、改良工艺流程、提高产品质量、降低产品生产成本、节约原材料和能源消耗、安全生产操作、治理污染等特定课题。

技术咨询是指受托方应委托方的请求，运用其所掌握的理论知识、实践知识和信息，针对重大技术课题或者特定的技术项目，运用科学方法和先进手段进行分析、评价、预测，为委托方提供建议或者几种可供选择的方案。技术咨询课题或项目，一般包括关于科技与经济、重大技术工程项目、专题技术项目的可行性论证、软科学研究、促进科技进步和管理现代化、提高经济效益和社会效益的课题。

2. 技术服务与技术咨询的联系

(1) 技术服务和技术咨询都是解决特定技术问题。技术服务与技术咨询是针对特定技术项目、技术课题所提供的具有针对性与技术性的服务。非技术领域的问题，如经济问题、法律问题、医疗保健问题等，不属于技术服务或咨询的范围。

(2) 技术服务与技术咨询所用的知识都是普通知识。技术服务与技术咨询所运用的知识都是现有的、成熟的和实用的知识，甚至是经验性的一般知识，只要能解决约定的技术项目和技术课题的相关问题即可，因为技术服务与技术咨询项目或课题所面对的问题并不一定是新问题，有可能是他人早已解决而委托方尚未解决的问题。

(3) 技术服务与技术咨询机构具有独立性。技术服务和技术咨询的价值在于它的科学性和可靠性，而科学性和可靠性来自从事服务、咨询行业的机构与人员的独立性。要想对一个技术课题做出科学的判断并得出正确的结论，从事服务、咨询行业的机构和人员必须排除外界利害关系的干扰，凭借其广泛的专业技术知识和高尚的职业道德进行研究，不能有所偏颇，这样才能获得正确、可靠的技术解决方案和客观的咨询结论。因此，技术服务与技术咨询机构具有独立性是咨询行业赖以生存的最重要的前提之一。

(4) 技术服务与技术咨询机构同委托方是交易关系。在技术服务与技术咨询业务中，受托方转移给委托方的成果是咨询报告、技术方案及技术课题的最终解决方案等。服务和咨询成果提供给委托方后，其所有权属于委托方，受托方无权使用或者允许他人使用。因此，技术服务与技术咨询类似市场交易。

3. 技术服务与技术咨询的区别

技术服务与技术咨询之间不仅存在联系，也存在一定的区别，具体表现为以下几个方面。

(1) 技术服务与技术咨询的适用范围不同。技术服务主要应用于单项的具体技术课题，如产品质量控制、产品设计、材料鉴定、工艺流程改进、工程计算、降低原材料或能源消耗等。技术咨询主要应用于宏观的、重大的和前瞻性技术课题，如科学发展战略与规划研究、技术政策与技术路线选择研究、工程项目可行性分析研究等。

(2) 技术服务与技术咨询机构的责任不同。技术服务机构不仅提出技术问题的解决方案，而且必须负责方案的实施，使得委托方的技术问题得到解决，成果必须达到规定的技术指标。如果技术方案实施结果未达到规定的技术指标，或者给委托方造成经济损失，技术服务受托方应该承担赔偿责任。

技术咨询机构只负责预测、评估、论证、建议等，按约定的时间提供符合咨询合同要求的咨询报告，但不负责咨询报告的实施，实施责任仍在委托方。委托方按咨询报告实施，即使结果不理想或者由于失败造成经济损失，咨询受托方也不承担责任，除非失败或者经济损失是由于咨询机构在咨询过程中有不遵守职业道德、未恪尽职守或者故意行为所致。

(3) 技术服务与技术咨询的知识需求不同。对于技术服务来说，只需要使特定的技术问题得以解决即可，即需要有解决实际问题的知识和能力。技术咨询需要理论知识、实践知识和广泛的专业技术前沿知识，从而提出建设性的意见和建议。这些意见和建议必须在经济上要合理、在技术上要先进、在生产上要有可操作性。

(4) 技术服务与技术咨询的成果形式不同。技术服务的成果是委托方所期望的“成果”，即最终使技术课题得到圆满解决。技术咨询的成果是书面咨询报告、建议书、方案，通常还包括咨询过程中的图纸、图表、资料等。

(5) 技术服务与技术咨询的时间不同。技术服务业务一般是在项目建成以后，而技术咨询业务一般是在项目建成之前。

7.1.2 技术服务与技术咨询的方式

1. 技术服务的方式

(1) 技术培训。现代社会发展的节奏越来越快，经济发展和科技进步的步伐加快使得从事各种行业的人都不得不加入终身学习的大军中来。从医生到工人，从企业高层管理人员到技术骨干，都需要不断提高素质，充实自己，以适应和迎接社会的新挑战。公司为了增强员工对外的竞争能力，纷纷开设专门的课程对员工进行培训或把培训工作交给专业机构来完成。培训可以就某项专题知识来进行，也可以为全面提高企业的人才素质而进行。培训对象可根据实际需要来安排，如为了提高企业的高层管理人员应对风险的能力，可以开展高级管理人才培训；或为了提高工人对新机器掌握的熟练程度，可以开展操作技能方面的培训等。

(2) 设备的测试、分析和验收服务。这种方式有两种情形：①由设备的受托方负责安装调试时，需要在成套设备合同和其他设备进口合同中列明相应的条款；②由设备引进方从多家厂商进行配套而需要同行业有经验的专家安装调试服务时，需要单独签订服务协议。例如，新产品、新材料性能的测试分析；非标准化的测试分析；有特殊技术要求的技术成果的测试分析；针对国内研发或者国外引进的先进仪器设备、成套装置及生产线的关键性技术调试。

(3) 设计服务。设计服务主要是指改进现有产品结构和工艺流程的设计；专用工模量具及安装的设计；有特殊技术要求的非标准专用设备的设计；引进设备和其他先进设备仪器的测绘与关键零部件及国产化配套设备的设计。

(4) 书写服务。书写服务是指服务机构代理雇主起草、拟定技术文件或者商业文件，如草拟公司章程、合同、招标书等技术服务。

(5) 谈判服务。谈判服务是指服务机构代理雇主进行贸易谈判、法律诉讼和财务审计等技术服务。

(6) 软件服务。软件服务是指为客户提供一些软件定制服务，其主要包括计算机系统软件编制和辅助设计等智力密集型服务。

(7) 信息服务。信息服务主要是指特定项目的信息加工、分析和检索。它主要是指为技术开发和特定技术项目服务的科技信息的收集、整理、分析和检索。

2. 技术咨询的方式

(1) 提供技术资料。咨询公司或由咨询公司委托其他有关单位提供技术资料。首先，雇主要向咨询公司提供咨询清单，即所要进行咨询的内容及其详细说明。然后，双方共同商定技术资料的交付时间、交付的方式及费用，并签订合同。

(2) 项目设计或项目咨询。咨询公司应雇主的要求对某一工程项目进行设计，雇主在合同签订时，要向咨询公司提供必要的资料和数据，如水文、地质、地图、交通运输、气候条件、主要建筑物和设备的情况以及原料、能源、供水、排污设施、技术人员的技术水平等情况。设计的最终成果必须保证符合双方签订合同的规定，如果达不到雇主原本在合同中提出的技术指标和经济指标，确实属于咨询公司的责任时，应该由咨询公司采取措施予以补救；造成损失时，应由咨询公司负责赔偿。

(3) 可行性研究。可行性研究是指对某种特定的经济技术项目的先进性与合理性进行综合分析和研究。它先分析、判断某一事物在社会、政治、经济、技术关系等变化情况下可能出现的结果，再应用科学方法求得定量和定性相结合的可行解，同时运用优化方法寻求最优解。可行性研究一般分为机会研究、初步可行性研究和技术经济可行性研究三个阶段。可行性研究所涉及的技术项目，可以是对一个完整工程项目的系统咨询服务，也可以是某一具体的技术开发项目的咨询服务。在工程建设项目、投资项目、项目扩建、技术改造等开始前，咨询服务机构应雇主的要求客观地、科学地对其进行技术经济分析和评价，并提出可供选择的方案，撰写项目可行性研究报告。

(4) 技术评估。技术评估是指根据一定的价值标准，以预测的方法分析某一技术的发明、革新对于环境和社会的影响，以及该技术实施后可能带来的社会经济效益的全部活动。通过对技术的预期结果分析，为企业和政府制定关于技术发展方面的决策提供依据。

(5) 企业管理咨询。在现代经济社会中，企业为了改善经营管理、获得竞争地位、扩大销售、占领市场份额，在很多方面都会邀请专业的咨询公司介入，为其在以下方面提供建议，以提高企业的管理水平和经济效益。具体表现为：确定企业的目标和经营方针；建立管理机构和管理制度；提高生产率和降低生产成本；进行财务管理和财务决策；建立人事协调和培养人才各项管理制度；制定企业长远规划和战略等。咨询公司通过这种方式协助企业改善经营管理，评价企业的生产计划和市场开发系统并提出改革方案，制订合理的销售计划等。

(6) 政策咨询。政策咨询是指为国家的经济、科技、社会发展战略提供宏观的决策咨询。在国外，政府做出决策前，都要委托咨询机构进行咨询研究，以致出现了一批咨询机构，并使政策咨询成为一种管理制度。政策咨询主要包括：①为国家、地区、企业的发展战略和各种战略性问题，提供综合调查研究和系统设计方案；②为国家、地区、企业的技术经济政策的制定，提供调查探究的建议方案；③为科学技术发展规划的编制和大型科研项目的组织实施，提供科技发展水平现状及预测的综述。例如，美国的兰德公司(The RAND Corporation)和斯坦福国际研究所(Stanford Research Institute International)主要是为客观战略决策服务，通过研究形式最优决策的新思想、新理论和新方法，其研究成果对美国的战略理论有着深远的影响。

7.1.3　技术服务与技术咨询的业务程序

1. 选择合适的技术服务与技术咨询机构

目前，我国有许多技术服务与技术咨询机构，其专业水平及专业化程度千差万别。在确定服务机构之前，委托方需要对技术服务与技术咨询行业进行了解，对各种技术服务、技术咨询机构进行详细的调查，以便选择最能满足自身需要的、能解决自身难题的技术服务和咨询机构。技术服务和技术咨询机构主要有以下几类。

(1) 独立开业的服务、咨询专家或专家组。这类机构由各个领域有声望的专家单独或若干专家学者共同开立。他们大多是某个技术领域公认的权威人士，具有较深的专业造诣和较专业的知识，擅长解决专业性很强的技术课题，或能对技术课题提出有价值的评估建议。专家或专家组的优点是能够高质量、高速度、低费用、低成本、有针对性地解决某一技术难题；不足在于组织不够严密，专业范围较为狭窄，缺乏先进的实验设备，办公条件较差等。因此，这种机构适合解决特别专业的技术难题。

(2) 专业服务、咨询公司。专业服务、咨询公司是由多学科专业人才汇集组成的专门从事技术咨询服务的实体，有着完善的组织和固定的业务范围。专业服务、咨询公司的优点是学科知识面广、人员素质高、服务咨询经验丰富、公司组织严密、工作程序和管理规范、拥有测试实验手段和辅助人员。因此，这类机构有能力解决多学科、多专业的复杂技术难题，能独立承担大型项目的各种技术服务、咨询服务，但是服务收费偏高。

(3) 工程承包公司。工程承包公司主要承担项目的建设和施工，还具有工程设计力量和项目前期准备的实际经验。工程承包公司除了可以承担项目的整体设计或关键部分的专业设计及现场勘测、施工监督等，还可以从事其所属领域的技术服务和技术咨询工作。

(4) 专业科学研究机构。专业科学研究机构集中了大量的专业人才，有很强的开发和研究能力，不仅善于进行基础理论研究，还善于技术应用研究，并能把研究成果转化、应用到工业生产领域。这类机构能接受委任，解决工艺改进、材料试验、质量控制、产品测定等难题。这类机构的缺点在于，尽管有丰富的理论知识，但在实际生产方面的经验不足，由于技术服务和技术咨询工作不是它们的主要业务，在接受服务和咨询任务后，往往没有给予足够的重视，没有足够的人力，在时间上难以得到保证。

(5) 高等院校。高等院校是科学技术发展的一支重要力量，它们有各种类型、各种专业的人才，并有著名的专家、教授、学者，有较强的实验手段。很多企业都委托高等院校进行专题研究、人员培训和计算机软件设计等。但是，它们的理论知识远比其实践经验丰富，往往只善于解决技术咨询问题而并不善于解决技术服务问题。

2. 拟定服务咨询任务书

服务咨询任务书是委托方向技术服务或技术咨询机构提出技术课题、咨询项目的说明书，其内容包括课题的内容、要求、环境、条件和期限等。服务咨询任务书可由委托方做成标书，在主要的报刊上发布，便于服务、咨询机构购买。应通过招标、投标程序，选择合适的技术服务咨询机构。同时，既可以提交给有关的咨询公司，也可以通过询价方式向特定的咨询公司发出，以便于各项咨询公司按任务书的要求提出报价。

技术服务与技术咨询机构收到或买到服务、咨询任务书后，应认真研究任务书的内容，确定课题的难易程度、所需知识结构和知识水平、工作量大小，衡量本机构能否胜任这一咨询课题。如果确定可以接受，技术服务与技术咨询机构就应着手拟定报价书，提出咨询的各项条件，并在规定的最后期限之前，向询价方或招标方提交报价书或投标书。询价方对报价书或投标书进行综合分析和比较后，从中选择条件和费用最符合要求的机构作为合作者。

3. 磋商技术服务与技术咨询的条件

根据拟定好的技术服务与技术咨询任务书和投标书，双方需要就服务或咨询条件进行反复磋商，以便澄清双方的立场，缩小双方条件上的差距，以取得相互谅解，最终达成交易。磋商的主要内容一般包括以下几个方面。

(1) 服务、咨询的主题和工作范围。

(2) 成果形式及质量要求。

(3) 双方的责任和义务。

(4) 工作进度。

(5) 成果验收与接受。

(6) 受托方提供的、具体咨询所需的技术数据以及有关部门资料。

(7) 服务咨询费的金额及支付方法。

(8) 违约责任。

4. 签订技术服务与技术咨询合同

技术服务与技术咨询合同是双方针对某一技术课题，经过反复协商所签订的具有法律约束力的书面文件，是受托方执行技术服务或技术咨询工作的依据和考核服务或咨询成果的质量标准。因此，当事人应当仔细斟酌合同的各项条款，特别是双方的各项权利、义务以及违约责任等相关条款，以保证双方当事人的合法权益不受侵害，促使受托方按期完成技术服务、技术咨询服务，并且保证成果的质量达到委托方的目标和标准。

7.1.4　技术服务与技术咨询的合同

技术服务和技术咨询合同与许可贸易合同存在较大差异。由于服务和咨询课题的性质、复杂程度的差异很大，合同内容和合同条款也就没有一个固定的模式，其订立主要取决于课题的难易程度、服务和咨询期限的长短、服务和咨询费用金额的大小等。一般来说，服务和咨询课题的难度越大，技术水平要求越高，受托方承担的责任越大，其合同条款也就越全面、越细致。反之，合同条款则应比较简单概括，避免规定细节过多致使合同重点模糊，或导致合同执行困难。

技术服务与技术咨询的主要条款必须包括：合同名称和编号、前言、合同的主题、服务咨询的要求、服务咨询的方式、价格、支付、双方责任范围、税费、保证条件、违约及其补救的办法、不可抗力或情势的变迁、争议的解决、合同的生效及法定地址。另外，应根据合同的要求制定各种附件，作为合同的一个组成部分。下文仅对合同中的一些基本条款进行介绍。

1. 技术服务与技术咨询的基本内容

(1) 技术服务与技术咨询的范围。该条款主要规定委托方所需服务、咨询的主题和范围，以及委托方希望达到的目标和技术要求。除了上述对技术服务项目的规定，该条款还规定了服务、咨询的具体要求，如合同内容细目、详细的技术指标和技术参数、咨询公司应该提交的资料等，通常以合同附件的形式逐项列明。

(2) 项目名称。项目名称是指技术服务合同所涉及技术标的项目的全称。名称反映出技术服务合同的技术特征和法律特征，项目名称一定要与内容相符合。

(3) 技术服务与技术咨询的内容、方式和要求。技术服务与技术咨询的内容、方式和要求是指技术咨询与服务合同标的的特征和要求等。这些要求是指完成技术服务工作的具体做法、采用的手段和形式。

(4) 合同履行的期限、地点和方式。履行期限是指当事人双方约定的开始履行的日期和完成的日期，以及各阶段的起止日期。合同还应约定履行的地点，如果合同没有约定履行地点，则推定在委托方所在地履行。履行方式可以约定为工艺产品结构的设计，新产品、新材料性能的测试分析，新型或技术复杂的生产线的调试，非标准化的测试分析以及利用技术和经验为特定项目服务等。

(5) 验收标准和方式。验收标准和方式是指技术服务合同实施完成后，当事人委托方确认所完成的技术成果是否符合和达到合同约定的技术指标和经济指标的活动。具体可以采取鉴定会、专家评估或由委托方认可等方式验收。

(6) 工作条件和协作事项。在技术服务中委托方应向服务方阐明所要解决的技术问题的要点，提供有关背景资料、数据、原始设计文件，并提供必要的样品材料、场地和必要的工作条件，同时双方应在合同中明确规定双方协作的具体问题。

2. 受托方的责任

该条款的内容主要包括规定服务和咨询的期限，担当服务咨询任务的人数、人员的资历，应提供的资料、最终报告、图纸、计算数据，最终审查的办法，委托方派遣培训的人数和培训时间等。其中，应特别注意以下问题。

1) 服务和咨询工作的质量保证

(1) 受托方应尽最大努力，利用所掌握的技术知识为委托方排忧解难。应该在客观、科学、全面地分析客观事实后，为委托方提供经济上合理、技术上先进、生产上可靠、实践上可行的服务或咨询。

(2) 委托方应派遣合格的服务、咨询人员。最终的服务、咨询成果的质量在很大程度上取决于服务、咨询人员的专业知识、技能水平以及职业道德和工作经验等综合素质，因此受托方应保证派遣知识与技术水平达到要求，能满足服务、咨询任务需要的人员。

2) 对委托方提出问题的解答

解答委托方的疑问是受托方的重要责任之一。在服务和咨询过程中，提交咨询报告或建议书之后，委托方有可能对部分问题表示不理解或有疑义，或认为有错误，或认为与他设立的目标相偏离，受托方有责任对此做出解释，充分阐述理由，让委托方了解或得到委托方的认同。对于报告中的错误，如果明显由受托方疏忽所致，受托方有责任及时进行改正。

3) 完成技术服务或咨询任务的期限保证

受托方的责任和义务就是在合同规定的期限内，保质保量完成服务任务或完成咨询报告，并把它提供给委托方。服务任务或咨询报告的形式或内容应该符合合同的要求，必要时受托方还要负责解答委托方提出的问题，或者传授解决实际问题的知识。

4) 咨询结果的验收

服务咨询完成后，委托方要组织成果鉴定或评估会议，按照合同约定，由受托方派人介绍咨询报告的内容并解答问题。有关专家鉴定或评估后，确认受托人服务咨询报告或建议书是否符合合同规定的质量标准，如果得到与会专家的肯定和认可，委托方就必须接受咨询结果。

如果受托方未能很好地履行上述责任和义务，通常根据违约的程度进行处罚。违约情形不是十分严重的，可采用扣减咨询费的方法；严重违约者，可采用扣减或免付咨询费的方法，包括退回已经收取的服务咨询费，并按合同约定支付违约金，赔偿委托方的损失。

3. 委托方的责任

委托方的责任主要包括以下几个方面。

(1) 说明咨询的主题。只有委托方向受托方阐述清楚技术项目所面临的主要问题以及委托方希望达到的目标和要求，受托方才能真正弄清楚咨询的目标和方向，才能有针对性地进行具体的咨询工作，使做出的咨询意见符合委托方的要求。

(2) 提供背景资料、技术资料及数据。技术项目的背景资料、有关的技术资料及数据是受托方分析、研究咨询主题的基础和依据。委托方只有原原本本地将有关资料提供给受托方，才能使受托方明确了解咨询主题的出发点、找出问题的关键和解决问题的办法。如果委托方未能按合同约定提供必要的资料或资料提供不足，或者提供的资料和数据有严重缺陷，就会影响受托方的工作进度和工作质量，或造成受托方咨询报告发生失误。在这种情况下，委托方应承担违约责任。

(3) 协助受托方调查研究。在服务或咨询过程中，受托方专家一般都要对技术课题的所在地进行实地调查研究，这是发现问题、解决问题的必要环节。在这个过程中，委托方应派陪同人员、翻译人员等，并提供办公场所和食宿等。根据要求，受托方承担调查费用，提供医疗和人身保障等。

(4) 接受受托方的工作成果。受托方根据合同完成的服务、咨询报告及建议书，只要在合同规定的时间内完成，其质量符合合同规定，并通过专家评审，委托方就应该接受。这是委托方的义务，也是委托方应该享有的权利。

(5) 支付约定的服务费和咨询费。技术服务和技术咨询是一种商业活动，是服务、咨询成果与服务费的交换，即委托方用货币购买受托方的服务、咨询成果。因此，支付合同规定的服务咨询费是委托方的基本义务。如果委托方无正当理由，拖延支付或拒不支付服务咨询费，应承担相应的违约责任。

4. 技术服务与技术咨询的计价与支付

技术服务、技术咨询不直接产生经济效益，因此其服务和咨询费的计算方法也不能以成果的直接经济效益为标准。技术服务和咨询费用的确定非常困难，尤其是聘请技术高超、经验丰富、专业知识扎实的咨询专家，其服务费可能高得惊人，但他们可以为委托方提出获得最大经济效益的最佳方案，或提出不宜投资的权威建议，从而避免因盲目建设造成巨大损失，因此委托方愿意出高价聘请专家。除了上述特殊情况，一般的技术服务和咨询费由基本费用和附加费用两部分组成。

1) 技术服务和咨询的基本费用

技术服务和咨询费通常由服务和咨询成本加预期利润构成。因而，咨询费采用类似商品价格的估计方法。它的具体构成主要包括以下部分。

(1) 专家服务费。主要是专家的基本工资及附加工资(包括健康保险、人寿保险、退休金、社会福利金、出国津贴及其他补助等；针对不同国家的人员，标准不同)。

(2) 直接费用。主要是受托方为提供技术咨询与技术服务而实际支付的费用，包括专家出国准备费、旅费、通信费、交通费和资料费(购买、编印、复印、绘制资料的费用)等。

(3) 间接费用，也称经营管理费。主要是包括咨询人员在内的管理费用和一般服务人员的工资、管理费用，咨询公司的办公费、固定资产(机器、用具)的折旧费等。

(4) 预期利润(酬金)。主要是支付给技术咨询公司的酬金，通常为上述三项费用之和乘以当事人双方协商的一定百分数。

2) 技术服务和咨询费的附加因素

除了上述主要的组成部分，实际的技术服务和咨询费还受到其他附加因素的影响，具体如下所述。

(1) 咨询项目的复杂程度。技术项目越复杂，所需知识的专业化水平越高，对咨询人员的技术资格和技术水平的要求也就越高，基本费用的附加部分也越高。

(2) 咨询项目的重要程度。即该项目对委托方的重要程度，项目对委托方取得经济效益的影响程度。项目对委托方越重要，附加费用越高。

(3) 委托方的权威程度。权威来自受托方的业绩、信誉、成果质量以及委托方的认知和信赖。受托方的权威程度越高，邀请其提供服务、咨询的委托者越多，其收费也就越高。

3) 服务咨询费的计算

在实际操作中，服务咨询费的计算方式有许多种，最常用的有计时收费、按工程费百分比计费、固定收费和按固定费用加利润分成方式计费。

(1) 计时收费。计时收费是按照受托方在进行咨询服务过程中所消耗的劳动时间来计算，再结合咨询人员的威望和级别，规定单位时间的收费标准。这种计费方式适合工作时间短，工作人员少，工作量不易固定的咨询项目。

(2) 按工程费百分比计费。此方式按工程项目总投资的一定百分比计算，首先确定最低投资费用的提成比例数，然后再按实际投资额、难易程度、承担的责任等加以调整。这种方式适合工程设计、工程咨询、项目投资等项目的收费。

(3) 固定收费。固定收费是根据咨询工程总量，双方在合同中规定一个固定的服务费，或固定一笔总金额，或规定占工程费用的百分比，这笔费用总额在合同期内不变。这种方式适合任务明确、工作量比较固定、易于核算全部费用、可分解分项核算的项目。

(4) 按固定费用加利润分成方式计费。即签约后，委托方先付一笔最低固定的技术服务咨询费，然后再按咨询后委托方所得利润，支付一定年限的提成费。这种方式适合与产品有关的服务咨询项目。

4) 服务咨询费的支付

服务咨询费的支付主要包括支付货币、支付时间和支付单证等。

(1) 支付货币。支付货币可以采用受托方所在国家的货币，也可以是委托方所在国家的货币，还可以是双方约定的第三国货币。支付货币一般与服务、咨询合同的计价货币相同。如果技术服务与咨询合同的有效期较长，受托方为了规避汇率下降带来的损失，一般会要求在合同中设立“外汇保值条款”及汇率基准。委托方是否接受这一条款，要按照采用货币的具体情况而定。

(2) 支付时间。一次支付是指在合同签订后一段时间内，或受托方所派专家抵达服务与咨询的地点后，或受托方专家提供最终报告后一次支付服务咨询费。这种支付方式在实际操作中很少被采用，因为在受托方具体服务与咨询之前，委托方对服务与咨询的质量尚无把握，故一般不愿过早支付，希望在服务与咨询活动完成后再支付。受托方也不愿意接受这种支付方式，因为最后支付意味着在支付之前，受托方必须自己垫付费用，并且要承担不能按时收到咨询费的风险。所以，服务与咨询费的支付大多采用分期支付方式。

分期支付是指根据服务与咨询的工作进度、任务完成的情况，将合同下的支付金额分成若干批次支付的方法。如合同生效后支付合同金额的20%；中期检查后支付合同金额的20%；服务与咨询完成后支付合同金额的40%；通过专家评审后支付其余金额的20%。这种方法有利于促进受托方更好地完成服务与咨询任务，还可以减少委托方所承担的技术和经济风险。

(3) 支付单证。委托方支付服务咨询费之前，受托方须先提供有关单证。一般所需单证有：商业发票正本一式若干份；汇票(通常为即期汇票)一式若干份；资料及咨询报告的邮寄单或空运单一式若干份。委托方收到上述单据后，经审核无误，通过经双方同意的银行，将有关款项支付给受托方。

5. 签订技术合同时应注意的问题

(1) 明确区分技术服务与技术咨询的界限。技术服务与技术咨询的主要区别在于受托方的责任不同。在技术服务合同中，受托方要提出技术方案，实施技术方案，保证委托方的技术课题在合同规定的时间内得到圆满解决，如技术方案实施未达到合同约定的目标，或者给委托方造成损失时，要减免受托方报酬，情节严重的，受托方还要支付违约金，赔偿委托方的损失。在技术咨询合同中，受托方履行合同义务，按合同要求完成技术咨询报告和意见，并通过验收。至此，受托方对委托方的合同义务已经履行完毕，受托方不保证咨询报告和意见的实施一定成功，咨询报告和建议的实施与否由委托方自己决定。实施失败的后果，甚至因此造成的损失，均完全由委托方承担。

(2) 明确规定咨询服务时间。咨询服务一般按照工作量来计算收费额，而工作量是以咨询服务人员每人每天的工作时间来计算。在合同中要规定总的咨询服务时间和每周工作的时数及天数。在咨询服务业务中，常常因对咨询服务技术人员加班的规定不明确，双方发生争执。有的咨询服务合同把加班时间计算在总的咨询服务时间之内，有的合同把加班时间不计算在总的咨询服务时间之内。究竟如何规定，应根据实际情况在合同中详细确定。无论采用哪一种计算方式，都要对“加班”的定义予以明确。咨询服务时间要与咨询服务项目的进度相衔接，在总的咨询服务时间下要规定具体的工作进度，每天的工作进度要记载在“工作日志”上，每天由双方总代表监督审查，经双方总代表同意后签字。“工作日志”一式两份，双方各执一份，作为支付咨询服务技术人员的技术服务费和加班费的依据。

(3) 建立工作联系制度。建立工作联系制度是为了便于双方在执行合同中就有关事宜互通情况，加强工作联系。特别是对于监督服务项目的实施，发生问题后通过联系可及时予以纠正和解决。在通常情况下，双方把建立工作联系制度订立在合同正文中或者作为合同附件。

(4) 规定符合税法的税费。技术服务与咨询合同通常会涉及技术服务费和咨询人员的个人所得税问题。我国有关公司应按税法规定扣缴所得税，并督促服务、咨询人员向税务当局缴纳个人所得税，以免漏扣、漏缴所得税，给委托方带来不必要的麻烦。

7.2 国际工程承包

7.2.1 国际工程承包的内涵

1. 国际工程承包的概念

国际工程承包(International Contracting for Construction)是指一国的承包商以自己的资金、技术、劳务、设备、原材料和许可权等，承揽外国政府、国家组织或私人企业即业主的工程项目，并按承包商与业主签订的承包合同所规定的价格、支付方式收取各项成本费及应得利润的一种国际经济合作方式。国际工程承包涉及的当事人主要有工程项目的所有人(业主或称发包人)和承包商。业主主要负责提供工程建造所需的资金和酬金等，而承包商则负责工程项目的建造，工程所需设备和原材料的采购以及技术提供等。

国际工程承包从20世纪50年代后期开始出现。过去的工程技术服务仅限于提供技术咨询，而所有的建筑工程则由独立的建筑承包公司去完成。随着科学技术的迅猛发展，各种设备的结构越来越复杂，工艺要求也越来越高，需要有专门的机构来解决从工厂设计到投产的工艺和组织等技术问题。同时，各国为了寻求本国的经济独立发展道路，渴求他国的技术和经验，不仅要求技术咨询，而且要求完成整个工程建筑。这些原因使得工程技术咨询服务逐步发展为国际工程承包。

1978年，我国开始承接国际工程承包项目。与一些欧美发达国家相比，我国的国际工程承包起步较晚，但随着时间的推进，其发展迅速，从最初单一的劳务输出、工程分包等简单、低端领域向技术复杂、规模庞大的总承包领域逐步发展。①中国加入WTO以后，大大地丰富了我国的工程承包形式，单一的劳务输出和工程分包已经不再适用，中国建设承包企业必须要学习更多的国际工程运作知识，积累更多的合作经验，向多层次、跨行业的

① 王锡岩. 国际工程承包的发展趋势与项目管理过程[J]. 项目管理技术，2007(2)：66.

方向发展。从2015年美国ENR(Engineering News-Record)发布的国际Top225工程承包商榜单来看，以2013年的数据为基础，2014年海外市场总营业额同比2013年全年新增1 443.4亿美元，同比增长0.3%。据统计，其中中国的工程承包商有24家①，先后完成马来西亚晋燃煤电站项目、俄罗斯联邦大厦项目等大规模的国际工程项目，国际竞争力明显增强，合作方式也日趋多样化，EPC、PMC、BOT、PPP等模式的应用日渐成熟。

2. 国际工程承包的方式

(1) 总包。总包是指从投标报价、谈判、签订合同到组织合同实施的全部过程，其中整个工程的对内和对外转包与分包，均由承包商对业主(发包人)负全部责任。这是目前国际工程承包活动中使用最多的一种承包形式。采用这种承包方式签署的承包合同称为总包合同。

(2) 单独承包。单独承包是指由一家承包商单独承揽某一工程项目。这种承包形式适用于规模较小、技术要求较低的工程项目。采用单独承包形式的承包商必须具有较雄厚的资金和技术实力。

(3) 分包。分包是指业主把一个工程项目分成若干子项或几个部分，分别发包给几个承包商，各分包商都对业主负责。在整个工程项目建设中，由业主或业主委托某个工程师，或业主委托某个分包商负责各分包工程的组织与协调工作。在分包条件下，业主分别与各承包商签订的承包合同称为分包合同或分项合同。

(4) 二包。二包是指总包商或分包商将自己所包的工程的一部分转包给其他承包商。二包商不与业主发生关系，只对总包商或分包商负责，但总包商或分包商选择的二包商必须征得业主同意。总包商或分包商与二包商签订的合同称为二包合同。一般来说，总包商或分包商愿意把适合自己专长、利润较高、风险较小的子项目留下来，而把利润低、施工难度较大而且自己又不擅长、风险较大的子项目转包出去。

(5) 联合承包。联合承包是指由几个承包商共同承揽某一个工程项目，各承包商分别负责工程项目的某一部分，它们共同对业主负责的一种承包形式。联合承包一般适用于规模较大和技术性较强的工程项目。

(6) 合作承包。合作承包是指两个或两个以上的承包商，事先达成合作承包的协议，各自参加某个工程项目的投标，不论哪家公司中标，都按协议共同完成工程项目的建设，对外则由中标的那家承包商与业主进行协调。

7.2.2　国际工程承包的基本程序

国际工程承包的成交主要有两种方式：一是委托成交，即通过谈判方式，就有关条件达成协议；二是招标成交，目前国际上多采用招标方式。下文就招标成交介绍国际工程承包的基本程序。

国际工程承包是一项涉及经济、技术、法律等方面的综合性劳务贸易，具有合同金额

---

① http: //www.enr.com/toplists/2015_Top_225_International_Design_Firms1.

大、周期长、风险大等特点。因而，在进行国际工程承包时，必须做好充分的准备，还要具备高水平的技术条件及管理经验。国际工程承包的基本程序如下所述。

(1) 广泛地收集招标信息，并对项目所在国进行调查。承包公司必须在参加投标前，通过各种渠道获取有关该工程项目的所有信息，包括通过驻外使领馆、国际金融机构、有关报纸杂志、驻外商务机构、中间代理人等，广泛收集有关国际的项目建设计划，并结合自身的条件和技术力量进行准备。

在投标报价前，承包公司必须对项目所在国的政治、经济、法律、自然条件、基础设施和市场行情等方面，进行细致的调查，基本掌握这一项目的有利条件和不利因素，以便在谈判中占据主动地位。

(2) 详细地准备好报送的预审资料。为了确保参加投标者具备工程的承包能力，在国际工程公开招标时通常要对投标者进行资格预审。只有通过资格预审，才能购买招标文件，成为合格的投标者。因而，承包公司必须事先准备好各方面的资料，包括本公司的技术设备能力、施工经验和财务状况等，并根据招标者的工程特点，有针对性地报送给对方，以便符合招标的要求。

(3) 深入研究招标文件并参加标前会议。招标文件是招标者对工程项目各方面的具体要求，也是投标人编制投标书的直接依据。通过对招标文件的深入研究，可以了解工程的各项技术指标和要求，并明确承包这项工程的责任和报价范围。标前会议上招标者会解答招标文件中的有关问题，所以承包公司应认真参加，可要求招标者对招标文件中含糊不清的内容进行解释，并要求招标者复发书面文件，作为招标文件的补充。

(4) 正确地确定报价水平。在国际工程承包市场上，投标者之间的竞争相当激烈。但是价格竞争只是一个方面，更重要的是要看投标者的技术条件、施工经验及资信状况等综合因素是否符合招标者的要求。很多国际招标文件上明确注明，报价最低者不一定就能得标，并不公布理由，也就是说要参照很多其他因素做决定。

因此，投标者在认真研究招标文件的基础上，应根据工程所在国和国际市场的原料和机械设备的价格、运输费、税率及汇率等情况，并参照国内外类似工程的施工成本或报价资料，再估计竞争对手可能提出的报价范围，最后根据自己的技术力量和条件，在综合分析的基础上做出判断，确定自己的最终报价。应尽可能使这一报价做到低而适中，有自己的优势和竞争力，以争取中标。

(5) 评标、中标后签订承包合同。招标者收到标书后，按照招标文件所规定的时间和地点，当众将所有标书逐一启封，宣读其中内容，并由评标委员会对所有投标书进行逐个审查比较，评选出符合招标书要求的价格和其他有关条件最适合的承包人。最后由招标者向中标者发出书面的中标通知，双方签订承包工程合同。

7.2.3 国际工程承包合同

1. 国际工程承包合同概述

国际工程承包合同不同于一般合同，它是由一系列文件所组成的，称为合同文件。合同文件有招标通知书、投标须知、投标书、合同条件、中标通知书和协议书。成交合同根据合同条件成文。

合同条件包括一般条件和特殊条件。一般条件是指投标人和招标人的权利和义务的合同条款。特殊条件是指具体交易的合同条款，如具体工程项目内容、竣工日期、交易双方的名称、计价和支付等。

1) 国际工程承包合同的特点

国际工程承包合同属于涉外经济合同的一种类型，其特点如下所述。

(1) 国际工程承包合同的双方当事人分属不同的国家，合同受多国法律的制约。

(2) 合同内容繁杂，涉及面广，既有商务条款，又有技术条款；涉及承包商合伙人、分包商、供应商、咨询公司、银行、保险公司等关系人。

(3) 合同的履约期长，合同金额较大。合同的履约期少则一两年，多则四五年。由于工程项目在国外易受项目所在国政治、经济、法律及自然条件的影响，因而风险很大。上述这些情况，有的很难估计和控制，这就要求双方在协商合同条款时，必须慎重加以分析研究，增设相应规避风险的条款。

2) 国际工程承包合同的分类

国际工程承包合同可以根据工程的特点、复杂性、设计深度和承包范围等情况，来确定合同的具体形式。常见的分类方式有如下几种。

(1) 按承包方式，可分为总体承包合同、分包合同和联包合同。

(2) 按承包范围，可分为工程设计咨询合同、建设和土木工程合同、供应设备并安装合同和交钥匙合同。

交钥匙合同又称一揽子合同，是指承包商从工程项目的方案选择、建筑施工、设备供应与安装、人员培训直至生产调试，甚至产品质量、数量、原材料消耗指标、工作效率等均达到合同要求，并承担全部责任的合同。工程项目全部竣工合格后，承包商只要交给业主工厂大门的钥匙，业主开门即可正式投入生产，这种方式被形象地称为交钥匙工程。采用这种合同方式，对业主来说，省时省事，但费用较高；对承包商来说，则有较大的主动权，可掌握项目的进度，但责任重大，对项目的履约保证程度高，同时风险也较大。

(3) 按合同作价方式，可分为总价不变合同、成本加酬金合同和单价合同。

总价不变合同是指承包人与发包人同意一次确定合同总价，即采用一揽子股价方式。这种合同要求工程范围明确，工期确定。投标竞争项目大多采用此类合同方式。

成本加酬金合同中的成本为承包人在完成项目任务时的实际支出，而酬金为发包人向承包人支付的一定酬金。合同价格将随着成本变化而变化，合同价格不能事先确定，这种合同对承包人而言，一般利润较低，但风险较小。在工程项目费用不易估算，或工期要求很紧，或业主与承包人之间具有高度的信任，或承包人有良好的信誉、独特的技术、特长和经验时，往往采用这种合同方式。

单价合同是指在合同中固定单位工程价格，因工程量不定而只规定近似值，待完成实际工程量后再以实际完成的单位工程单价计付。若实际完成的工程量与图纸中的工程量出入较大，承包商就可能在单价方面承担风险。因此，在订立合同时应规定工程量增减的幅度。对于工程量不可能精确计算的项目，发包时往往采用单价合同方式。

2. 国际工程承包合同的内容

国际工程承包合同的内容，由于承包性质和范围的不同，其条款往往不完全遵照一个模式。但就合同的基本结构而言，大多是一致的。国际工程承包合同一般包括以下内容。

(1) 合同首部，是指合同签订双方的名称、地址、签约目的等。

(2) 合同的核心内容，一般分成三部分：①技术条款，如工程规模、范围、质量标准、校验、工期进度等；②经济条款，如费用、支付和货币、奖励和惩罚等；③法律条款，如适用法律、不可抗力、保险、争议和仲裁等。

(3) 合同结尾，是指签约时间和地点、合同的生效日期、采用文字、双方代表的职称和签字。

3. 国际工程承包合同的主要条款

国际工程承包合同不是单一内容的合同，而是一组合同文件。对此，本书仅就基本合同的主要条款做概要介绍。基本合同包括一般条件和特殊条件，一般条件适用发包人和承包人一般权利与义务规定；特殊条件适用每次交易的具体合同。国际上通用的合同条件一般包括以下几个方面。

(1) 监理工程师和监理工程师代表权责条款。监理工程师和监理工程师代表是项目发包人的代理人，负责监督工程施工和处理履约过程中出现的问题。发包人任命监理工程师后，必须及时通知承包人。

(2) 工程承包的转让和分包条款。承办人未经发包人或其代理人同意，不得将全部合同、合同的任何部分、合同的任何利益和权益转让给第三者。承包人如需将部分工程分包给他人，应经发包人或其代理人同意，但仍须对全部工程负责。

(3) 承包人一般义务条款。承包人负责工程项目的全部设计和施工，并无偿提供施工所必需的劳务、材料、机器设备及管理知识。

(4) 特殊自然条件和人为障碍条款。如因特殊自然条件或者人为障碍给工程施工带来困难，承包人应采取一定措施加以排除。如果工程变更导致承包费用增加或者推迟工程进度，必须经监理工程师或者监理工程师的代表确认，并经发包人同意。

(5) 竣工和推迟竣工条款。工程完成后，经监理工程师或其代表验收无误，承包人发给竣工证明。如出现工程变更、自然条件变化、人为障碍使工程延误，经监理工程师同意，承包人可以延长工程的竣工期限。

(6) 专利权和技术秘密条款。承包人或分包人须向发包人提供专利和技术秘密，并承担被第三方控告合同范围内专利权为非法以及专利权被第三方侵犯时的责任；双方应保守承包人提供的技术秘密。

(7) 维修条款。维修期限从竣工证书签发之日起计算，维修期为12个月。在维修期内，承包人应按监理工程师的要求，对工程缺陷进行维修、返工或弥补。如果工程缺陷是由于承包人的疏忽造成的，应由承包人负担由此而引起的一切费用。

(8) 工程变更条款。发包人或者监理工程师有权改变合同中规定的工程项目，承包人应按变更后的工程项目要求进行施工。工程增加或减少的费用，应在总价中做相应调整。

(9) 支付条款。支付条款属于合同的“特殊条件”，主要包括以下内容。

① 预付款。工程开工前，发包人应按合同规定，支付给承包人预付款，预付款为合同总价的5%～15%，用于承包人购买机械设备和采购材料等。

② 临时结算。发包人每月向承包人支付一次，每月支付的金额应扣除承包人的保证金，但保证金累计金额达到合同总价款的5%时，不再扣留。在工程竣工和维修期满后，承包人交付的保证金应全部退还给承包人。

③ 支付期限。监理工程师签发结算单之日起15天或30天以内，发包人要向承包人付清费用。

④ 迟付加息。发包人如逾期付款，应按工程项目所在国中央银行贷款利率支付利息。

⑤ 最后总算。维修期满后，承包人向监理工程师提交维修证书，随附完工总价值证明文件及其他费用证明，经监理工程师审核无误后，签发最后结算证书。自监理工程师签发最后结算证书之日起30天内，发包人付清全部价款。

(10) 违约惩罚条款。①凡是未经发包人书面同意，承包人转让和分包承包工程，无正当理由，承包人不按时开工，未按合同规定标准准备材料，不听从监理工程师的正当警告，忽视工程质量等，均属承包人的违约行为。对此，发包人有权终止合同，没收承包人履行的保证金，或者采取其他必要的惩罚措施。②发包人未向承包人按时支付费用，干扰、阻碍或拒绝向承包人签发付款证明，无正当理由中途决定停工，故意制造事端挑剔和责难承包人等，承包人有权终止合同，要求赔偿承包人准备开工或施工中的所有费用和机器设备折旧费、运输费用等。

4. 签订国际工程承包合同时应注意的事项

在国际工程承包业务中，合同条款的商榷是至关重要的环节。一旦合同签订，双方的权利和义务即以此作为行为准则。为了保证合同的顺利签订，在合同的具体条款上应注意以下几个方面。

(1) 合理规定工程的工期和开工时间。工期的长短关系着工程的投资效益，因此业主十分重视合同工期，一般要求早开工、早完工。作为承包商，除了要考虑业主的要求，还应考虑施工能力及自然天气，如恶劣气候的影响等因素。施工期限已经确定，如不能在期限内竣工，则承包商要接受处罚。此外，还要注意工程开工日期的签订，需要考虑的因素有很多，如材料、设备和施工器械等能运达工地的日期，如不能如期开工，势必使实际的1施工期缩短，以致影响最后的竣工日期。

(2) 要明确规定工程范围和施工工艺要求。工程范围和施工工艺在承包合同中都非常重要，因为工程范围和工艺要求是承包商施工的依据及核定工程总价的基础，也是双方在工程竣工后进行验收和交接的依据。一般而言，双方应在合同中详细地规定哪些工程属于合同范围，哪些不属于合同范围；使用何种材料和施工工艺，包括特殊材料的技术标准和施工的特殊要求等。

(3) 必须明确工程师的职权范围。工程师的职权范围一般包括下达开工命令，监督检查工程，审批承包商提出的权利与主张，裁决业主与承包商之间的争议，负责签发进度证书和竣工合格证书以及付款通知书等。由于工程师拥有广泛的职权，其能力、品质以及对业主和承包商是否采取公正的态度，对工程的施工和造价有很大影响。如果工程师偏袒一方则对另一方不利。工程师虽然不是当事人，只是业主的代理人，但对业主不能言听计从，而应争取以独立、公正和合理的态度做出决定。工程师的决定对承包商和业主同样具有约束力。

(4) 应在价格条款上列明增加条款。在国际工程承包业务中，如果双方订立的是总价合同，工程总价事前已经固定，则不允许被调整。在建设过程中，由于工期跨度比较大，有可能会遇到工料费、物料价格或其他费用上涨的情况，承包商可能会遭受损失。因此，在订立合同时，争取列入一项增加条款，规定在某些特殊情况下，允许合同中的工程价格进行相应调整，否则，当承包商不愿意承担由于错误预测而可能产生的各种风险时，只能通过适当提高合同总价来规避这一风险。

(5) 争取以可兑换货币作为支付手段。在国际工程承包业务的实践中，承包商可能要使用多种货币。譬如，要用工程所在国的货币支付当地的物料费、运杂费和工程建设人员雇用费等；要用第三国的货币从其他国家进口设备或原材料；要用本国货币支付本国人员的工资和材料费。因此，承包商往往会争取使用可兑换货币，而业主则通常愿意使用当地货币作为支付手段。除了可能要面对许多货币种类，承包商还要处理货币汇率变化和货币兑换额度限制的问题。为了避免以后在这类问题上产生纠纷，双方应在合同中予以明确规定。

7.3 国际合作生产与合作开发

7.3.1 国际合作生产

1. 国际合作生产的概念

国际合作生产(简称合作生产)是指不同国家的企业之间根据所签订的协议，在某项或几项产品生产和销售上采取联合行动，即双方共同研究、共同生产、互相提供生产中所需要的零部件、共同进行产品的销售并由双方共负盈亏的方式。

2. 国际合作生产的特点

(1) 合作生产涉及多方当事人。合作生产的当事人不仅有合作生产的签约双方，还涉及合作生产产品的制造工厂和终端用户。所以，合作生产方式是以产品为中心形成的多方合作合同关系。

(2) 合作生产各方当事人的权利和义务关系主要表现在交换技术、提供劳务和生产产品上。合作生产是专业化分工的生产形式，通过合作实现技术的转让，推动技术的进步。

(3) 合作生产是双方或多方生产、分别核算。合作生产的环节很多，如转让技术，相互或者单方提供机器设备、配套件、零部件。无论是哪一种，对于提供的技术和其他零部件要分别进行计价，按双方协定的价格，分别或单方支付价款。双方的关系是买卖关系，零部件部分属于一次性卖断或买断。技术转让的计价和支付可以按许可贸易的形式进行结算。

3. 国际合作生产的基本形式

(1) 当事人双方分别生产不同的部件，由一方或双方装配成完整的成品出售。这种方式通常是在生产的部件方面按各自的特长或技术力量强弱加以分工，一般由技术力量较强的一方生产关键性部件，并提供全套图纸和技术指导，然后互相提供各自生产的部分，分别组装成完整的成品出售。

(2) 由技术较强的一方提供关键部件和图纸，并在其指导下由较弱的一方生产次要部件，并组装成完整的产品，在本国市场或国际市场销售。技术较强的一方不收取图纸资料费，其报酬从出售的关键部件中得到补偿；而技术力量较弱的一方可以在合作生产的过程中达到引进技术的目的。

(3) 由一方提供生产或设备，按各自的专业分工制造某种零部件、配套件或生产某种产品。在这种合作方式下，技术与设备按技术转让办法和买卖关系处理。

4. 国际合作生产合同的特点

国际合作生产合同是指不同国家的公司、企业之间签订的合作生产某种产品、合作研究某个项目或联合设计某种产品的经济合作与技术转让的一种综合合同。它包括共同制订生产计划、转让生产技术、双方技术人员共同研制以及相互提供零部件等。

国际合作生产合同的特点主要表现在以下几个方面。

(1) 合作生产合同的内容差异较大。合作生产合同不是一般的买卖合同，也不是单纯的专利和专有技术转让合同。它是买卖合同和技术转让合同相结合的一种综合性合同。在一个合同中，双方可能互为供方和受方，对于一些复杂的项目，受方只有经过长期合作，才能逐步获得先进的技术，提高和扩大制造某项产品的能力，以全部掌握生产某种产品的先进技术；供方只能通过长期合作，使受方掌握技术、获得理想的经济效益，才能完成义务。合作生产时期的长短是由受方接受先进技术的能力和供方能够获得较好的经济效益两方面决定的。

(2) 合作生产合同涉及的当事人较多。一般技术转让合同的当事人，只有技术供方和受方，而合作生产合同除了涉及供方和受方，还涉及合作生产的最终用户，有时技术供方和受方不止一家。因此，在合作生产形式下，除了合作双方要订立合作生产基本合同，还要与制造单位订立技术合作合同，与合作产品的用户订立销售合同等，也可以将上述各方关系一并订立在合作生产合同之中。

(3) 签约双方独立核算。合作生产的技术转让及机器设备、零部件和工具的提供可以是相互的，也可以是单方的，无论是哪种情况，对于提供的技术和其他硬件都要分别计价，按合同的规定分别或者单方支付价款，双方是买卖关系，硬件部分属于一次买断。

5. 国际合作生产合同的内容

合作生产合同和许可合同有相同的条款，如侵权与保密、不可抗力、合同的生效和终止以及其他条款等。除此之外，合作生产合同还要根据生产合同的特点及形式，对合作双方的合作内容、合作范围、合作各方的权利与义务等加以明确规定。下文主要介绍合作生产合同的一些特别重要的条款。

(1) 定义条款。合同当事人双方会在合同中对一些重要的、关键的名词加以定义，以防止和减少因理解不一致而产生的纠纷。具体对哪些名词加以定义，由双方协商而定。一般情况下，要对制造单位、最终用户、合作产品、技术服务等名词加以定义。

(2) 合作生产合同的范围。合作生产合同的范围条款主要是说明合作生产的性质和内容。一般应规定委托方向受托方或制造单位提供专利技术和技术秘密及技术资料的种类、名称、份数和交付日期；提供关键机械设备的型号和名称等；提供技术培训的方法；合作生产所提供的材料、配套件及劳务等；合作生产产品的名称、规格、种类、数量及交货日期等。

(3) 双方的责任和义务。委托方要保证向受托方和制造单位提供正确、完整的技术资料，提供性能良好的机器设备、配套件和工具等。委托方要对合同产品的规格、性能和设计参数负责，并对因提供错误技术资料所造成的损失负责。受托方的主要责任和义务在于：保证根据委托方提供的技术规定制造合同产品，并按期向用户交货和支付技术服务费及机器设备、工具等价款。

(4) 技术服务。在合作生产合同中的技术服务主要是指技术培训，也就是由委托方对制造单位的技术人员进行培训。要在合同正文或者附件中明确具体的培训方式，包括委托方的技术指导人员的责任、培训的内容和技术指导人员的生活待遇。

(5) 技术资料的交付。技术资料的交付条款一般要规定技术资料交付的时间、地点、方式、份数、包装和包装标志。

(6) 机器设备、配套件和工具的交付。合作生产的委托方除了负责提供技术，有时还要提供机器设备、配套件、工具等。这些机器部件的交付通常按陆运或海运的交货条件的规定办理，以陆运运单或海运提单的日期作为实际交货的日期。

(7) 价格和支付。合作生产的形式有很多，其计价和支付的规定也不尽相同。计价内容包括实物部分和技术服务部分。实物部分是指委托方提供的机器设备、配套件、工具等，按一般商品买卖计价和支付。技术服务部分是指委托方提供专有技术，以技术资料和培训的方式转让给受托方。需要计价时，由受托方向委托方支付费用。有时委托方会免费提供技术资源，另外收取技术培训费用。

(8) 销售合作。合作生产一般是指为用户制造合作产品或向市场销售合作产品。合作生产合同中订立销售合作的条款主要包括以下内容。

① 合作产品的接收条件。接收条件包括向用户交货的合作产品质量担保。如果合作产品在保证期限内出现质量问题，经检验和鉴定属于哪一方的责任，就应由承担责任的一方向用户进行补救和赔偿。

② 合作产品的销售范围。合作产品的销售范围要根据需求情况而定，可以专为受托

方企业工厂制造机器设备，也可以将合作制造产品分别在双方国家销售或销往国际市场。无论在哪个范围进行销售，必须在合同中予以明确规定。

③ 合作产品的销售价格和商标。合作生产一般是长期合作，针对双方合作制造的产品一般只能确定近期价格。长期生产的产品，其销售价格可能会发生变化，不能一次固定下来。为了扩大合作产品的销售，往往要使用委托方产品的商标或双方联合商标或联结商标。

国际合作生产合同除了上述规定的条款，还有订立仲裁、不可抗力、合同生效和终止以及其他有关的条款。有时根据需要，还应规定专有技术保密和税费等条款。

6. 国际合作生产对受方引进技术的利与弊

(1) 有利的方面。①受方可以获得供方技术，节约外汇支出。受方购买供方一定数量的关键零部件，供方可以少要或不要技术使用费。②受方可以借助供方的技术和信誉，使受方产品顺利进入国际市场。③受方可以通过供方技术转让的技术，迅速提高自身的技术水平和制造能力。④受方获得的技术可靠、实用，避免由于直接引进技术出现的问题。

(2) 不利的方面。①供方和受方的技术水平不同，合作的出发点不同，难以找到合作的结合点。②受方利用合作生产方式难以引进先进技术。③受方引进技术的速度慢，因为供方会随着产品生产过程逐步转让技术。

7.3.2　国际合作开发

1. 国际合作开发的概念

国际合作开发(简称合作开发)是指不同国家的两个以上的自然人、法人或其他组织，为完成一定的研究开发工作，如针对新技术、新产品、新工艺或者新材料及其系统的研究开发，由当事人各方共同投资、共同参与研究开发活动、共同承担研究开发风险并共同分享研究开发成果。

2. 国际合作开发的特点

国际合作开发的特点有以下几种。

(1) 共同投资。投资的方式可以是资金、技术、设备、厂房等。当事人投资额比例与其拥有研究开发成果的权利密切相关，因此当事人须约定所有投资中各方所占的比重。

(2) 共同研究。合作开发的各方既可以约定共同进行全部的研究开发工作，也可以按照合同约定进行分工研究开发，分别承担设计、工艺和试验等不同阶段或不同部分的研究开发工作。不管是哪一种方法，当事人必须以自己的技术力量共同参与研究开发工作。

(3) 共担风险。共担风险有两种情况：①合作方共同组成研究开发小组，在双方约定的地点，合作方共同从事研究开发活动，在这个过程中，如果出现合同约定范围内的风险，应由双方共同承担。②在当事人按分工各自研究开发所承担的任务时，一方发现可能导致合作研究开发失败或者部分失败的情况下，应当及时通知另一方，并适当采取措施减少损失，合理分担损失。如果一方发现可能失败的情况而未通知另一方，致使损失扩大，应承担损失扩大的责任。

3. 国际合作开发技术成果的归属和分享

在进行国际合作开发时，要注意技术成果的归属和分享问题。技术成果的归属是指技术成果所产生的专利申请权、专利权和非专利技术成果的使用权和转让权归谁所有。技术成果的分享是指技术成果和上述知识产权由谁使用和转让以及由此产生的利益在当事人之间怎样分配。

作为合作开发的技术成果是由合作开发人共同投资、共同研究开发，在研究开发过程中，合同各方当事人共同承担开发风险。因此，依照合同权利与义务相一致的原则，如合同中并无相反规定，则双方当事人对合作开发的发明创造同时享有权利。即合作开发的技术成果同时属于双方当事人，双方当事人共同享有该技术成果的各种知识产权。

除了发明创造获得的专利权，在技术研究开发中还存在许多专有技术。专有技术也是一种无形的财产权，可以为持有人带来经济效益，可以转让，具有商业价值。由于专有技术的所有权是以对其采取保密措施而形成的事实上的占有，所以当事人可以在合同中约定技术开发形成的专有技术的使用权、转让权和收益的分配办法，同时约定保密义务。如果合同中对此未做出相关规定，则当事人均有权使用和转让该项专有技术。

案例7-1

国际合作成功研发橡胶沥青设备

2008年11月17日，美通机械橡胶沥青设备施工现场热闹非凡，有多年从事中国公路研究的专家，有专门从全国各地远道而来的顾客，他们到此只有一个目的，即共同见证美通机械橡胶沥青设备先进的技术与卓越的性能。

2006年初，美通机械根据市场形势，着手研制橡胶沥青设备，在这过程中，美国凤凰公司与美通机械签订了合作协议，就这样，远在大洋彼岸的成熟技术落户到中国，经过中美双方多次的探讨，AR300及AR150两款橡胶沥青设备终于在美通机械杭州基地生产完成，并且在下线不多时就出口北美洲国家。

美通机械橡胶沥青设备是一个国际合作研发制造的成功案例，不论是在外观还是在技术性能上都明显优于国内外其他同类产品，对于中国橡胶沥青设备的制造能力是一次提升，对于中国推广橡胶沥青工艺起到积极的作用。

资料来源：http: //www.jd37.com/news/show-43542.html.

7.4 补偿贸易

当今世界各国经济发展相当不平衡，发达国家科技先进，工业生产能力强，生产机器设备过多；而工业基础薄弱的发展中国家需要进口各种设备来发展经济，但因缺少外汇无力购买先进的技术和设备。为了解决这一难题，在国际贸易交往中，人们创造了一种新的对外贸易方式——补偿贸易。

7.4.1　补偿贸易的内涵

1. 补偿贸易的概念

补偿贸易是指在一定时期内，技术设备出口方提供机器设备、生产技术、原材料和劳务，技术设备进口方用出口方提供的设备、技术、原材料或劳务所生产出来的产品，或双方商定的其他商品或劳务分期清偿出口方提供的设备和技术等债务贷款，即技术设备出口方把设备、技术等以贷款的方式给进口方，而进口方在一定的期限内以产品分期偿付贷款的一种贸易方式。在补偿贸易中，通常要用引进技术、设备所生产的产品返销对方，进行直接补偿，如果直接补偿不可能，则可以间接补偿。

2. 补偿贸易的方式

20世纪70年代以后，补偿贸易在内容和形式上都有了很大的发展，从偿付的形式上，补偿贸易可以分为直接产品补偿、间接产品补偿和劳务补偿。

(1) 直接产品补偿。直接产品补偿也叫直接补偿或者产品返销，是指由技术设备进口方引进技术、设备、原材料等，把生产出来的产品返销给对方，以此分期偿还出口方的价款。采用这一贸易方式，进口方通过引进技术设备所生产的产品，除了可以直接向出口方抵偿价款，也可以出售给供方事先约定的贸易商，由贸易商将贷款偿还给出口方。

(2) 间接产品补偿。间接产品补偿也叫产品反购或者产品回购，是指技术和设备进口方不使用进口的技术和设备直接生产出来的产品偿还价款，而是使用其他与该进口设备和技术毫不相干的商品来偿还。目前，这是东西方国家之间使用相当广泛的一种补偿贸易方式。一般来说，如果进口的设备和技术不直接生产产品或者所生产的产品不是出口方需要的，这时往往采用间接产品补偿方式。以这种贸易方式交易的产品，与直接产品补偿下的产品不同，由于现货居多，偿还期一般都比较短。

(3) 劳务补偿。劳务补偿一般出现在加工装配中，如来料加工或者来件装配。加工方通常要求对方以信贷的方式先提供设备、技术或者生产线，其价款由加工方从每期的加工费中扣除一部分来进行偿还。

7.4.2　补偿贸易与相关贸易的关系

1. 补偿贸易和易货贸易的区别

补偿贸易是设备、技术和产品或所得利益之间的交换。从性质上来看，补偿贸易是技术和贸易之间的交换，带有易货贸易的特点，但是两者存在显著差异。

(1) 补偿贸易往往要持续较长时间，要进行多次以货物支付的行为；而传统的易货贸易往往是买卖同时一次发生或者几乎同时完成的交易。补偿贸易进口的设备和技术，待设备安装好且正式投产后，再以产品分期、分批偿还，因此需要一段较长的时间，有的甚至长达数年。

(2) 补偿贸易大多是以进口设备和技术所生产的产品来偿付货款，因而产品生产的质量和水平直接影响出口方的经济效益；而传统的易货贸易，双方交换的商品只是交换的价值贸易关系，交换之后无必然的联系。

(3) 补偿贸易必须以信贷为基础，即由出口方提供信贷，或由银行或者第三方提供信贷；在传统的易货贸易中，双方不发生任何信贷关系。

2. 补偿贸易和一般商品贸易的区别

(1) 补偿贸易和一般商品贸易都是作价交易，是买卖关系。但是，补偿贸易是通过提供产品、劳务或所得收益的其他商品偿还价款，而一般商品贸易则是用货币偿付进口合同的价款。

(2) 从支付的时间上看，补偿贸易与一般商品贸易中的延期付款交易相似，两者都是建立在信贷的基础上，但前者用产品支付，而后者用货币支付。

(3) 补偿贸易与来料加工、来件装配贸易不同。补偿贸易双方是买卖关系，加工贸易双方是经济合作中的劳务关系。补偿贸易中，技术设备进口方对设备和原材料拥有完全的所有权和使用权。补偿贸易的性质是卖方信贷。来料加工方、来件装配加工方通常只收加工费，而原料、零配件乃至成品，其所有权均属于出口方。如果出口方提供设备，但没有办理买卖手续，其所有权仍不属于加工方，加工方只有使用权。

3. 补偿贸易和信贷的关系

补偿贸易通常是以信贷为基础，除了小额或者技术设备出口方提供资金，大多数情况下，由技术和设备出口方银行或者国家政府提供出口信贷。出口信贷有卖方信贷和买方信贷两种。

(1) 卖方信贷的具体做法是由技术和设备出口商开户银行向出口商提供信贷。技术和设备出口商利用信贷资金代替进口商垫付价款，并允许进口商以后分期偿还。技术和设备出口商为了安全起见，一般要求进口商在订货时，先付给技术和设备出口商合同金额的10%～15%的定金，其余价款待卖方全部交货后，付部分价款或投产后以产品形式分期付清。技术设备进口方还清价款后，技术和设备出口商再把贷款还给银行。

(2) 买方信贷的具体做法是由技术和设备出口方银行直接向进口商和进口方银行贷款。例如，直接向进口商提供贷款，要求进口方银行担保。进口商或进口方银行用此贷款向技术和设备出口商直接付款，以后再将贷款分期偿还给出口方银行。采用买方信贷方式需要签订买卖双方贸易合同，卖方银行和买方银行签订信贷协议。

7.4.3 补偿贸易中合作双方的利弊

1. 从出口方角度来看

1) 利的方面

(1) 利用本国或本企业资金的优势，推销自己的设备和技术。出口方在贸易中处于有利的地位，在信贷合同中能得到优厚的利息，并且出口设备的价格往往高于一般贸易的价格。

(2) 发展中国家劳动力及原材料价格低廉，生产成本较低，因而补偿贸易的抵偿商品的售价一般较低，出口方可以把自己的产品一部分转移到发展中国家去生产，并通过自己的销售网出售，可以创造较大的利润。

(3) 通过补偿贸易达成长期的贸易协定或合同，使自己所需产品的来源保持稳定，从而保证产品的供应，为扩大市场打下基础。

(4) 通过提供设备、安装调试、技术培训及产品销售等手段，可以控制生产商的生产，迫使进口方让步。

2) 弊的方面

(1) 合同时间跨度比较大，而外汇市场价格不断变化，因此汇率风险很大；国际商品市场行情变化频繁，不稳定的因素较多，因此生产出来产品的市场销售风险也很大。

(2) 补偿贸易的偿付期很长，其合同条款涉及方方面面，比较复杂，同时手续烦琐，不如一般商品贸易简单，如若其中某一个环节出了问题，就可能造成损失。

(3) 如果技术和设备的进口方生产的产品达不到合同的规定，或者不能按时按量提供合同项下的产品，那么就会使补偿贸易合同本身遭受直接损失，还会影响产品的市场销售，进而带来更大的损失。

2. 从进口方角度来看

1) 利的方面

(1) 可以不使用外汇，直接利用国外的资金、技术、设备生产产品来支付货款。在某种情况下，还可以通过这种贸易方式取得国外的信贷，弥补先进技术和成套设备所需外汇的不足。

(2) 由于产品的销售状况直接关系出口方的利益，因而出口方出于自身利益的考虑，往往会主动关心设备的安装及使用情况，并关心产品的质量，同时在产品设计、生产、技术等方面积极配合，从而保证产品质量和生产效益的提高。

(3) 补偿贸易中生产的是出口商品。一般来说，生产技术和产品质量要求相对比较高，对技术设备进口方的工人素质、干部管理水平的要求也比较严格。为此，补偿贸易无形中提高了技术设备进口方的技术水平和产品生产管理的能力。

(4) 通过补偿贸易可以做到“以进带出”，利用国外的销售渠道，开拓出口产品的销售市场并使一些原来不容易出口的商品进入国际市场，扩大外汇收入。一些出口产品在国际市场上竞争力不强的国家，通过补偿贸易这种进出口基本平衡的贸易方式，使抵偿产品建立在长期贸易合同的基础上，并因外国公司承担了销售义务，抵偿产品能够比较顺利地进入国际市场，使国际收支能够保持平衡或者减小逆差。因此，从短期目的来看，可保持贸易平衡；从长期目的来看，可以稳定出口，使商品进入国际市场。

2) 弊的方面

(1) 技术设备的进出口双方在资金、技术设备和产品销售上处于不平等的地位。对于进口方来说，信贷利息、设备和技术价格往往偏高，而产品出口价格则偏低。

(2) 由于生产技术和产品的销售都在对方的掌控之中，进口方往往容易受到出口方控制，被迫接受一些不合理条件。

(3) 外国公司为了在国际市场上保持有利的竞争地位和优势，往往不愿意把最新的技术和设备转让给进口方，甚至有时想把自己替代下来的设备兜售出去。如果进口方的信息失灵，很容易上当受骗。

案例7-2

汇源空手套“白银”

汇源集团的掌门人朱新礼，在2005年胡润百富榜上，位列第24名。朱新礼的发家之路充满传奇色彩，他本是山东沂源县的外经委主任。1992年，他“买”下了山东一家濒临倒闭的县办水果罐头厂，自任厂长。说是“买”下，其实并没有拿出真金白银，当时朱新礼并没有钱，他只答应用项目救活工厂，养活工厂数百名员工，外加承担原厂450万元债务。这是朱新礼打出的第一招“空手套白银”。

紧接着是第二招，在当时，“补偿贸易”还是十分新鲜的名词。朱新礼当时看准了德国的设备，可是他没有钱，于是，他一口气与德国客商签订价值800万美元的进口合同，引进德国设备，在国内生产产品，条件是在一定期限内将产品返销给德方，以部分或全部收入分期或一次抵还设备货款。朱新礼当时答应外方分5年返销产品，部分抵还贷款。1993年初，在20多名德国专家、技术人员的指导下，朱新礼的工厂“汇源”开始生产浓缩果汁，并且成为主营业务。

正在此时，朱新礼听说德国要连续举办两次国际性的食品博览会，他立即买了一张机票，单刀赴会。他没有带翻译人员，因为他买不起两张机票。在德国当地华侨的帮助下，朱新礼先后在德国慕尼黑和瑞士洛桑签下第一批业务，即3 000吨的苹果汁，总金额为500万美元。而与这500万美元相比，朱新礼在整个创业过程中付出的资金相当于零。由于填补了当时的市场空白，企业迅速做大。1999年，朱新礼用汇源集团的主要资产与新疆德隆公司一起成立了合资企业。由于有了德隆的资金支持，企业开始迅速发展，两年内汇源集团累计投资20亿在全国新增了20家生产基地，到2003年“汇源果汁”已经占据23%的全国市场份额。2003年，朱新礼回购了德隆在汇源的股份。2004年3月，朱新礼又分拆汇源集团部分资产与统一集团在开曼群岛成立合资公司，由“中国汇源果汁”控股，其中统一集团出资2.5亿元占5%的股份。

资料来源：http: //finance.sina.com.cn/roll/20060418/1043654043.shtml.

第8章 国际技术贸易的价格与税费

本章主要介绍国际技术贸易中技术价格的内涵、特点、构成及价格确定；技术贸易作价原则与影响因素；技术价格的支付方式、工具以及时间；税种税费的概念及征收方式；技术贸易过程中涉及的双重征税等问题。

8.1 国际技术贸易中的技术价格

国际技术贸易不同于一般商品贸易的特点是不具有实体性交易。技术贸易是无形资产转让或者“智慧的转让”。技术商品的特殊性决定了技术贸易价格构成、价格计算等的独特性。由于技术的特殊性和贸易的独特性，技术贸易合同中技术贸易价格或者转让费的确定成为技术进出口业务中广泛关注的问题。下文仅就国际上确定技术贸易价格的一般理论问题与贸易实践进行讨论。

8.1.1 技术价格的内涵

技术价格通常也称为技术的使用费或者转让费，是指技术转移过程中技术受方应向技术供方支付的全部费用，对于供方来说是一项特定技术的卖价或回收，对于受方来说是一项特定技术的费用或成本。

世界知识产权组织编写的《技术贸易手册》[①]对技术价格做了如下定义：技术价格是指技术受方为取得技术使用权所愿意支付的、供方可以接受的使用费的货币表现，也可以从供受双方所处的不同立场和所提供的技术内容出发，把技术价格称为补偿(Compensation)、酬金(Remuneration)、收入(Income)、收益(Profit)、提成费(Royalty)、使用费(Fee)、服务费(Service Fee)等。

与一般商品不同，技术价格不完全由其价值决定，与供求的联系也不显著。技术价格不完全反映其价值，成交价格与实际价值往往不完全相关。技术价格难以通过技术供求关系进行调节，一般情况下降低或者增加使用费对技术需求或者供给的刺激作用也不太大。

8.1.2 技术价格的特点

技术作为一种特殊的商品，其价格与一般商品相比具有以下特点。

---

① 世界知识产权组织. 技术贸易手册[M]. 刘朝晋，等，译. 北京：中国财政经济出版社，1979.

1. 技术价格的不确定性

与一般商品的价格不同，技术价格在现有的社会生产条件下，在社会平均的劳动熟练程度和劳动强度下，不是由生产某种使用价值所需要的社会必要劳动时间决定的，以下因素使技术价格在一定程度上具有不确定性。

(1) 技术具有专有性和垄断性。一般来说，某一专利技术只能从唯一的一个供方获得，即使存在近似技术或非近似的替代技术，某类技术供求双方的数量也非常有限。这是因为技术买卖双方的数量比大多数商品买卖双方的数量少，定价具有显著的不确定性，尤其在多数情况下买方对技术价格没有清晰的概念。

(2) 技术研发成本具有差异性。技术研发成本是技术价格的主要构成，技术转让价格要在收回部分甚至全部技术研发成本的基础上确定，同样的技术所采用的技术路线、研究条件和开发手段不同，所花费的劳动数量和时间也不同，劳动的价格也因地而异，因此技术研发成本的差异会引起技术价格的差异。

(3) 技术潜在价值具有差异性。技术价格并不完全取决于技术的研发成本，还应该反映技术应用所带来的未来现金流的现值。在确定技术价格时，技术应用给受方带来的经济效益比技术研发成本更重要。即使技术研发成本不高，如果技术的潜在价值很大，技术的价格也可能很高。

(4) 技术市场具有不完全性。在技术市场中，供求双方的信息严重不对称，交易的信息也不能得到广泛的传播，在价格谈判中可参照的信息不多。受方通常在没有完整国际市场信息的情况下签署技术转让合同。因此，技术价格的确定在很大程度上受到谈判双方的地位、谈判的技巧和议价能力影响。

2. 技术价格的相对性

有形商品一般采用固定价格，随供求关系稍有波动；技术价格以技术成本为基础，受方使用技术所获得的经济效益和利润占有很大比重，因而是相对价格。为此，技术价格主要参照技术带来的潜在收益而不是技术研发的成本。

(1) 技术转让前其研发费用一般已得到部分或全部补偿。通常一项技术的开发是为己方所用，解决自身生产中的关键问题。技术研发成功后，首先受益的是技术持有方，其在技术转让前已经通过运用该技术生产和销售相关产品，部分或全部收回了研发成本。因此，技术转让价格中只需对研发成本进行部分补偿或不补偿。

(2) 同一项技术可以进行多次转让。同一技术可以同时或先后转让给多个受方，而研发费用固定，并不因交易次数的增加而增加。每次交易中买方使用技术所能获得的利润都不同，利润总和会因交易次数的增加而增加，技术使用费的总和也会增加，因为技术价格会根据技术转让的方式和次数进行相应调整。

8.1.3 技术价格的构成

技术价格的确定比一般商品价格的确定更为复杂，但供受双方在评估技术的价格时通常要考虑技术转让的各种成本和技术使用给受方带来的潜在收益。当然，供给方会更多地考虑成本，而受让方会更多地考虑收益。由于预期收益存在很大的不确定性，一般而言，技术价格主要是从供方角度解构，主要包括转让成本、沉没成本、机会成本、利润补偿。

1. 技术的转让成本

技术的转让成本(Transfer Costs)是指技术供方为了签订和履行该项技术贸易合同所支出和需支出的各项费用。技术转让成本占技术总费用的比例一般为2%到59%不等。[①]影响转让费用的因素很多，包括技术转让者的特征、技术引进者和东道国的特征等。一般技术转让成本主要包括直接转让成本和间接转让成本。

1) 直接转让成本

直接转让成本是指在签订和履行技术贸易合同过程中，技术供方所支付的与技术受方直接相关的费用，一般根据开支的有关科目计算，具体包括以下科目。

(1) 技术资料费，即合同所需的全部技术文件、图纸资料、技术规程等的编制费。

(2) 技术交易费，即技术供方派遣谈判人员进行技术转让合同谈判的差旅费，准备报价及相关资料的费用，执行合同人员的差旅费等。

(3) 技术服务费，即根据受方提出的特殊要求而进行实验研究和修改基本设计的费用，受方技术人员进行技术考察和接受技术培训给供方带来的花费，供方提供技术服务和技术指导的费用等。

(4) 其他实际花费和机动费用，如通信、邮寄、营销服务等费用。

2) 间接转让成本

间接转让成本是指在签订和履行技术贸易合同的过程中，技术供方所支付的与技术受方间接相关的费用，包括公司综合行政管理费、法律咨询费、监督与审计费等。

2. 技术的沉没成本

技术的沉没成本(Sunk Costs)又称历史成本，是指研发该项技术所投入的人力、物力和财力。与技术的转让成本不同，研发费用由使用该项技术的所有企业分摊，并不完全包含在技术价格中。它具体包括以下费用。

(1) 技术研发专项费用分摊，即专门用于该项技术的研究和开发的费用，主要包括：①人力成本，即科研人员和辅助人员的工资、津贴、奖金、福利费等；②资料成本，即为该项技术的研究与开发所购买的图书文献、技术资料、参考资料等的费用；③设备成本，即为该项技术的研究与开发所购买的设备、仪器等的费用；④咨询费，即为该项技术的研究与开发而咨询或消费技术服务的费用；⑤人力资本，即为该项技术的研究与开发对科研人员的培训费用等；⑥差旅费，即为该项技术的研究与开发而发生的有关人员的公务出差费用。

(2) 技术研发设备费用分摊，即技术开发企业已有设备使用的成本分摊和非专用新设备购买成本的分摊。

(3) 技术研发管理费用分摊，即技术开发企业为研究与开发该项技术而产生的计划成本、组织成本、协调成本等的分摊。

---

① Teece D. J. Technology Transfer by Multinational Firms: The Resource Cost of Transferring Technological Know-how[J]. The Economic Journal, 1977, 87(346): 242-261.

(4) 技术研发失败费用分摊，即技术开发企业在研究与开发该项技术的过程中失败的技术开发项目的成本分摊。

(5) 技术研发其他费用分摊，即与该项技术的研究与开发直接或间接相关的其他支出，如水电费、保险费、贷款利息、运输与仓储费等的分摊。

研发费用虽然包括上述基本科目，但是比转让费用更难确定。技术的研究与开发通常是多项目同时进行，很难将某项技术研发费用与其他研发项目费用清楚地划分开来，而且很多新技术的问世是具有必然性的偶然，是长期从事研究、生产、管理的一种附带成果，并不是有明确目标的开发，更难以准确地计算投入成本。因此，沉没成本不能成为确定技术价格的主要依据，更不应由技术受方独自承担。

3. 技术的机会成本

技术的机会成本(Opportunity Costs)是指供方因转让技术而失去部分或全部销售市场和销售机会所导致的利润损失。一项技术的成功转让会使受方获得新的生产能力并开辟新的市场，但技术供方可能因此引入新的竞争对手，甚至失去部分市场，这种因技术转让而失去的市场份额和利润损失通常要计入技术的价格中，成为技术使用费的构成部分，作为对技术供方的补偿。

机会成本的大小难以准确衡量，一般取决于技术转让合同的方式和技术供方对目标市场的预测。若供受双方签订的是独占许可合同，受方拥有在供方原有市场的特定地域内对某项技术的独占权，或拥有在该特定地域市场对某项技术产品的独家销售权，技术供方的机会成本就是完全失去合同规定地域市场的全部利润损失。若供受双方签订的是非独占许可合同，技术供方的机会成本就是由于技术受方的竞争而在合同规定地域内失去部分市场所造成的利润损失。若技术供方在合同规定地域内没有市场份额，未来也没有销售计划，或因政策法规等不能进入该地域销售，则技术供方的机会成本为零。

4. 技术的利润补偿

技术的利润补偿(Profit Compensation)是指技术供方通过转让技术给技术受方带来新增利润的提成。技术受方生产和销售利润由于新技术的实施而增加，转让技术的价值应该体现在技术的价格中。技术的利润补偿由两部分构成：一是技术受方的新增利润，二是提成率。利润补偿的计算公式为

$$利润补偿=新增利润\times提成率$$

1) 技术受方的新增利润

新增利润一般表现为：降低生产成本或节约费用；提高产品质量、性能和价格；增加销售额。新增利润可以通过生产规模、合同有效年限和单位产品利润变化计算出来。

(1) 生产成本降低或费用节约所产生的新增利润。技术受方可能由于使用新技术节约了原材料，降低了能源消耗，使单位产品的生产成本明显降低，从而增加了企业利润。这部分新增利润可表示为

$$\Delta\pi_C=(C_0-C_1)QN$$

其中，$\Delta\pi_C$表示成本降低产生的新增利润，C_0表示采用新技术前的单位成本，C_1表示采用

新技术后的单位成本，Q表示年产量或销售量，N表示合同有效年限。

(2) 产品单位价格提高所产生的新增利润。技术受方在使用新技术后，产品得以更新换代，质量和档次进一步提升，从而使单位产品的销售价格提高，进而增加了企业利润。这部分新增利润可表示为

$$\Delta\pi_P=(P_1-P_0)QN$$

其中，$\Delta\pi_P$表示价格提高产生的新增利润，P_1表示采用新技术后的单位价格，P_0表示采用新技术前的单位价格，Q表示年产量或销售量，N表示合同有效年限。

(3) 销售额增加所产生的新增利润。技术受方可能由于使用新技术而提高了生产效率，使单位时间的产量有所增加；受方也可能由于获得了供方的商标使用权而提高了商誉，从而增加了销售量，进而增加了企业利润。这部分新增利润可表示为

$$\Delta\pi_S=(P_1-C_1)(Q_1-Q_0)N$$

其中，$\Delta\pi_S$表示销售额增加产生的新增利润，P_1表示采用新技术后的单位价格，C_1表示采用新技术后的单位成本，Q_1表示采用新技术后的年产量或销售量，Q_0表示采用新技术前的年产量或销售量，N表示合同有效年限。这里假定采用新技术后的单位价格和单位成本不变。

需要指出的是，上述计算方法没有考虑各年行业平均价格和平均成本的变化，也没有考虑新增利润的折现问题，只是最简单的计算。严格来讲，应将各年新增利润分别折为现值再进行相加计算，具体公式为

$$\begin{aligned}\Delta\pi &= \sum_{t=1}^{N}\frac{1}{(1+r)^t}\left\{\left[(p_t-p_0)+(c_0-c_t)\right]q_0+(p_t-c_t)(q_t-q_0)\right\}\\ &= \sum_{t=1}^{N}\frac{1}{(1+r)^t}\left[(p_t-c_t)q_t-(p_0-c_0)q_0\right]\\ &= \sum_{t=1}^{N}\frac{1}{(1+r)^t}(p_t-c_t)q_t-(p_0-c_0)q_0N\end{aligned}$$

其中，$\Delta\pi$表示考虑贴现的技术受方的新增利润，r为贴现率，p_t为采用新技术后合同有效期内各单位时间(如每年)产品的单位价格，p_0为采用新技术前产品的单位价格，c_t为采用新技术后合同有效期内各单位时间(如每年)产品的单位成本，c_0为采用新技术前产品的单位成本，q_t为采用新技术后合同有效期内各单位时间(如每年)产品的年产量或销售量，q_0为采用新技术前的年产量或销售量，N为合同有效年限。

2) 提成率

技术提成率确定为多少才比较合理呢？在美国一般认为提成率为10%～30%是合理的。若以净销售额为计算基础，可折合为0.5%～10%。一些在技术许可方面的专业人士根据“简略经验方法”确定，认为技术供方应取得应归技术受方收益的四分之一到三分之一，这通常被人们称为“25%规则”。[①]这些经验数据可供参考，但它们不是准则，不能简单搬用，需要根据技术来源、性质与内容，技术贸易地区、对象，技术的使用条件和贸

① Goldscheider R., Jarosz J., Mulhern C. Use of the 25 per Cent Rule in Valuing IP[J]. les Nouvelles, 2002, 37(4): 123-133.

易双方商务谈判的能力等来确定。

8.1.4 技术价格的确定

价格是国际技术贸易双方关注的核心内容，供受双方在估定技术转让价格时会将各方面因素进行综合考虑，在有利于己方的情况下，提出最有希望达成协议的价格与对方协商。在确定技术价格时一般采用以下步骤。

(1) 估算技术所属部门的利润率水平。不同行业的利润率水平是不同的，如机电产品的利润率一般在10%～20%，耐用消费品的利润率在30%～40%，某些电子产品和高级技术产品的利润率可能达到50%以上。对于利润率水平高的行业，技术供方应从新增利润中收取较低的提成费，否则有失公平。

(2) 根据利润率水平初步估计技术价格。根据估算的利润率水平，分别对前文所述的价格构成部分进行核算，将技术资料费、技术服务费、技术培训费、技术研发费用、技术机会成本等项费用汇总，加上预期利润，初步算出技术的价格。

(3) 调整技术的初步价格。在初算价格的基础上，充分考虑上述各种因素的影响，对技术的估价进行调整，估计出一个较为合理的技术转让价格。

(4) 确定技术的最终价格。技术的最终价格应该在国际技术贸易市场上，由技术买卖双方共同决定，达到共同受益的目的。

8.2 国际技术贸易作价原则及影响因素

8.2.1 利润分享原则

利润分享原则或利润分成原则，在国际上被称为LSLP(Licensor's Share Licensee's Profit)原则，是国际上公认的确定技术价格的一个最基本原则。LSLP原则是指供方所取得的技术使用费或者技术转让费应占受方使用技术后所获得利润的一定份额，因此也被称为“供方分成率”，用公式表示为

$$\text{供方分成率(LSLP\%)}=\frac{\text{供方技术转让费}}{\text{受方利润}}\times 100\%$$

对于供方分成率，目前尚没有统一的取值标准。联合国工业发展组织(UNIDO)曾对一些发展中国家引进技术情况进行统计分析后，提出供方分成率在10%～30%较为合理；1972年在挪威召开的许可贸易执行协会上，多数代表认为供方分成率为25%左右比较合理。①此种理论的依据为：利润是资金、组织、劳动和技术这4个因素的综合成果，因而技术应占利润的25%。但在实际应用中，必须综合分析各种因素，在一定区间内确定合理的

① 周惠兴. 技术如何作价？国际技术转让中技术使用费的确定[J]. 中国科技信息，1991(1)：31-31.

供方分成率。对于引进技术水平不高、转让条件不优惠的技术，LSLP%宜适当降低；对于技术水平高、社会效益好或转让条件优惠的技术，LSLP%可适当提高。

利润分成原则进一步表明技术价格与利润之间存在紧密的关系，而技术的价格主要取决于受方预计引进技术将产生的经济效益。在这里，引进方的利润是由于使用了引进的新技术而带来的新增利润。技术的新增利润可以表现为：降低生产成本，提高产品质量或性能，提高销售价格，扩大销售额，增加销售收入。

8.2.2 许可方的作价原则

在一般情况下，多数转让的技术是已经进行一段时间生产，证明是行之有效的成熟技术，许可方自己也在使用这个技术进行生产，这时的作价原则主要包括以下几个方面。

(1) 收回的技术转让成本。它包括进行谈判、谈判前期准备的费用，提供资料的费用，接受考察及培训费，派专家进行技术指导及服务费，履行合同所需费用以及其他开支。

(2) 收回部分技术开发成本。收回多少开发成本，应根据技术开发使用的年限和生命周期长短来决定。正如我们前文所讨论的，在国际技术转让中技术所有人可能已经将技术使用权进行过多次转让，把同一项技术授权给多家使用。因此，供方不能依靠一次许可或转让该项技术就收回技术研究与开发的全部成本。全部成本应由使用技术的所有企业，包括供方自己来共同分摊。对某一项交易的受方而言，最多只能承担一部分技术研究与开发成本，并且随着技术转让次数的增加，技术的研发费用占技术价格的比例会越来越小，有时技术研究与开发成本等于零。

(3) 机会成本。机会成本是指供方因转让合同技术而失去的合同许可地域的市场销售利润。

供方无论采取独占许可还是非独占许可，在供方可进入的市场中都将减少其市场份额，减少该市场的销售收入。供方这部分损失，即机会成本，是通过技术价格得以补偿的。诚然，如果不通过技术转让，供方的产品则不可能进入合同许可地域(市场)，机会成本为零。在此种情况下不存在供方因转让技术而失去或部分失去受方国家市场或合同许可的其他地域(市场)的问题。

机会成本实际上等于技术交易后供方减少的利润。现举例说明：假如中国从一家日本公司进口相机，每年进口相机的总金额为5 000万美元。这家日本相机公司采用排他许可的方式向中国一家企业转让了彩电的生产技术与生产线，使该公司向中国出口相机的金额降低为2 000万美元，销售收入减少了3 000万美元。假定利润率为25%，则该项技术转让的机会成本为750万美元。若比例中是以独占许可方式转让相机技术与生产线，该日本公司损失了全部5 000万美元的销售额，其机会成本为1 250万美元。

(4) 承担的各种费用。这些费用既包括各种税费，也包括承担风险费用，如承担协议中的各项保证义务也带有一定的风险，而且承担的义务和风险越大，技术价格越高。这些义务一般包括技术培训、技术服务、技术担保、支付货币与支付办法等。

(5) 要求得到的利润。根据转让技术的发展前景、竞争状况、有无替代技术、将来可能的产量和利润以及引进方需求的迫切程度，确定可能争取的最大限度利润额和应达到的最大限度利润额。

8.2.3 被许可方的作价原则

被许可方对一项技术如何作价和进行谈判，主要取决于该项技术的价值。估算技术的绝对价值对被许可方来说几乎是不可能的，被许可方只能估算技术的效用，即使用该技术可能取得的实际效益，包括使用技术可以获得的利润；对被许可方的环境保护、改善劳动条件有无好处；对被许可方技术发展的促进以及社会效益等内容。该项技术对被许可方效用越大，被许可方可能出的价格越高。在确定技术价格时，被许可方应当注意以下几个方面。

(1) 合同价格应低于自己独立研究开发该项技术的成本。

(2) 被许可方引进技术的利润应高于银行存款利息或借款利息。

(3) 应当充分考虑如何实现引进技术的目的。这些目的包括增补技术空白、增加产品品种、提高产品质量和档次；开辟市场、扩大出口；优化资源配置，提供就业机会等。这些目标应结合起来考虑，既要考虑企业的经济效益、发展目标，又要考虑国家利益和社会效益。

8.2.4 影响合同价格的因素

一般来说，按照一定方法计算出的技术转让费是基本价格，反映在技术转让合同中的实际价格还要根据具体的合同条件进行调整。在确定合同价格时，除了要遵从供方或者受方的作价原则，还要综合考虑影响合同价格的因素。影响合同价格的因素主要有以下几个方面。

(1) 技术所处的生命周期。技术的生命周期可以分为发展阶段、成熟阶段和衰老阶段。在不同阶段，技术的效用不同，其价值也有区别。被许可方需要明确该技术所处生命周期的阶段，进而确定其价值的高或低。一项技术已经老化或接近被淘汰时，其技术转让费就低。如果是刚刚开发的技术，特别是生产的产品在市场上十分抢手的情况下，技术转让费就会很高。有时被许可方受限于各方面的条件和最新技术转让的可能性，不一定总是谋求最先进的技术。

(2) 技术的使用范围和权限。一项技术发明是应用在一种产品还是多种产品上，是应用在一个领域还是多个领域，其价格有很大差别。应当说，应用领域越广，适用范围越大，价格越高。另外，使用权限对技术转让费也有影响。使用权限是指在技术转让合同中有限制被许可方在允许的范围以外再扩大生产能力或重新建厂的条款。如果有这样的条款，只允许在合同标的范围内一次使用转让的技术，称为转让的是一次使用权；如果没有上述限制性条款，被许可方可以使用转让的技术随意扩大生产能力和建厂，即一次买断。这种一次买断所支付的转让费要比购买一次使用权支付的转让费高得多。在业务实践中有时竟能高出五六倍。

当第一次转让是转让一次使用权时，在进行第二次技术转让时其转让费一般要比第一次转让时的费用低。这样做是给被许可方一定的优惠。事实上，完全相同的第二次技术转让很少出现。这是由于技术总在不断地改进和发展，新技术代替了原有技术。

(3) 技术的许可方式。不同的技术许可方式对技术转让费有很大影响。合同中采用的许可方式不同，许可方与被许可方所享有的权利也不同。如果是独占许可，即在合同条款中有限制许可方在某一地区范围内将同样的技术向第三者转让的条款，那么在合同规定的时间和地域范围内，被许可方有使用技术、生产产品、销售产品和进口产品的权利。这种权利是专有的，连许可方都不得在合同期限和该地域范围内生产与销售。这会加强被许可方在该地区生产和销售其产品的垄断地位，而许可方将失去在该地区销售技术的市场。因此，独占许可是在所有许可方式中被许可方得到许可方授权最大的一种方式。独占许可方式下的技术转让费用要高一些，费用提高多少依许可方对其损失的估价而定。若该地区的市场很大，许可方失去贸易的机会多，技术转让费就会更高。一般独占许可方式比非独占许可方式的费用要高20%～25%。非独占许可中排他许可的技术使用费又比普通许可的技术使用费要高一些。

(4) 技术转让的地域。向不同的国家或地域转让技术，技术转让费也有差异。一般来说，向技术发达的国家或地区转让技术比向技术落后的国家或地区转让技术收取的费用要低。这与多种因素有关。例如，被许可方接受技术的能力不同，所需技术服务的数量不同；技术许可方担心在该国家或地域转让技术时取得对专利技术保护承诺的程度不同；技术许可方对从被许可方取得回报的预期不同和承担的风险不同。总之，被许可方国家的政治、经济和法律环境都直接影响技术转让交易活动中的风险问题。最后，这些问题都会计入转让成本中，从而影响价格。

(5) 产品销售范围。有时在技术转让合同中有对技术被许可方销售产品的地域限制。例如，在我们引进技术的合同中有的仅限于国内销售；有的仅限于在东南亚地区销售；有的甚至限制在长江以北销售。这些限制性条款是为了保护技术许可方的产品销售市场。被许可方要求减少限制，就是要求许可方让出销售市场。技术许可方为了弥补这部分损失，就要提高技术转让费。

(6) 生产量。在采用逐年提成支付方式的转让合同中有关于每年最低提成费和产销量递增、提成率递减的条款。

① 每年最低提成费。无论被许可方每年生产经营的状况如何，甚至没有销量，被许可方都要向许可方支付一笔最低的费用，以保证许可方的收益。

② 产销量递增、提成率递减。在技术转让合同规定的产量范围内，产销量递增、提成率递减。这是许可方为了鼓励被许可方尽可能提高产品的产销量，以便从中取得更多的提成而采取的措施。

(7) 国际市场竞争。在专利保护下，完全相同的技术是不存在的，但是同一生产目的的多种技术同时存在是可能的。这样就形成技术市场的竞争，或是许可方之间，或是被许可方之间，竞争越激烈，价格差距越大。

(8) 支付方式。在技术转让合同中各种支付方式(一次总算或逐年提成)的技术转让费可以互相换算。也就是说，原则上不能由于采用不同的支付方式而对技术转让费的计算造成影响。实际上，技术许可方对采用哪种支付方式有自己的倾向性，为了吸引被许可方按照他们期望的方式支付，他们往往对费用做调整。一般来说，许可方都希望采用一次总算方式支付，在换算后会发现，一次总算的技术转让费通常要低一些，但是风险相对较高。

(9) 支付货币。在国际贸易中确定了买谁家的产品也就确定了使用哪个卖方国家的货币支付，技术转让也是如此。有时应买方的要求才不得不使用买方国家的货币或第三国货币支付，采用的第三国货币往往是当时的软货币。由于技术转让的过程较烦琐，合同的期限也较长，支付的时间拖得很长，即使采用一笔总付方式支付，合同规定的支付时间也往往会在一年或一年以上。在这样长的时间中，除了汇率的风险，还有银行费用、利息差价等可能造成的损失。许可方会把这些可能的损失都计入转让费中。因此，采用买方国家的货币或第三国货币形式支付时其转让费会增加，采用提成支付方式时转让费会更高些，增加多少视许可方对货币软硬变化的预测来定。货币的软硬是随时间变化的，软货币可能转化为硬货币，硬货币也可能转化为软货币。在一般情况下，技术转让合同支付时间都拖得较长，在较长的时间里汇率会做何种变化很难预测，因此作为被许可方，在技术转让中不应轻易地确定采用第三国货币形式支付。

(10) 索赔和罚款条款。为了保护被许可方的利益，在技术转让合同中都有针对技术许可方的保证要求。这些保证要求包括：提供技术资料的及时性、完整性和准确性的要求；及时派遣技术人员提供认真的、负责的技术服务的要求；按时安排好技术培训并认真传授经验和技术的要求；按照合同的进度生产出合格产品并达到合同规定的各项经济技术指标的要求；及时提供生产所需的具有特殊要求的原料、材料和辅助材料的要求等。如果许可方违背了自己所做的保证，被许可方有权对其进行经济制裁，提出索赔和罚款，甚至撤销合同，追回已付的转让费等。索赔和罚款条款订得越严，许可方所承担的风险就越大。技术许可方往往会把索赔和罚款的费用作为风险费和不可预测费先行计入转让费当中，从而提高了技术转让费，提高的幅度视具体的条款而定。

此外，一些大公司在确定技术转让费时会充分考虑影响技术转让合同价格的因素。例如，提供给被许可方的技术及技术服务的数量；各个行业拟定提成率的惯例；产品销售市场的大小和被许可方的利润；获得有价值东西的多少；研究和开发的支出；收益必须至少等于出口技术或直接投资的费用；非落后或淘汰的技术；未超过专利有效期；是否同意反馈；专利所涵盖的范围等。仔细推敲不难看出，这些从事技术贸易的大公司的某些观点和我们前文叙述的看法相悖，这在很大程度上是由授受双方的立场不同所致。

8.3 国际技术贸易中的价格支付

国际技术贸易双方在确定技术价格后，需要明确技术使用费支付的具体办法，在合同中详细规定使用费的支付方式、支付工具、支付时间以及清算办法，避免双方在合同执行过程中产生纠纷，影响合同的顺利履行和技术的引进进程。

8.3.1 支付方式

技术价格的支付方式多种多样，是由技术贸易标的的性质、技术贸易合同的规定、提供服务的内容、交易双方的谈判能力等因素共同决定，但基本上可以归结为三种形式，即总价支付、提成支付、入门费与提成费结合支付。

1. 总价支付

总价支付(Lump-sum Payment)是指国际技术贸易双方经谈判商议后，在合同中确定一个固定的技术转让使用费金额，由技术受方在合同签订或生效后的一定时间内一次总算付清或一次总算分期付清。一次总算付清的时间通常规定在技术资料交付完毕并经受方验收之后；分期支付也称“里程碑”式支付方式，可按合同履约进度，分若干批次付清。

总价支付有利于技术供方。总付金额由贸易双方事先商妥，在合同中明确规定，不受技术受方使用技术后经济收益好坏的影响，不承担受方技术引进失败的风险，技术供方转让技术的收入有一定的保证。但是，若技术受方取得良好的经济效益，技术供方也无权再做要求。

总价支付不利于技术受方。技术受方除了需要独自承担引进技术的全部风险，还可能面临技术供方不积极配合的问题。总价支付之后，技术使用的经济收益与技术供方已经没有直接关系，技术供方缺乏积极提供技术改进信息和传授技术情报的动力，而是被动地履行合同义务。此外，技术供方提供的额外技术咨询和技术服务还需要另行计价，这些都对技术受方不利。但是，能力较强的技术受方也可以较早地脱离技术供方，获得技术引进的全部经济利益。

1) 符合条件

鉴于上述技术供受双方的利弊情况，国际上认为采用总价支付方式应符合以下条件。

(1) 技术可以在短时间内由技术供方转让给技术受方，而且技术受方具备短期内全部吸收所引进技术的能力。

(2) 所转让的技术不是尖端技术或专有技术，技术受方不需要技术供方不断提供技术情报、技术服务和技术协助。

(3) 技术受方资金充足，对技术引进的前景比较乐观，并且希望尽早摆脱对技术供方的依赖。

(4) 客观经济条件如货币汇率动荡，使总价支付方式更为有利、稳妥。

2) 限制措施

由于总价支付对技术受方弊大于利，所以世界上很多国家，特别是发展中国家，都通过立法或审查合同等形式对总付方式加以限制，其主要的限制措施包括以下几个方面。

(1) 禁止采用总价支付方式。如斯里兰卡政府规定，采用总价支付方式的技术贸易合同不予批准。

(2) 有条件地承认总价支付方式。如印度政府规定，总付金额必须在预计销售额的基础上确定，技术使用费通常为销售价的5%才可以被批准，并且规定分期支付。再如新西兰政府规定，总价支付的合同通常不予批准，除非能表明这种支付方式是合理的。

(3) 限定总价支付方式的使用范围。有的国家法律规定，只有单纯的专利权转让或许可及某些类型的技术服务，才可以采用总价支付；用于消费品或一般原料生产、用于机器设备或其他资本货物的专利、商标许可或技术秘密转让合同，一律不允许采用总价支付方式。

2. 提成支付

提成支付(Royalty)是指国际技术贸易双方在合同中确定，由技术受方根据其使用所引进技术后的经济效益并按照一定的比例，提成技术使用费支付给技术供方，而没有确定一个固定的技术使用费金额。提成基础可以是产量或销售额，也可以是新增利润或其他。

提成支付有利于技术受方。技术受方不必独自承担技术引进的风险，技术交割后的技术使用风险与技术供方共同承担。由于技术使用费与受方利用技术的状况密切相关，供方为保证自身利益，更愿意与受方积极配合，提供及时的技术情报，进行必要的技术改进，这些都有利于技术受方。技术使用费不是一次支付的，这也减轻了技术受方的经济压力。

提成支付不利于技术供方。技术使用费与技术受方利用技术生产、销售的经济效益直接相关，这增加了收回技术转让成本和利益的风险。此外，费用不是一次取得，有可能影响自身经营资金的流动，还可能遭遇汇率、利率等不稳定因素。但是，若技术受方有效利用转让技术获得良好的经济收益，技术供方也可按比例获得较高的回报，而且技术价格会高于总价支付方式确定的价格。

在实际操作中，提成支付的方法有很多，主要包括固定提成法、递减提成法、滑动提成法、最低提成法和最高提成法。

(1) 固定提成法。固定提成法(Fixed Royalty)分为固定提成率和固定提成费两种方法。固定提成率是指合同期内或提成期内，贸易双方确定的提成基础和提成比例是固定不变的。例如，规定按产品净销售额的5%支付技术使用费，提成费的多少与销售额直接相关，即与单位产品价格和产品销售量密切相关。若产品价格和销售量不固定，导致产品销售额不稳定，则技术提成费也在变化，提成率固定而提成费不固定。固定提成费是指合同期内或提成期内，贸易双方确定的单位产品的提成费是固定不变的。例如，规定销售每单位产品支付10元的技术使用费，提成费的多少与销售量直接相关，这就排除了产品成本、价格等因素的影响，对于技术受方来说，能确保相对稳定的收入，是更为稳妥的方法。

(2) 递减提成法。递减提成法(Progressive Decrease of Royalty)分为递减提成率和递减提成费两种方法。递减提成率是指合同期内或提成期内，贸易双方确定的提成比例随生产量、销售量或销售额的增加而逐渐减少。例如，规定产量在1万台以内，每台提成率为6%；产量超过1万台，超出部分每台提成率为5%；产量超过2万台，超出部分每台提成率为4%。递减提成费是指合同期内或提成期内，贸易双方确定的每单位产品的提成费随生产量、销售量或销售额的增加而逐渐减少。例如，规定产量在1万台以内，每台提成费为11元；产量超过1万台，超出部分每台提成费为10元；产量超过2万台，超出部分每台提成费为9元。

递减提成法是供受双方都比较能接受的提成方法，但对技术受方更为有利。技术受方不必因生产或销售的增加而支付过多的提成费，有利于调动生产和销售的积极性。对于技术供方来说，虽然提成递减，但产量或销售量增加，技术使用费总计不会减少。发展中国家引进技术时经常要求采用递减提成法。

(3) 滑动提成法。滑动提成法(Sliding Royalty)是指按照每年实际生产出来的产品数量或实际的净销售额提成。无论是固定提成费还是递减提成费，技术供方所能获得的以技术受方所在国货币支付的技术转让收益都不与通货膨胀或汇率挂钩。若技术受方所在国出现通货膨胀或者货币贬值，供方实际获得的技术提成费就会减少。为避免这种情况的出现，技术供方可以在贸易合同中规定，以签订合同时受方国家的员工工资和原材料的物价指数为基础，对提成费进行调整，以保证供方签约时预计的技术转让收入。

(4) 最低提成法。最低提成法(Minimum Royalty)是指贸易双方除在合同中规定技术使用费的提成基础和提成率或提成费，还确定一个最低的提成金额。若按提成方法计算的技术使用费大于最低提成金额，则按提成方法计算的数额支付使用费；若按提成方法计算的技术使用费小于最低提成金额，则按最低提成金额支付使用费。

最低提成法对技术供方更为有利，可以保证供方可以在一定时间内获得最低限度的收益。通常在独占许可的情况下，供方会要求使用最低提成法作为签约的必要条件。最低提成法可以促使技术受方尽快利用技术安排生产，充分发挥引进技术的经济作用，避免受方将引进技术搁置。

技术受方在对生产量和销售额没有把握时，一般不会接受最低提成法，但在供方坚持的情况下，可以采取相应的对策。如规定最低提成费不超过预计提成费的一定百分比；或在技术引进初期规定较低的最低提成费，以后逐渐增加；或同时规定最高提成费与最低提成费相对应等。

由于最低提成法对技术受方不利，有些发展中国家对最低提成法的使用进行了限制。如印度、哥伦比亚、新西兰等国家的法律规定，不允许支付最低提成费，或协议中已规定按产量或销售价格或利润来确定提成费，就不得再规定最低提成费，规定最低提成费的合同不予批准。

(5) 最高提成法。最高提成法(Maximum Royalty)是指贸易双方除了在合同中规定技术使用费的提成基础和提成率或提成费，还确定一个最高的提成金额。若按提成方法计算的技术使用费大于最高提成金额，则按最高提成金额支付使用费，超过最高提成金额的部分不予支付。

最高提成法对技术受方更为有利，超过最高提成费的全部收益由技术受方独自占有，这样能够促使受方不断扩大产品市场，开拓生产和销售空间，维护受方的经济利益。在通常情况下，最高提成法适用于销售前景好的产品，否则规定最高提成费没有实际意义。最高提成法经常被作为最低提成法的对等条件在合同中使用。

在提成支付方式中，贸易双方应特别注意的问题是提成的期限。提成的时间越长，供方获得的提成费总额就越大，受方承受的负担就越重，所以提成时间过长对技术受方是不利的。我国《技术引进合同管理条例》规定：“合同的期限应当同受方掌握引进技术的时间相适应，未经审批机关特殊批准不得超过10年。”确定提成期限时应综合考虑技术和产品的寿命周期、专利和合同的有效期限、有关的法律与法规、各种风险以及最低的销售目标与销售收入等因素。

3. 入门费与提成费结合支付

入门费与提成费结合支付(Initial Payment Plus Royalty)是指技术受方在签约后的一定时间内先向技术供方支付一笔约定的费用，即入门费或初付费，其余技术使用费再按合同中规定的提成方式计算支付。这种支付方式综合了前两种方式的特点，既可以保证供方先得到部分补偿，又可以减轻受方的经济负担，使双方共同承担风险，因此是目前国际上最普遍的支付方式，也是我国技术引进合同中比较常见的一种支付方式。

入门费的金额应在充分地分析供方转让技术的各项成本费用的基础上合理确定，原则上要包括以下内容。

(1) 技术转让的直接费用，如供方在谈判中接待受方的来访与考察时，准备和提供某些资料所发生的费用。

(2) 技术供方为满足受方需要，提供专门设计或特殊技术协助的费用。

(3) 技术披露费或技术公开费，是技术转让前供方为向受方介绍技术的有关情况而泄露某些技术秘密，受方所给予的一定的经济补偿，以弥补供方已经发生或可能发生的损失。

(4) 定金是一笔技术受方的预付款项，以进一步确定双方的买卖关系，可以在以后的提成费中分批扣除。

从理论上来说，入门费与提成费之和应高于总价支付的技术使用费，但是通常提成率或提成费和提成期限都会相对较低。目前，国际上出现入门费小额甚至完全取消的趋势，这主要是因为技术受方在其所在国的生产销售，相比技术供方直接出口的费用要少很多，入门费的减少成为国际上的普遍要求。我国多数技术引进项目的入门费偏高，这与我方派遣考察和培训人员过多、谈判人员能力有限等因素都有关系。

总体而言，每种支付方式都有利弊，供受双方应在平等、公平的基础上友好协商，确定一个双方都愿意接受的合理方式，以利于国际技术贸易合作的顺利进行，从而建立良好的合作伙伴关系，共同赢得国际技术贸易利益。

8.3.2 支付工具

1. 支付货币

支付技术使用费的货币可以是技术供方国家的货币，也可以是技术受方国家的货币，还可以是供受双方以外的第三国的货币。具体使用哪种货币，供受双方应该通过协商决定，并在合同中明确规定，以免在费用支付过程中招致不必要的麻烦，影响双方的合作关系。

支付货币的选择一般要考虑货币发行国的宏观经济状况，特别是通货膨胀和一段时间内的汇率变动情况。一般使用币值比较稳定的货币，以减少由于汇率变动和通胀变化可能造成的损失，这样对贸易双方都有利。目前，国际上结算时经常使用的货币一般有美元、英镑、欧元、日元等。我国在国际技术贸易中一般使用技术供方国家的货币作为支付货币。然而，随着人民币国际化的进程不断向前推进，人民币在国际贸易中具有一定的流通度，国际贸易中以人民币结算的交易比重会不断增加。

考虑技术使用费支付问题时还应注意合同中规定的计价货币。计价货币是衡量技术使用费额度的工具，计价货币的选择直接关系技术使用费支付的额度，特别是按支付时的市场汇率换算的情况。若按合同规定汇率或按签约时的汇率计算支付以后的使用费，则不存在上述问题。最为稳妥的方法是计价货币和支付货币使用同一种货币，这样可以避免很多麻烦。

2. 汇票

汇票是技术转让交易中最主要的支付工具。合同中虽然规定支付货币，但是国际技术贸易中很少直接进行货币支付，而是利用汇票，通过银行进行支付。

2004年8月28日公布的《中华人民共和国票据法》规定：汇票是出票人签发的，委托付款人在见票时或者在指定日期无条件支付确定的金额给收款人或持票人的票据。国际上多数采用的对汇票的定义出自《英国票据法》，其中规定：汇票是一个人向另一个人签发，要求见票时或在将来的固定时间或可以确定的时间，对某人或其指定的人或持票人支付一定金额的无条件的书面支付命令。

按照付款时间的不同，汇票分为即期汇票和远期汇票，前者是指在提示或见票时立即付款，后者是指在一定期限或特定日期付款。国际技术贸易中，技术受方一般开立即期汇票，连同有关单据通过银行向技术供方支付款项。

8.3.3 支付时间

技术转让过程通常比较烦琐，技术使用费支付时间的长短与技术的总价直接相关，因此技术使用费的时间价值应成为贸易双方关注的问题之一。

技术供方为提早收回技术转让的各项成本和预期收益，倾向尽早完成付款；技术受方为降低技术和商业风险，以技术使用费的支付促使供方保质保量地履行合同义务，倾向较晚完成付款，通常将支付使用费的时间与受方履行义务的环节相联系。供受双方应在考虑技术的价格、支付的方式、货币的时间等因素的基础上，友好协商解决技术使用费的支付问题，并在技术转让合同中予以明确。

(1) 在总价支付的情况下，通常采用分期支付方式，支付的次数和每次的数额一般根据技术的难易程度、技术引进的进度等由双方协商确定。如在条款中双方规定：合同生效后30天内，支付合同金额的10%；合同生效后3个月内，收到第一批资料后，再行支付合同金额的15%；合同生效后12个月内，完成技术培训后30天内，再行支付合同金额的15%；合同生效后18个月内，收到第二批资料后，再行支付合同金额的15%；合同生效后24个月内，完成产品考核验收后，再行支付合同金额的20%；合同生效后36个月内，再行支付合同金额的10%；合同生效后第4年至第6年内，每年支付合同金额的5%。

(2) 在提成支付的情况下，支付时间一般规定为季度、半年或一年，并据此计算每个时期的提成费总额。如在条款中双方规定：本合同提成费的计算时间从合同生效之日后的第4个月开始，按日历年度计算，每年的12月31日为提成费的结算日，结算日之后30天内交付。

(3) 在入门费与提成费结合支付的情况下，入门费的支付时间以及技术引进每一阶段提成费的支付条件和支付时间都应在合同中写明。例如，在条款中双方规定如下所述。

1. 本合同第××章规定的合同费用，甲方按下列办法和时间向乙方支付

(1) 甲方收到下列单据，并审查无误后30天内向乙方支付入门费的20%。

① 由乙方出具的保证函。在乙方不能按照合同规定交付技术资料时，保证偿还甲方××美元。

② 即期汇票正、副本各一份。

③ 支付全额为入门费总价的形式发票正本一份，副本三份。

④ 乙国政府当局出具的出口许可证影印件一份。

(2) 甲方收到乙方交付第一阶段产品的下列单据并审查无误后30天内向乙方支付入门费的20%。

① 即期汇票正、副本各一份。

② 商业发票正本一份，副本三份。

③ 空运提单正本一份，副本三份。

④乙方出具的第一阶段产品的技术资料、样机、铸件和备件交付完毕的证明信正、副本各一份。

(3) 甲方收到乙方交付第二阶段产品的下列单据并审查无误后30天内向乙方支付入门费的30%。

① 即期汇票正、副本各一份。

② 商业发票正本一份，副本三份。

③ 空运提单正本一份，副本三份。

④ 乙方出具的第二阶段产品的技术资料、样机、铸件和备件交付完毕的证明信正、副本各一份。

(4) 合同产品第一批样机验收合格后，甲方收到乙方下列单据并审查无误后30天内向乙方支付入门费的30%。

① 即期汇票正、副本各一份。

② 商业发票正本一份，副本三份。

③ 双方签署的“合同产品考核验收合格证书”影印本一份。

2. 本合同第××章规定的提成费，甲方将在抽样产品考核验证合格后按下述办法和条件向乙方支付

(1) 甲方收到乙方下列单据并审查无误后30天内向乙方支付提成费。

① 即期汇票正、副本各一份。

② 商业发票正本一份，副本三份。

③ 该年提成费计算书一式四份。

(2) 甲方在每日历年度结束后30天内，向乙方提交一份甲方在上一日历年度的每种型号的产品实际销售量的报告。

(3) 在合同期满年度内，甲方在合同终止后60天内将提交一份最后销售合同产品数量的报告，以便乙方计算提成费。

8.3.4 清算时间

国际技术贸易中各种费用和款项的清算通常通过托收和汇付两种方式进行。

1. 托收

根据国际商会制定的《托收统一规则》(《URC522》)的定义，托收(Collection)是指由接到托收指示的银行根据所收到的指示处理金融单据和/或商业单据，以便取得付款或承兑，或凭付款或承兑交出商业单据，或凭其他条款或条件交出单据。

在国际技术贸易中，一般是技术供方开立即期汇票，连同有关单据一起交由双方选择的银行，由该行委托技术受方所在地银行，向技术受方收取技术使用费。托收使用费时，技术供方应提供以下单据。

(1) 供方政府出具的有效出口许可证或无须出口许可证的证明文件。

(2) 即期汇票正、副本各一份。

(3) 寄送技术资料的商业发票，作为供方履行合同义务的证明，也是双方核对账目的根据，可根据需要规定正、副本份数。

(4) 邮寄技术资料、正式技术咨询报告的邮运单或空运单影印件，以反映供方履行寄送技术资料义务的真实日期和情况，一般要求一式两份。

(5) 银行保函，由技术供方申请银行开立，银行保证供方未能按双方协议履行责任或义务时，由银行代其履行一定金额、一定期限范围内的经济赔偿责任。

2. 汇付

汇付(Remittance)又称汇款，是指付款人主动通过银行或其他途径将款项汇缴给收款人。在国际技术贸易中，通常在采用入门费与提成费结合支付的方式时，技术受方才会采取汇付方式，通过银行向技术供方支付使用费。

汇付入门费通常发生在供方开始履行合同之前，为减少受方因此承担的风险，供方需要提供银行开立的以受方为受益人的保函，保证收到入门费款项后，若不履约或违约，由银行退回所付款项及利息。

8.4 国际技术贸易中的税费征收

在国际技术贸易中，技术的供受双方均需履行依法纳税义务。各国政治、经济和法律制度不同，税法规定也存在较大差异，因此了解各国技术贸易的税收，特别是税种与税收的关系，对签订技术转让合同、避免不必要的损失、保护自身正当权益、争取最大效益都有积极的作用。

8.4.1 国际技术贸易中的常见税种

从各国税收体系来看，税种大致可分为三种类型：所得税类(如个人所得税、企业所得税)、财产税类(如房产税、土地使用税)、流转税类(如关税、增值税)。国际技术贸易主要涉及以下三种税型。

1. 所得税

所得税(Income Tax)是国际技术贸易涉及的最主要税种，征税对象是技术使用费所得。所得税的征收涉及双重管辖权，即地域管辖权和公民管辖权，技术供方需在受方所在国就所得使用费履行纳税义务，同时作为居民在本国履行纳税义务。对于同一笔来自国外的所得由两个国家征税，这就涉及不同国家之间的利益分配，涉及国家征税权。

2. 财产税

与技术贸易相关的财产税(Property Tax)是指对通过许可贸易转让的技术发明所征的税。按照不同国家的法律，技术发明的财产税不尽相同。通常技术发明在本企业使用时免征财产税，而以许可形式出让时需要征收财产税。在实践中，计征的依据以估算的许可收益为准，常与许可使用费有关，由技术供方缴纳，供方转而计入转让技术的直接费用之中，将税负转嫁给技术受方。

3. 流转税

(1) 关税。关税(Tariff)是各国海关对进出该国关境或国境的商品征收的税种，是对有形流转商品计征的一种税，对国际技术贸易的影响不大。技术贸易一般不与海关发生直接联系，但是当技术贸易涉及引进技术设备、仪器，则应对引进的技术设备、仪器征收关税。根据《中华人民共和国海关进出口条例》的规定，符合进出口关税条例规定条件的货物，可以免税或减税。因此，海关可以根据国家有关技术政策，对特别的技术商品给予减免税的优惠。

(2) 增值税。增值税(VAT)是对企业生产产品，依照其附加价值量所征收的税种。当技术受方利用引进技术生产产品时可能遇到征收增值税的情况。

8.4.2 国际技术贸易中的征税方式

国际技术贸易征税的核心是对技术使用费征收所得税，世界上大多数国家都根据居住地和所得来源地相结合的原则征收。技术供方所在国(居住国)依据居民管辖权原则，要求供方在居住国缴纳所得税，而技术受方所在国(所得来源国)依据从源管辖权原则，对来自该国的技术使用费征收所得税。

1. 技术受方政府对技术使用费的征税

若技术供方在技术受方所在国设有营业机构，则供方的技术使用费收入计入其营业利润中，按企业所得税征收。企业所得税在美国被称为公司所得税，在日本被称为法人所得税。

若技术供方在技术受方所在国没有营业机构，则采取从源管辖权原则，由技术受方在支付技术使用费时代税务部门扣缴，并将预先扣留的技术使用费所得税上缴国库，向当地税务部门报送扣缴所得税报告表。这种征税方式称为预提所得税，是国际上普遍采用的做法，目的是避免该国直接向技术供方征税的麻烦和困难，防止税款的流失。

2. 技术供方政府对技术使用费的征税

技术供方政府根据居民管辖权原则，有权对其居民从国内外获得的合法收入依法征税。简单地说，居民包括在该国从事经济活动和交易、拥有经济利益的法人和在该国从事一年以上经济活动和交易的自然人。因此，技术供方面临两国政府对同一收入所得的重复征税。

8.5　国际技术贸易中的双重征税

国际技术贸易是一种跨越国界的经济活动，涉及国际收入的跨国流动，技术供受双方所在国都可以行使税收管辖权，对同一笔技术使用费征收所得税，参与国际经济利益分配，这就是引起国际普遍关注的双重征税问题。

8.5.1　双重征税问题产生的原因

双重征税是指对某一所得、收益或某项财产同时进行了两次以上的征税。双重征税现象通常在以下情况下发生：第一，国家实行复税制，对同一纳税人的同一征税对象重复征税，如商品流转额，既征流转税又征所得税；第二，纳税人具有跨国性，拥有双重居民身份，是两个或两个以上国家的居民，如跨国公司；第三，收入来源具有跨国性，不同国家可依不同税收管辖权对同一国际收入征税，如国际技术贸易中的使用费。

国际技术贸易中的双重征税问题主要是由不同的税收管辖权所致，是指两个或两个以上的国家政府，依据各自的税收管辖权，在同一时期对同一个跨国纳税人就同一笔跨国所得按同一税种征税。

税收管辖权是指一国政府进行征税的权利，是国家主权在税收领域内的体现。任何一个主权国家，在不违背国际法和国际公约的前提下，都有权选择最优的或对本国最有利的税收制度，并决定纳税主体(即由谁来纳税)、纳税客体(即对什么征税)、纳税数量(即征多少税)。

各国在征税上总是基于主权的属人效力和属地效力来确定各自主张的税收管辖权。在所得税和一般财产税上，各国基于主权的属人效力所主张的税收管辖权表现为居民税收管辖权，而基于主权的属地效力所主张的税收管辖权为地域税收管辖权(或从源管辖权)。

居民税收管辖权是征税国基于纳税人与征税国存在居民身份关系的法律事实而主张行使的征税权，纳税人作为征税国居民负担无限纳税义务，对来自国内外的一切应税收益、所得或财产价值缴税。

地域税收管辖权(或从源管辖权)是征税国基于作为征税对象的收益、所得或财产来自或存在于本国境内的事实而主张行使的征税权。征税国对所有来自本国的应税收入一律征税，纳税人承担有限纳税义务，仅对来自征税国境内的收益或所得或存在于征税国境内的财产价值向该国政府承担纳税义务。

8.5.2 双重征税对国际技术贸易的影响

双重征税问题有损于国际技术贸易双方及其国家的经济利益，影响了国际技术转让和引进的积极性，不利于国际技术贸易的健康发展。

对技术使用费的双重征税使技术供方的实际收益减少，为达到预期收益，供方往往提高技术报价，这样就降低了市场竞争力，在国际市场上处于不利地位。

例如，美国技术供方向中国企业转让某项技术，获得技术使用费100万美元，中国的所得税率为20%，美国的所得税率为40%，双重征税后美方的实际使用费所得为

$$100\times(1-20\%-40\%)=40(\text{万美元})$$

若只考虑美国征税，税后美方使用费所得为

$$100\times(1-40\%)=60(\text{万美元})$$

美方为确保双重征税后仍有52万美元的收入，将报价提高到

$$60\div(40\div100)=150(\text{万美元})$$

技术供方为避免双重征税对预期收益的影响而提高报价，将征税负担转嫁给技术受方。增加了技术受方的经济负担，提高了技术引进的成本，从而降低了应得的新增利润。为保证引进技术的利润所得，技术受方很可能选择同类技术或替代技术的其他供方。因此，双重征税不利于技术供受双方的谈判协商和国际技术转让合同的达成，使国际技术贸易的宏观环境恶化，成为国际技术贸易发展的一种人为障碍。

双重征税降低了技术提供国企业的国际市场竞争力，减少了国际技术转让和技术产品出口的机会，外汇收入相应减少，不利于国际收支。双重征税增加了技术引进国企业的引进费用，外汇流出相应增加，使国际收支恶化。

总之，双重征税给技术供受双方都带来了不利影响，影响了世界经济和技术的发展，因此，双重征税问题是国际技术贸易中必须要解决的重大问题。

8.5.3 国际技术贸易中双重征税的应对措施

国际技术贸易中的双重征税问题源自双重税收管辖权，从理论上讲，避免双重征税最简单的办法是统一税收管辖权，但是由于税收管辖权涉及各国的经济利益和经济主权，因此很难实施该方法。尽管如此，各国政府还是采取了具体的措施，通过对内立法和对外协商来解决双重征税问题，减轻国际技术贸易当事人的税务负担，主要包括以下措施。

1. 通过国内立法解决

各国政府通过国内立法，确定一种减免税原则，规定地域税收管辖权优先征税，居民

所在国根据纳税人已纳税情况，采取免税、抵税和扣除等措施再行征税。

1) 免税法

免税法是指技术输出国和技术输入国一方放弃行使税收管辖权，对技术使用费不征税，包括两种情况：一是技术输出国完全放弃居民税收管辖权，对本国居民在国外所得不征税，由收入来源国征税；二是技术输入国完全放弃地域税收管辖权，对来自本国的国外收入不征税，由居民所在国征税。

由于大多数国家不愿意放弃税收权益，目前采用这种方法的只有少数国家，而且大都根据国际协定实施。例如，英国与比利时、荷兰、德国、法国、丹麦等都签订了税收协定，规定上述国家对英国企业的技术使用费和劳务收入给予免税。

2) 抵税法

抵税法是指技术输出国允许本国居民就来自国外的收入缴纳税款时，减免已在收入来源国所缴纳的全部或部分税额。具体分为以下几种情况。

(1) 技术输出国所得税率高于技术输入国所得税率情况下的全额抵免。全额抵免又称自然抵免，是指纳税人在收入来源国所纳税额，在本国应纳所得税额中可以直接全部扣除，即国内应纳税额=(国外所得额+国内所得额)×国内税率−国外纳税额。若技术输出国和技术输入国的所得税率完全相同，全额抵免实际上就是免税。

(2) 技术输出国所得税率高于技术输入国所得税率情况下的限额抵免。限额抵免是指纳税人在收入来源国所纳税额，在本国应纳所得税额中抵免不能超过一定的抵免限额，超出限额部分由纳税人自己负担，即国内应纳税额=(国外所得额+国内所得额)×国内税率−抵免限额。其中，抵免限额=国内纳税额×[国外所得额÷(国外所得额+国内所得额)]，若抵免限额大于国外纳税额，则实际上是全额抵免。

(3) 技术输出国所得税率低于技术输入国所得税率情况下的最高限额抵免。当技术输入国的所得税率比技术输出国的所得税率高时，技术输出国只能按本国所得税率计算的外国所得税额进行抵免，即全额抵免，而不会将两国税收差额补贴给本国居民。

抵税法不仅在很大程度上解决了双重征税问题，减轻了纳税人的税务负担，而且兼顾了地域税收管辖权和居民税收管辖权，保证了技术输出国和输入国双方的利益，因此成为国际上许多国家普遍采用的方法。

我国一般采用限额抵免法。《中华人民共和国企业所得税法》第三章第23条规定，纳税人就源自中国境外的所得，已在境外实际缴纳的所得税税款(不包括减免税或纳税后又得到的补偿，或他人代为承担的税款)，准予在汇总纳税时，从其应纳税额中扣除，但是扣除额不得超过其境外所得依照中国税法规定计算的应纳税额。如果中国与相关国家已签订避免双重征税协定，且该协定已生效，则可按协定的有关规定办理。

3) 扣除法

扣除法是指技术输出国允许本国居民将已在收入来源国所缴纳的税额从国外收入中扣除，剩余部分再按本国所得税率纳税，即国内应纳税额=(国外所得额+国内所得额)×(1−国外所得税率)×国内所得税率。

扣除法虽然减轻了技术贸易双方的经济负担，但仍然带有双重征税的性质，因此国际上很少采用这种方法。

2. 通过双边或多边协定解决

政府间签订双边或多边避免双重征税协定，承诺共同采取措施，限制税收管辖权的实施范围，可以使税收利益在国家间均衡分配。

避免双重征税协定又称国际税收协定，是指国家间通过谈判达成的双边或多边税收协定，为协调国家间的税制差异和税收利益冲突、实现国际税务合作发挥了积极作用，为世界各国所普遍接受和采用。目前，世界上许多国家都签订了避免双重征税协定，我国先后与20多个国家签订了类似协议。此外，一些国际组织为国家间签订避免双重征税协定制定了范本，其中比较有影响的是1977年经济合作与发展组织(OECD)制定的《关于对所得和资本避免重复课税的协定范本》(Model Tax Convention on Income and on Capital)(简称OECD范本)和1979年联合国经济和社会理事会(UN Economic & Social Council，ECOSOC)制定的《发达国家与发展中国家关于避免双重课税的协定范本》(United Nations Model Double Taxation Convention Between Developed and Developing Countries) [①](简称UN协定范本)。避免双重征税协定中与国际技术贸易有关的内容主要包括以下几个方面。

1) 关于税收管辖权的规定

(1) 采用居民税收管辖权优先原则，税收管辖权基本上属于技术输出国，技术输入国原则上放弃税收的地域管辖权。这种方法在西欧国家间实行较多，因为西欧各国经济条件和技术发展水平相近，技术和经济交流频繁，因此税收利益在各国的分配大致可以平衡。

(2) 采用地域税收管辖权优先原则，税收管辖权基本上属于技术输入国，技术输出国原则上放弃税收的居民管辖权。目前，采用这种方法的只有法国等少数几个国家，而且法国规定，居民使用权的放弃要以纳税人将税后全部所得汇回本国为条件。

(3) 技术输出国和技术输入国共同行使税收管辖权，地域管辖权优先，但技术输入国要对技术供方的技术使用费和劳务费给予减税的优惠，让渡部分税收利益给技术输出国。这种方法是国际上普遍采用的方法，也是上述两个范本所倡导的方式。

2) 关于征税范围的规定

协定中对征税范围的规定由各缔约方协商决定，视国家具体情况而定。联合国经济和社会理事会拟定的范本中规定征税的范围包括不动产所得、营业利润、船运等运输利润、合营企业利润、股息、利息、特许权使用费、资本所得、劳务活动所得、表演家和运动员所得、资本等。

3) 关于避免双重征税具体办法的规定

协定中规定的避免双重征税的具体办法一般有免税法、抵税法和扣除法。需要注意的是，OECD和ECOSOC拟定的范本中都涉及税收饶让抵免的内容。许多发展中国家为了鼓励外商投资和引进先进技术，一般都会对相关经济活动给予税收优惠待遇，实行税收减免政策。但在采用抵税法征税时，技术供方在技术输入国所享有的税收优惠在本国无法继续保持。由于抵免额的减少，供方在本国要缴纳更多的税费，其纳税总额并没有减少。为了

---

① http://www.un.org/esa/ffd/documents/UN_Model_2011_Update.pdf.

解决这一问题，发展中国家在签订协定时可以要求对方给予税收饶让减免，即对技术供方在国外因享受税收优惠而缴纳的税费，视为已按正常税率缴纳的税款，使技术供方获得真正的好处，从而促进国家间经济技术合作的发展。

8.5.4 国际技术贸易合同中税费条款的注意事项

各国税收制度不尽相同，对技术使用费征税的规定也不相同，在实际操作中还可能遇到双重征税问题，因此国际技术贸易双方都应对两国税收法律法规及国际惯例和通行做法进行充分的了解，在技术转让合同中对税费条款进行明确具体的规定。在实践中要注意以下问题。

1) 税费条款中应明确划分技术输出国和技术输入国的税收负担问题，指明两国税收的缴纳方

一般情况下，技术输出国和输入国对技术供方征收的与执行合同有关的一切税收，由技术供方缴纳；技术输入国对技术受方征收的与执行合同有关的一切税收，由技术受方缴纳。以中国为例，拟定技术引进合同中的税费条款时可以参照下列条款。

(1) 与尚未与我国签订避免双重征税协定的技术供方订立税费条款。“中国政府根据现行税法对被许可方课征有关执行本合同的一切税费，由被许可方支付。中国政府根据《中华人民共和国个人所得税法》(以下简称《个人所得税法》)和《中华人民共和国外商投资企业和外国企业所得税法》(以下简称《外国企业所得税法》)对许可方课征有关执行本合同的一切税费，由许可方支付。”“上述外国企业所得税将由被许可方从本合同第××章规定的支付中予以扣除，并代向中国税务当局缴纳。被许可方应向许可方提供税务当局出具的税款收据正本一份。”“在中国境外课征的有关执行本合同所发生的一切税费，将由许可方支付。”

(2) 与已与我国签订避免双重征税协定的技术供方订立税费条款。“根据中国政府现行税法，被许可方在履行本合同时所发生的一切税费，由被许可方负担。”“根据中国政府和日本国政府签订的《中华人民共和国政府和日本国政府关于对所得避免双重征税和防止偷漏税的协定》，许可方在履行本合同时，在中国发生的一切税费，由许可方负担。”“上述规定的税费，由被许可方从本合同第××章规定的支付中予以扣除，并代向中国税务当局缴纳。被许可方应向许可方提供税务当局出具的税款收据正本一份。”

2) 税费条款中的规定不得违反所涉及国家的税法

我国《外国企业所得税法》和《个人所得税法》规定，我国政府对来自中国境内的所得均须征收外国企业所得税和个人所得税(给予免税优惠的除外)。因此，我国技术受方代替外国技术供方缴纳我国政府对外方的课税(即所谓的“包税条款”)就违背了我国税法的规定，也不能为我国政府所接受。

第9章 国际技术贸易的程序

本章主要介绍国际技术交易前对拟交易技术、技术贸易方式以及技术招投标等问题的确定；国际技术贸易准备阶段的技术项目论证、对外技术询价与比价、技术进出口审批等；国际技术贸易谈判的特点、准备、步骤以及策略；国际技术贸易合同的签约和履行。

9.1 国际技术交易前应确定的问题

9.1.1 确定拟交易的技术

1. 拟引进技术的选择

引进技术必须符合本国国情，充分利用本国资源、技术力量和现有的生产经营条件，只有这样引进技术项目，才能获得最佳的经济效益。各国经济发展水平不同，工业化程度不同，国内技术条件、经济环境和自然条件不同，因此选择技术的原则和标准也各有差异。一般来说，选择技术要从宏观和微观两方面考虑，主要应符合以下几项标准。

(1) 经济性。企业引进技术的根本目标是经济性或经济效益。经济效益可以从两个方面衡量：直接经济效益和间接经济效益。直接经济效益包括对企业成本、销售额和利润的影响，其效果可反映在企业的财务报告中；间接经济效益包括对企业的无形资产方面的影响，如技术优势、商誉和产品市场竞争力等，也包括对社会的影响，如就业、环保和本地区经济发展等，后者往往很难在数量上做出准确的评价。

(2) 先进性。评价一项技术的先进性有多种方式：按产品发展周期可以分为开发期技术、成长期技术、成熟期技术和衰老期技术等；按技术的先进程度可以分为高新技术、先进技术和传统技术等。一般来说，企业应当引进先进程度超过国内现有水平的技术，同时不能片面追求技术先进，而不考虑适用性问题。企业应根据本国的实际情况、技术水平、接受能力等因素来决定引进技术的先进程度。许多经验证明，一味强调先进性，往往欲速则不达。

(3) 适用性。技术的适用性是指引进的技术适用具体的社会环境和条件。[①]引进技术必须符合本国的国情，符合国民经济和人民生活的需要。确定技术适用性的标准一般包括以

---

① 李怀强，王国胜. 谈引进技术的选择与论证[J]. 经济经纬，1997(2)：60-61.

下4个方面。

① 目标的适用性，即该项技术有利于经济发展政策目标的实现。

② 产品的适用性，即该项技术的最终产品和服务必须能够满足市场需要。

③ 工艺的适用性，即生产工艺必须能够充分利用国内资源，有效地利用投入的生产要素。

④ 文化和环境的适用性，即该项技术的生产工艺过程和产品必须符合本国的环境和文化背景。

许多国家对引进的技术标准都做出了规定。《中华人民共和国技术进出口管理条例》第七条规定："国家鼓励先进、适用的技术进口。"引进国外先进和适用的技术，有利于推动国内企业在较高水平上实现技术跨越，企业可以直接利用国外先进的技术、工艺、生产模式和经营管理方式，提高产品质量，开发生产新产品，提供新服务，增强市场竞争力；有利于把自主研究开发与引进、消化吸收国外先进技术相结合，促进技术集成、融合、升级和提高，形成更多的自主知识产权，推动国家整体技术水平的飞跃。因此，引进国外先进和适用技术，对于我国科学技术水平的提高、经济发展和综合国力的增强，都具有十分重要的意义。

(4) 合法性。技术进口方不得进口国家禁止进口的技术；进口属于限制进口的技术必须经国务院主管部门审批，否则将会被依法追究法律责任，并受到处罚；进口属于自由进口的技术不需要经主管部门批准，只需履行登记手续。因此，在具体项目中，技术进口方必须弄清楚哪些技术属于自由进口的技术，哪些属于限制进口的技术，而哪些属于禁止进口的技术，具体可以参照外贸主管部门同其他部门一起制定的关于自由进口、限制进口和禁止进口的技术目录。

为了积极扩大先进技术、关键装备及零部件、紧缺资源性产品的进口，支持重点行业发展，更好地发挥进口贴息政策对促进技术创新和结构调整的积极作用，2014年3月，国家发展改革委、财政部、商务部印发了《鼓励进口技术和产品目录(2014年版)》，并且适时对目录进行更新。2007年，根据《中华人民共和国对外贸易法》和《中华人民共和国技术进出口管理条例》，商务部修订了《中国禁止进口限制进口技术目录》，并于2009年修订了《禁止进口限制进口技术管理办法》。

2. 拟出口技术的选择

在技术出口贸易的发展方面，发达国家和发展中国家极为不平衡，发达国家是世界主要的技术出口方，而发展中国家的技术出口只占很小的比重。发达国家往往出于政治、军事和经济的目的，对一些高新技术及其产品的出口进行严格限制。因此，在拟出口技术的选择上，发达国家大多是以技术带动技术设备出口、产业化的高技术产品出口、技术与投资方式相结合的出口等；发展中国家由于技术相对落后，主要采取技术出口与国际工程承包、劳务合作等传统方式相结合的形式。近年来，一些发展中国家，如中国、印度、巴西等的经济和科技水平发展迅速，出口技术的选择也逐渐多样化。

对于技术出口方来说，了解我国技术进出口的基本法律法规、明确出口技术的范围十分必要。我国对外贸易政策总体上是自由贸易政策，从一般意义上来说，我国准许技术的自由进出口，对于某些技术出口，如成熟的产业化技术出口，国家实行鼓励政策，但法律和行政法规规定限制或者禁止出口的技术除外。我国技术出口应遵循以下6项原则。

(1) 遵守我国的法律法规；

(2) 符合我国外交、外贸和科技政策并参照国际惯例；

(3) 遵守我国对外签订的协议和履行所承担的义务；

(4) 不得危害国家安全和社会公共利益；

(5) 有利于促进我国对外贸易发展、科学技术进步以及经济技术合作；

(6) 保护我国经济技术权益和我国产品在国际市场上的竞争地位。

2001年根据《中华人民共和国对外贸易法》和《中华人民共和国技术进出口管理条例》，对外贸易经济合作部和科学技术部发布了《中国禁止出口限制出口技术目录》。2008年，商务部和科学技术部修订了《中国禁止出口限制出口技术目录》，对外贸易经济合作部、科学技术部发布的2001年第16号令《中国禁止出口限制出口技术目录》同时废止。

9.1.2 确定技术贸易方式

每一种国际技术贸易方式都有自己的特点和优势，在具体进行技术贸易之前应根据技术进口方和出口方的要求，选择最佳的技术贸易方式，使技术贸易双方都能通过技术转让而达到各自的具体目标。在选择技术贸易方式时，应考虑国际技术贸易标的的特殊性以及国际技术市场格局的特点。技术持有人，特别是跨国公司在技术贸易中占据主要地位，往往主导技术贸易方式的选择。因此，包括技术进口方在内的有关当事人应从技术持有人的角度，研究和掌握影响技术贸易方式的主要因素。通常，选择技术贸易方式时应当考虑以下几个因素。

1. 根据交易目的选择国际技术贸易方式

所谓交易目的，是指国际技术贸易各方通过技术转让所要达到的目标。一般来说，技术进口方和技术出口方的交易目的不同，前者的目的主要是开发新产品、解决技术难题、填补技术空白、进入国际市场等；而后者的目的主要是获得技术转让的经济收益、扩大国际市场占有份额、利用技术作为非股权控制手段、通过技术转让转移过时技术使自己的技术和产品得到更新等。在进行技术交易时，无论技术进口方还是出口方都需要根据各自技术转让的目的，比较不同的技术贸易方式所带来的各种不同的经济效果。

2. 根据交易标的选择国际技术贸易方式

国际技术贸易所涉及的技术范围十分广泛，有专利技术、专有技术、商标、计算机软件著作权和技术咨询与服务等。这些技术的内容与形式存在很大差异，适用某一技术的贸易方式不一定适用另一种技术。例如，专利技术、专有技术、专利技术与商标或者专有技术与商标等可以使用许可贸易方式，但单纯的商标大多采用特许经营方式；工程技术咨询更适合工程承包方式；工业产品的制造技术所有人一般倾向进行技术投资，创建新企业，生产和销售产品；计算机软件技术的特殊性决定了其可以采用合作研究与开发及技术许可方式。我们应根据不同技术的特点来选择合适的技术贸易方式。

3. 根据交易方式的特点选择国际技术贸易方式

不同交易方式的业务程序不同，这会给有关当事人，特别是技术持有人带来不同的风险。如许可贸易方式有比较大的泄密风险，对技术持有人的长期技术垄断地位有一定的影响，因此，在技术的开发期和成长期，技术所有人往往愿意选择技术产品出口和对外直接投资的方式。但存在下列情况时，技术持有人也愿意选择许可贸易方式进行技术转让：东道国限制产品进出口及直接投资；国外特定市场规模比较小；技术扩散风险很小或者放弃技术控制的成本很低。在选择技术贸易方式时应比较不同方式的优缺点，权衡利弊。这些利弊表现在技术转让方法、技术保密程度、技术价格的确定、技术使用费的支付、技术转让法律的运用、争端处理等方面。这些方面的变化体现为国际技术贸易双方当事人利益的转移，应根据利润最大化原则选择技术贸易方式。

4. 根据企业条件选择国际技术贸易方式

参与交易的企业自身条件有很大差别，在选择技术贸易方式时应结合企业自身条件。企业自身条件包括企业的技术水平、经营状况和经营环境等。企业的这些条件决定企业选择许可贸易、技术咨询与服务、国际技术投资、国际工程承包，还是产品和机器设备一起进行的技术贸易方式。根据邓宁(John Harry Dunning)的“国际生产折中理论”，当企业拥有所有权优势、区位优势和内部化优势时，通常会选择对外直接投资，从事跨国经营；如果企业只拥有所有权优势，则只能进行对外许可贸易。另外，商务环境也是影响企业选择技术贸易方式的重要因素，发展中国家的企业在引进技术时，一般比较愿意选择合资经营或者补偿贸易的方式。

5. 根据技术补偿情况选择国际技术贸易方式

国际技术贸易方式不同，其技术补偿方式也不尽相同。一般情况下，技术转让的净利润来自技术这种特殊商品的附加价值。这种附加价值由5部分构成：研究与开发的附加价值、加工过程的附加价值、装配过程的附加价值、市场分配过程的附加价值和销售过程的附加价值。研究与开发附加价值的增值在国际技术贸易中最大，而其余4个环节附加价值的增值在国际技术贸易中并不明显，甚至不存在。依据利润最大化原则，技术所有人应选择经济效益最佳的技术贸易方式。因此，技术所有人通过国际技术投资方式将研究与开发技术成果转移到国外，在当地设厂、加工、装配并建立销售渠道，从而实现其他4个环节附加价值增值的最大化。

9.1.3 技术招标和投标

1. 技术招标与投标的概念

技术招标与投标是一种以竞争为基础的技术交易方法，是将一般招标方法应用在技术领域。技术招标是指技术招标人根据所需的技术，通过招标的方式提出自己对技术的具体要求和条件，以吸引多家技术提供者前来投标，从中选择提供最优条件的投标人(中标人)并与其订立技术合同的一种技术交易活动。它是传统的招标模式在技术领域的推广。与技术招标相对应的是技术投标。技术投标是指技术卖方(即投标人)，根据招标人对技术的要求和条件，在限定的期间对招标技术提出报价，向招标人发出愿意订立合同的意愿。

投标本身是一种要约的法律行为，投标文件在投标的有效期限内会发生以下两个方面的效力。①对于投标人有法律约束力。投标文件一经密封并寄出，在有效期限内不得变更或撤销，其有效期限至决标之日止。因此，投标的特点在于投标人只有一次提出条件的机会，不可能在知道他人的报价后再重新提出条件。投标后，投标人负有与招标人订立技术合同的义务，如果撤回投标文件，在已交保证金的情况下，将丧失保证金。②招标人享有从各投标人中选择最优者的权利，即享有承诺人的资格。招标人可以与中标人订立合同，但没有必须订立合同的义务，除在招标通告或招标文件中说明必须选择最优条件者签订合同外，可以废除全部投标，另行招标。

2. 技术招标与投标的特点

与其他技术交易形式相比，技术招标与投标具有如下特点。

(1) 竞争性强。招标与投标活动最突出的特点是竞争性强。虽然一般技术交易也存在竞争，但技术招标与投标的竞争性更强，目标更集中。技术招标与投标能够体现技术竞争、经济竞争和效率竞争。技术竞争表现在所提供技术的先进性和可靠性上，谁提供的技术质量好，谁中标的可能性就大。经济竞争主要表现在投标人的报价上，谁的价格低，谁中标的可能性就大。效率竞争表现在所提供技术的周期上，谁能更快地提供所需的技术，谁中标的可能性就大。最终要综合考虑质量、价格、周期、投标人信誉等因素来选定中标人，可以说，技术招标与投标是投标人综合实力的竞争。

(2) 目标明确，针对性强，具有吸引力。技术招标是招标人专门为解决生产中的某些技术问题公开招标，广泛地寻找能够帮助招标人解决生产技术中的关键问题的技术提供方。投标人一般要根据招标人的招标要求和条件进行研究开发。这种研究开发的目标明确、针对性强、效果显著。同时，由于招标项目大部分是投资较大的重点项目，一般来说资金有保证，因此具有较大的吸引力。

(3) 价格趋向合理。由于技术商品的特殊性，其价格难以确定，但应趋向合理，以符合等价交换原则。技术招标通过竞争手段，促使技术价格趋向合理。技术招标与投标的标价是由多家投标人提出的。招标人通过调查和精确计算，依据合理的成本和效益来确定标价，避免标价过低；而投标人为了中标，就要降低成本消耗，在这样的前提下提出的标价不会太高。在此基础上，求出各投标人报价的平均值，就可以使技术商品的价格趋向合理，易于成交。

3. 技术招标与投标的内容

目前，我国技术招标与投标活动主要有以下几种。

(1) 技术难题招标。技术难题招标是将生产技术需要攻克的难题，提高质量、降低成本的难题，一项新产品的开发、工程设计、企业技术改造项目等作为招标项目，吸引多家有技术开发能力的企业进行投标，从中选择最合适的企业签订技术研究开发合同。在现实生活中，信息传播渠道不够畅通，企业之间的沟通交流比较少，这就使得许多具有潜在经济效益的科研成果得不到迅速应用和推广。与此同时，一些基础薄弱、技术落后的地区和企业迫切需要科技力量来推进技术改造，解决生产技术中的难题。技术招标与投标能够将两者结合起来，加速科研成果的物化过程，使其广泛应用于社会实践，完成向现实生产力的转化。

(2) 国家重点科研项目招标。这是目前技术市场上一项很重要的招标内容。通过这种招标方式可以使市场上的技术力量为国家重点科研项目服务，利用市场机制来落实国家计划。通过激烈的竞争可以调动科研单位和科研人员的积极性和创造性，合理地制定经费预算和实施计划，提高科研投资效益，使科研面向生产，更好地为经济建设服务。

(3) 引进技术和设备招标。将需要引进的技术和设备(包括需要从国外进口的零部件或易损件)拿到技术市场上去招标，既可以避免重复引进，节省大笔外汇，又能防止舍近求远，从而节省时间。引进技术的消化、吸收和创新工作，也可以采取招标的形式，这样可以广泛吸收社会力量参与竞争，从中选择最合适的单位，从而可以充分利用国内技术、扶持国内技术发展。确实需要从国际市场引进的技术可以在国际市场上进行招标，利用拥有该技术的不同国家和不同企业集团之间的相互竞争，获得比较合理的价格和比较先进的技术，可以尽量克服技术引进中的弊端。

9.2　国际技术贸易的准备阶段

9.2.1　技术项目的论证

1. 进口技术项目的论证

技术交易项目必须经过事先评定，即对技术和经济的可行性进行研究论证。这样才能避免技术交易的盲目性，抑制技术市场中的假冒伪劣行为，避免上当受骗，并能提高技术交易的成功率。

1) 技术进口项目论证原则

(1) 技术先进性与实用性相统一。在考虑技术项目先进性的同时，还要考虑采用此项目的投资能力、使用能力、生产条件和配套能力以及采用该技术的市场潜力，实现该项目的先进性与实用性相统一。技术市场中“短平快”的技术项目之所以受欢迎，就是因为这种项目体现了技术先进性与实用性的统一。

(2) 项目的经济效益和各项成本相统一。技术进步能带来经济效益，但要付出一定的成本。为此，人们必须进行超前的研究、开发和技术储备，而技术的代价又使得一些技术难以被列入研究、开发和储备的议程。因此，必须遵循综合平衡、量力而行和突出重点的原则进行核算，决定项目的取舍。

(3) 项目的特定目标与社会效益相统一。技术项目的实施是为了实现某一特定目标，如改进工艺、节约能源、节约原材料和开发新产品等，推进企业乃至整个行业的技术进步和经济发展。有些项目虽然能够给本部门带来较高的经济效益，但也给社会造成负面影响，如环境污染、生态平衡破坏等。因此，在进行项目论证时，必须对项目的特定目标与社会效益进行认真分析，顾及整体和全局利益，制定相应的预防措施。

2) 技术进口项目可行性研究的作用

首先，可行性研究可以避免技术引进项目失误。选择适当的技术是技术引进工作中首先要解决的问题。如果技术选择得当，则会以最少的花费获得最大的收益，取得事半功倍的效果。反之，如果技术选择不当或失误，轻则可能导致花费多、吸收慢、效益差，重则可能导致技术引进的失败。因此，技术选择的好坏，直接关系技术引进的成败。

其次，可行性研究能为项目决策提供依据。可行性研究是技术引进项目前期准备工作中最为关键的一个环节，这一环节工作质量的好坏，对项目的成败和决策的正确与否具有决定性意义。项目可行性研究的基本任务是进行项目规划、技术论证、经济核算和分析比较，为项目决策提供可靠的依据和建议。

因此，可行性研究必须具有一定的科学性和精确度。项目可行性研究所采用的数据应尽量精确，但也不排斥采用某些推算和假设的数据，只是必须做出说明，权衡其精确性。可行性研究要有一定的精确度，按照国际标准，允许有±10%的误差，要将项目可行性研究结果形成可行性研究报告。

3) 技术进口项目可行性研究报告的内容

(1) 总说明。包括项目名称，项目主办单位及负责人，可行性研究的主要技术负责人和经济负责人，项目建议书的审批文件，可行性研究的总概况、结论与建议。

(2) 承办企业的基本情况与条件。包括产品名称、规格、技术性能与用途，国内需求情况调查、研究与预测，国外市场情况的调查、研究与预测，进入国际市场的设想与措施等。

(3) 物料供应规划。包括原材料、半成品、配套件、辅助材料以及其他公用设施等的使用、来源、价格，物料选用的几个可供选择方案。

(4) 厂址选择。包括厂址的自然、经济、社会、交通等条件的概述，几个可选择方案的比较与论证、选定的理由。

(5) 技术与设备。包括技术选定的几个可选择方案的比较与论证、选定的理由，技术来源、国别与厂商，技术转让费用的估算；设备选定的几个可选择方案的比较与论证、选定的理由，进口设备的来源、国别与厂商，设备费用的估算。

(6) 生产组织、劳动定员和人员培训计划。

(7) 环境污染的防治。

(8) 项目实施的综合计划。包括询价、谈判、签订合同、工程设计、技术与设备的交付、工程施工、调试与正式投产日期。

(9) 资金的概算和来源。项目的总用汇额包括准备工作阶段实际发生的费用，外汇资金来源与偿还方式，国内资金概算，项目全部资金需要量及其来源。

(10) 经济分析。包括生产成本与销售收益的估算；分年的现金流量；分年的损益计算表和资金平衡表；根据分年的现金流量，计算投资回收年限与投资回收率；按分年的现金流量，按“现值法”计算“净现值”与内部回收率；项目的敏感度分析和盈亏分析；其他经济技术指标分析。

(11) 其他需要详细说明的问题。分别列出问题并附在可行性研究报告的最后。

2. 出口技术项目的论证

针对技术出口，特别是通过在国外投资、兴办合营企业进行技术转让，需要进行可行性研究，为投资决策提供科学依据，以正确选择投资区位、行业和交易对象。可行性研究的主要内容包括投资环境分析和投资效益分析。

1) 投资环境分析

(1) 法律、法规及政策研究。技术供方在国外投资、出口技术之前，应研究技术引进国关于投资、引进技术、税收、关税、外汇管理和劳工等方面的法律、法规及政策规定。

(2) 投资场地条件研究。投资场地条件主要是指公用设施，即交通、通信、水、电、气等设施。场地条件直接影响投资金额和项目的经营效益。因此，应该尽量选择投资场地条件较好的地区投资，提供技术设备，兴办合营企业，以保证预期收益的实现。

(3) 合作对象的选择。选择合作对象时，一要调查其资信，即资金和经营能力情况；二要调查其经营作风、合作态度、合作诚意。在国外投资、兴办合营企业时，合作对象至关重要，是合作取得成功的根本保证。合营企业的成功取决于合作各方的真诚合作和共同努力。

(4) 市场需求分析。技术供方承担产品销售的任务，要对市场需求进行调查研究。市场包括国内市场和国际市场，可根据需要进行有针对性的调查分析。市场分析的目的是预测市场对项目产品的吸收能力，也就是市场的容量，即项目产品的销售量。项目产品的销售量是决定项目规模和投资规模的重要因素之一。

(5) 技术项目生产要素的分析。技术项目生产要素的分析主要是调查分析劳动力、原材料和能源的状况及其可供性与未来的潜力。

2) 投资效益分析

在投资环境调查分析的基础上，需要对技术项目进行效益分析和投资收益预测。在国外从事技术项目投资的经济效益是多方面的，但最重要的是扩大技术、设备和劳务的出口，并获得最大的经济收益。因此，对国外技术项目投资需要进行严肃、认真、科学的财务分析，以预测技术项目的盈利性。技术项目的盈利状况是决定技术项目投资的关键因素。

9.2.2　对外技术询价与比价

1. 技术询价

1) 技术询价的概念

询价是一种初始交易行为，技术交易一方向另一方探询所需技术条件和商务条件等，要求另一方就此提出愿意进行技术交易的条件。技术交易询价通常采用正式、完整的书面形式，即询价书。

2) 询价书的内容(以引进技术为例)

(1) 基本情况。它主要介绍技术引进企业的一般情况和技术状况。一般情况包括厂址、人员结构、交通、公共设施、环境和能源供应等；技术状况包括现有的技术来源、主要产品种类、生产规模和技术水平等。

(2) 技术条件要求。它主要介绍拟引进技术所采用的工艺、产品应该达到的数量和质量的标准，总体经济技术指标以及对环境保护的要求等。

(3) 商务条件要求。它主要介绍有关技术转让的方式、计价和支付方法，产品的生产领域和销售范围等。

2. 技术比价

1) 技术比价的概念

技术比价是指技术询价一方在收到各方的报价后，将所报的技术条件和商务条件换算成同一基础后加以比较，同时与自己所掌握的信息进行比较、分析，判断各个报价的合理程度和所提供条件的可选性。技术比价实际上是对技术供方的情况进行摸底，为下一步确定交易对象并展开谈判做好准备。

2) 技术比价的方法

(1) 直观法。直观法是将所有报价的条件换算成同一基础，直接进行比较，从中选择条件最优的作为拟交易对象。

例如，某公司想引进技术，经询价得到两个外国公司的报价：A公司报价，总付120万美元，3年内分4次支付；B公司报价，入门费40万美元，提成率为销售额的4%，提成年限为8年。产品预计总销售量为20万个，每个100美元。假设其他条件均相同，哪家公司的报价对技术引进方更有利？

两家公司的总报价为：

A公司报价，120万美元；B公司报价，40+20×100×4%=120(万美元)。

经过计算，两家公司的总报价是一样的，但是A公司要求在3年内全部支付，而B公司采用提成支付方式，每年按照销售额的4%提取，预计8年内支付。很显然，B公司的报价对技术引进方更有利。

(2) 类比法。类比法是用以往或现在其他类似交易的报价与现在的报价进行比较。这种方式适用只有一家许可方的情况。因此，要求许可方的报价必须把技术项目分解成若干技术单元，以便增加报价的可比性。

(3) 经济效益评价法。该方法是将报价中估算的经济效益与技术引进方自己估算的经济效益进行比较，分析报价的合理性。该方法可以帮助技术引进方了解对方报价有无交易的可能，以及有多大的降价余地。

例如，技术引进方目前生产的产品单位售价为30美元，使用新技术后，可以使单位产品的生产成本降低9美元，如果年产量为2万个，则新增加利润总额为18万美元。如果合同期限为7年，引进方可获得的增值利润总额为126万美元。引进方估计如果供方分成率为20%，则引进方一共需要支付25.2万美元的技术使用费。现在供方的报价为提成率7.5%，提成年限为7年。这个报价能否被接受？与引进方的估价有多大差距？

第一步，按供方报价计算供方在引进方的新增值利润中所占的比率(供方分成率)。

提成率=供方分成率×(原生产成本–使用新技术后的生产成本)÷产品售价

供方分成率=提成率÷[(原生产成本–使用新技术后的生产成本)÷产品售价]=7.5%÷(9÷30)×100%=25%

第二步，计算供方所要求的技术使用费。

供方所要求的技术使用费=126×25%=31.5(万美元)

根据上述计算结果可知，供方分成占引进方新增利润的25%，技术使用费共计31.5万美元，比引进方估算的供方分成率和技术使用费分别高出5%和6.3万美元。虽然技术供方的报价与引进方的估价有一定差距，但仍在合理的范围内，基本上可以接受，可以在谈判时争取缩小差距。

9.2.3　技术进出口的审批

根据《中华人民共和国对外贸易法》(1994年5月12日第八届全国人民代表大会常务委员会第七次会议通过，2004年4月6日第十届全国人民代表大会常务委员会第八次会议修订)的规定，将技术分为自由进出口技术、限制进出口技术和禁止进出口技术三类。《对外贸易法》第十五条规定，“进出口属于自由进出口的技术，应当向国务院对外贸易主管部门或者其委托的机构办理合同备案登记”。根据《中华人民共和国技术进出口管理条例》(2001年颁布)的规定，属于禁止进口的技术，不得进口。属于限制进口的技术，实行许可证管理；未经许可，不得进口。进口属于限制进口的技术，应当向国务院外经贸主管部门提出技术进口申请并附有关文件。技术进口项目必须经有关部门批准的，还应当提交有关部门的批准文件。技术出口要执行类似的过程。

1. 技术进口审批

商务部于2009年发布的《禁止进口限制进口技术管理办法》规定，国家对限制进口的技术实行许可证管理，凡进口列入《中国禁止进口限制进口技术目录》中限制进口的技术，应按管理办法履行进口许可手续。各省、自治区、直辖市商务主管部门(以下简称地方商务主管部门)是限制进口技术的审查机关，负责本行政区域内限制进口技术的许可工作。中央管理企业，按属地原则到地方商务主管部门办理许可手续。

(1) 技术进口经营者应填写中国限制进口技术申请书，报送地方商务主管部门履行进口许可手续。地方商务主管部门自收到申请书之日起30个工作日内，组织技术和贸易专家对申请进口的技术进行审查，并决定是否准予进口。申请人提供的申请材料不完备、申请内容不清或有其他不符合申请规定的情形，地方商务主管部门可要求申请人对申请材料进行修改或补充。

(2) 进口申请获得批准后，地方商务主管部门颁发由商务部统一印制和编号的中华人民共和国技术进口许可意向书(以下简称技术进口许可意向书)。技术进口许可意向书的有效期为3年。技术进口经营者取得技术进口许可意向书后，可对外签订技术进口合同。

(3) 技术进口经营者签订技术进口合同后，应持技术进口许可意向书、合同副本及其附件、签约双方法律地位证明文件到地方商务主管部门申请技术进口许可证。地方商务主管部门应自收到规定文件之日起10个工作日内，对技术进口合同的真实性进行审查，并决定是否准予许可。

(4) 技术进口经许可的，地方商务主管部门向进口经营者颁发由商务部统一印制和编号的中华人民共和国技术进口许可证。限制进口技术的进口合同自技术进口许可证颁发之日起生效。技术进口经营者到地方商务主管部门领取技术进口许可证前，应登录商务部网站上的“技术进出口合同信息管理系统”(网址：jsjckqy.fwmys.mofcom.gov.cn)，按程序录入合同内容。

所谓合同生效，是指已经成立的合同因符合法律的要求而受到法律的保护，并能够产生当事人所希望的法律结果。也就是说，生效的合同才受到法律的保护。在一般情况下，依法成立的合同，自成立时生效。《合同法》第四十四条第二款规定：“法律、行政法规规定应当办理批准、登记等手续的，依照其规定。”也就是说，法律、行政法规可以规定以行政管理部门的批准作为合同生效的条件。在这种情况下，没有办理相应的批准手续的合同尽管可以成立，但不能产生法律效力。即使合同已经成立并且当事人可能在事实上履行了合同，该合同也没有法律效力。一方面该合同及当事人的履行行为不会受到法律的保护，当发生纠纷时，不能对抗别人；另一方面当事人的行为可能受到法律的制裁。根据我国有关技术进出口管理条例的规定，限制进口技术的进口合同就属于这种合同，它不是自依法成立时(即对外签订时)就生效，而是必须经商务部主管部门批准方可生效，即技术进口合同自技术进口许可证颁发之日起生效。

2. 技术出口审批

技术出口与技术进口审批程序大致相同，出口经营者需要申请出口许可证，与技术进口审批程序一样按照于2009年发布的《禁止出口限制出口技术管理办法》实行。我国对列入《中国禁止出口限制出口技术目录》的限制出口技术实行许可证管理，凡出口国家限制出口技术的，应履行出口许可手续。属于限制出口技术的出口许可由技术出口经营者所在地的省、自治区、直辖市商务主管部门(以下简称地方商务主管部门)会同省、自治区、直辖市科技行政主管部门(以下简称地方科技行政主管部门)管理。

(1) 技术出口经营者出口限制出口技术前，应填写中国限制出口技术申请书，报送地方商务主管部门履行出口许可手续。属于国家秘密技术的限制出口技术，在按本办法履行许可手续前，应先按《国家秘密技术出口审查规定》办理保密审查手续，并持保密审查主管部门批准的国家秘密技术出口保密审查批准书办理出口申请。

(2) 地方商务主管部门自收到申请书之日起30个工作日内，会同地方科技行政主管部门分别对技术出口项目进行贸易审查和技术审查，并决定是否准予出口。地方商务主管部门应在收到申请书之日起5个工作日内，将相关材料转地方科技行政主管部门。地方科技行政主管部门在收到申请书之日起15个工作日内，组织专家对申请出口的技术进行技术审查并将审查结果反馈给地方商务主管部门，同时报科技部备案。

(3) 出口申请获得批准后，地方商务主管部门颁发由商务部统一印制和编号的中华人民共和国技术出口许可意向书(以下简称技术出口许可意向书)。技术出口许可意向书的有效期为3年。在申请出口信贷、保险意向承诺时，必须出具技术出口许可意向书，金融、保险机构凭技术出口许可意向书办理有关业务。

商务部限制出口技术审查(技术出口许可意向书申请)流程图，如图9.1所示。

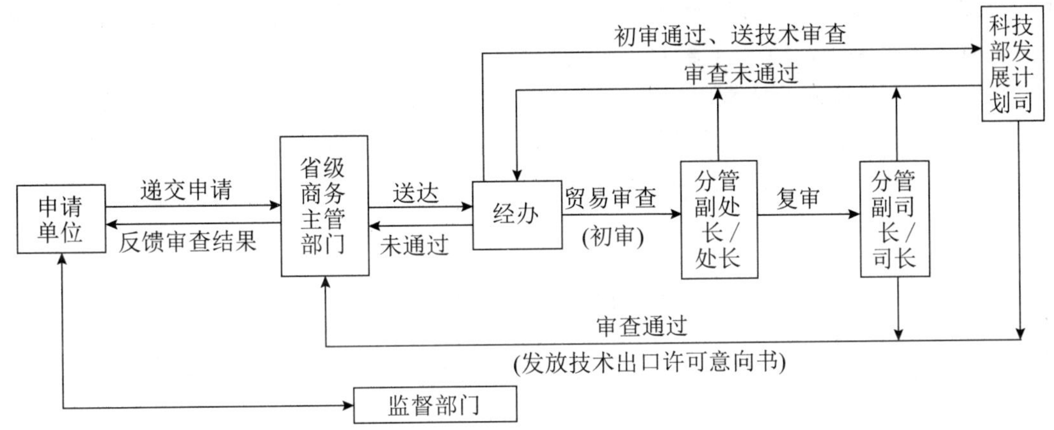

图9.1　商务部限制出口技术审查(技术出口许可意向书申请)流程图

(4) 技术出口经营者签订技术出口合同后，持技术出口许可意向书、合同副本、技术资料出口清单(文件、资料、图纸、其他)、签约双方法律地位的证明文件到地方商务主管部门申请技术出口许可证。地方商务主管部门对技术出口合同的真实性进行审查，并自收到规定的文件之日起15个工作日内，决定是否准予许可，对许可出口的技术颁发由商务部统一印制和编号的中华人民共和国技术出口许可证。

商务部限制出口技术审查(技术出口许可证申请)流程图，如图9.2所示。

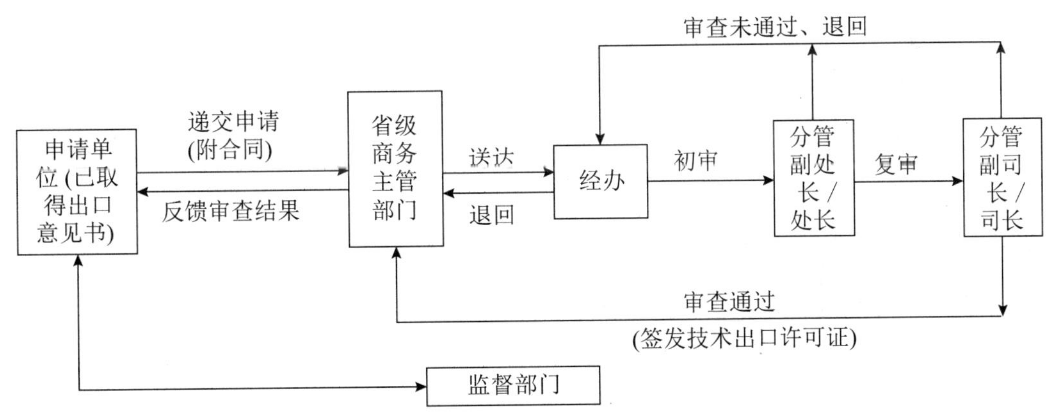

图9.2　商务部限制出口技术审查(技术出口许可证申请)流程图

技术出口许可证应列明以下内容：出口商、技术出口许可证号、进口商、技术出口许可证有效截止日期、技术名称、控制要点、编号、技术秘密等级、技术出口方式、技术出口许可证附件、备注、发证机关签章、发证日期。需要注意的是，技术出口经营者获得技术出口许可证后，如需更改技术出口内容，应按有关规定程序重新履行技术许可手续。技术出口经营者经批准出口国家限制出口技术或国家秘密技术，在办理海关事宜时必须出具技术出口许可证和有关清单，海关验核后办理有关放行手续。

对于一般商品，出口许可证的签发实行分级管理。商务部许可证事务局、商务部各地特派员办事处、各地外经贸厅(委、局)是商务部授权的出口许可证发证机关，分别在其授权的发证商品范围内签发许可证。对于技术出口许可证签发，则实行统一管理。经营者必须在对外进行实质性工作之前，向商务部提出申请，在获得技术出口许可意向书的情况下，正式对外开展工作。技术出口经营者应在签订技术出口合同后，持有关证书和资料到商务部办理审批手续，经审查核准，领取技术出口许可证。

(5) 限制出口技术的技术出口合同自技术出口许可证颁发之日起生效。技术出口经营者到地方商务主管部门领取技术出口许可证前，应登录商务部网站上的“技术进出口合同信息管理系统”(网址：jsjckqy.fwmys.mofcom.gov.cn)，按程序录入合同内容。

案例9-1

印尼雅万高铁案例

雅加达位于爪哇岛的西北海岸，是印尼的首都，也是印尼最大的城市，到2011年拥有人口1 019万人。万隆位于爪哇岛西部火山群峰怀抱的高原盆地中，是印尼的第三大城市，拥有人口120万余人，雅加达与万隆两地相距120公里，海拔相差约700米，印尼政府想在两地之间修建高铁，并向各国招标。

■ 中日印尼高铁之争

2011年，日本国际交通顾问公司开始对印尼的雅万高铁项目开展可行性研究，结果是难以盈利；2013年，中国“高铁外交”开始风靡全球，印尼确定向中国抛出橄榄枝。2014年11月，北京APEC会议期间，习近平主席会见了印尼总统佐科，他们谈论的重点问题就是基础设施建设；2015年3月26日，印尼总统佐科访华，双方签订《中印尼雅加达-万隆高铁合作谅解备忘录》；2015年4月22日，习近平主席访问印尼，双方签订了《关于开展雅加达-万隆高速铁路项目的框架安排》。

■ 不变卦的高铁项目不算高铁项目

2015年8月10日，国土资源部部长徐绍史作为习近平主席的特别代表，去雅加达当面向印尼总统递交了中国的可行性研究报告；9月3日出现戏剧性转折，印尼在经过3周的评估后，把中日两国提交的方案都退回。

第一，嫌太贵，说不建高铁了，要建时速200～250公里的中速铁路。

第二，更重要的是说政府不负责为贷款进行担保。

中国没有放弃印尼高铁项目，而是修改了自己的方案；10月1日晚上，印尼国有企业部长莉妮在媒体吹风会上表示，中国方案成为雅万高铁的唯一方案。有记者问，如果日本能够提出更加有竞争力的方案，印尼还会重新考虑吗？莉妮说投标阶段已经结束，中国方案现在是唯一方案。至此，中日印尼高铁之争算是告一段落。

■ 印尼高铁项目上的胜负

中国高铁的工程制造优势在于：中国给出的时间为2018年年底全线运营，而日本给出的时间为2021年完工，一下就差了3年；中国给出的方案更加合理，日本给出的方案是144.6公里，中国给出的方案是150公里，关键是中国给出的方案中站点更多，是8个，有利于沿途客流的培育；中国的融资条件更加优惠，还款期限是40年，还有10年的宽限期，而且不用政府担保；中方承诺工程建设期间雇佣当地员工，据测算，工程期间将为印尼每年创造近4万个工作岗位；中方还承诺转让部分高铁技术、部分设备进行本地化生产，帮助印尼提升工业化水平，共同拓展第三方市场。

资料来源：http://news.ifeng.com/a/20151016/45197349_0.shtml.

9.3　国际技术贸易的谈判阶段

在技术贸易中，谈判是实现技术商品转让成交的最基本途径，谈判能力对技术贸易价格也会产生一定的影响。一项技术转让合同一般需要由当事双方反复磋商才能最终达成一致。谈判的过程是当事双方消除分歧、求同存异的过程。谈判既是一门科学，也是一门艺术。谈判时既要讲究原则，也要讲究策略与技巧，只有这样才能做好技术贸易的谈判工作。当然，谈判也与个人的经验、能力和性格有关。无论怎样，我们都需要对技术贸易谈判的特点、策略技巧和内容等方面进行认真了解和学习，进而提高谈判能力。

9.3.1　谈判的特点

所谓谈判，是指在社会生活中人们为满足各自需要、维护各自利益，双方妥善解决某一问题而进行的协商。谈判可以在个体之间进行，如个人之间、企业之间等，也可以在国家之间，甚至国家集团或区域经济组织之间进行。谈判内容可以包括人们生活领域的一切话题，如政治、军事、外交、商务等。商务谈判是指谈判双方为实现某种商品或劳务的交易，对多种交易条件进行协商。常见的商务谈判有货物贸易谈判、资金交易谈判、技术贸易谈判、服务贸易谈判等。

国际技术贸易谈判是指谈判双方为实现技术引进或技术转让的目标，围绕技术、价格、合同条件等内容进行协商。与国际商品贸易谈判相比，国际技术贸易谈判具有以下特点。

(1) 价格谈判的特殊性。由于技术商品的特殊性，一般没有统一的市场价格。因此，技术价格谈判往往采取议价方式，讨价还价在所难免。此外，技术价格构成具有复杂性，谈判时双方报价难免会有很大的差距，双方需要经过艰苦的谈判，有时甚至要妥协和让步才能达成一致并签订合同。

(2) 承担的风险比较大。由于技术商品的使用价值具有间接性和滞后性，买方对所购买技术商品的价值有一个认识和预测的过程，卖方对买方运用所购技术的能力也有一个认识和了解的过程，而且技术交易实现的周期较长，需要双方彼此配合共同履行合同规定的义务，因而谈判双方需要通过谈判了解对方的实力和信誉，各自都要承担一定的风险和责任。因此，达成合同的难度较大。

(3) 谈判持续的时间长。国际技术贸易谈判通常是一个长期的过程，从项目选择开始就需要对拟引进的技术进行摸底，其中很重要的途径就是邀请外商对技术做介绍，解答我方感兴趣的技术问题。进入可行性研究阶段时，往往需要到提供技术的供方工厂进行技术考察，以进一步了解技术的先进性、可靠性、适用性和经济性。技术进口申请经主管部门批准之后，才可以开展以签约为目的的实质性谈判。因此，技术贸易谈判不像商品交易谈判那样，双方从接触和洽谈开始就以签订买卖合同为目的。

(4) 谈判的重点不同。商品贸易谈判中通常价格成为谈判的焦点，而技术贸易谈判的焦点通常是交易的标的，因为技术贸易的标的是某种特殊的商品，即无形的知识，不能凭简单的交付达到交易的目的，所以必须针对这种技术的内涵、技术的范围、传授的方式等进行谈判；而价格往往并不占主导地位，因为价格是随着受方的经济效益变化而变化的一个变量，只需要确定计算价格的方法及与经济效益之间的比率。

9.3.2 谈判的准备

谈判桌上风云变幻，谈判者要在复杂的局势中把握谈判的发展方向，则必须做好充分的准备。只有做好充分准备，才能在谈判中随机应变、灵活处理，从而避免谈判中利益冲突的激化。因此，在谈判开始之前，我们需要从人员、技术、商务和法律等方面进行周密细致的准备。

1. 谈判人员准备

国际技术贸易是一种特殊的贸易方式，涉及经济、技术、商务、法律等多学科专业知识，项目金额较大，技术内容严格保密，技术贸易价格比较难估算，价格的最终确定常常取决于谈判的结果。因此，谈判在某种程度上是双方谈判人员实力的较量。谈判的成效往往取决于谈判人员的知识和心理方面的素质。通常，除了国际贸易、国际金融、国际市场营销和国际商法这些必备的专业知识，谈判人员还应涉猎心理学、经济学、管理学、财务、外语、有关国家的商务习俗与风土人情，以及与谈判项目相关的工程技术等方面的知识。较为全面的知识结构有助于增强谈判者的自信心。

此外，国际技术贸易谈判通常是一场群体间的交锋，单凭谈判人员个人的丰富知识和熟练技能，并不一定能取得圆满的结果，因此要选择合适的人员组成谈判班子与对手进行谈判。谈判班子成员各自的知识结构要具有互补性，从而在解决各种专业问题时能驾轻就熟，有助于提高谈判效率，并在一定程度上减轻主谈人员的压力。谈判班子一般包括以下人员类型。

(1) 项目负责人。项目负责人是谈判的主要发言人和负责人，一般由企业有关负责人担任。该负责人应对引进项目的技术、经营核算、商务问题以及国家有关政策法规有一个清楚、全面的了解，全面负责谈判工作。

(2) 技术人员。技术人员应对拟引进技术的工艺流程、技术设计、技术指标、技术性能等有较为全面的了解，并负责项目的技术谈判。

(3) 商务人员。商务人员应具有一定的国际技术贸易经验，熟悉国际技术贸易的商务问题，负责项目的商务谈判。

(4) 法律人员。法律人员应精通关于国际技术贸易的法律和惯例，为谈判提供法律咨询。

(5) 翻译人员。翻译人员除了要有较高的外语水平，还应熟悉该项业务并拥有技术方面的知识。

配备好谈判班子是做好谈判工作的重要环节，参加谈判的人员要相对稳定，不宜经常变动。在各个谈判环节中谈判人员要分工明确，根据谈判中自己扮演的角色去做，即不要越位、自乱阵脚，要会捧场，为主谈判人员的语言错误或者遗漏打圆场，使己方的谈判在整体上协调圆满。

2. 谈判方案的拟订

谈判班子组成之后，要根据批准的可行性研究报告所规定的技术目标与经济目标，制订具体的谈判计划、方案和策略。

(1) 谈判计划。谈判计划应对谈判的总体设想、谈判步骤、谈判内容的主次和先后顺序、所要达到的最高和最低限度目标以及大体的时间加以安排。技术贸易谈判首先是技术谈判，然后是商务谈判。技术谈判的重点是弄清楚技术标的的内容、技术各项指标和专有权问题。商务谈判中经常遇到的问题就是价格问题，这也是谈判利益冲突的焦点问题。如果你是技术转让方，你要确定最低价；如果你是技术引进方，你要确定最高价。在谈判前，双方都要确定一个底线，超越这个底线，谈判将无法进行。这个底线的确定必须有一定的合理性和科学性，要建立在调查研究和实际情况的基础上，如果谈判双方把目标确定得过高或过低，都会在谈判中出现激烈冲突，最终导致谈判失败。在技术贸易中，价格高低有时需要服从技术交易的其他目标，比如填补技术空白、占领市场等。

(2) 谈判方案和策略。谈判方案是谈判计划的进一步具体化，它较详细地拟订了谈判的方针和策略。谈判方案包括总的原则、拟达到的目的、谈判策略、每一阶段的具体要求与时间安排、外商在谈判中可能提出的问题、可能发生的分歧和解决的办法。哪些合同条款要争取、哪些可以让步、什么时间开始让步、让到什么程度，这些都需要在谈判方案中仔细考虑和认真研究。另外，谈判前应制定多种策略方案，以便随机应变。通常，采取合作的策略可以让双方在交易中建立融洽的商业关系，使谈判成功，各方受益。但合作的策略往往使谈判人员表现得比较软弱，特别是当一方为了寻求最大利益而咄咄逼人时，谈判人员可以采取竞争策略，避免过多的让步。

3. 合同条款草案的准备

在国际技术贸易中，有些合同条款草案或基本建议可以由许可方起草，再提交给技术引进方，双方通过谈判逐一确定。越来越多的技术贸易实践证明，谁提出合同条款草案，谁就在谈判中更主动。如果引进方初期就担负合同及有关文件的起草工作，其谈判地位就会提高。应注意的是，各国对技术引进的管制一般要比对技术输出的管制更严格，引进方在起草合同条款时，必须严格遵守其政府的有关法律规定。因此，引进方应主动提出合同条款草案。合同条款草案应在公平的基础上，对技术贸易的主要问题做出表述，也应考虑留有修改和补充的余地。

4. 技术准备

对于技术引进方，技术准备是指通过实地考察、与对方进行技术交流以及对相关技术信息进行分析，对拟交易的技术有一个较为清楚、全面的了解，包括潜在技术许可方的技术特色和主要技术参数等，并根据以上情况，确定技术谈判方案。对于技术许可方，既要保证技术及相关内容的保密性，避免将技术内容过多地泄露出去造成损失，也要适当地表述清楚，宣传自己技术的特点和优势，以促成交易。

5. 商务和法律准备

商务准备主要是指了解潜在的技术许可方向其他厂家转让此种技术的情况和条件，或是了解持有类似技术的其他公司从事技术转让的条件和情况，并根据引进单位的成本和利润估算，确定合同的价格和其他商务条件的谈判策略。

法律准备主要是指了解有关国家知识产权法、税法以及其他有关技术转让的法律法规，拟订关于合同中授权、侵权、保证、保密、违约和赔偿以及适用法律、仲裁等法律条款的谈判策略，并据此准备合同文件。

9.3.3 谈判的步骤

技术贸易谈判一般分为技术谈判和商务谈判两部分。通常是先谈技术，再谈商务，之后技术和商务谈判穿插进行，相辅相成。

1. 技术谈判

技术谈判的任务是具体确定所交易技术的范围、内容、交付方式和途径，技术标准，技术质量考核的时间、次数和方式，提供资料的质量、份数、交付方式和时间，技术使用权和使用领域，有关产品的销售权以及技术转让权等条款。

技术谈判可先由技术转让方针对技术的性能、参数和规格、用途等提供书面描述，并作为谈判的出发点；然后由引进方提问，对技术的全部内容逐项澄清，决定取舍，再拟订一份技术贸易清单，作为商务谈判的基础。

在技术谈判阶段，转让方为说明其技术的特性，往往不得不披露某些技术细节。为保证其披露的技术秘密不被泄露，转让方通常要求引进方与其签订一个初期保密协议，保证在合同未能达成的情况下，引进方有义务在一定期限内，对从转让方获得的一切技术秘密予以保密。

2. 商务谈判

商务谈判是在技术谈判所确定的技术转让内容的基础上，进一步洽谈有关商务条款。商务谈判涉及的内容有价格、支付方式、税费、适用法律、仲裁、保证和索赔、产权保护、不可抗力、合同生效、运输和保险等。因转让技术的性质不同，合同条款也会有很大差异。

如同前文所分析的那样，商务谈判的中心环节是价格谈判。在明确可供转让的技术之后，成交价格是关键。与商品交易相比，技术交易价格伸缩的幅度很大。对于买卖双方，特别是对于买方，谈判之前必须对自己能接受的价格范围和合理价格水平做出认真的分析，做到心中有数，在谈判桌上才能进退有度，应付自如。

9.3.4 谈判的策略

谈判中自始至终充满着竞争与合作、对抗与妥协，只有善于运用谈判策略才能在这种复杂的较量中应付自如。通常，把与我们谈判的人称为谈判对手。双方确有为争取自身利益最大化的对抗关系，但更重要的是合作关系，是为了合作才存在的暂时对抗。因此，在谈判中，要恰当使用一些谈判技巧，尽量避免发生激烈的冲突。如果谈判陷入僵局，对谈判双方来说都是失败。可以说，一个优秀的谈判者必须同时具备两种特性：一是对原则问题不妥协，坚持竞争与对抗；二是善于合作、掌握策略，会做合理的妥协。一般在国际技术贸易谈判中经常运用的策略如下所述。

1. 顺应策略

顺应策略是最普通但很有效的方式，主要是善于仔细聆听和提问。商业谈判中要善于倾听、分析和判断。常言道“听话听声，锣鼓听音”。仔细聆听对方的发言，才能弄清其真实意图和根本利益所在，并发现对方可能退让的限度。善于提问，有助于打破僵局，扰乱对方的思路和步骤，有助于拓展新的思路，找到解决问题的办法和条件。因此，高明的谈判者不仅善于倾听，还善于在不显山露水的情形下，启发对方多说。在对方说的时候，不要打断对方，不要怕“冷场”。在倾听了对方的意见后，要从对方说话的神情、讲话的速度、声音的高低、说话的思维逻辑等方面，判断对方是一个什么类型的谈判者，要尽量判断对方的真实意图和报价中的水分，然后根据自己的原则立场，拿出一套应对的策略，掌握谈判的主动权。

2. 对抗合作策略

采用对抗合作策略进行谈判时，谈判人员既要坚持原则，毫不妥协，甚至针锋相对、寸步不让，迫使对方改变主意或让步或改变谈判方法，同时也应本着合作愿望，坚持重点，不纠缠细节。谈判过程中，对重要条款、原则问题不要轻易让步，要针锋相对，力争达到自己设想的目标。对次要条款和细节问题，则可采用灵活态度，做出一定的让步，以此换取对方在其他方面的让步，推动谈判进行。

3. 掌握主动策略

掌握主动策略能使谈判方控制谈判的日程、主题和内容，从而按自己的战略思路去谈判，先胜一筹。遇到难以解决的问题时，甚至可以拖延或推迟谈判时间，或迟迟不予答复，使对方产生时间压力。有的谈判者的时间观念很强，急于早日达成协议，拖延越长时间，费用越高，因此可利用对方的这种心理进行谈判。

4. 利而诱之策略

利而诱之策略是指在谈判中故意做出让步，让对方先得到一些利益，激发对方要坚持谈判拿下该项目的欲望。

5. 适时暂停策略

谈判即将陷入僵局，不妨喊“暂停”。如告诉对方“必须请示我的老板，才能做出答复”。这样做可以给双方一些时间重新考虑自己的立场和估计对方的立场，各自商量解决的办法。

6. 打虚头之策略

采用打虚头之策略是为了在谈判中突破对方的防线，动摇其谈判立场，从而达到自己的目标。由于技术无形性和专有性的特点，技术所有人经常将一些不是必需的技术与拟转让的技术捆绑起来销售，其价格构成含有不合理的成分，这部分就是虚头或称水分，应该予以去除。这种做法最重要的就是要找准对方最虚的地方，也就是最不合理的地方进行攻克，该策略运用得当必有收获。

7. 竞争让步策略

制造和利用竞争永远是谈判中逼迫对方让步的最有效武器。在谈判过程中，有意识地制造和保持对方的竞争局面，适当向对方透露一些有关竞争对手的情况，将会给对方造成竞争压力，以逼迫对方让步。

8. 最后通牒策略

在谈判双方争执不下，对方不愿做出让步以接受我方交易条款时，我方可以向对方发出最后通牒。通常做法是：给谈判规定最后期限，如果对方在这个期限内不接受我方的交易条件并达成协议，我方就宣布谈判破裂而撤出谈判。

9. 折中调和策略

采用折中调和策略进行谈判时，谈判人员应善于折中妥协，有争有让，你让一步，我让一步，不断提出建议，调和双方意见，妥善处理双方分歧。

10. 出其不意策略

谈判人员在谈判中突然改变谈话主题、内容、方法、论点或步骤，回避一时无法回答的问题，甚至突然改变谈话的声调，戏剧性地突然恼火，都可能使对方措手不及、方寸大乱，日本人常采用这种方法。在谈判过程中突然中断谈判，退出会场，暂停休会，甚至终止此次谈判，则是以美国为代表的西方国家的谈判人员善于使用的策略。

9.4 国际技术贸易合同的签约与履行

9.4.1 合同的签约

国际技术贸易合同与其他贸易合同有所不同，是一种比较特殊的合同。首先，合同标的应当属于知识产权保护范畴，因而要符合授权国家的知识产权法律规定；其次，合同的本身还应当符合有关国家的合同法和买卖法等法律规定；最后，技术进出口合同要遵守有关国家的技术转让法律，获得批准后才能实施。此外，国际技术贸易合同的签订还应当符合以下基本要求。

(1) 合同必须以正式的书面形式订立。合同是当事人的权利和义务的具体体现，是履行合同和解决合同争端的法律依据。我国相关法律要求国际技术贸易合同必须以书面形式订立。

(2) 合同内容应当完整、明确。国际技术贸易合同的基本内容不可缺少，如技术标的、技术范围及说明、预计达到的技术指标、验收标准、改进与发展技术的交换、技术价格与支付等内容。

(3) 合同必须遵守平等互利的原则。合同应是双方本着平等互利原则签订的，如违反我国有关法律的规定，存在限制性商业条款，合同的生效将受到影响。

(4) 合同文字要准确，条款要相互一致。技术贸易合同涉及面广，内容复杂，数据、附件等的数量多，因此需要很好地组织材料，编写条款，注意语言文字的严谨性和一致性。

9.4.2　合同的履行

合同的履行具体包括以下几个方面。

(1) 技术供方交付技术资料，技术受方支付入门费；

(2) 受方派技术人员赴供方所在地接受培训；

(3) 供方交付机器设备、生产线，货到后受方提货并报关检验；

(4) 供方派技术人员协助受方安装技术设备，帮助受方掌握技术；

(5) 投料试生产，供方和受方按照合同规定的技术标准验收；

(6) 受方支付合同价款；

(7) 争议的解决、索赔等。

第10章 国际技术贸易中的法律与政策

本章主要介绍美国、日本、欧盟等发达国家有关技术贸易的政策与法律；巴西、印度、马来西亚等新兴国家技术贸易的相关法律政策；中国有关技术贸易的法律政策，包括中国知识产权保护制度的发展、框架以及技术进出口鼓励政策。

10.1 发达国家有关技术贸易的法律与政策

长期以来，发达国家在国际技术贸易中一直占据优势地位，凭借先进的技术和雄厚的经济实力垄断技术和产品的国际市场。不仅如此，发达国家还建立了完善的技术贸易政策和法律管理体系，对技术贸易实行严格的管理和控制。例如，美国、德国、法国、比利时、荷兰等国的反托拉斯法，英国的公平交易法，法国的关于与外国人订立获取工业产权和专有技术合同的法令，日本的禁止私人垄断与保护公平贸易法以及欧洲共同体的竞争法等。

10.1.1 美国技术贸易法律与政策

作为世界上科学技术最发达、经济实力最强的国家，美国非常重视科学技术在本国的发展，并力求保持世界领先地位。高新技术特别是信息技术产业的发展对美国经济的增长起着十分重要的作用。美国历来十分重视对技术转让的管理和知识产权的保护，具有十分完善的法律保护和管理制度。

1. 知识产权保护

(1) 专利法。美国在建国初期就制定了专利法。1790年1月，华盛顿总统督促国会制定专利法，同年2月签署了美国历史上第一部专利法案《促进实用技术进步法案》。现行专利法制定于1952年，1982年后美国对专利制度进行了一系列较大的调整。最近的修改可追溯至2003年的《21世纪战略计划》。2011年，《美国发明法案》最终在参众两院获准通过。

2012年11月30日，众议员Lamar Smith提出了对《美国发明法案》和《美国法典》第35编进行修改和完善的议案。2013年1月14日，奥巴马总统将该“技术性更正”提案签署为法律，对已生效的《美国发明法案》做了进一步的修正，此次美国专利法改革暂告一段落，前后跌宕起伏近10年，可谓美国专利法近60年来的最大修订。[①]

---

① 邵冲，冯晓青. 美国专利法最新修改评述[J]. 中国审判，2013(4)：47-49.

《美国专利法》(Patent Law)共293条，载于《美国法典》第35编。该法保护的专利包括机器专利、制品专利、合成物专利、方法专利、植物专利和外观设计专利6种。发明专利权的有效期限为17年，从专利证书颁发之日起算。外观设计专利权的有效期限为3年半、7年或14年，由申请人在提出申请时自行选定。详细内容可参见知识产权出版社出版的《美国专利法》一书。

(2) 商标法。美国第一部商标法为1870年制定的《美利坚合众国联邦商标条例》，同年8月补充了对商标侵权行为适用刑事制裁的规定。该法施行7年后，被联邦最高法院判决为违反宪法而予以废止，并于1881年制定了新的商标法。1946年，美国议会重新制定了现行商标法，即《兰汉姆法》(Lanham Act)，共50条，载于《美国法典》第15编。该法曾于1975年1月和1982年10月两次进行修改。

美国商标包括服务商标、集体商标和保证商标。商标可以是平面视觉商标，也可以是立体(三维)视觉商标，还允许音响商标即听觉商标注册。美国对商标专用权的确立采用“使用在先”的原则，一个商标只要投入商业使用，即使没有注册，也拥有商标专用权，在发生商标专用权争议时，美国专利局将裁定商标专用权属于最先使用者。

(3) 版权法。美国于1790年制定第一部版权法，现行美国版权法是在1909年版权法的基础上全面修订的，于1976年颁布，于1978年1月1日生效，载于《美国法典》第17编，共8章73条。1988年，美国为了加入《伯尔尼公约》，又通过了一系列修正案，使之适应该公约的要求。该法对著作权的保护期限是直至作者死后70年，假如作品是集体创作或是1978年1月1日以前发表的，其版权保护期限保持75～95年。

(4) 商业秘密法。在美国，对于版权、专利权和商标权的保护，都有联邦的法律予以规范，但对于商业秘密的保护，仍属于州法的范畴，不存在联邦法意义上的商业秘密法。各州的商业秘密法都是判例法。从理论上说，各州可以在有关商业秘密保护的判例中自由发展自己所认可的保护规则。事实上，美国各州的现代商业秘密法的差异很小，甚至可以说是基本相似。这是因为各州的现代商业秘密法主要受到1939年的《侵权法重述》和1979年的《统一商业秘密法》支配。

(5) “特殊301条款”和“337条款”。美国对知识产权的保护一直是沿着两条线进行：一条线是对内建立完善的知识产权制度；另一条线是延伸到国际市场的保护。美国对外出口十分依赖专利法、商标法的强有力保护，既为美国商品进入国际市场敲开了大门，同时还能有效地提高国外商品进入美国市场的门槛。自20世纪80年代以来，由于美国制造业的竞争力降低，日本等国的大量低成本“仿制商品”严重冲击了美国市场，为保护本国的市场和企业利益，美国政府通过法律手段加大了知识产权保护，并把这种保护延伸到国际市场，主要措施如下所述。

① “特殊301条款”。“特殊301条款”是指经《1988年综合贸易与竞争法》修改补充后，美国贸易法在原“301条款”的基础上新增加的“1303节”，其标题为“确定拒绝为知识产权提供充分、有效保护的国家”。美国《1984年贸易与关税法》第一次把“301条款”所辖的不公平贸易做法扩展到知识产权保护领域，而《1988年综合贸易与竞争法》则系统地将产权保护问题纳入“301条款”体系之中。根据其内容，该节通称为“特殊301

条款”。该条款规定，一旦确定哪些国家拒绝对美国的知识产权给予充分、有效的保护，或者哪些国家剥夺了依赖知识产权保护的美国公民公平与平衡地进入其市场，要把这些国家列入“重点国家”名单之中。自列入名单之日起，美国贸易代表在30天内要发起为期6个月的“特殊301条款”调查。调查结束后，美国贸易代表必须决定是否采取报复性措施，报复的决定一经做出，30天内必须执行。美国贸易代表在是否采取报复性措施及采取何种报复行动方面享有较高的决定权，而无须征得总统的同意。

② “337条款”。“337条款”是指1930年颁布的美国关税法第337条款。根据第337条的规定，美国国际贸易委员会(United States International Trade Commission，USITC)有权拒绝一切侵犯美国知识产权的产品进入美国。在美国，专利权人有权依法禁止他人在美国生产其受保护的专利产品和在海外仿制其专利产品后销往美国。专利权人可以利用“337条款”，通过两条途径起诉这种侵权行为：一是向美国国际贸易委员会提出；二是向联邦地区法院提出。作为“准司法机构”，美国国际贸易委员会起到保护美国公司免受外国公司的不公平竞争的作用。美国国际贸易委员会一旦认定某项进口货物存在不公平贸易，遭受不公平贸易的美国公司可以向其提出拒绝侵权货物进入美国的请求。

2. 美国的反托拉斯法

美国反托拉斯法是联邦及州法律体系的组成部分，其目的在于阻止和预防大企业独占或垄断，以维持自由竞争，保护中小企业和消费者的利益。第一部联邦反托拉斯法是于1890年制定的《谢尔曼法》，该法规定垄断为非法行为。垄断行为包括：具有在某一市场垄断的能力以及有意取得或维护这种能力。1914年通过的《克莱顿法》更加明确地规定了价格歧视等非法行为，法律禁止只涉及商品的捆绑销售，并且规定反竞争的合并和收购是非法的。从1914年开始，联邦贸易委员会被指定为负责执行联邦反托拉斯法和消费者保护法的实体。

美国反托拉斯法对知识产权许可的规定主要包括以下几个方面。

(1) 知识产权的特殊性使其在反托拉斯法中成为例外。例如，厂商之间就一般产品的销售联合或某种定价的行为属于违法行为，该行为违反《谢尔曼法》第1条，但作为知识产权人的许可人和被许可人，在某些情况下，却可以按共同确定的价格出售专利产品而不构成违法。

(2) 知识产权人对市场具有较强的支配力，因而会受到限制。在反托拉斯法的经济分析中，市场支配力一般是指厂商在较长时期将价格维持在高于或将产量限制在低于竞争水平上，而不遭受利润或市场份额损失的经济实力。对于有市场支配力的厂商，由于其行为影响竞争的可能性和程度更大，反托拉斯法一般对其适用更严格的标准。

(3) 鼓励知识产权许可对竞争的作用。知识产权许可能够发挥许多有益的社会经济作用，通过许可方式，可以使知识产权与其他生产要素结合起来，从而推动生产和流通的发展，并使知识产权的商业价值得以实现。即使是那些对竞争有一定限制性影响的许可条款，如加入使用领域或使用地域方面的限制条款，也可能会产生一些有益的社会经济作用。但以下类型的许可合同条款具有垄断性质，属于违法行为。

① 控制转售价格条款；

② 单方面回授条款；
③ 限制出口条款；
④ 搭售和一揽子许可条款；
⑤ 强制执行无效知识产权条款。

3. 美国技术贸易政策

1) 一般贸易政策

对外经济贸易关系是美国外交关系最重要的组成部分之一，贸易政策是美国外交政策中最主要的内容之一，在美国历史上占有重要的地位。在整个19世纪，为新兴产业提供强有力的贸易保护一直是美国外交政策的基本目标；在20世纪30年代的经济大萧条时期，美国频繁挑起贸易摩擦和贸易纠纷，与其他主要贸易国家展开贸易战。第二次世界大战之后，美国积极推进建立全球自由贸易体制，并且扮演着发起人和全球规则制定者的领导角色，率先实行单方面的自由贸易政策，为美国在战争中积累的生产能力寻找海外市场。

在两次世界大战期间，美国的贸易开放政策为国外的资本和技术向美国转移提供了有利条件。特别是在第二次世界大战期间，美国广泛吸收科学技术人才，并采取鼓励进出口贸易的政策措施，对战后的经济发展起到了至关重要的作用。美国巨大的贸易收益和大量引进的科技人才，为第二次世界大战后兴起的以电子计算机、空间技术和原子能为代表的新兴技术发展奠定了雄厚的物质和人才基础，成为新科技革命的推动力。20世纪80年代，美国经济开始走下坡路，美国政府打着“公平贸易”的旗号，在双边贸易中大搞“单边主义”，动不动就对别国实施贸易报复和制裁，给GATT和WTO框架下的全球多边贸易体制的发展带来很多负面影响。

在与技术转移相关的科技创新政策方面，美国是充分有效运用产业技术政策的国家。美国产业技术政策对促进科学技术发展、增强产业竞争力发挥了重要作用。20世纪80年代，面对产业竞争力急剧下降、即将被日本超过的威胁，里根政府出台了新的政策体系，资助和提倡合作研究，减少对联合研究的反托拉斯限制，鼓励高等院校和企业之间的合作，提高民用技术的开发能力，进一步强化对知识产权的保护。克林顿上台后，美国政府采取加强民用技术的政策，出台新措施支持军民“两用”技术的研究与开发，主要措施有：减少和修订军事说明书，让军事技术更好地适应各种商业贸易需要；通过技术再投资计划，加大军民“两用”技术的R&D费用投入。

近年来，美国政府通过国家航天航空局(NASA)和空军(Air Force)支持空间研究，使美国成为世界主要的火箭和航天飞机技术拥有者和制造者。此外，美国政府设置国家科学基金(NSF)鼓励基础研究，用减税等优惠政策鼓励企业技术创新和研究开发。由于上述技术创新政策的实施，美国产业尤其是高科技产业的国际竞争力始终处于世界领先地位。完善的政策机制和雄厚的科技成果，使得美国技术进出口一直保持着世界第一的位置，在国际技术转移中遥遥领先于其他发达国家。

2) 技术出口相关政策

(1) 美国技术出口管制政策。美国的技术转让包括但不限于：通过直接的技术援助、人员交流、资源共享、合作研究和合作开发等形式与私营部门的使用方及开发者进行技术合作和交流；通过发明专利注册及许可、市场及用户确定进行商业化活动；通过报纸、文章、报告、研讨会的形式与潜在技术用户进行信息交流。

美国的技术贸易管理主要体现在对技术出口的限制。1949年美国正式制定了第一部《出口管制法》，1965年美国国会通过了《出口管理法》，1984年出台了《出口管理条例》，1988年又通过了《出口管理法修正案》。美国技术出口管理政策的演变反映出美国对外政策的变化。美国对技术出口的管理主要遵循三项原则：国家安全管理原则、对外政策管理原则、稀缺物资管理原则。长期以来，美国通过出口许可证、管制货单和输往国别分组管制表等办法对向部分国家出口“战略性物资”和敏感性商品进行十分严格的限制。

不仅如此，美国还将对技术出口的管制范围扩大到其他国家。为了限制西方工业发达国家向社会主义国家出口战略物资和高技术，美欧各国于1949年11月在巴黎组建了所谓的“出口控制统筹委员会”，又称“巴黎统筹委员会”，简称“巴统”。1950年7月，“巴统”的贸易管制范围扩大到中国。1991年前苏联解体，1994年4月1日“巴统”正式宣告解散。“巴统”解散后，美国政府对高新技术产品的出口管制进行了第二次世界大战后的最大调整。比如，缩小了许可证管理范围，简化出口许可证申请、审批手续。这些措施的实施表明，美国部分放宽了军民两用高技术和高技术产品的出口限制，但对于带有军事目的和有损美国“国家安全”的高、精、尖技术和产品出口仍严加管制。

冷战结束后，在美国的操纵下，1996年7月，以西方国家为主的33个国家(包括日本、欧盟国家、加拿大等)签署了《瓦森纳协定》(简称“瓦协”，Wassenaar Arrangement)，决定从1996年11月1日起实施新的控制清单和信息交换规则。与“巴统”一样，“瓦协”同样包括两份控制清单：一份是军民两用商品和技术清单，涵盖先进材料、材料处理、电子器件、计算机、电信与信息安全、传感与激光、导航与航空电子仪器、船舶与海事设备、推进系统9大类；另一份是军品清单，涵盖各类武器弹药、设备及作战平台等共22类。中国同样在被禁运国家之列。

2005年7月，波音飞机里一个极微小的感应器惹出了大麻烦，波音公司因被指控把军用技术级的陀螺仪连同民航客机卖给了中国而遭到美国国务院的制裁，被处以千万美元的巨额罚款。卖给中国的飞机里安装的所谓“敏感”零部件，是一个重量不到60克的小芯片。这种陀螺仪不仅能固定飞机的飞行方向，还能帮助机组人员判断附近的飞行器，广泛应用于全球民用、商用和军用飞机。美国对中国实施严格的技术出口管制在一定程度上仍然是受到冷战思维的影响。美国不仅自己这样做，还要求其他国家也这样做。例如，以色列曾迫于美国的压力而撤销了一项向中国出售精密空中预警雷达系统的合同，并且为此向中国赔偿了大约3亿美元。美国对华技术出口的限制不仅不利于美国和相关国家之间的正常贸易往来，而且伤害到美国企业的经济利益。

(2) 对技术出口实行许可证制度。美国对技术出口限制最重要的措施是许可证制度。除加拿大以外，美国对其他国家或地区的技术产品和服务出口，均需美国商务部审核和发放许可证。许可证由美国商务部出口管理署发放，有普通许可证和核准许可证两种类型。实际上，普通许可证不需要出口商的申请，也不需要商务部的签证，所需要的技术出口管制文件就是海关申报单。出口商只需在海关申报单上如实填写出口的技术或者服务即可。需要注意的是，普通许可证只适用美国商务部管理的技术和服务出口项目，其他部门管理的技术出口不适用普通许可证。

核准许可证是商务部出口管理机构针对专门技术出口产品或者服务发放的允许出口的官方文件。这种许可证允许出口的技术产品包括一切技术产品和服务，许可出口的地域包括世界任何国家或者地区。核准许可证又分为特别出口许可证和单一出口许可证。其中，特别许可证专指核定普通许可证、技术项目许可证、提供服务产品许可证以及经销许可证；单一许可证又称普通核准许可证，是针对一种技术产品或者服务项目出口的批准文件，一般核准范围比较大。除了4种特别许可证，其余都是单一许可证核准许可。

许可证审查的主要内容包括：技术产品或者服务的种类；民用产品的军事用途可能性；国外相同或者相似产品的竞争者或者供应商；技术出口目的地和最终使用者的性质以及购买产品的用途和目的。技术出口审查部门主要有：美国商务部(Department of Commerce)的国际贸易局(International Trade Administration)；总统出口政策咨询委员会(The President's Export Council)(成员由国防部、国务院、财政部以及其他相关政府部门的代表构成)；出口管制复审委员会(成员由政府的各部门部长构成)，该委员会对美国议会和总统直接负责。在必要时，美国参议院或美国总统可以直接参与某项出口申请的审查工作。

(3) 鼓励技术许可。2007年，美国的服务贸易出口结构中，专有权利使用费和特许费出口额占服务贸易出口总额的16.75%①，近年来出口额大幅度增长，这与美国政府采取的鼓励技术许可措施密不可分。美国技术转移的最主要方式是技术许可授权，包括商标权、专利权以及专有技术的许可以及计算机软件的许可销售。

出于以下4个方面的原因，美国企业更多选择许可证的方式进行技术出口或者转让。第一，技术存在生命周期，在某项技术进入衰落期时如果新的替代技术研发成功，将淘汰的技术出口到技术落后国家，就可以延长技术的生命周期，进而获得更多的利润；第二，当某项技术产品或者服务出口到国外市场的利润极低或者无利可图时，采用技术许可方式能够带来更多的利润；第三，如果采取技术互换的交叉许可方式，就可以得到美国某些空白领域的技术；第四，许多国家在某些领域不允许或者限制外国投资进入的情况下，采用技术许可的方式可以绕开这些限制或壁垒，进入该国市场。

(4) 对技术合同的管理。美国对技术贸易合同有详细规定。美国允许任何所有人或共同所有人在一定条件下的技术转让或技术许可使用。除了出口管制法规定的技术，均不要求政府的批准或登记；对提成费征收30%的所得税，但可降低税率；许可方有权监督产品质量；许可使用费通常以年净销售额为基数，按一定百分比提成，提成率一般为0.5%～5%；合同中可规定最低提成费；技术许可使用费、技术咨询费、建筑工程费等可采用一次总算方式；允许互惠交叉许可等。

10.1.2　日本技术贸易法律与政策

1. 知识产权保护

第二次世界大战以后，日本国力增强在很大程度上得益于其技术立国战略。在技术

① 陈双喜，潘海鹰. 中美服务贸易比较及中国服务贸易发展的对策[J]. 财经问题研究，2010(12)：106-112.

立国方针的指导下，日本建立了比较完善的知识产权法律制度。国内立法有：《专利法》《实用新型法》《外观设计法》《商标法》《版权法》《集成电路布图设计法》《不正当竞争防止法》《商法》《半导体集成电路流程设计法》《种子和种苗法》《海关法》等。日本知识产权法律制度的特点：一是立法严谨且详尽具体，便于执法操作和保持执法的统一性；二是日本修改知识产权法律时非常重视与国际公约的规定保持一致，注重吸收德国或西欧等国家的经验，同时也注意在保护水平上与美国保持一致。为了适应世界贸易组织建立后的新形势，日本对其专利法和商标法进行了一系列修订。日本参加的国际公约有《巴黎公约》《伯尔尼公约》《世界版权公约》《与贸易有关知识产权协议》等。

(1) 专利制度。日本的专利制度设立于1818年(明治18年)，并经过两次大的修订。目前的《专利法》是在1960年4月1日实施的《专利法》的基础上修订而成。与我国把“发明、实用新型和外观设计”统一为一部法律不同，日本有关专利的法律主要有三部：《特许法》《实用新案(实用新型)法》《意匠(外观设计)法》，而与发明有关的《特许法》相对应，还设置了几部辅助性法律或者法规，其中有《特许法施行法》《特许法施行令》(政令)、《特许法施行规则》(省令)。对于实用新型和外观设计也有与之相对应的辅助性法律和法规。与专利有关的法律有《与工业所有权相关手续等的特例有关的法律》《与基于专利合作条约的国际申请等有关的法律》以及分别与其对应的政令、省令等法规，例如《专利律师法》《特许登录令》(政令)、《特许登录令施行规则》(省令)。这其中最重要的法律和法规是《特许法》《特许法施行令》《特许法施行规则》。对于专利的保护期限，日本的发明保护期为20年，在一定条件下，有关化学和医药领域的发明可以申请延长5年；实用新型的保护期为10年；外观设计的保护期为15年。发明和实用新型的保护期从申请日算起，而外观设计的保护期从登录日算起。

《专利法》是日本知识产权法律体系的核心部分。在《专利法》的推动下，日本企业的技术改良与创新意识强烈，其专利申请量居世界第一位。作为一种武器，专利制度不仅为日本企业带来了巨大和广阔的发展空间，而且为日本战后经济的繁荣提供了坚实而有力的保障。

(2)《商标法》。日本建立商标法律制度已有一百多年的历史。1884年10月1日，日本开始实施《商标条例》，这是日本的第一部商标法律。此后，为适应日本经济发展和履行有关国际条约的义务，日本对其商标法律进行了多次修改。1959年，日本颁布新《商标法》，并于1960年4月1日实施。该法将注册商标的有效期规定为10年；除同一商标所有人的近似商标外，允许其他形式的商标转让；废除集体商标制度：建立注册商标许可制度；引入防御商标制度。该法沿用至今，是日本现行《商标法》的蓝本。该法实施四十多年来，日本对其做了6次修正。

日本十分重视对驰名商标的保护。一般来说，按照驰名度的大小，日本人习惯上将商标分为三个级别，即普通商标(Non-well-known Trademark)、驰名商标(Well-known Trademark)和著名商标(Famous Trademark)。著名商标比驰名商标的影响力更大。只在一定区域具有影响力的商标被称为驰名商标。在全日本甚至几个国家具有影响力的商标被称为著名商标，如日本人经常提到的“SONY”商标就是著名商标。日本人对商标做这样的区分，只因习惯用法或者称谓方便，而法律用语仍采用驰名商标的称谓。

目前，日本通过复审和司法程序认定的驰名商标共有836件，大部分是日本企业的驰名商标。日本《商标法》通过两条途径来保护驰名商标：一是禁止在相同或类似商品或服务上注册与驰名商标相同或近似的商标，即便已经注册，也可以宣告其注册无效；二是对在不类似商品或服务上注册与驰名商标相同或近似的商标，日本通过建立防御商标保护制度来保护驰名商标。之所以建立独特的防御商标保护机制，其理论基础是：商标权的保护效力仅涉及商标指定使用的商品或服务和类似的商品或服务，《商标法》允许第三者在不类似商品或服务上注册与他人注册商标相同的商标。如果是驰名商标，他人在不类似商品或服务上注册与驰名商标相同的商标，虽然不构成商标侵权，但有可能使消费者对商品或服务的来源产生误解，误以为他人在不类似商品或服务上使用的商标与驰名商标所有人的经营有关联，损害驰名商标的信誉。建立防御商标保护制度，允许驰名商标所有人在与其经营关联的商品或服务上注册防御商标，不仅可以避免上述情况的发生，而且可以有效地保护驰名商标所有人经过长期努力建立起来的商标信誉。

2. 日本技术引进政策

第二次世界大战结束后，日本一跃从贫穷落后国家成为经济高度发达的国家，大规模地引进国外先进技术起到了关键作用。因此，日本人认为，技术引进是日本产业和经济发展的最大原动力。可以说，“拿来”“创造”“起飞”是日本高科技发展的三部曲。

第一步拿来，即引进技术。在大大落后于欧美国家的情况下，日本大量引进国外技术是促使本国技术发展、追赶世界先进水平的捷径。不过，日本的经验证明，引进要以一定的自主开发为基础，同时只有消化、吸收外来技术，才能真正掌握引进的技术。

第二步创造，日本人在引进技术后，并没有停留在原有的技术水平之上，而是认真消化、吸收，举一反三，加以创造，强化产品的独特性，获得国际专利。日本人做到了“青出于蓝而胜于蓝”。

第三步起飞，日本用引进的技术和自主研究创造出的技术来生产高科技产品并出口，优化了产品结构，提高了企业竞争力，扩大了国际市场。技术引进促进了贸易的振兴，推动了经济的发展。

日本政府积极制定引进技术的政策，对实现科技发展和经济起飞发挥了重要作用，主要表现在以下5个方面。

(1) 大力扶持技术引进，采取税收优惠、融资便利、机构指导等政策措施，鼓励企业大量引进欧美先进技术，并在消化、吸收的基础上进行二次开发，形成规模生产，在产品加工组装、批量生产方面形成领先世界的优势。

(2) 提倡企业引进技术的来源多样化，取各国之长，补本国之短。

(3) 不断提高技术引进的档次，使之随经济发展不断升级。日本政府从战略上保护研究和创造成果的知识产权，把产业发展的基础建立在技术、设计、品牌、音乐和影视节目等知识产权的创造上，推进产品和服务的高附加值化，进而实现日本经济社会的新发展。

(4) 鼓励引进技术的消化、吸收、重组和创新。日本在引进和改造别国技术基础上的生产贸易战略，引起了欧美国家的不满和打压。为此，日本政府及时调整战略，要求企业在继续引进技术的基础上加强自主研究开发。在知识产权方面，从以外观设计为主的改进型技术向独立的发明创造转变，从传统的追求专利数量到注重专利质量转变，加强科技创新对日本产业发展的促进作用。为此，日本政府对创新企业采取了税收减免、财政补贴以及专项技术开发补助等优惠政策和扶持措施。

为了突出对高科技产业的支持，日本政府于2003年对财政预算和税制进行了以下改革①：在2003—2005财政年度，投资IT业的公司可以在投资额10%税收抵免和50%特别加速折旧两种优惠中择其一，资本金为3亿日元或3亿日元以下的公司的租赁费用有权享受IT业投资税收优惠。对于一般公司开展的R&D活动，按照R&D费用的8%，再加上2%进行税收抵免；对于R&D费用比较高的公司，允许额外再抵免2%；对于中小企业开展的R&D活动，按照R&D费用的12%的比例，再加上3%进行税收抵免；为了鼓励基础性或创新性研究，对于研究院、企业和政府联合开展的R&D活动，或者政府委托的R&D活动，税收抵免比例为12%，再加上3%；除了税收抵免，在2003—2005财政年度，对R&D的投资可以享受特别的50%加速折旧优惠。

(5) 引进技术与产品出口相结合。日本在技术引进中所坚持的一个基本原则是技术引进与产业发展、提高出口产品竞争力相结合。无论是经济恢复时期还是20世纪50年代后半期，日本的技术引进均以电力、钢铁、汽车、造船、化工、机械制造和纤维等传统的基础产业为主②，而这些产业的产品都是日本出口贸易中最有竞争力的产品。

3. 日本技术出口管制政策

长期以来，日本一直执行巴黎统筹委员会的规定，严格控制对华高新技术产品的出口。“巴统”解散后，日本又成为《瓦森那协定》的成员国，继续实行严格的技术出口管制政策，特别是控制对中国的技术出口。不仅如此，日本政府还修改了《出口贸易管理法》，对违反所谓禁运规定的日本企业实行更严厉的惩罚，在技术产品方面严格管理审批流程，强化了限制措施。日本政府在对华高技术出口政策方面存在不透明、管制严格和手续烦琐等问题，造成日本企业往往因害怕得不到政府的批准或遭到政府的制裁而顾虑重重，对华高技术出口困难，给中日贸易带来了很大的负面影响。

自中国改革开放以来，中日两国的经济交流日趋活跃，双方相互依赖关系不断加深，为日本对华高技术出口创造了有利的条件。然而，如上所述，由于日本政府在政策上一直没有什么松动，对技术出口的干预仍远大于普通商品贸易。例如，20世纪80年代中期至90年代初，日本主要对华出口家用电器和汽车等技术，这些技术对于中国来说虽然属于高技术，但在日本已失去了其先进性。日本在电子设备、航空用碳纤维、电子元器件以及制品的微型化等技术方面一直处于世界领先地位，也是日本对华技术出口的优势所在。日本政府出于政治和战略方面的考虑，继续使对华高技术出口保持规模小、技术含量低、增长不稳定的态势，这与中日两国的贸易规模和其作为相邻技术大国的实力和地位都不相称。

---

① 陈双喜，潘海鹰. 中美服务贸易比较及中国服务贸易发展的对策[J]. 财经问题研究，2010(12)：106-112.

② 张雄辉. 日本技术引进的经验及对中国的启示[J]. 现代商业，2011(8)：100-101.

时至今日，日本对华技术转让的保守状况仍没有得到根本改善，而是采取有计划、分步骤、有条件的控制转移措施，并使之保持产业梯度的差异；中国国内技术开发到什么水平，日本就转移技术到何种程度。值得注意的是，2006年8月，日本发布了一份对华贸易“黑名单”，防止先进技术流入中国。①日本出具“黑名单”的目的是对中国发展设置障碍，防止中国国力增强对日本造成威胁，这意味着日本对华技术和设备出口限制仍将长期存在。

10.1.3 欧盟技术贸易条约与政策

欧盟(European Union)作为一个区域经济一体化组织，对内主要有《罗马条约》(Rome Treaty)和《竞争法》，其法律政策的出发点是促进区域内生产要素(如商品、资本、服务和人员)的自由流动，消除一切贸易障碍，禁止垄断市场、妨害公平竞争等限制性商业行为，促进市场的统一和完善；对外主要通过签署国际协议和欧盟各国国内的法律，对技术出口实行管制。

1.《罗马条约》

1957年3月25日，在欧洲煤钢共同体的基础上，法、西德、意、比、荷、卢6国政府首脑和外长在罗马签署《欧洲经济合作条约》和《欧洲原子能共同体条约》，后来人们合称这两个条约为《罗马条约》，该条约于1958年1月1日生效。该条约的生效标志着欧洲经济共同体的正式成立，即正式确定建立一个共同市场的总目标。

《罗马条约》共分6章248条，并附有11份议定书和3个专约以及若干清单。《罗马条约》在序言中强调它的目标是：消除分裂欧洲的各种障碍，加强各成员国经济的联结，保证协调发展，建立更加紧密的联盟基础等。《罗马条约》涉及的内容极其广泛，包括建立关税同盟和农业共同市场，逐步协调经济和社会政策，实现商品、人员、服务和资本的自由流通。关于工业品关税同盟，该条约规定在12年过渡期内分三个阶段逐步取消成员国间一切关税和贸易限制。

《罗马条约》规定，禁止限制和妨害竞争、滥用市场优势、图谋市场地位的限制性商业做法，这些做法主要有：①直接或间接地限制购买或出售价格或其他交易条件的做法；②限制或控制生产与销售、开发技术或投资的做法；③分割市场或供应来源的做法；④在相同的交易中，对不同的交易方采取歧视性的不同交易条件；⑤迫使对方接受与该交易毫无联系的条件和要求，并以此作为签订合同的条件。

2.《欧洲联盟竞争法》

《欧洲联盟竞争法》源自《罗马条约》。为了建立确保欧共体内部市场竞争不被扭曲的体系，鼓励所有经济资源如货物、人员、服务和资本的自由流动，不受国界的阻碍，建立一个单一和统一的市场，维持一个合理的市场结构，提高经济运行效率，《罗马条约》规定禁止限制竞争协议(该条约第81条)、禁止滥用市场支配地位(第82条)、原则上禁止国

---

① http://finance.sina.com.cn/j/20060804/13252793241.shtml.

家补贴(第87至89条)。在《罗马条约》生效后的30多年里，欧共体逐渐形成一套完备的竞争法律体系，但是该条约没有明文规定对企业合并的控制。1989年12月，理事会制定了《企业合并控制条例》，主要管制企业合并，凡是在欧共体范围内造成影响的合并都是该条例的适用对象。除欧共体条约外，整个竞争法律体系还包括据此制定的部长理事会和委员会的条例、指令和决定。

为了适应经济发展和欧盟扩大的需要，自1999年开始，《欧洲联盟竞争法》一揽子改革方案被提交至欧洲议会和成员国讨论。2002年，欧盟竞争法中引入了卡特尔宽大处理制度。新的《关于实施欧共体条约第81、82条的第1/2003号决议》和《关于企业合并控制的第139/2004号决议》对竞争法的三大支柱(即禁止限制竞争协议、禁止滥用市场支配地位和企业合并控制决议)进行了修改，并从2004年5月1日起开始实施。《欧洲联盟新竞争法》赋予成员国竞争主管机构和成员国法院执行欧盟竞争法的权力，强化了私人推动竞争法实施的救济途径，并且在对企业合并的控制规则方面加强了灵活性、可预见性和科学性。欧盟竞争法律制度的主要内容包括：禁止限制竞争协议、禁止滥用市场支配地位、企业合并反垄断审查制度、违反竞争法的法律责任与救济、关于国家补贴的规则等。关于技术许可合同，该竞争法规定：许可协议不得含有限制竞争的“无异议条款”(Non-Challenge Clause)；许可贸易均须经主管部门审查；专有技术(Know-how)可以在一定地域和期限内实行独占许可；可以对受方使用供方组件生产产品予以限制等。

3. 欧盟知识产权法律保护制度

欧盟多年来一直努力协调、统一和建立内部的跨国知识产权保护法律制度，并使之与国际知识产权保护公约相一致。从有关专利和商标的法律制度来看，专利技术传播的无界性和专利保护的地域性之间的矛盾成为专利制度的重要问题之一。欧洲是世界上区域性专利制度一体化进程最快、协调程度最高的地区之一，在欧洲专利一体化进程中最重要的是已经生效的《欧洲专利公约》和尚未创立完成但具有重大影响的《欧洲共同体专利公约》制度，对此下文将做具体介绍。

(1) 《欧洲专利公约》(又称《慕尼黑公约》)，签订于1973年10月5日，并于1977年生效。依据该公约成立的欧洲专利局(EPO)，负责授予欧洲专利(European Patent)。此后，该公约分别在1978年12月21日、1994年12月13日、1995年10月20日和2000年11月29日进行过修改。该公约内容包括一般规定，组织机构规定，专利实体法，欧洲专利的申请、审批、异议和申诉程序，共同性条款，对国家法的影响，特别协定，关于国际申请的规定，过渡性条款和最终条款。该公约的目的在于建立缔约国共同的授予发明专利的法律制度，依据该公约授予的专利称为欧洲专利。为此依据该公约设立了欧洲专利组织，由欧洲专利局(European Patent Office，EPO)和行政委员会(Administrative Council)组成。欧洲专利由欧洲专利局统一受理并依据统一的实体法审批授予，通过审批的专利在所有指定国都生效。目前，该公约的成员国有17个，分别是奥地利、卢森堡、比利时、摩纳哥、丹麦、荷兰、法国、葡萄牙、德国、西班牙、希腊、瑞典、爱尔兰、瑞士、意大利、英国和列支敦士登。

(2) 《欧洲共同体专利公约》(又称《共同体专利公约》)。为了消除地域性专利保护对欧洲共同体内部自由竞争所产生的消极影响，进一步统一欧共体成员国家的专利制度，欧共体成员国于1975年12月15日在卢森堡签订了《欧洲共同体专利公约》。根据该公约授予的专利权不再转化为某一国家的专利权，而作为欧共体的专利权，在欧共体所有成员国均受到保护。专利权的授予、转让、撤销，在实施该公约的所有领域中生效。按照规定，“共同体专利”并不要求成员国国内实体法或程序法与之完全一致，各国仍存在单独的专利法。该公约做出规定，欧洲法院有权对缔约国法院审理的专利诉讼案件进行预审裁决。该公约在共同体成员国范围内超越了各国专利权的地域界线，在一定意义上具有国际性，对欧共体国家的专利保护起到了积极作用。目前，仍有部分成员国没有被批准参加，所以该公约尚未生效。

(3) 《共同体商标法》。欧共体于1993年12月颁布了《共同体商标法》(Trademarks Bill)，并于1996年4月1日实施。欧共体协调局负责受理欧共体商标注册申请，办理注册和授予商标注册证书。欧共体成员国、《巴黎公约》成员国、世界贸易组织《与贸易有关的知识产权协议》签字国的国民，以及在任何欧共体国家有住所或真实有效的经营场所的非欧共体的国民都有资格提出申请。该商标法是实体法，按其规定注册的商标为共同体商标，在各成员国均有效。《共同体商标法》保护商品商标、服务商标、集体商标、个体商标(包括公司)和证明商标。可作为商标标记的有文字、图形及其结合、立体形状，注册的商标必须具备“可识别性”，商标保护期限为10年，可以续展。

值得注意的是，欧盟在实行跨国商标法律制度的同时，还保留着各成员国国内的商标法律制度，并设有将这两种商标法律制度协调运行的机制。该机制的核心主要有三个方面：一是优先注册权制度，即在一个成员国有效的商标，或者同时又是共同体的商标，权利人可以享有将同一商标在相同商品或服务上优先注册共同体商标的权利，或者优先注册其他成员国国内商标的权利；二是转换申请制度，即共同体商标的申请人或所有人在其申请失败或其商标失效时，请求将该申请或商标转换成国内商标申请的情况；三是共同体商标特有的诉讼管辖和法律适用制度。

4. 欧盟技术出口管制政策

欧盟成员国作为西方发达国家的主体，经济和科技发展水平高，拥有大量世界先进技术，是技术的主要出口方和进口方，在国际技术贸易中占有非常重要的地位。欧盟对技术进出口贸易的管理主要体现在对技术出口的管制政策上。长期以来，欧盟主要成员国一直是西方多边出口控制机制的创始者或积极参与国。

“巴统”正式解散后，1976年7月，包括“巴统”17国在内的33个主要西方国家代表在荷兰瓦森纳开会并签署了《瓦森纳协议》，决定实施新的控制清单，我国同样在被禁国家名单之列。欧盟对《瓦森纳协议》的贯彻实施主要体现在2000年6月欧盟理事会通过的“1334号法令”上，该法令详细地列举了军民两用品、技术清单和武器清单，其基本内容与《瓦森纳协议》的清单没有太大差别。这项法令后来经过多次修订，目前成为对华高科技出口管制的主要指导性文件。

除了欧盟统一的出口管理措施，欧盟各国根据本国的情况，还制定了各自的出口管理制度。比如，德国早在1961年就制定了《对外经济法》和《对外经济条例》，同样包括详尽的各级别“出口清单”，有的实行完全禁运，有的限制出口，有的则实施申报审批制度，这些制度对西方国家企业的海外投资起到了实质性的限制作用。例如，2005年AMD软件公司计划将部分芯片转移到新加坡生产，但德国政府认为该技术不仅可以民用，还会涉及军事用途，德国情报局甚至担心中国有可能使用AMD的处理器技术来增强自身军事力量。各方政治势力对该项目横加阻拦，最后AMD公司不得不放弃。总之，长期以来，欧盟对华技术出口的管制从未松动过，只不过管制的目的已从单纯军事遏制转变为更多地从国家竞争的角度来影响政策的制定，进而维护欧盟国家的竞争实力。

10.2 新兴国家有关技术贸易的法律与政策

10.2.1 新兴国家技术贸易法律与政策

1. 新兴国家技术贸易法律

随着国际技术贸易的迅速发展，各新兴国家根据各自不同的国情制定了相应的技术贸易法律来规范技术贸易活动。其中包括：严格的审查制度，管理引进和出口技术的种类，限定技术贸易方式，规定技术贸易双方的义务和责任，技术贸易纠纷的司法管辖问题等。新兴国家的技术贸易立法主要有两个目的：一是随着本国科学技术的发展，客观上需要以法律形式保护科学技术成果，鼓励科学技术的研究与开发，维护市场秩序，加快本国经济现代化建设的进程；二是建立健全的知识产权保护的法律体系，可以为从国外引进技术和吸引国外资金创造良好的国内环境，消除引进技术的障碍和加强在技术引进谈判中的地位。

但是，从总体上看，新兴国家有关技术贸易的立法还不够健全，水平也不高，主要具有以下特点。

(1) 规定技术转让的对象，主要包括专利技术、注册商标和专有技术等。

(2) 规定技术许可合同的主要条款，如引进技术的内容、范围和必要的说明，其中涉及专利和商标的应附具体清单；预计达到的技术目标以及实现该目标的期限和措施；报酬及其构成和支付方式等。

(3) 对国际技术贸易中限制性商业做法的限制，如合同中不得含有对获得竞争技术以及技术产品的销售、搭售、产量、技术反馈等限制自由竞争的不公平条款。

(4) 规定国家对技术转让合同的管理办法，如技术转让合同必须登记和报国家主管部门审查批准。

2. 新兴国家技术贸易政策

新兴国家经济发展水平低、缺乏资金且科技落后，为此，无论是技术转让规模还是技术水平都与发达国家存在较大差距，在国际技术贸易中一直处于劣势。在有关技术贸易政策和法律的制定上，新兴国家一方面通过优惠政策积极引进本国发展所需的技术，另一方面为避免国际技术贸易带来的不利影响而进行管制和限制。

1) 鼓励政策

(1) 创建良好的投资环境，设立相关机构，制定各种优惠政策，鼓励外商投资建厂。

(2) 对技术先进且本国急需的项目给予减免税、优先贷款等优惠措施。

(3) 以优惠待遇吸引外国科技人员，同时重视本国科技人才的培养。

(4) 政府设立或政府资助设立咨询服务机构，提供信息咨询服务及相关知识培训。

(5) 加强对引进技术的消化、吸收。

2) 限制政策

由于在国际技术贸易中的劣势地位，新兴国家会最大限度地发挥技术引进的积极作用，并采取一些限制性政策避免对本国产生的不利影响。比如，对拟引进技术进行分类，分别采取不同的措施进行区别对待；设立技术引进管理委员会；实行技术引进审批制度；制定技术引进条件；加强技术引进项目的管理等。

10.2.2 巴西技术贸易法律与政策

巴西历届政府高度重视知识产权法律制度建设，从制度上和法律上加强对知识产权的保护力度，逐步建立比较完整的知识产权保护体系和管理工作体系，知识产权管理和保护工作取得了明显进步。20世纪70年代以来，巴西政府相继出台了《工业产权法典》(1971年颁布，1996年修改)、《版权法》(1973年)、《计算机软件保护法》(1987年)、《生物安全法》(1995年)、《种子法》(1997年)等法律、法规，保护和激励知识创新，促进本国经济增长。在知识产权国际保护方面，巴西加入了《巴黎公约》《伯尔尼公约》《保护表演者、录音制品制作者和广播组织公约》和《与贸易有关的知识产权协议》等。

在技术贸易的管理方面，巴西制定了一系列法律法规，其中关于技术转让的规定有：允许专利和商标转让或使用许可；技术转让合同均须经全国工业产权协会审批和登记；许可使用费以其产品的净销售额为基数，按规定的提成率计算，专利许可和专有技术许可的提成率一般为5%；商标许可的提成率一般为1%；合同中不得含有最低提成费条款，但允许合同规定最低产量和销售额；外方所得须缴纳25%的预扣税，汇寄国外的许可使用费须在巴西中央银行登记等。

10.2.3 印度技术贸易法律与政策

1. 印度知识产权保护制度

印度的知识产权保护以立法作为保障，司法、行政和民间三方积极互动、紧密配合，构建了独特的知识产权保护体系。

1) 知识产权立法

(1) 专利法。印度最早的《专利及设计法》制定于1859年英国殖民统治期间。1970年，印度议会通过了独立后的第一部《专利法》。为了使《专利法》向TRIPs相关规定靠拢，印度先后于1999年、2002年、2004年对1970年通过的《专利法》做了3次大幅度修订。2002年的修订版，将专利保护期定为20年，并规定出于公共利益、国家安全、印度传统、公共健康等原因国家可以对专利实施强制许可。2004年12月颁布的《专利条例(修订)》(2004年)规定，自2005年1月1日起，受理药品、农业化学品和食品的专利申请。

(2) 商标法。从第一部商标法——《贸易和商品标志法》(1958年)开始，印度逐步修订该法案，并于1999年出台了《商标法》。《商标法》主要的修改内容包括：拓宽了商标注册范围，“任何能区别他人的商品或服务的标识，包括图表、包装、商品外形和色彩等”均可注册；增加了服务商标、集体商标；实施驰名商标的特殊保护和注册制度；申请程序简化，可在一份申请书中申请多类商品或服务商标；注册商标保护期从7年延长到10年，每续展一次延长10年；建立了上诉机构；扩大了侵权行为的定义范围，“在与注册商标同种类商品或服务上使用相类似商标，造成混淆的，或者在不同类的商品或服务上使用相同或类似商标可能存在欺骗或混淆的”均为侵权，同时强化惩罚，包括提高刑期和罚金；禁止将他人商标作为厂商名称或其中的一部分；对有一定商誉和没有商誉的未注册商标转让提出了不同的要求。

(3) 版权法。印度早在1847年就制定了第一部《版权法》。此后，围绕“与印度参加的国际条约相适用”的内容进行了多次修改。1999年修订并于2000年1月实施的《版权法》，则实现了印度《版权法》同《与贸易有关的知识产权协议》(TRIPs)的完全接轨。

印度的《版权法》在计算机知识产权保护以及打击盗版措施方面具有显著特点。1994年修订的《版权法》按TRIPs的要求，把计算机程序作为文学作品进行保护，其保护期限为50～60年，并对外国作者的作品给予与本国作者同样的保护，还赋予印度版权局处理著作权侵权与盗版行为的权力；同时，规定了对软件盗版行为的相应处罚，任何使用盗版软件行为都将受到严厉惩罚，例如，非法复制计算机软件者可被判处7天至3年的徒刑，并处以5.5万至2 000万卢比的罚金。

2) 司法保护

印度知识产权方面的司法保护分为民事救济和刑事救济两种。民事救济是印度打击知识产权侵权行为较有成效的手段，具体的救济方式包括：申请搜查令、申请临时性禁令、损害赔偿、返还利润等，这些措施的实施效果明显。例如，1999年，印度电影协会曾向法院申请对3家印度有线电视网实施这种禁令，禁令覆盖印度48个城市、800万有线电视用户。禁令的实施使有线电视网络中的盗版现象明显减少。刑事救济是指法庭可命令侵权人将侵权产品的复印件及用于侵权的工具交给被侵权人。对侵权人的刑事处罚包括没收侵权产品、罚金和监禁三种。

3) 行政保护

印度中央政府和地方政府采取了一系列措施保护知识产权，包括定期检查知识产权保护的执法工作；制定详细的操作规程，如《专利操作及程序手册》《商标工作手册》等，确保执法程序统一；组建版权实施顾问委员会，负责定期评估版权保护方面的成绩和问题，并向政府提出改进建议；定期组织研讨会，向执法官员提供知识产权法方面的培训等。

4) 民间保护

为了配合政府的知识产权保护的执法工作，一些印度知识产权组织成立了民间行业管理社团，如印度电影电视制作人版权管理协会负责协调和集体管理印度电影产业的版权等，以加强知识产权的集体管理和保护。印度知识产权保护政策的有效性，主要体现在打击计算机软件盗版方面。自实施1994年修订的《版权法》以后，印度盗版现象明显减少，这主要归功于该法对电脑软件给予更多的保护，侵权者将受到严惩和重罚。这不仅鼓励了跨国公司前来进行尖端领域的研发投资，也刺激了国内企业积极开发软件产业。

2. 印度的技术贸易

1) 印度的技术引进政策

印度的技术引进政策的主要特点包括以下几个方面。

(1) 拟引进的技术应当是国内真正需要、国内暂时没有、国内开发需要较长时间的会影响国家发展目标的实现的技术；

(2) 应引进高水平技术，并考虑国内市场需求和资源配套能否满足需求；

(3) 引进技术不仅能有效地实现技术转化，还应包括一些设计原理等的转化；

(4) 引进技术的项目须经政府有关委员会评估；

(5) 落实引进技术后用于消化、吸收的费用，以保证技术引进的效果和后续发展；

(6) 政府强调提高国内的技术能力，对于成套技术一般应采取部分引进、部分国内开发的方式。

2) 印度的技术出口

印度的技术出口主要包括高技术附加值产品的出口、技术服务、技术咨询、提供专家和技术人员服务、技术和技能培训等。其中，高技术附加值产品的出口成为印度技术贸易的一种重要形式，海外咨询是人力资源丰富的印度技术出口的又一种形式，软件和软件服务出口也格外引人注目。

10.2.4　马来西亚技术贸易法律与政策

1. 对知识产权的保护

马来西亚制定了《专利法》《商标法》《商标管理条例》和《版权法》，并加入了《巴黎公约》《伯尔尼公约》和《与贸易有关的知识产权协议》。马来西亚专利注册局负责专利申请；外国人申请专利与其国民和居民的条件相同，但必须通过马来西亚注册代理人办理。发明获得专利必须具有工业实用性；专利保护期为15年，须缴纳年费。以下内容不能获得专利：发现、科学和数学理论、动植物品种、培育动植物的生物方法(微生物方法除外)。

2. 对技术贸易的管理

技术转让和许可协议须经马来西亚工业贸易部批准。不欢迎外商以专有技术入股；许可协议应规定对当地人员的培训；许可费通常采用提成计算方法，以净销售价为基数，提成率为1%～5%；含装配生产的许可交易，不得采用提成计价；提成费的预扣税率为15%。

10.3 中国有关技术贸易的法律与政策

10.3.1 中国知识产权保护制度的发展

我国知识产权保护经历了一个从无到有、从不完备到初步完备、从行政法规到正式立法的发展过程。我国非常重视对著作、专利和商标的保护。如从1950年至1967年，文化部和新闻出版行政管理部门颁布了一系列政策文件、规章来保护作者的权益。在专利方面，早在1950年，我国就通过了《关于奖励有关生产的发明、技术改进及合理化建议的决定》和《保障发明权与专利权暂行条例》，这是当时最重要的发明和专利保护方面的立法。在商标方面，1950年颁布的《商标注册暂行条例》及其实施细则是新中国在经济方面最早的立法之一。

在“文革”期间，我国对知识产权的保护遭到严重破坏。对著作权的保护基本中断；对发明和技术改进的奖励无法得到正确实施，更谈不上对专利的保护；在商标方面的损失更大，管理机构被撤销，许多传统名牌被认为是“封资修”的货色，商标被标准化、通用化，结果造成“注册商标不使用、使用商标不注册、滥用商标不纠正、假冒商标不追究”的混乱局面。直到20世纪70年代末，随着中国经济和社会逐步走向正轨，中国开始着手制定与知识产权保护有关的法律、法规，逐渐建立比较完整的中国特色知识产权保护机制。中国加入WTO后，对已有的法律、法规又进行了修改，并制定了新的法律、法规，使我国知识产权保护制度日益完善，与国际知识产权保护制度趋于协调一致。目前，我国知识产权保护体系涉及知识产权立法、行政保护、司法保护、海关保护等多个方面。

10.3.2 中国知识产权保护制度框架

1. 知识产权立法体系

就国内立法体系而言，《商标法》《专利法》《著作权法》和《反不正当竞争法》的通过，标志着我国知识产权的主要立法工作已经完成。此外，国务院还颁布了有关知识产权的行政法规，有30多项，如《商标法实施条例》《计算机软件保护条例》《知识产权海关保护条例》等。

在知识产权国际保护方面，我国先后加入了重要的知识产权国际公约，以适应知识产权的国际化趋势。自20世纪80年代以来，我国先后加入了《巴黎公约》《伯尔尼公约》《商标国际注册马德里协定》《专利合作条约》《世界版权公约》《商标注册用的商品和服务国际分类尼斯协定》《关于集成电路的知识产权条约》《国际专利分类斯特拉斯堡协定》《保护植物新品种国际公约》《知识产权协议》等。

2. 知识产权行政保护

我国对知识产权的保护，采取的是行政保护和司法保护相结合的双轨制。所谓行政保护，是指知识产权行政管理机关运用行政手段调解知识产权纠纷，制裁侵权行为。行政保护是我国知识产权法中广泛采取的保护方式，但它不是司法保护所必需的前置程序。我国管理知识产权事务的行政组织有国务院知识产权领导小组、国务院下属的国家版权局、国家工商行政管理局商标局、国家专利局、国务院各主管部委以及地方各级知识产权行政管理部门。

3. 知识产权司法保护

从国际上看，各国对知识产权最强有力的保护是司法保护。我国虽然实行双轨制，但在这一点上也不例外。其中，通过民事诉讼程序进行保护是知识产权司法保护的主要方式，并在一些高级法院中设立了知识产权审判庭。2014年8月31日，十二届全国人大常委会第十次会议表决通过了全国人大常委会关于在北京、上海、广州设立知识产权法院的决定。目前，我国已经加入15个有关知识产权保护的国际公约，如表10.1所示。

表10.1 中国已经加入的15个有关知识产权保护的国际公约

公约名称	签订地点	签订日期	中国加入时间
《建立世界知识产权组织公约》	斯德哥尔摩	1967-07-14	1980-06-03
《保护工业产权巴黎公约》	巴黎	1883-03-20	1985-03-19
《集成电路知识产权条约》	华盛顿	1989-05-26	1989-05-26
《商标国际注册马德里协定》	马德里	1891-04-14	1989-10-04
《商标国际注册马德里协定有关议定书》	马德里	1989-06-27	1995-12-01
《保护文学艺术作品的伯尔尼公约》	伯尔尼	1886-09-09	1992-10-15
《世界版权公约》	日内瓦	1952-09-06	1992-10-30
《保护录音制品制作者防止未经许可复制其录音制品公约》	日内瓦	1971-10-29	1993-04-30
《专利合作条约》(PCT)	华盛顿	1970-06-19	1994-01-01
《商标注册用商品和服务分类协定》	尼斯	1957-06-15	1994-08-09
《国际承认用于专利程序的微生物保存条约》	布达佩斯	1977-04-28	1995-07-01
《工业品外观设计国际分类协定》	洛迦诺	1968-10-08	1996-09-19
《专利国际分类协定》(IPC)	斯特拉堡	1971-03-24	1997-06-19
《保护植物新品种国际公约》	巴黎	1961-12-02	1999-04-23
《与贸易有关的知识产权协议》(TRIPs)	乌拉圭	1994-04-15	2001-12-11

(1) 《建立世界知识产权组织公约》，于1967年7月14日在斯德哥尔摩签订，并于1970年4月26日生效，到2004年7月为止已有179个成员国。我国于1980年6月3日加入。

(2) 《保护工业产权巴黎公约》(简称《巴黎公约》)，于1883年3月20日在巴黎缔结，并于1884年生效，到2004年7月为止已有168个成员国。我国于1985年3月19日加入。

(3) 《集成电路知识产权条约》，于1989年5月26日在华盛顿签订，只有8个国家签字，至今尚未生效。我国于1989年5月26日签字加入。

(4) 《商标国际注册马德里协定》，于1891年4月14日在马德里缔结，并于1892年生效，到2004年7月为止已有56个成员国。我国于1989年10月4日加入。

(5) 《商标国际注册马德里协定有关议定书》，于1989年6月27日通过，并于1995年12

月1日生效，到2004年12月为止已有66个成员国。我国于1995年12月1日加入。

(6)《保护文学艺术作品的伯尔尼公约》(简称《伯尔尼公约》)，于1886年9月9日在伯尔尼缔结，并于1887年12月生效，到2004年7月为止已有156个成员国。我国于1992年10月15日加入。

(7)《世界版权公约》，于1952年9月6日在日内瓦签订，到2004年7月为止已有98个成员国，由联合国教科文组织管理。我国于1992年10月30日加入。

(8)《保护录音制品制作者防止未经许可复制其录音制品公约》(简称《录音制品公约》或《唱片公约》)，于1971年10月29日在日内瓦签订，并于1973年4月18日生效，到2004年4月为止已有73个成员国。我国于1993年4月30日加入。

(9)《专利合作条约》(PCT)，于1970年6月19日在华盛顿签订，并于1978年生效，到2004年7月为止已有123个成员国。我国于1994年1月1日成为第64个成员国，中国专利局同时成为PCT的受理局、国际检索局和国际初审局。

(10)《商标注册用商品和服务分类协定》(简称《尼斯协定》)，于1957年6月15日在尼斯签订，并于1961年4月生效，到2004年7月为止已有72个成员国。我国于1994年8月9日加入。

(11)《国际承认用于专利程序的微生物保存条约》(简称《布达佩斯条约》)，于1977年4月28日在布达佩斯签订，并于1980年8月19日生效，到2004年7月为止已有59个成员国。我国于1995年7月1日加入。

(12)《工业品外观设计国际分类协定》(简称《洛迦诺协定》)，于1968年10月8日在洛迦诺签订，并于1971年生效，到2004年7月为止已有44个成员国。我国于1996年9月19日加入。

(13)《专利国际分类协定》(IPC)，于1971年3月24日在斯特拉堡签订，并于1975年生效，到2004年7月为止已有54个成员国。我国于1997年6月19日加入。

(14)《保护植物新品种国际公约》，于1961年12月2日在巴黎签订，并于1996年生效，到2004年7月为止已有55个成员国。在此公约的基础上，成立了“保护植物新品种联盟”(UPOV)。我国于1999年4月23日加入。

(15)《与贸易有关的知识产权协议》(TRIPs)，于1994年4月15日签订，并于1995年1月1日生效，到2004年7月为止已有147个成员国。我国于2001年12月11日加入。

4. 知识产权保护的边境措施

我国知识产权边境保护相关立法，如《知识产权海关保护条例》，主要适用与进出境货物有关并受我国有关知识产权法律管理的知识产权，如商标权、专利权、著作权等。权利人要求海关对其进出口货物有关的知识产权实施保护，应将其知识产权向海关备案，并在必要时向海关总署提出采取保护措施的书面申请。

10.3.3 中国技术进出口鼓励政策

1. 我国技术贸易基本政策

为了保障和促进技术进出口的健康发展，从根本上解决我国技术进出口中存在的科技创新能力不强、大多缺乏核心技术、产品的技术含量低等问题，国务院有关部门先后出台了多项措施来促进科技成果转化，优化出口商品结构，扶持、鼓励技术和成套设备的进口贸易。

1) 技术进出口法律法规

改革开放初期，为了加强我国技术进口合同的规范与管理，1985年5月24日，国务院颁布了《中华人民共和国技术引进合同管理条例》；1988年3月20日，对外经济贸易部又颁布了与之相配套的《中华人民共和国技术引进合同管理条例施行细则》，形成了最初的对技术进出口的规范。随着《中华人民共和国对外贸易法》和《中华人民共和国合同法》的相继颁布，其中对技术进出口管理和技术进出口合同所做的原则性规定，使技术进出口合同的签订和实施更具规范性。

为了促进我国技术进出口贸易的发展，适应技术进步的日新月异和建立社会主义市场经济的需要，2001年10月31日，国务院第46次常务会议审议并通过了《中华人民共和国技术进出口管理条例》，并于2002年1月1日起开始施行。该条例既是《外贸法》的配套法规，又是《合同法》的重要补充，与其他相关的规章一起，构成一套较完整的技术进出口管理体系。它的颁布和实施，既保证了引进国外先进技术的规范性，又鼓励了国内成熟技术的顺利出口，从而有力地促进了技术进出口的发展，对我国对外贸易可持续发展和国民经济结构的战略性调整发挥了积极的作用。

为了适应技术进出口的新发展，根据《中华人民共和国技术进出口管理条例》，2009年2月1日，商务部公布了修订后的中华人民共和国商务部2009年第3号令——《技术进出口合同登记管理办法》，自公布之日起30日后开始施行(原对外贸易经济合作部2001年第17号令《技术进出口合同登记管理办法》同时废止)。它的实施使我国技术进出口的发展更加规范。

2) 科技兴贸战略

科技兴贸是我国外经贸工作的基本战略。在知识经济迅猛发展、世界经济一体化、亚洲金融危机影响加深、国际经济技术竞争更加激烈的大环境下，制订科技兴贸行动计划，重点促进高技术产品出口，对加快科技成果转化，提高出口商品竞争力，保证出口持续稳定增长，建立21世纪我国的国际竞争优势具有深远的战略意义。1999年，科学技术部和对外贸易经济合作部出台了《科技兴贸行动计划》，提出科技兴贸行动计划的宗旨是贯彻落实科教兴国战略，发挥科技及产业优势，扩大我国高技术产品出口，促进我国从外贸大国向外贸强国转变，使外贸出口持续、稳定、快速增长。

20世纪80年代，我国主要依靠纺织和轻工产品，出口额上了一个大台阶，1989年出口额比1980年增加252亿美元，其中61%的增加额是由轻纺产品实现的。到20世纪90年代，我国主要依靠机电产品，出口额又上了一个大台阶，2000年出口额比1990年增加1 971亿美元，其中50%的增加额是由机电产品实现的。要想实现进出口贸易再上新台阶，必须依靠高新技术产品来实现。只有深入实施科技兴贸战略，促进高新技术产业跨越式发展，才能实现贸易强国的目标。我国已初步建成由20个重点城市、25个高新技术产品出口基地、100家“科技兴贸”重点企业组成的科技兴贸出口促进体系。

2001年，外经贸部、科技部、国家经贸委、信息产业部联合编制了《科技兴贸“十五”计划纲要》，提出发挥政府的政策引导和服务功能，改善高新技术产品进出口政策环境，以国际市场为导向，加快出口商品结构调整，推进我国高新技术产业国际化，推动有自主知识产权的高新技术产品出口，大力改造和提升传统出口产业，促进国内产业结构升级，提高我国出口产品中技术密集型产品的比重，提高我国企业的竞争力，在发挥比较优势的基础上，创造新的竞争优势，实现我国对外贸易发展模式的战略转变，尽快实现由贸易大国向贸易强国的跨越。

2003年11月12日，国务院办公厅以国办发〔2003〕92号文件形式转发的由商务部牵头八部门联合制定的《关于进一步实施科技兴贸战略的若干意见》，初步建立了我国科技兴贸战略体系框架，内容涉及资金扶持、出口信贷、出口信用保险等多个方面。为了更好地开展科技兴贸工作，促进技术进出口贸易的健康发展，2004年1月6日至7日，商务部、科技部、国家发改委、财政部、信息产业部、海关总署、税务总局、质检总局八部门联合在京召开了全国科技兴贸工作会议，指出我国要抓住战略机遇期，继续深入实施科技兴贸战略，统筹国内发展和对外开放，把扩大引进技术和全面增强自主创新能力结合起来，把促进高新技术产品出口同提高传统产业的技术含量和附加值结合起来，赋予科技兴贸工作新的内涵，促进国民经济朝着持续、快速、协调、健康的方向发展。

3) 专项促进计划

我国政府就软件产业和集成电路产业、机电产品和高新技术产品分别制定了诸多专项促进措施。1996年年底，为了扩大机电产品的出口量，国家计划委员会、财政部、中国人民银行、国家经济体制改革委员会、对外贸易经济合作部、机械工业部和电子工业部联合起草了《关于“九五”期间进一步扩大机电产品出口的意见》；2001年10月，又联合起草了《关于“十五”期间进一步促进机电产品出口的意见》，经国务院批准，于2001年11月3日正式发布和实施。这两部《意见》的公布和实施为我国机电产品进出口贸易指明了发展方向，极大地促进了我国机电产品出口贸易的发展。

2000年7月11日，为了推动我国软件产业和集成电路产业的发展，增强信息产业创新能力和国际竞争力，我国公布了“鼓励软件产业和集成电路产业发展的若干政策”，并于2001年1月4日由对外经济贸易合作部、信息产业部、国家税务总局、海关总署、国家外汇管理局和国家统计局联合发布了《软件出口有关问题的通知》，对软件产业和集成电路产业的健康发展，尤其是对软件出口中涉及的知识产权提供了切实的保障。

2. 我国技术进口鼓励政策

《技术进出口管理条例》第七条规定：“国家鼓励先进、适用的技术进口。”这样做的根本目的是促进我国工农业科学技术水平的提高。具体来说，引进国外先进、适用的技术是一个国家推动科技创新、发展高科技的捷径；有利于推动国内企业在较高水平上实现技术跨越，企业可以直接利用国外先进的技术、工艺、生产模式和经营管理方式，提高产品质量，开发生产新产品，提供新服务，增强市场竞争力；有利于把自主研发与引进、消化、吸收国外先进技术相结合，促进技术集成、融合、升级和提高，形成更多的自主知识产权，推动国家整体技术水平的飞跃。

(1) 先进、适用技术的认定。所谓先进、适用的技术，并没有明确的定义，但在国家经济管理工作实践中，相关部门关于先进、适用技术或高新技术的认定，已形成一定的判断标准，即必须满足下列一项或一项以上条件。

① 有利于发展高新技术，生产先进产品；

② 有利于提高产品质量和性能，降低生产成本，节约能耗；

③ 有利于改善经营管理，提高科学管理水平；

④ 有利于产业结构优化升级；

⑤ 有利于充分利用本国资源保护生态环境和保障人民健康；

⑥ 有利于扩大产品出口，增加外汇收入。

(2) 鼓励措施。

① 对技术进口经营者免征关税和进口环节增值税；

② 对外国技术让与人减征、免征预提所得税；

③ 取消部分机械设备、装备、仪器的自动进口许可证管理；

④ 从2007年开始，对国家鼓励进口的技术和产品给予贴息支持。

3. 我国技术出口鼓励政策

我国《技术进出口管理条例》第三十条规定："国家鼓励成熟的产业化技术出口。"为了保持对外贸易稳定增长，优化出口结构，推动技术出口快速增长，提高技术出口在技术贸易中的比例，2013年，商务部和科技部联合发布了《关于鼓励技术出口的若干意见》。国家对技术和高新技术产品出口的鼓励措施主要体现在资金支持、出口信贷、出口信用保险、出口退税、税收等方面。

(1) 资金支持方面。为了促进高新技术产品的技术更新改造和研发创新，提高产品的国际竞争力，2002年10月，我国颁布了《出口产品研究开发资金管理办法》，正式启动对高新技术产品技术更新改造项目贷款贴息工作，对高新技术出口产品的研发项目给予资金支持。

(2) 出口信贷方面。中国进出口银行对《中国高新技术产品出口目录》(2003年版)中的产品执行中国人民银行规定的第一档出口卖方信贷利率；并在2003年12月出台的472号文件中提出降低提供出口卖方信贷的门槛，向高新技术产品年出口额达到300万美元或软件产品年出口额达到100万美元的企业提供高新技术产品出口卖方信贷，并执行最优惠的贷款利率。之后，中国进出口银行对2006年版《中国高新技术产品出口目录》中的产品执行中国人民银行规定的第一档出口卖方信贷利率，并向高新技术产品年出口额较大的企业执行最优惠的贷款利率。

(3) 出口信用保险方面。中国出口信用保险公司在2004年7月出台的368号文件中将列入《中国高新技术产品出口目录》(2003年)的产品以及信息通信、生物医药、软件、航空航天、新材料等高新技术产业作为业务重点，予以全面支持。在承保程序方面，对列入《中国高新技术产品出口目录》的产品的承保给予"绿色通道"支持，对符合承保条件的客户，争取在5个工作日内制作完成保单。在限额审批方面，同等条件下，限额优先保证列入《中国高新技术产品出口目录》的产品的投保。在理赔速度方面，对符合理赔条件的案件，在收到索赔单证后，要在3个月内完成理赔工作。2013年颁布的《关于鼓励技术出口的若干意见》中再次强调要积极提供金融保险支持，研究制定符合技术出口企业特点和实际需要的信贷产品和保险险种，拓宽企业融资渠道，扩大融资能力；支持技术出口企业开展知识产权质押贷款业务，建立知识产权质押融资服务机制，解决企业尤其是科技型中小企业融资困难的问题，利用质押贷款贴息专项资金，降低企业融资成本；鼓励保险公司为技术出口特别是附带成套设备的技术出口提供收汇保障、商账追收服务和保险项下的贸易融资便利，简化理赔手续，加快理赔速度，化解企业收汇风险，加快企业资金周转速度。

(4) 出口退税方面。1994年1月1日起，我国开始施行《中华人民共和国增值税暂行条例》，根据该条例的规定，高新技术产品的出口退税率高达17%。2004年1月1日起，我国对笔记本电脑、印刷电路等97种HS8位编码的高新技术产品继续实行17%的出口退税率，这些产品的出口额约占全部高新技术产品出口额的15%左右。2010年，我国对出口产品退税率进行了重新调整，但高技术产品依然保持较高的出口退税率。

(5) 税收方面。2008年4月，科技部、财政部、国家税务总局联合颁发了《高新技术企业认定管理办法》，依照2008年1月1日国家启用的新税法的规定，只要被认定为高新技术企业，就可享受按15%征收所得税的优惠政策，而一般企业则按25%征税。《关于鼓励技术出口的若干意见》中提出要落实好现行支持技术出口的财税政策，充分运用相关外经贸支持政策，支持技术出口，居民企业通过技术出口实现的技术转让所得，按照税法有关规定享受免征或减征企业所得税的优惠。

此外，国家还出台如便捷通关、便捷检验检疫等措施，对高新技术企业提供通关便利，对高新技术产品出口额大、出口批次多、产品型号变动快、资信好的出口企业，给予免验或便捷检验检疫和绿色通道政策。

第11章 专题：科技型企业跨国并购

本章主要介绍科技型企业跨国并购的内涵、历程及特点；跨国并购前期的战略部署，包括动机、团队组建、并购形式等；跨国并购交易中的时机把握、政治压力化解、交易结构安排和合法避税等问题以及并购交易后期的资源整合。

11.1 跨国并购的内涵、历程及特点

11.1.1 跨国并购的内涵

跨国并购是指外国投资者兼并或收购东道国现有企业的全部或部分股权，从而取得对该企业的控制权，是兼并与收购的简称，但是鉴于两者通常具有相同的动机和逻辑，因此将两者合称为“并购”。

兼并有广义和狭义之分。狭义的兼并仅指两个或两个以上的企业通过法定方式重组后只有一个企业继续保留法人地位的情形，通常由一家占优势的企业吸收另外一家或几家企业；广义的兼并则包括狭义兼并、收购、合并以及接管等形式的企业产权变更方式，目标企业的法人地位可能消失，也可能不消失。

收购又称“控股合并”。收购是指企业用现金、债券或股票购买另一家企业的部分或全部资产或股权(国际上通常认为是10%以上的股权)，以获得该企业的控制权，但被收购公司的法人地位仍保留。与兼并不同，收购着重表现这种活动的经济内容。企业可以通过证券市场或场外交易进行收购，可以用现金、股票债券或其他资产进行购买。

在实际业务中，跨国并购以改变目标企业产权关系和经营管理权关系的跨国收购为主，跨国兼并数量占跨国并购总量的比重不足3%，即使被认为相对平等的合作者之间的合并大多也是由一家公司控制另一家公司。因此从实际情况而言，收购占据并购的主体地位，其中出资并购的企业称为并购企业，被并购的企业称为目标企业。

11.1.2 跨国并购的历程

自19世纪末以来，以美国为代表的发达国家已经经历了5次大规模的并购浪潮，通过不断并购诞生了一大批巨无霸级的跨国公司，控制着世界主要产品的生产和交易。跨国并购始于20世纪60年代，伴随全球经济一体化的萌芽和产业国际化的发展趋势，市场竞争的舞台逐步从国内市场拓展到国际空间而引发了第一波跨国并购浪潮。以美国企业为代表的

众多跨国公司在经历了国内市场的并购重组而发展壮大后，开展了在全球范围内的全方位品牌竞争。由于20世纪70年代石油危机的冲击，跨国并购的速度在20世纪70年代有所放缓，但是从20世纪80年代起伴随各主要发达国家经济的复苏，跨国并购又蓬勃发展，到1989年跨国并购数量占全世界企业并购总数的比重已达36%。

20世纪90年代，随着全球化步伐的加快，跨国并购进入一个全新的加速发展阶段，美、日、欧发达国家的企业为了在全球范围内抢夺更多的新市场、新技术和人才，掀起了新一轮并购高潮。大范围跨国并购频繁发生，并购交易规模不断扩大，并购后“强强联手”而形成的新企业往往具有庞大的规模和超强的实力是这一阶段跨国并购的主要特点。统计数据显示，1995年跨国并购超过绿地投资成为主要的国际直接投资手段，跨国并购总额占国际直接投资额的比重不断加大，从1987—1992年的平均52%，猛增到1993—2001年的平均79%，2000年全球跨国并购总额达11 440亿美元，占全球直接投资额的比重上升到85%左右。《世界投资报告》(World Investment Report)显示，1999年全球范围内并购金额超过10亿美元的大型跨国并购已达109项，平均规模为50亿美元，其中超过100亿美元的就有21项。经过20世纪80年代末到21世纪初不足15年的短暂发展，跨国并购已经成为国际上最主要的直接投资手段。截至1999年底，全球并购案例已达32 000起，其中涉及美国的案例高达11 000多起，美国成为并购交易的主战场。

进入新千年，受到2001年“9·11恐怖袭击事件”和信息产业泡沫破裂的影响，全球经济短暂衰退并出现国际直接投资额和跨国并购额下滑的局面(2001年跨国并购额只有6 010亿美元，占2000年的一半，2002年和2003年又分别下降到3 700亿美元和2 970亿美元)。随着经济的复苏，跨国并购于2004年复苏并形成新一轮的并购浪潮。全球并购的数量和交易额持续增长，2004年跨国并购额回升至3 810亿美元，占当年国际直接投资总额的58.7%；2005年跨国并购额较2004年增长40%，达到5 300亿美元，占当年国际直接投资总额的比重提升为59.1%。毕马威会计师事务所的最新统计数据显示，截至2005年11月30日，全球已完成并购交易2.48万宗，总额达2.06万亿美元，其中涉及美国并购交易的交易额高达1万亿美元。2006年，受到新兴国家股票市场和企业资产价值增长的持续拉动，跨国并购继续蓬勃发展。

据联合国贸易与发展会议(UNCTAD)统计，全球跨国并购金额达8 880亿美元，较2005年增长了22.9%，并购数量为6 974起，同比增长14%。金融危机爆发前的2007年，全球交易额已达1.637万亿美元，占全年国际直接投资额的91%，并在下半年出现了一些超大规模的跨国并购交易，包括银行业历史上规模最大的交易——由苏格兰皇家银行、富通银行和西班牙国际银行组成的银团以980亿美元收购荷兰银行控股公司，以及力拓矿业集团(联合王国)收购加拿大铝业集团(加拿大)等。受金融危机的严重影响，2008年全球并购交易额结束了5年来的持续增长，同比下降了34.7%，只有6 730亿美元，其中制造业和服务业全球并购额分别降低了10%和54%。由于财务状况和获利前景的恶化，继2008年企业并购数量同比下降34.7%之后，2009年企业并购数量继续减少，全球并购交易额只有2 500亿美元，同比下降幅度高达64.7%。

2010年，全球资本市场摆脱了由经济危机导致的低迷态势，并购交易额创出2008年以来的最好成绩，全球并购交易总额达到3 390亿美元，较2009年同比上升35.7%。2011年，全球并购总额持续升温，达到5 260亿美元，跨境交易总额较2010年增长了36%，但仍然只占金融危机前2007年的1/3。2012年，由于信贷市场的收紧、欧元面临崩溃的风险以及股票市场摇摆不定等因素很多企业打消了寻求并购交易的念头，全球并购总额降为3 080亿美元。2013年，随着股市和债券市场的好转对欧元经济区经济持续衰退产生抵消效应，全球并购交易恢复增长，并购总额为3 490亿美元。2014年，尽管跨国并购有所回升，但由于全球经济脆弱，对投资的政策不确定性以及地缘政治风险比较高，全球并购交易总额只有3 990亿美元，价值大于10亿美元的多国企业交易量从2013年的168个增加到223个，创2008年以来的新高。

根据UNCTAD发布的《世界投资报告》整理的1995—2014年全球跨国并购交易额变化情况，如图11.1所示。

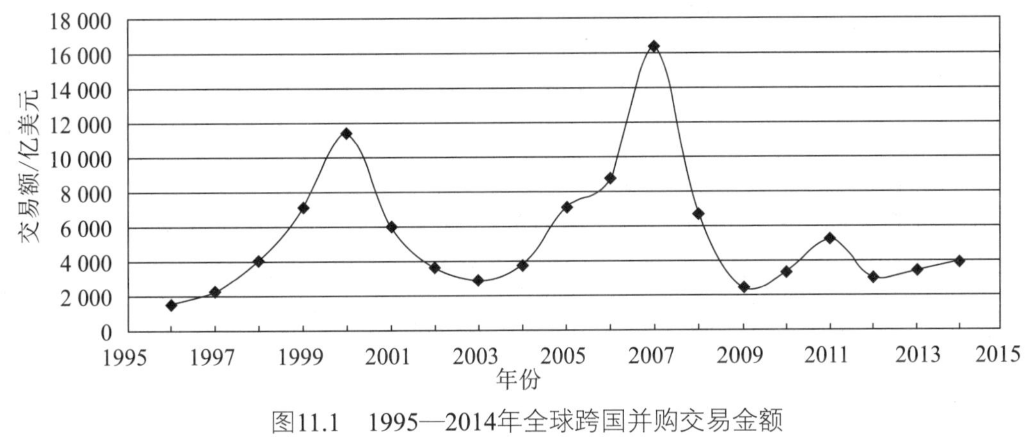

图11.1　1995—2014年全球跨国并购交易金额

数据来源：根据UNCTAD发布的《世界投资报告》整理(UN Conference on Trade and Development，2015)

11.1.3　跨国并购的特点

1. 金融危机爆发前跨国并购的特点

根据UNCTAD于2007年发布的《世界投资报告》，进入新千年，跨国并购进入了新的发展阶段，这一阶段有以下特点。

(1) 并购金额与数量继续保持上升之势。从图11.1的统计数据可以看出，从2004年起跨国并购开始了新一轮的兴起，并购交易金额不断增加，新兴市场国家股票市场的快速发展与企业资产价值的持续增长是推动并购兴起的主要原因。股票价格增长使投资者的购买力增强，投资者希望在日益激烈的全球竞争中获取更大的市场份额，使得全球跨国并购如火如荼地开展。

(2) 巨额并购案数量逐步增加。在全球并购中，金额巨大的并购案件数量不断增加。据UNCTAD统计，2006年交易金额在10亿美元以上的并购案件数量已增加到172起，与2005年的141起相比，增加31起，占2006年全球并购总金额的2/3左右。

(3) 并购地区分布广泛。据UNCTAD统计，全球并购地区分布更加广泛，2006年起美国重新获得世界最大目标国地位，日本、德国、英国等仍然是并购活动最活跃的国家。欧洲地区出于企业削减成本以及加快结构调整的需要对外并购活动频繁，同时英国等由于实施较开放的并购政策，成为战略投资者的新宠。亚洲与东欧等新兴市场国家对外并购力度的加大成为又一亮点，中国、印度、俄罗斯等在近些年的跨国并购中均表现不俗。

(4) 并购的出资方式以现金与债务融资为主。在20世纪90年代的并购中，股权互换方式占据主体地位。在近些年的并购交易中，现金与债务融资的地位不断加强。新兴国家受到金融市场和融资渠道等多方面因素的限制，加之这些国家往往拥有较多的石油美元(如西亚国家)或外汇储备(如中国)，因而采用现金方式的并购越来越多。同时部分国家发行股票的融资成本超过债务融资的成本，使得债务融资发展迅速，据UNCTAD统计，2006年1月至9月的跨国并购中，银行贷款额已占当年跨国并购总体融通资金总额的36%。

(5) 私募股权基金与其他投资基金共同参与。根据UNCTAD的统计，2006年私募基金、其他投资基金、共同和风险对冲基金在全球跨国并购中发挥了更加重要的作用。在2006年的全球跨国并购交易中，私募投资基金参与金额高达4 320亿美元。另外，还有共同投资基金1 580亿美元的注入，占基金参与投资总额的比例达18%。受全球低利率及金融一体化进程加快的影响，私募股权基金积极参与跨国并购成为一种趋势。

(6) 并购环境日益得到改善。根据UNCTAD于2007年发布的投资报告统计，2006年政策发生变动的国家共有93个，政策变动的总量为184个，其中147个有利于FDI的开展，37个不利于FDI的开展。总体来看，全球FDI的环境得到逐步改善，这无疑给跨国并购的顺利开展提供了更为有利的条件。

上述特点表明，全球范围内跨国并购的交易主体、行业分布、区域分布将更加广泛，交易方式和融资渠道将更加灵活，跨国并购的宏观环境也将更加宽松。

2. 金融危机时期跨国并购的特点

根据UNCTAD于2009年发布的《世界投资报告》，2008年发生全球金融危机时，全球跨国并购呈现以下几个方面的特点。

(1) 跨国并购交易金额与数量持续下降。2008年，受金融危机的严重影响，跨国并购交易总额结束了5年的持续增长。欧洲跨国并购交易额同比降低了56%，日本同比下降了43%，世界范围内并购交易额在10亿美元以上的交易受金融危机的影响最为严重。随着全球金融危机的蔓延，跨国并购额仍在持续下滑，并在2009年下半年触底。

(2) 巨额并购案数量下降。据UNCTAD统计，2007年交易金额在10亿美元以上的并购案件数量已经增加到319起，交易总额高达1.197万亿美元；2008年受金融危机的影响，交易金额在10亿美元以上的并购案件数量为251起，较2007年降低约21%。

(3) 私募股权基金所占比例下降，主权财富基金所占比例增长。金融危机对主权财富基金(SWF)、私募股权基金等特殊基金对外直接投资的影响不尽相同。私募股权基金受到的打击尤为严重，这些基金的跨国并购额从2007年的4 700亿美元跌落至2008年的2 910亿美元，跌幅高达约38%。与2007年相比，主权财富基金于2008年进行的跨国并购额增长了16%，达到200亿美元，不过与其对外直接投资总额及其管理下的其他资产相比，它所占的比例并不大。

(4) 并购政策逐步改善。金融危机期间，大多数国家通过继续开放和促进外国直接投资，实行经济刺激计划与国家援助，系统地发展国际投资机制，投资和金融体系的改革等措施来改善跨国并购环境。UNCTAD发布的《对与FDI有关的国家法律和条例变化的年度调查》显示，2008年各国出台了110项与FDI有关的新措施，其中85项措施对FDI较为有利。

3. 金融危机爆发后跨国并购的特点

根据UNCTAD于2015年发布的《世界投资报告》，2008年国际金融危机之后，全球跨国并购呈现以下几个方面的特点。

(1) 跨国并购活动反弹初见端倪。跨国并购活动于2014年出现反弹，以净价值计，跨国并购的价值同比增加了28%，其原因是举债成本低，再加上多国公司拥有大量的现金储备。驱动这种交易的重要因素是：在找到新的增长点方面的竞争压力以及通过协同和规模经济来削减成本的必要性。大型交易的重新出现是跨国交易活动价值增加的一个关键要素。

(2) 并购地区分布广泛。非洲的外国直接投资保持稳定，并购交易额从2013年的38亿美元增加到2014年的51亿美元，上涨约34%，其中石油、天燃气以及金融部门上涨尤为突出。亚洲是最大的外国直接投资接受地区，而拉丁美洲和加勒比的外国直接投资流量经过四年的增长后于2014年开始下降，其中中美洲的跨国并购额同比减少78%，大宗商品价格下降，使得对南部拉丁美洲采掘业的投资减少。

(3) 私募股权基金与其他共同基金踊跃参与。2014年，私募股权基金的跨国并购总额增加到2 000亿美元，这相当于全球并购总额的17%左右，但在2013年该比例下降了6个百分点，比2008年的比例降低了13个百分点。主权财富基金有100多家，它们管理着7万多亿美元的资产，约占其管理下的世界总资产的1/10，2014年，主权财富基金的外国直接投资额增加到160亿美元，结束了连续3年的下降。

(4) 并购环境逐步得到改善。虽然外国直接投资的前景依然不确定，但2015年外国直接投资流量有所回升。发达经济体的经济快速增长，油价降低对需求产生刺激效应，货币政策有所宽松，投资自由化和促进措施继续，这些都会对外国直接投资流动产生有利的影响。

11.2　跨国并购前期战略部署

经过多年的发展，中国企业在经济实力和技术水平上都取得了长足的进步，面对新的经营环境和竞争形势，通过跨国并购积极拓展海外市场获取全球资源已成为众多中国企业的竞争手段和发展战略。以联想、TCL、华立、京东方、华为等为代表的一大批优秀企业已经迈出了中国企业海外并购的第一步，预计未来将有越来越多的中国科技型企业加入这一行列。

跨国并购作为一种对外直接投资方式，是并购公司基于目标公司价值低估或受短期经营困境影响濒于破产而采取的一种战略扩张行为。跨国并购的基本目的在于通过并购适应国际竞争，扩展海外市场，扩大市场份额，实现规模经济和范围经济，获取战略资源，提升企业实力等。中国企业要想走出国门获取海外核心资产，进而实现做大做强的目标，就必须在并购交易前期进行周密的战略部署。

11.2.1 明确并购动机

1. 拓展海外市场

近些年，伴随中国家电、通信、电子产品等行业市场竞争的白热化，企业利润逐年下滑，过剩产能问题日益突显，特别是在中国加入WTO后，众多海外巨无霸企业纷纷进入中国并不断侵占中国企业的原有领地，在其超一流的技术实力和营销能力的冲击下中国企业的成本和渠道优势逐渐消失，竞争压力持续增加。与此同时，在经过多年高速发展后，以联想、TCL、海尔为代表的中国企业已经在国内占据了主导性的市场份额，具有进一步做大做强并最终成为国际大企业的意愿和实力。两者相互作用的结果驱动中国企业不断走出国门，进军海外市场，通过实施跨国并购-拓展海外市场，这样不仅可以有效缓解竞争压力，发挥企业劳动力成本的比较优势，而且可以壮大市场规模，有利于企业发挥规模优势和寻找新的利润增长点。

2. 获取研发资源和核心技术

科技型企业有别于传统企业，技术创新在企业发展过程中发挥更加重要的作用。在知识经济和信息经济的推动下，科学技术正朝着高度化和集成化的方向发展，研发支出日益增加，科技创新要涉及多种尖端技术的综合开发，技术创新门槛不断提高。

有研究资料表明，开发一种新药的研发费用是5亿美元，开发新一代芯片需要10亿美元，开发一种新车型需要20亿美元，开发一种新的大型客机需要100亿美元，这对于本身就缺乏技术积累且实力有限的广大新兴国家而言，如果仅凭自身发展无疑是一道难以跨越的鸿沟，而通过并购则可在短时间内以最低的成本获取企业发展所需的关键技术，提升企业的技术实力，日韩企业的迅速崛起都有赖于此。[①]通过实施并购，特别是对拥有核心技术又短期受困的海外高科技公司实施并购，对于技术力量薄弱、竞争形势严峻的广大新兴发展中国家企业的意义重大，因而成为其并购的基本动机之一。

3. 整合产业链，提高附加价值

企业竞争表现为产业链的竞争，通过对产业链资源的整合占据价值链中利润丰厚的关键环节是发达国家企业取得成功的关键。对于广大中国企业而言，通过实施并购来延伸企业价值链，整合产业资源，提升企业在产业链中的位置，并通过对相关资源的整合来发挥协同效应，实现规模经济和范围经济是中国企业实施并购的又一动机。

价值链延伸与整合可分为向上游资源延伸和向下游资源延伸两种。通过并购上游企

---

① 吴添祖，陈利华. 跨国并购获取核心技术——中国企业核心竞争力的培育模式[J]. 科学学与科学技术管理，2006(4)：139-133.

业，可以获取企业产品生产所必需的原材料、技术以及研发人员等关键资源，从而降低成本压力和生产安全风险。大连路明并购美国AXT光电事业部、上汽并购韩国双龙汽车等就属于此类并购。而通过并购下游企业，则可获取产品销售所必需的分销渠道和产品市场等资源，实现销售量的飞速增长。典型案例如京东方为掌握下游分销网络以保证海外销售对冠捷科技开展并购、联想并购IBM PC获得其在全球的营销驱动和品牌影响力等。

4. 获取知名品牌，提升企业形象

品牌是企业最宝贵的无形资产且具有极高的共享价值，从当前的国际竞争特点来看，企业间竞争的战场正在逐步从生产竞争、技术竞争、产权竞争向品牌竞争转化。跨国公司卓越的品牌影响力和营销能力已成为其市场竞争的利器，不断敲开主要消费市场的大门。多年来，中国企业以代工生产为平台，虽然迅速培养出企业的产品生产能力，但是贴牌生产的代价也开始逐渐突显，与耗时耗力耗资源的制造环节相比，发达国家企业只通过品牌就能够获得大部分利润。

然而，品牌的建立是一个长期过程，离不开企业的精心呵护和全力营销，而世界知名品牌的确立并非一朝一夕就可轻易获取的。对苦心开拓国际市场但频繁受到品牌影响力限制而发展缓慢的广大中国企业而言，获取知名品牌最便捷、有效的方法就是并购海外知名企业的知名品牌，通过此举不但可以叩开国外市场的大门，释放国内过剩产能，还有助于提升中国企业自有品牌的知名度、美誉度和忠诚度，提升企业的社会形象，增强消费者对中国品牌的信心，实现由“中国制造”向“中国品牌”的转变。

5. 政府优惠的扶持政策

自党的十八大召开以来，一场空前的国有经济的战略性调整和重组工作陆续开展，各级政府都在采取积极措施实现大企业集团战略，国有资本从小企业向大企业转移和集中、从劣势企业向优势企业转移和集中，进而使资源得到优化配置。一系列重组和并购增强了大型集团企业的实力，为实施海外并购奠定了坚实的基础。各级政府积极鼓励有能力的企业开展海外并购，逐步使中国经济向利用国内外两种资源、两个市场的方向转变。例如，北京市政府制定了鼓励高科技企业实施海外并购，获取关键技术，并在国内设厂拉动相关需求的各项优惠政策。上海市政府拟定专门的优惠政策，鼓励企业在非洲和东南亚国家开设新厂或收购兼并当地企业。优惠政策的推出为中国企业海外并购提供了良好的政策环境，能够节约大量的交易成本。

无论企业出于何种并购动机，其最基本的目的都在于通过实施并购特别是对领先企业或其相关业务的并购来实现核心竞争力的提升，也唯有此才能维持企业的持久竞争力。从近些年中国企业的海外并购史可以看出，虽然我国企业与20世纪七八十年代日本企业和20世纪90年代韩国企业通过积极实施海外并购来实现能力提升的总体目标相一致，但是在宏观背景上与两者都存在明显的差异。日韩企业都是在关税壁垒保护下逐渐成长起来并具备一定的技术和资金实力后，受限于国内狭小的市场和有限的成长空间而采取一种积极主动的扩张之路；而中国企业的海外扩张之路则更加艰辛，企业处于快速成长和技术积累之时，正值中国加入WTO，贸易壁垒不断出现，在国内市场开发不足的情况下，由于受到跨国企业激烈的竞争压力，寄希望于通过海外并购开拓市场并获取先进技术而实现能力提升是迫于无奈的被动之举。这也使很多中国企业由于并购动机单一、缺乏相关并购经验以及技术消化能力不足等造成并购失败。大量的企业并购成功经验表明，只有在理性的并购动机的基础上，通过缜密的并购方案设计、灵活的并购谈判策略以及有条不紊的并购整合，才能实现并购的最终成功。

11.2.2 组建并购团队

跨国并购是一项极其复杂的商业行为，由于整个并购过程涉及众多方面的专业知识，对于缺乏跨国经营经验的中国企业而言，仅凭一己之力进行“蛇吞象”式的跨国并购困难重重。这就需要中国企业一方面苦练“内功”增强资金实力和技术水平，在大量国内并购重组的过程中培养自己专业化的并购团队，另一方面则需要充分借助外部资源获取企业欠缺的专业知识和关系网。借助国际级中介机构和咨询公司，企业可以将更多的精力集中在一些战略性问题上，同时大量的互补性外部资源信息的注入将进一步消除信息不对称，从而提高企业实施并购的成功率。

如果企业过分盲目乐观，完全依靠自身资源，在缺乏对技术和市场准确认识的情况下贸然实施并购，那么通常并购效果都不会令人满意。对于经验缺乏、资源有限的中国企业来说，借助专业中介和咨询机构开展并购是十分理智的选择，外部力量能够充分弥补企业的不足，从而提高企业并购成功的可能性。尽管高昂的咨询费用会提高企业的并购成本，但是相比盲目并购造成失败的损失而言微不足道。

对于发达国家的成熟企业来说，经过多年的并购实践，企业已经具备了完善的并购评价体系和丰富的并购经验，其可利用资源同样是中国企业所不可比拟的，因此跨国巨头一般都设有专门负责并购事务的部门，集合了一大批各个领域的专家通力合作，在专业团队的高效运作下，不仅能够制定符合企业发展战略的并购策略，还可以节省大笔可观的咨询和中介费用。

11.2.3 选择并购形式

并购形式是指并购企业与被并购企业在生产经营上的相关性关系。根据相关性强弱，并购形式可分为领域加强型(纵向并购)、领域扩张型(横向并购或集中并购)和领域开拓型(混合并购)。①

1. 纵向并购

纵向并购是指处于同一产业领域、不同生产和经营阶段的跨国企业的并购。通过纵向并购能够实现对产业价值链的整合并使企业在价值链中实现转移。通过对上游研发资源与下游的销售渠道的控制，中国企业可以发挥制造成本比较优势并实现价值增值，从而实现

---

① 魏彩慧. 我国企业跨国并购方式的选择[J]. 企业活力，2006(1)：8-9；黄中文，李玉曼，刘亚娟. 跨国并购实务[M]. 北京：中华工商联合出版社，2006.

企业的全面成长。万向集团并购舍勒、AS等公司，中国台湾地区最大的PC制造商宏基实施的一系列并购都是通过纵向并购实现企业跨越式发展的典型案例。

2. 横向并购

横向并购和集中并购两者略微不同，前者是指收购方与被购方拥有的产品系列与市场基本相同或类似；后者是指收购方与被购方的市场服务领域相同但生产技术不同，或者生产技术相同但市场服务领域不同。通过横向并购实现企业产能扩大和市场扩张是中国企业采取的主要形式。明基并购西门子、京东方并购现代TFT-LCD业务、华为并购3Com、TCL并购阿尔卡特和汤姆逊等都属于此类并购。

当前，中国科技型企业实施海外横向并购中仍存在单纯以扩大产能，提高市场份额和获取规模经济为目的，重规模、轻整合，忽视并购效益等问题。京东方并购现代TFT-LCD业务时对自身实力和技术走势判断的不足、TCL并购汤姆逊时对财务整合的忽视、上海汽车收购韩国双龙时在人员整合上暴露的问题都反映了中国企业在海外并购中缺乏相关经验和理论指导，而短视的并购举措所造成的后果是整合问题不断出现并严重影响并购实施的效益。发达国家的成熟企业在进行横向并购时往往更加谨慎和理智，因此成功的概率更高。

3. 混合并购

混合并购是指收购方对不同行业中的企业实施的并购。这种并购不仅使收购方的业务领域得到有效拓展，有时还会使收购方的行业属性发生变化。

随着科技型企业力量的不断壮大和部分市场的不断成熟，企业必须向高技术含量、高附加价值的产业环节转换，因而在战略转型过程中，越来越多的企业从多元化经营、新市场开发、获取新领域核心技术的角度出发进行领域开拓性的混合并购。如思科通过Linksys Group Inc.、Andiamo Systems、Scientific-Alanta等公司成功进军网络安全、光纤网络、家庭网络等新领域；瑞典Elarofux通过并购意大利Zahussi公司，成功实现由冷冻机械行业向洗衣机行业渗透等。①

从全球范围现有并购形式来看，欧美企业侧重产业整合与交叉融合，因此以纵向并购和混合并购为主；以中国为代表的新兴国家，由于企业整体上还处于技术追赶阶段，需要向发达国家引进技术，同时企业国际化程度较低，需要借助海外并购来提升品牌知名度和扩大市场占有率，因而并购形式以横向并购为主。同时，中国科技型企业实施海外并购的主体集中在电子通信设备、家用电器和汽车三大产业，通过这三个行业多年的快速发展和国内的并购重组实践，众多知名企业已经具备一定的经济实力和技术水平，开始实现规模效益，较低的制造成本也为企业创造出大量的经营利润，并且这一比较优势仍将长期存在。在这样的情况下，企业为缓解竞争压力、扩展生存空间纷纷实施战略转型，逐渐从制造加工向研究和加工一体化方向转变，为此通过横向并购发达国家企业，实现市场扩张和获取先进技术成为中国企业重要的战略。同时，发达国家相应行业处于低迷状态，企业受困于较高的劳动力成本，经营状况举步维艰，为中国企业进行横向并购创造了有利的外部环境。

---

① 魏彩慧. 我国企业跨国并购方式的选择[J]. 企业活力，2006(1)：8-9.

11.2.4 设计并购方法

企业基于自身发展战略确定实施并购的具体形式后，就开始进入具体的并购方法设计阶段。具体而言，并购方法大致包括以下几种：直接并购、成立合资公司并购、新设控股公司并购、境外子公司并购以及换股并购。[①]

1. 直接并购

直接并购是指企业直接与被并购方谈判，用现金作为支付手段，购买被并购方的股份，从而获得对方的资产的一种并购方法。目前，中国金融市场尚不健全，企业融资渠道受限并与国际社会不接轨，因此，直接融资仍然是中国企业开展海外并购的主要方法。联想、大连路明等选用的并购方式均属此类。

2. 成立合资公司并购

成立合资公司并购是指并购双方设立一个新的合资公司，将并购方的部分资产与被并购方的资产合并到新的公司中，从而完成并购。与普通合资公司不同，在成立合资公司的操作方式中，被并购方的目的是获取并购方的母公司的部分股权。TCL并购汤姆逊、京东方并购现代显示技术株式会社均属于此类性质的并购。

3. 新设控股公司并购

新设控股公司并购是指企业为了实现对目标公司的并购而专门成立一个控股公司来进行运作，由该控股公司出面进行并购，在成立控股公司时通常与其他实力强大的战略投资者达成战略联盟以降低并购风险。这种并购的主要特点是增强并购实力，降低并购风险。TCL并购德国施耐德、中国网通并购亚洲环球电讯(美国新桥投资、软银亚洲基金作为战略投资者)等就属于这种形式。

4. 境外子公司并购

境外子公司并购是指由母公司设在境外的子公司发起的并购，整个操作过程都由子公司实施，母公司只为并购提供必备的资源支持。利用境外子公司进行并购可以消除外汇管理壁垒，减轻并购阻碍，同时设立在海外的子公司与被并购企业的企业文化往往更为相似，因而能够提高后期整合的成功率。万向集团通过全资海外公司——万向美国公司在美国开展并购，华立集团通过美国华立通信集团公司并购美国飞利浦CDMA事业部等就属于这种形式。

5. 换股并购

换股并购即以股票作为并购的支付手段，通常由并购方增发新股，然后与目标企业进行股票互换。换股并购的主要特点在于这种方法使得并购企业可以不受自身规模的限制而开展并购。对于自有资金不足又希望进行大规模并购的企业来说，换股并购是可以采用的主要方法。上工股份并购FAG子公司就是成功的换股并购案例。

---

① 高毅. 中国企业跨国并购方法研究[J]. 商业时代，2006(4)：74-75.

目前，中国科技型企业实施跨国并购的主要方法是直接并购，有时也采用成立合资公司并购、新设控股公司并购、境外子公司并购和换股并购等方法。由于实际操作程序复杂，而且受不确定性因素的影响大，中国企业在跨国并购的过程中应该对各种操作手段有一个清楚的了解，从而在面对不同的具体情况时能够选择有利于企业的操作手段，加大并购成功的可能性。

11.2.5　明确支付与融资方式

1. 并购支付方式

跨国并购往往耗资巨大，对于并购资金支付方式的选择往往成为影响并购效果的一个重要因素。从现有支付方式构成来看，它主要包括现金支付、股权交换、债务承担以及多种方式混合的支付方式。资金来源则是企业自有资金、股票融资、银行贷款、风险投资资金等。

2. 并购融资模式

并购融资模式是指企业为获得并购所需资金而选取的融资模式。融资模式在很大程度上取决于所采用的支付方式。它按照资金来源的不同可以分为企业自有资金、银行借贷、股票融资等。目前，欧美日等发达国家具备较为完善的金融体系和股票市场，因此企业在进行并购融资时多采用以股票融资为主、以多种其他方式为辅的综合融资模式，通过这一方式能够最大限度地减轻企业的现金流压力以及杠杆收购后期需要偿还大量本金和利息的压力，是较为安全和稳妥的一种并购方式。对于中国企业而言，由于中国金融市场尚不健全、企业融资渠道相对有限，中国企业的融资方式主要以自有资金和银行借贷为主。TCL、华立、大连路明等企业采用的融资渠道均以自有资金和银行借贷为主，承受着巨大的资金压力。而联想、京东方的融资渠道则相对多样，成功地实现了“以小吞大”的并购。

融资渠道不畅会限制企业的并购资金来源，从而减低企业从事大型并购的能力，从中国企业的现有并购案例来看，主要都是围绕小型企业或大企业的子公司开展并购，即使像中石油这样的大企业动用资金也不过10亿左右，与国外大型跨国公司的跨国并购规模相比差距明显。但可喜的是，中国企业在经历了多年跨国经营的摸爬滚打后逐渐体会到国际资本市场带来的巨大好处，以网通并购亚洲环球电讯、万向集团并购美国UAI公司为典型案例，中国企业已经学会利用国际资本市场进行融资来打开并购的成功之门。

11.2.6　筛选目标企业

跨国并购是一项复杂的系统工程，涉及企业经营的方方面面，选择目标企业作为并购具体实施的第一步起到重要的作用。对好的目标企业实施并购，不但能够实现双方的优势互补、发挥协同效用，还能建立一种战略联盟关系，从而有利于日后企业的发展。如果目标企业选择不当，则可能会造成后续一切行动偏离正确方向，所有的努力都可能化为乌有。同时，目标企业的选择直接决定了并购交易完成后整合的难易程度。为了合理选择目标企业，控制跨国并购风险，企业在进行目标企业选择时应注意以下几点。

1. 战略互补性

通常，企业进行并购的目的在于通过获取被并购企业的资源，弥补自身经营战略上的不足，从而实现自身企业的利益最大化。然而企业并购的实际情况表明，过于片面的并购动机会对整个并购产生不利影响，甚至严重影响并购整合效果而造成并购失败。并购企业不仅应该考虑从目标企业中获得好处，更应该关注能为目标企业提供什么样的帮助，以实现双方经营战略上的相互支持，从而使得目标企业成为并购企业的一个重要的利润增长点，实现整体利益的最大化。在跨国并购中，并购双方由于地域、民族、文化习性、经营环境的不同而存在较大差异，这些都会给并购交易的最终完成以及交易完成后的整合带来很多困难，如果并购双方的经营战略出现较大的分歧，那么整个并购的难度就可想而知了。

2. 业务相关性

并购双方的生产经营范围越相近，意味着跨国并购后并购企业对目标企业调整的范围和改造的力度就越小，从而有利于对其进行有效管理和控制。一般而言，如果被并购企业的经营范围和操作方法与并购企业相似，即业务相关程度高，那么对其实行并购后，并购企业的供、产、销渠道必然会相应增加，既可以扩大经营规模，又有利于降低并购成本，而经营的协同效应对企业发展十分有利。众多国外企业的成功经验表明，在挑选并购对象时对双方经营业务相关性的考察非常重要。

当然，企业出于不同的并购目的对于经营业务相关性的关注程度也有所不同。以扩大出口市场份额为目的的跨国并购需要企业特别提高对业务相关度的重视；以协同效应为目的的跨国并购则需要考察并购双方业务的相互适应情况；而以多元化经营为目的的跨国并购则不需要过分强调业务相关程度，相反相关程度较低，更有助于企业扩展新领域，降低国际经营风险。但是，无论以何种目的为出发点，并购业务非相关程度的提高都会加大整合的难度。

3. 整合的可融合性

并购将给目标企业带来一定程度的影响，会导致目标企业部分职能的丧失以及管理和研发人员工作的变动，还将深刻地影响目标企业的原有价值形态、企业文化和所有者利益等，因此目标企业的可融合性将决定并购的整合难度和顺利程度。对可融合性强且乐于合作的目标企业，并购过程及后续的整合过程往往比较顺利；反之，如果目标企业管理层与员工对并购持不合作态度，则并购成功的可能性很小，即使达成并购，也很难实现预期的并购效果。一味地重视并购的经济利益而忽视目标企业的可融合性会造成严重的后果。

在选择目标企业时，要事先考虑并购后的整合问题，特别要注意如何解决由于文化冲突而导致的管理冲突、由于人事变动而导致的企业员工与人才的流失等问题。最佳的解决方案是对目标企业进行认真调查和全面分析，并在此基础上评估双方在文化、管理、人事、财务等各个方面的可融合性，其中文化评估是关键。目前，中国企业的并购目标多是国外成熟企业，这些企业对自身文化的认同度很高并且很难改变，因此为了降低文化的冲突程度，最好要考虑双方文化的吸收能力，建立一种共同的文化，而不是以并购方的文化去同化甚至代替目标企业的文化。只有可融合性强的企业，才应成为目标公司。这样有利于并购取得最终成功。

4. 目标成长性

通常来说，企业价值与其盈利能力和成长潜力呈正相关，与企业运营风险呈负相关。由于不同行业具有不同的盈利能力和成长空间，行业风险也不尽相同，市场价值差别很大。企业在挑选跨国并购目标企业时应尽量选择那些处于成长期、发展潜力大、企业价值被低估的企业，以实现良好的收益性和风险规避。

欧美发达国家企业凭借长期的发展经验，往往能够从海量的企业中挑选出符合自身发展要求且成长性好的企业作为并购对象。思科、飞利浦、甲骨文等高科技公司的迅速成长都有赖于此。比较而言，中国企业受到资金实力、融资渠道、信息获取等方面的限制，往往过于重视并购价格的高低，而忽视目标企业的成长性，被并购的企业不是濒临破产就是知名企业的“瘦狗”，在管理经验、技术创新、产品生产、市场营销等方面对中国企业成长的帮助有限。以TCL、联想、明基为代表的海外并购先行者，实施海外并购的共同特征是并购了知名跨国公司的亏损业务，希望通过对方的品牌、技术、渠道，借船出海，实现国际化的大步跨越。但受到各方面因素的限制，这些企业所并购的跨国公司业务和品牌，都是跨国公司的“非核心业务”，或者是已经没有较强竞争力的业务。中国企业仍然是在延续跨国公司的“过去”，要真正实现赶超还有很长的路要走。

目标企业选择是迈向并购成功的关键一步，也是非常复杂的一步，除了上述原则，对目标企业所在国的政治、经济、法律、科技等方面的因素都要进行详细考察。企业进行跨国并购的目的在于通过获取外部资源来增强企业核心竞争力，因此，开展跨国并购前，企业必须要对自己的核心竞争力进行准确定位，并始终坚持只有符合企业发展要求的目标企业才能真正满足企业发展需要的理念。

11.2.7　评估目标企业价值

伴随现代科技革命而诞生的大批科技型企业，有着完全不同于传统企业的经营模式和管理模式。科技型企业的特点是以拥有专门技术和掌握技术的高级人力资源为核心竞争力，企业从事并购的目的主要在于获取对方的核心资产，这些因素决定了对科技型企业的价值评估与传统评估模式存在较大的差别。

首先，科技型企业的特点决定了其主要价值并非是厂房和低端设备等实物资产，而是其所拥有的专门知识和技术、高精端生产设备、具有研发能力的员工以及企业经过前期研发而获得的新技术、新工艺、新方法等排他性技术资源。企业的核心研发人员、专有技术、专利和商业秘密等是其核心价值所在。而无形资产的特点决定了对其价值评估不能仅限于财务数据等定量指标，还应对所要获取技术的发展趋势和市场需求走向以及并购后的整合难易程度等定性指标进行权衡。

其次，科技型企业往往历史短暂，而处于成长期的企业很难用现有的经营数据进行价值判断，采用定量分析又会受到不具备长时间序列的财务和销售数据的限制。企业个性十足的独特发展模式又使得同类企业间比较的难度变大。同时，企业研发大量新兴技术仍处于探索阶段，在科技发展日新月异的情况下不确定性很大。这都造成传统价值评估方法在技术并购衡量上的适应性受到限制。①

因此，对于科技型企业的价值评估应该采取定量与定性相结合、市场与技术相统一的综合评价方法，而最终并购价格的确立是并购双方相互角逐并实现妥协的结果，并购价格的高低直接决定并购双方的利益得失，但是无论如何，科学合理的价值评估都是并购最终能够取得成功的先决条件。

中国企业在普遍缺乏专业价值评估能力的情况下，应积极聘请具有丰富经验的国际投资银行和会计事务所等专业机构进行全面策划，在对目标企业的产业环境、财务状况和经营能力等进行全面分析的基础上，对目标企业的未来现金流量进行合理预测，结合并购企业的战略意图，利用贴现现金流量法、账面价值法、市盈率法、同业市值比较法、市场价格法和清算价值法等综合地进行目标企业价值评估。

11.3　跨国并购交易策略

11.3.1　并购时机的把握

企业日常经营活动都会受到政治环境、宏观经济环境和产业竞争环境等外部环境因素的影响，因此对于海外并购而言，在外部环境要素分析基础上的并购时机把握至关重要。成功地把握住并购时机不但有助于并购的顺利实施，还有助于在并购过程中占据主动的地位，从而得到更加优惠的并购价格。从大量跨国并购的成功案例来看，成功的并购案例往往缘于对并购时机的准确把握。

为了成功实现海外并购，企业不仅要对当地的政治体制和决策机制有充分的了解，同时还要在对各种商业、技术信息进行收集和深入分析的基础上，挑选合适的并购时机，巧妙地利用外部影响因素成功实现并购。以美国为例，在总统大选前期，国内保守主义势力会格外敏感，对于跨国并购的审查也会格外严格，此时贸然开展并购往往会受到较大的阻碍，华为收购3Com受阻在很大程度上就缘于此。反之，华立、京东方等中国企业之所以取得并购成功则缘于对外部环境的巧妙利用以及并购时机的准确把握。

11.3.2　政治压力的化解

在跨国并购中政治势力的干预一直是影响并购最终取得成功的障碍，在高技术产业领

① 郭伟. 科技型企业并购战略研究[D]. 南京：南京工业大学管理科学与工程研究所，2003.

域的并购更是如此。对于中国企业而言，美国政府经常无端猜测、百般阻挠甚至以危害国家安全为由否决并购。早期的中国航空技术进出口公司和香港和记黄埔等公司均因相继受到《埃克森-佛罗里奥修正案》的限制而被迫终止并购。联想并购IBM PC、华为并购3Com同样受到美国对外贸易委员会的严加审查并不得不接受最为苛刻的条件。由于它们在问题处理上采取了截然不同的方式，最终的结果也大不相同。联想成功地实施了并购，而华为则不得不铩羽而归。

联想作为一家在香港上市的高科技公司，拥有透明的财务体系和信息披露机制，国际化的经营战略也使得其知名度和认可度不断提升。面对政治压力，联想取得成功的经验是通过对美国政治决策机制的充分了解，借助大批中介机构和政治顾问积极开展政治游说工作，并最终获准通过。相比联想而言，华为的不足也恰恰在此，因而最终不得不放弃收购。

11.3.3　交易结构的安排

并购交易结构安排是指并购方与被并购方为完成最终交割而对企业在资产、财务、税务、人员、法律等方面进行重组，进而设计出一个更容易为市场所接受的“商品”的过程。无论是对于并购交易的财务顾问还是对于交易双方来说，好的交易结构都至关重要。交易结构通常包括三种形式：资产并购、股权式并购、法定兼并。以这三种基本形式为基础衍生了一系列交易结构创新形式，如三角兼并、从属兼并等。黄中文等在《跨国并购实务》一书中对交易结构问题进行过详细介绍。①跨国并购的交易结构安排是跨国并购中最复杂的部分，要受到各国公司法、税法和会计准则等的共同限制。因此，对于不同交易而言不存在一成不变的模式。各国都对各种并购交易结构进行了详细的规定，企业在进行实际的并购交易时应充分重视各国对跨国并购的限制，依法办理。

1. 资产并购

资产并购(Asset Acquisition)是指收购公司为了取得被收购公司的经营控制权而对其主要资产、重大资产、全部资产或实质性的全部资产进行并购的投资行为。按具体的支付手段，它可分为以现金为对价受让目标公司的资产和以股份为对价受让目标公司资产两种资产并购形式。当前，由于受到中国金融市场发展水平和企业自身规模的限制，中国公司并购外国公司大都采用此种并购方式。

企业在进行资产并购时需要注意的是，该资产行为根据美国公司法或目标公司章程的规定确定是需要经过股东大会决议的资产处置行为，并且该处置行为已经按照法律规定的程序经股东大会决议通过，以避免在并购过程中和并购完成后出现相应的问题，影响并购进程甚至导致整个并购计划的失败。

2. 股权式并购

股权式并购是指并购方以现金或者其他有价证券方式，获得目标企业股权，进而达到参与、控制目标企业的并购方式。按照并购方的支付方式，股权式并购可以分为现金并

① 黄中文，李玉曼，刘亚娟. 跨国并购实务[M]. 北京：中华工商联合出版社，2006.

购、换股并购及混合并购(同时利用现金和换股两种支付方式)三种模式；按照并购合意方式，它又可以分为协议并购和要约并购两种模式。

要约并购是指收购人通过向目标公司的股东发出购买其所持该公司股份的书面意见表示，并按照依法公告的收购要约中所规定的收购条件、价格、期限以及其他规定事项，收购目标公司股份的并购方式。股票要约并购是要约并购中最常见的一种形式，是指由并购公司或自然人直接对目标公司股东发出要约，以特定价格并购他们手中所持股份，并购行为可以是善意的，也可以是敌意的。股票要约并购主要针对上市公司，交易支付可采用现金、股票、债券和其他资产等多种形式，但股票要约并购因存在支付溢价，其价格远高于法定兼并价格。

要约并购的最大优点在于没有烦琐的手续，因而可以节约大量的时间。在美国式要约收购中，收购者一般会征求目标公司的管理层和董事会的同意，但要约是直接向目标公司的股东发出。在英国式要约收购中，收购要约必须首先向被收购公司的董事会发出，并且该董事会有权检验收购人是否有能力执行该要约，然后将董事会的意见与收购要约一同向股东公开。对于并购方而言，通常会同意并购，如果所需资金是用现金和债券支付的，那么不需要进行股东表决，这都大大缩短了从提出报价到完成收购的时间。其次，美国、英国和中国香港等国家或地区还规定，收购者持有50%以上的目标公司的股票就等于获得了股东的同意。这意味着企业可以在没有完成整个收购前就实现控制的目的，仍保留目标公司的存在形式，从而将目标公司变成自己的控股子公司，实现了以最小代价来控制目标公司的目的。例如，英国的金融买家戈德史密斯对美国的皇冠齐勒拜奇公司的跨国并购中，戈德史密斯购买皇冠齐勒拜奇公司股份超过50%的时候，戈德史密斯由于实际上已经掌握了该公司而突然停止对目标公司的收购。

企业在进行股权式并购时应注意以下几点。①股权式并购受到各国证券交易法及证券交易委员会的相关规定的限制，企业在进行并购时一定要严格按照法定的规章制度执行，避免引起不必要的民事甚至刑事责任。以美国为例，其对股权式并购的持股信息披露和并购流程都进行了明确的规定，必须依法按时完成相关事宜。②采用此种并购方式涉及对股票的买卖，因此获取的股票来源是并购企业需要非常注意的，美国证券交易法对通过抵押和继承获得的证券都有相关的明确规定，不符合条件者可能会遭受实际所有权受限的后果。③美国虽然对并购时间进行了明确限制，但做出了相关的延长期规定，当企业在初始要约期满后没有实现预期并购数额的情况下，可以通过履行相应的程序获得3～20个营业日的延长期。④如果以股票作为股权式并购的对价，支付给美国股东的股权最好不要超过所有在外发行股票的10%，否则将要按照相关规定履行特定股票的注册登记义务，该过程烦琐、耗时长且成本高昂，会对最终并购收益产生不利影响。

3. 法定兼并及其衍生形式

1) 法定兼并

法定兼并是指被并购企业在当地或国外的企业资产或运营活动被完全并入一个新的经济实体，并购完成后被并购企业的法律实体地位将不复存在，两个或两个以上的法人合并成为一个法人。与股票并购不同，法定兼并通常不在二级股票市场上收购对方的股票，并购协议的签署是在双方协商的基础上完成的，因而大多属于善意并购范畴。

法定兼并是并购交易的基本形式，受到各个国家甚至各个州的法律条款的限制。法定兼并的基本要素包括：规定交易有效赞成票的比例数；谁有资格投票；如何计票；对交易或交易的条款投反对票者的权利等。一般来说，在董事会批准交易后，法定兼并交易文件就被送交给各自公司的股东们审批。批准通过的要求各不相同，在美国20世纪60年代以前，许多州要求必须得到有投票权的2/3股东的同意。1962年《商业公司法案》提出了多数票标准。1967年，特拉华州采用了多数票的条款，随后包括加利福尼亚、密歇根州、新泽西州在内的其他州也采纳了多数票标准，而纽约州则继续坚持2/3多数票标准。法定兼并协议的内容主要有：兼并所需支付的款项(现金、有价证券)、交易执行的条件、双方委派的代表及交易执行的日期。在实际执行日，兼并者以适当的比例向目标公司的股东发放现金和有价证券，除特别规定外，目标公司的资产、合同、债权和债务将自动过渡到后续公司。

法定兼并机制有许多优点。①交易的手续十分灵活。交易双方可以根据自己的偏好确定支付款项的形式，目标公司股东根据协议可采用股票、债券、现金或其他支付形式。②资产和负债自动地从目标公司转移到并购者手中而不需要经过复杂的申请过程，减少了许多不必要的麻烦。③并购协议一旦签订就会产生所谓的“排挤”效应。投反对票的目标公司股东只有两种选择，要么接受协议条款，要么使用鉴定权寻求法院的保护。这种效应使得并购者可以免除少数股东在法律和经营方面的纠缠。因此，大型跨国并购多采用法定兼并形式。

法定兼并也存在一些不足之处。例如，支付手段的灵活性有时会使得股东利益协调成本增加，少数股东会利用鉴定权阻挠并购的顺利实施；跨国法定兼并自动转移资产和负债的特点带有潜在风险，即法定兼并者必须承受并购企业未公开债务的风险，而这一风险有时会严重影响整个并购的效益。同时，由于法定兼并属于善意并购，并购活动必须得到双方大多数股东的同意，这显然增加了并购的难度。在美国、德国、英国等国家，大型跨国并购除了要经过股东投票决定，还要求并购公司通过增发股票进行融资时，所发新股必须少于公司在外流通股票的20%，以避免由于股权稀释影响股东权益。

2) 衍生形式

(1) 三角法定兼并是为克服一般法定兼并的不足，在法定兼并的基础上创造出的一种新的交易结构。在这种结构中，并购者在东道国设立一家子公司，在并购者、新子公司和目标公司之间建立一种三角形关系，并利用子公司对目标公司进行收购。这种方式在20世纪80年代美国的金融性并购中被率先使用，目前已发展成为一种重要的跨国法定兼并形式。三角法定兼并结构的最大优点在于减少了股东投票程序，节省了大量机会成本。三角兼并结构把目标公司作为子公司独立出来，还可避免由于后期整合失败给母公司带来风险，当目标公司处于经常发生法律诉讼和环境纠纷的行业或国家时，这一优势就显得尤为突出。

(2) 换股并购是跨国法定兼并的另一种重要形式。在换股收购中，并购公司无须用任何现金和债券，只需要发行部分新股，再用发行的新股去交换目标公司原来的股票就可以完成并购。由于换股并购并不对目标企业进行溢价，因此是成本最低的法定兼并方式。据统计，1990年换股并购只占跨国并购交易总额的25%和交易数量的10%；到了1998年外国公司与美国公司的跨国并购中，上述比例分别提高到67%和20%。特别是在大型并购交易中，企业受到自身规模的限制往往难以支付巨额的现金，因而换股并购越来越受到跨国公司的青睐。

换股收购的好处在于双方交换股票时，股东无须缴纳资本利得税，这使得公司的并购成本大大降低。此外，如果公司希望能够在合并会计时采用权益联营法，则要求必须有90%以上的旧股换成新股，否则就只能采用购买法计账。而采用权益联营法的好处是不会产生巨额的商誉摊销。

对于其余10%没有实现调换的股票，通常采用两种方法来并购不愿意调换的股东手中的股票。一种方法是母公司在股息分配上采用不同的分配方式，给不愿调换的股东股票以较低的股息率，而给母公司股票配以较高的股息率，这样少数股东由于利益受损会放弃股票，母公司可以实现对剩余股票的收购。另一种方法是通过法院裁决将剩余股票并购到母公司手中。在符合法律规定的情况下，上述两种方法都能实现对剩余股票的调换。换股并购不会引起东道国外汇储备的增加，从而不会影响其国际收支平衡，因而受到新兴国家的欢迎。

11.3.4 合法避税策略

各国税法的不同和征税差异的存在增加了并购交易的复杂性，同一起并购采用不同的组织交易结构和支付形式，可能会产生对部分资金免税和征税两种截然相反的结果。因此企业在进行跨国并购过程中，如何利用各国税法进行合理避税来提高企业收益是一个重要的策略选择问题。表11.1列举了美国对于跨国并购实施免税的基本要求。

在许多国家，如美国、日本、德国等，以股换股的换股法定兼并可以享受免税待遇。一般来说，是否应税取决于并购交易的支付方式，如果以现金或债务方式购买目标公司的股票或资产，通常为应税交易；而以股票或资产作为支付对价的交易通常被视为免税并购。而美国法律并非要求免税的并购全部采用现金或者债务的方式进行，如果股权支付所占比例(在表决权和股票价值方面)较大(在法定兼并中，该比例为50%；在以股易股的交易中，该比例为80%)，则该交易也可被认定为免税并购。

表11.1 美国对跨国并购交易实行免税的基本要求

<table>
<tr><td>商业意图测试</td><td>交易需要有合理的商业目的，不能只为了税收目的</td></tr>
<tr><td>持续经营测试</td><td>并购企业必须继续经营被并购企业的业务</td></tr>
<tr><td rowspan="2">兼并模式与支付手段测试</td><td>法定兼并或合并：兼并或合并必须符合州的有关立法，被兼并方股东收到的购买总价中必须至少有50%用收购方股票支付(普通股或优先股，有表决权或无表决权的股票)</td></tr>
<tr><td>股票换股票的并购：兼并方只能用有表决权的股票或其母公司有表决权的股票进行交换。兼并方必须获得目标公司有表决权股票总数的80%和无表决权股票总数的80%</td></tr>
<tr><td>兼并模式与支付手段测试</td><td>股票换资产的并购：兼并方必须获得足够的被兼并方的资产，被兼并方可以此交换兼并方的有表决权的股票或兼并方母公司有表决权的股票；股票换资产的交易后，在对被兼并方清算时，兼并方有表决权的股票必须立即分给被兼并方的股东作为对其的补偿</td></tr>
</table>

资料来源：道格拉斯 • R.爱默瑞. 公司财务管理(下)[M]. 北京：中国人民大学出版社，1999.

除了上述交易结构限制，根据美国国家税收总署和法院的相关规定，免税交易的目标公司股东必须在后续公司中保持利益的连续性，判断的标准是目标公司股东取得后续公司的股票能够达到其放弃的股票价值的40%以上，并要求目标公司对这些满足要求的股票至少持有两年以上，如果进行出售必须证明这一决定不是在交易完成后做出的。此外，该交易还必须要通过商业目的测试，即该交易需要有合理的商业目的，而不能只为了税收目的。当上述条件都得到满足时才可以实现免税。需要注意的是，免税的结果并不意味着永远免除对在该交易中卖方转让资产所产生的税负，只意味着税收递延，卖方仍需要在将来某一时点纳税。即使如此，税收递延结果还是能够影响目标公司或其股东的资产安排，从货币的时间价值上来看对目标公司或其股东有利。免税的交易结构通常不涉及现金交易，因而能够为企业节省大量的现金流，但是这种交易结构决定了企业需要承担股权稀释以及股票价格和每股收益下降的风险。

与免税交易相比，在应税交易中并购企业被允许以实际购买价格或总的购买价格分配到各项资产的金额确认各项资产的入账价值，可以享受因可计提折旧资产账面价值增加而得以避税的好处。但目标企业必须在出售企业的当年确认可能获得的资本利得。此外，如果目标企业使用了加速折旧，由于过度折旧而形成的利得将被重新作为普通收益而不是资本利得来缴纳所得税。

在具体的并购交易实务中，最终采用何种交易结构完成并购往往取决于双方博弈的结果。对于并购企业来说，选择有利于目标企业合理避税的交易结构将在并购竞争中赢得目标企业的青睐，有助于其在随后的并购谈判中处于有利位置。而无论出于何种目的，并购企业都必须首先明确特定交易结构会对自身企业产生的影响，并对各种影响因素进行利弊权衡。

此外，企业除了要对并购交易本身进行合理避税，还要对并购完成后如何实现新建企业的合理避税及利益最大化问题进行利弊权衡。例如，在税率较高的东道国并购一个子公司，可以尽可能将总部的各种功能收费以及研发支出等计入子公司的成本，从而通过减少子公司的营业利润来减少税收；通过将同一国家中盈利的子公司与不盈利或亏损的子公司进行合并同样可以利用税赋亏损结转来合理避税；通过把雇员的购股选择权转到其他国家，采用成本加费用核算法，提高向外国子公司收取的特许费等都可以实现避税。中国企业实施海外并购时往往过分重视并购价格的高低，事实上合理避税等其他环节能为企业节省更多的资金，因此在对并购进行估价时必须将实际税率、转移价格等因素进行综合考虑。

11.4　并购交易后期资源整合

企业并购整合是指并购方企业与目标企业在通过收购与兼并等形式进行资产重组的情况下，通过整合管理，使双方企业的有形资产与无形资产有机地融合、企业的经营结构更加合理、企业的管理体制与组织结构更加完善、企业的人力资本更加高效地得到运用，从而实现企业并购前预期的价值创造目标的过程。

11.4.1 战略目标整合

企业战略目标整合是指并购方在综合分析目标企业之后，将目标企业纳入其发展战略之内，使目标企业的各种资源符合并购方的总体战略及相关安排与调整，从而取得一种战略上的协同效应。它具体包括战略决策组织的一体化和各子系统战略目标、手段、步骤的一体化。企业战略整合是其他整合环节的先导，只有双方基于共同目标才能为之后的整合工作奠定良好的基础。

思科总裁钱伯斯在总结成功经验时指出："我们并购一家公司，不仅是并购该公司目前的产品，同时也是预约即将出现的新科技。当你付给每名员工50万至300万美元不等的薪资，买下的却只有当前看得到的技术及市场占有率时，这就是一桩失败的投资。"① 因此，对公司产品未来市场需求和技术发展趋势的一致性看法会在很大程度上影响并购的结果，当公司与目标企业员工在发展战略上背道而驰时并购很难取得成功。

11.4.2 治理结构整合

公司治理结构是指用来协调和平衡公司各利益相关者之间的利害关系和行为的法律、文化、惯例和制度安排的总称。②公司治理结构整合意味着企业所有者在分析并购双方现有公司治理结构差异的基础上，重新提出一套包括正式的和非正式的、内部的和外部的制度或机制，以保证公司决策的科学化，从而实现股东利益最大化，同时维护公司各方面的利益。它具体包括权力机构整合、监控机制整合、公司利益相关者关系整合以及信息披露等方面。

跨国并购治理结构整合面临着企业的代理链加长、文化经营环境复杂等不利因素，给整合增加了难度。同时，跨国并购的风起云涌也加速了公司治理结构的变革，各国公司治理结构正朝着加速渗透和交织的方向转变。治理结构整合的成功与否直接决定了企业能否在未来对被并购企业实现有效控制，因此公司治理结构整合成为并购整合中的关键环节。

11.4.3 财务整合

财务整合是指利用特定的财务手段，对财务事项、财务活动、财务关系进行整理、整顿和整治，以使企业的财务运作更加合理和协调，进而实现相互融合的一种自我适应行为，是对现有财务管理系统的调整和修复。财务管理是企业管理体系的核心，因此财务整合是整个并购整合的重要保障，通过整合而发挥的"财务协同效应"是企业实现规模扩张的基础，同时财务控制是并购方对被并购方实施有效管理的根本途径。综上所述，财务整合在提升并购整合效率方面发挥着不可替代的作用。

---

① 李惠. 思科公司的并购之道[J]. 新理财，2004(1)：32-34.

② 潘爱玲. 企业跨国并购后的整合管理[M]. 北京：商务印书馆，2006.

由于跨国并购面临复杂多变的国际市场环境，其间存在诸多不确定性因素。经济、政治、法律、文化的外部环境因素以及目标企业价值评估不当、理财技术和财务管理体制存在缺陷等企业内部因素都会给财务整合带来诸多不便甚至危及整个并购整合战略的实施。

大量财务整合失败的教训表明，要实现并购整合的顺利进行必须对并购财务整合的风险因素进行深入分析，并在此基础上依据并购动机、目标和企业生产经营特点等因素，有针对性地制订财务整合计划和模式，实现风险的防范和规避。总体而言，跨国并购财务整合中应注意以下几点。①

1. 规避环境风险

跨国并购涉及全球金融市场的资金筹集和投放，因此其风险大小和复杂程度都远非国内并购所能比拟，跨国并购的财务整合中必须要对并购目标所在国的政治、经济、法律的环境因素进行深入了解，还要关注国际形势和国家政策的变化趋势，并对汇率、利率、通货膨胀等风险因素保持高度警觉。加强信息收集和风险管理能力是企业规避环境风险的关键。

2. 调整财务目标

从全球竞争环境出发开展的跨国并购活动受到诸多因素的交织影响。随着经济全球化和信息化的飞速发展，企业的组织结构、价值实现方式都在发生重大变化，财务管理理念和模式也随之变革，这就要求财务整合目标必须相时而动。

3. 丰富理财经验

海外公司的多层次代理关系决定了其信息的不完全和不对称性，这就要求企业必须适应信息化要求，勇于创新，建立反应迅速、监管到位的财务管理机制。同时，积极利用企业建立的全球信息传递系统，收集市场需求、企业竞争等各方面情报，适时调整经营和理财范围，提高理财技巧，丰富理财经验。

4. 有效的财务控制

财务整合的目的在于通过对被并购企业各项财务资源的整合，实现财务协同效应以增强企业的资金实力，因此运用网络信息系统等手段并辅以科学合理的财务管理制度安排来实时了解被并购企业的经营状况并进行财务控制就显得至关重要。财务控制的目的在于防止被并购企业经营者背离母公司的经营目标，阻碍整体利益最大化的实现。

财务整合是一项复杂的系统工作，是为实现企业并购战略目标对财务管理体制、融资管理、投资管理、营运资本管理、股利分配政策、税收管理以及资产负债等多项指标进行合理改进。企业应在遵循协调性、统一性、匹配性、效益性等多项原则的基础上，对并购对象的特点、并购的不同阶段、双方文化背景和业务关联程度、被并购企业对集团文化和总体发展战略的认可度、信息和网络技术的发展情况、并购方式以及并购企业财务管理能

---

① 谢柳芳. 刍议跨国战略并购财务整合的分析[J]. 经济师，2008(6)：90-91；苏永彪. 论跨国并购财务整合的风险及防范[J]. 财税金融，2009(2)：25；潘爱玲. 企业跨国并购后的整合管理[M]. 北京：商务印书馆，2006.

力等进行全面考虑，进而选取适当的并购整合模式。财务并购整合模式通常可分为移植模式和融合模式，两者比较见表11.2。

表11.2 财务并购整合模式比较①

整合模式	移植模式	融合模式
模式介绍	将并购方的财务控制体系适时地全面移植到被并购企业中，强制要求被并购方执行	将并购后原有企业财务制度中的合理成分加以吸收和融合，形成新的财务制度管理体系
适应情况	被并购方财务控制体系混乱，严重影响企业发展，而并购方企业拥有科学完善的财务管理体系； 并购方为了迅速壮大一次性进行了多家企业并购，统一模式有利于集团业务开展	被并购方财务控制体系比较科学，不影响企业健康运营； 并购方财务控制体系不适用被并购企业
特点	存在冲突、整合成本高、风险大、整合速度取决于被并购企业员工配合的情况	冲突小、整合成本高、风险大、整合速度取决于两家企业之间的磨合程度
模式选择	横向并购	纵向并购或混合并购

财务资源整合并非一蹴而就，为了达到最终的并购目标，对整合后的财务资源进行绩效评价同样非常重要。在绩效评价的基础上，企业可根据存在的问题进行及时调整以实现平稳过渡。对于财务整合效果的评价应该以财务指标评价法为基础，从定性和定量两个方面进行。定量分析的内容包括偿债能力(用于反映整合后企业的短期和长期偿债能力是否得到显著提高)、营运能力(用于反映企业在资产管理方面能力的提升情况)、主营业务状况(用于反映企业长远发展根基的牢固性)。定性分析的内容包括整合后企业财务资源在配置上是否符合企业整体发展战略的需要、是否形成切实有效的财务管理体系及财务信息传递系统、是否形成与公司文化及价值观相吻合的理财文化、是否形成一套高效运作的财务组织架构及人力资源体系4个方面。②具体指标见表11.3。

表11.3 财务并购整合效果评价

定量指标	定性指标
偿债能力：股东权益比率、流动比率； 营运能力：应收账款周转率、总资产周转率和存货周转率； 主营业务状况：主营业务鲜明率和利润率	整合后企业财务资源在配置上是否符合企业整体发展战略的需要； 是否形成切实有效的财务管理体系及财务信息传递系统； 是否形成与公司文化及价值观相吻合的理财文化； 是否形成一套高效运作的财务组织架构及人力资源体系

按照财务整合评价体系对财务整合状况从定性和定量两个方面进行全面考核，根据评价结果有针对性地从整合内容和速度上对财务资源整合情况进行调整，对于企业实现财务

① 谢柳芳. 刍议跨国战略并购财务整合的分析[J]. 经济师，2008(6)：90-91.

② 谢柳芳. 刍议跨国战略并购财务整合的分析[J]. 经济师，2008(6)：90-91.

提升、发挥协同效用并最终实现并购目标具有重要意义。

11.4.4 人力资源和文化整合

对于科技型企业而言获得核心研发人员和经营管理人才是实施并购的基本动机，因此通过迅速、高效而富有针对性的人力资源整合，留住企业核心员工并做到各司其职是整合工作的重中之重。

世界银行的一份报告显示，1/3的中国企业对外投资存在亏损，即使在全球范围内也有65%的跨国合作是以失败告终，其中85%的CEO承认管理风格和公司文化差异是造成并购失败的主要原因。全球著名商业论坛机构Conference Board的一份报告显示，在对“财富500强”中147位CEO和负责并购事务的副总的调查中，90%的被调查者认为要实现并购整合的成功，文化因素与财务因素同样重要。①

企业文化是企业核心能力构成的重要组成部分，文化整合在实现并购整合目标中发挥着基础作用。文化整合的顺利进行有利于加快双方在发展战略、组织结构、人力资源管理及财务制度等方面的整合速度，相适应的企业文化可与管理要素相辅相成共同推进企业健康发展。了解文化差异是实现文化整合的前提，跨国并购面临的文化差异包括宏观的民族文化差异和微观的企业文化差异两个方面。因此，要实现并购文化整合必须针对这两种差异的不同特点进行有针对性的差异整合策略。

11.4.5 品牌整合

随着跨国并购的不断发展，企业对整合问题的认识也在不断深入，与早期重视市场份额、生产设备、财务资源和营销渠道等显性资源整合相比，现代的跨国并购中企业对于以目标企业文化、品牌为代表的无形资产管理和整合的重视程度不断提高，以品牌为核心已成为企业并购重组和资源配置的重要机制。②

美国著名营销专家科特勒认为，“品牌是一种名称、名词、标记和设计，或是它们的组合运用，其目的在于辨识某个销售者、某群销售者的产品和劳务，并使之同竞争对手的产品和劳务区分开来。”③可见，品牌反映了产品的质量、性能、顾客满足感以及市场定位、文化内涵和消费者忠诚度等，是产品质量和企业信誉的重要标志。品牌整合已成为企业迎合消费需求，扩展产品市场，实现竞争优势的重要武器。世界知名企业的海外扩张经历了由产品输出到资本输出、技术输出，再到今天的品牌输出，无数成功经验都在不断验证品牌营销的巨大价值。

对于广大中国企业而言，通过海外并购获取知名品牌以实现企业社会地位的提升，增强企业知名度和影响力是实施并购的主要动机之一，然而并购交易的成功只意味着品牌获取的第一步，成功的品牌整合才是实现战略目标的关键。对于并购双方而言，品牌整合不

---

① 陈弘. 企业跨国并购中的文化冲突与整合[J]. 求索，2006(7)：88-90.

② 张承耀. 品牌价值与企业价值[J]. 中国工业经济，1999(2)：70-74.

③ 郭元胜. 品牌整合模型研究[J]. 企业研究，2003(1)：40-43.

仅关系被并购企业品牌的存亡，更关系并购企业的形象。如果整合取得成功会有力地提升企业品牌的知名度、美誉度和忠诚度，从而实现价值增值，反之则会由于整合不利而出现客户流失、品牌受损，严重时会直接危及整个并购的结果。

11.4.6 协同效用

通过上述分析可以看出，并购整合实际上是一套集全球战略、管理思路和整合方式为一体的系统工作，涉及战略、财务、人力资源、品牌、文化等多个方面。整合的目的在于通过企业生产要素的重新配置发挥协同效用，以实现价值增值和企业的战略目标，因此相关契约和资源整合是跨国并购取得成功的关键环节。大量并购案例表明，对同样的并购资产，在不同企业的领导下通过不同方式的整合，最终的效果往往存在天壤之别。只追求跨国并购的表面效应，忽视并购后的有效整合及绩效评价将最终导致企业并购的失败。

对于发展迅速、不断壮大的中国企业而言，部分知名企业已经拥有一流的技术水平、雄厚的资金实力、便捷的融资渠道，具备通过海外并购实现跨越式增长的硬要素。与之相比，跨国经营管理经验和组织能力往往是中国企业最为欠缺的，而这些软要素作为连接各项生产要素的纽带，是维持企业健康运行的润滑剂，在并购整合过程中发挥着不可替代的作用。通过对现有科技型企业跨国并购案例的分析，从中总结成功经验和吸取失败教训，对指导中国企业开展跨国并购，提高整合的能力和水平，降低并购风险都具有重要的现实意义。

附录A《中华人民共和国专利法(2008修正)》

(1984年3月12日第六届全国人民代表大会常务委员会第四次会议通过；根据1992年9月4日第七届全国人民代表大会常务委员会第二十七次会议《关于修改〈中华人民共和国专利法〉的决定》第一次修正；根据2000年8月25日第九届全国人民代表大会常务委员会第十七次会议《关于修改〈中华人民共和国专利法〉的决定》第二次修正；根据2008年12月27日第十一届全国人民代表大会常务委员会第六次会议《关于修改〈中华人民共和国专利法〉的决定》第三次修正)

第一章　总则

第一条 为了保护专利权人的合法权益，鼓励发明创造，推动发明创造的应用，提高创新能力，促进科学技术进步和经济社会发展，制定本法。

第二条 本法所称的发明创造是指发明、实用新型和外观设计。

发明，是指对产品、方法或者其改进所提出的新的技术方案。

实用新型，是指对产品的形状、构造或者其结合所提出的适于实用的新的技术方案。

外观设计，是指对产品的形状、图案或者其结合以及色彩与形状、图案的结合所作出的富有美感并适于工业应用的新设计。

第三条 国务院专利行政部门负责管理全国的专利工作；统一受理和审查专利申请，依法授予专利权。

省、自治区、直辖市人民政府管理专利工作的部门负责本行政区域内的专利管理工作。

第四条 申请专利的发明创造涉及国家安全或者重大利益需要保密的，按照国家有关规定办理。

第五条 对违反法律、社会公德或者妨害公共利益的发明创造，不授予专利权。

对违反法律、行政法规的规定获取或者利用遗传资源，并依赖该遗传资源完成的发明创造，不授予专利权。

第六条 执行本单位的任务或者主要是利用本单位的物质技术条件所完成的发明创造为职务发明创造。职务发明创造申请专利的权利属于该单位；申请被批准后，该单位为专利权人。

非职务发明创造，申请专利的权利属于发明人或者设计人；申请被批准后，该发明人或者设计人为专利权人。

利用本单位的物质技术条件所完成的发明创造，单位与发明人或者设计人订有合同，对申请专利的权利和专利权的归属作出约定的，从其约定。

第七条 对发明人或者设计人的非职务发明创造专利申请，任何单位或者个人不得压制。

第八条 两个以上单位或者个人合作完成的发明创造、一个单位或者个人接受其他单位或者个人委托所完成的发明创造，除另有协议的以外，申请专利的权利属于完成或者共同完成的单位或者个人；申请被批准后，申请的单位或者个人为专利权人。

第九条 同样的发明创造只能授予一项专利权。但是，同一申请人同日对同样的发明创造既申请实用新型专利又申请发明专利，先获得的实用新型专利权尚未终止，且申请人声明放弃该实用新型专利权的，可以授予发明专利权。

两个以上的申请人分别就同样的发明创造申请专利的，专利权授予最先申请的人。

第十条 专利申请权和专利权可以转让。

中国单位或者个人向外国人、外国企业或者外国其他组织转让专利申请权或者专利权的，应当依照有关法律、行政法规的规定办理手续。

转让专利申请权或者专利权的，当事人应当订立书面合同，并向国务院专利行政部门登记，由国务院专利行政部门予以公告。专利申请权或者专利权的转让自登记之日起生效。

第十一条 发明和实用新型专利权被授予后，除本法另有规定的以外，任何单位或者个人未经专利权人许可，都不得实施其专利，即不得为生产经营目的制造、使用、许诺销售、销售、进口其专利产品，或者使用其专利方法以及使用、许诺销售、销售、进口依照该专利方法直接获得的产品。

外观设计专利权被授予后，任何单位或者个人未经专利权人许可，都不得实施其专利，即不得为生产经营目的制造、许诺销售、销售、进口其外观设计专利产品。

第十二条 任何单位或者个人实施他人专利的，应当与专利权人订立实施许可合同，向专利权人支付专利使用费。被许可人无权允许合同规定以外的任何单位或者个人实施该专利。

第十三条 发明专利申请公布后，申请人可以要求实施其发明的单位或者个人支付适当的费用。

第十四条 国有企业事业单位的发明专利，对国家利益或者公共利益具有重大意义的，国务院有关主管部门和省、自治区、直辖市人民政府报经国务院批准，可以决定在批准的范围内推广应用，允许指定的单位实施，由实施单位按照国家规定向专利权人支付使用费。

第十五条 专利申请权或者专利权的共有人对权利的行使有约定的，从其约定。没有约定的，共有人可以单独实施或者以普通许可方式许可他人实施该专利；许可他人实施该专利的，收取的使用费应当在共有人之间分配。

除前款规定的情形外，行使共有的专利申请权或者专利权应当取得全体共有人的同意。

第十六条 被授予专利权的单位应当对职务发明创造的发明人或者设计人给予奖励；发明创造专利实施后，根据其推广应用的范围和取得的经济效益，对发明人或者设计人给予合理的报酬。

第十七条 发明人或者设计人有权在专利文件中写明自己是发明人或者设计人。

专利权人有权在其专利产品或者该产品的包装上标明专利标识。

第十八条 在中国没有经常居所或者营业所的外国人、外国企业或者外国其他组织在中国申请专利的，依照其所属国同中国签订的协议或者共同参加的国际条约，或者依照互惠原则，根据本法办理。

第十九条 在中国没有经常居所或者营业所的外国人、外国企业或者外国其他组织在中国申请专利和办理其他专利事务的，应当委托依法设立的专利代理机构办理。

中国单位或者个人在国内申请专利和办理其他专利事务的，可以委托依法设立的专利代理机构办理。

专利代理机构应当遵守法律、行政法规，按照被代理人的委托办理专利申请或者其他专利事务；对被代理人发明创造的内容，除专利申请已经公布或者公告的以外，负有保密责任。专利代理机构的具体管理办法由国务院规定。

第二十条 任何单位或者个人将在中国完成的发明或者实用新型向外国申请专利的，应当事先报经国务院专利行政部门进行保密审查。保密审查的程序、期限等按照国务院的规定执行。

中国单位或者个人可以根据中华人民共和国参加的有关国际条约提出专利国际申请。申请人提出专利国际申请的，应当遵守前款规定。

国务院专利行政部门依照中华人民共和国参加的有关国际条约、本法和国务院有关规定处理专利国际申请。

对违反本条第一款规定向外国申请专利的发明或者实用新型，在中国申请专利的，不授予专利权。

第二十一条 国务院专利行政部门及其专利复审委员会应当按照客观、公正、准确、及时的要求，依法处理有关专利的申请和请求。

国务院专利行政部门应当完整、准确、及时发布专利信息，定期出版专利公报。

在专利申请公布或者公告前，国务院专利行政部门的工作人员及有关人员对其内容负有保密责任。

第二章 授予专利权的条件

第二十二条 授予专利权的发明和实用新型，应当具备新颖性、创造性和实用性。

新颖性，是指该发明或者实用新型不属于现有技术；也没有任何单位或者个人就同样的发明或者实用新型在申请日以前向国务院专利行政部门提出过申请，并记载在申请日以后公布的专利申请文件或者公告的专利文件中。

创造性，是指与现有技术相比，该发明具有突出的实质性特点和显著的进步，该实用新型具有实质性特点和进步。

实用性，是指该发明或者实用新型能够制造或者使用，并且能够产生积极效果。

本法所称现有技术，是指申请日以前在国内外为公众所知的技术。

第二十三条 授予专利权的外观设计，应当不属于现有设计；也没有任何单位或者个人就同样的外观设计在申请日以前向国务院专利行政部门提出过申请，并记载在申请日以后公告的专利文件中。

授予专利权的外观设计与现有设计或者现有设计特征的组合相比，应当具有明显区别。

授予专利权的外观设计不得与他人在申请日以前已经取得的合法权利相冲突。

本法所称现有设计，是指申请日以前在国内外为公众所知的设计。

第二十四条 申请专利的发明创造在申请日以前六个月内，有下列情形之一的，不丧失新颖性：

(一) 在中国政府主办或者承认的国际展览会上首次展出的；

(二) 在规定的学术会议或者技术会议上首次发表的；

(三) 他人未经申请人同意而泄露其内容的。

第二十五条 对下列各项，不授予专利权：

(一) 科学发现；

(二) 智力活动的规则和方法；

(三) 疾病的诊断和治疗方法；

(四) 动物和植物品种；

(五) 用原子核变换方法获得的物质；

(六) 对平面印刷品的图案、色彩或者两者的结合作出的主要起标识作用的设计。

对前款第(四)项所列产品的生产方法，可以依照本法规定授予专利权。

第三章　专利的申请

第二十六条 申请发明或者实用新型专利的，应当提交请求书、说明书及其摘要和权利要求书等文件。

请求书应当写明发明或者实用新型的名称，发明人的姓名，申请人姓名或者名称、地址，以及其他事项。

说明书应当对发明或者实用新型作出清楚、完整的说明，以所属技术领域的技术人员能够实现为准；必要的时候，应当有附图。摘要应当简要说明发明或者实用新型的技术要点。

权利要求书应当以说明书为依据，清楚、简要地限定要求专利保护的范围。

依赖遗传资源完成的发明创造，申请人应当在专利申请文件中说明该遗传资源的直接来源和原始来源；申请人无法说明原始来源的，应当陈述理由。

第二十七条 申请外观设计专利的，应当提交请求书、该外观设计的图片或者照片以及对该外观设计的简要说明等文件。

申请人提交的有关图片或者照片应当清楚地显示要求专利保护的产品的外观设计。

第二十八条 国务院专利行政部门收到专利申请文件之日为申请日。如果申请文件是邮寄的，以寄出的邮戳日为申请日。

第二十九条 申请人自发明或者实用新型在外国第一次提出专利申请之日起十二个月内，或者自外观设计在外国第一次提出专利申请之日起六个月内，又在中国就相同主题提出专利申请的，依照该外国同中国签订的协议或者共同参加的国际条约，或者依照相互承认优先权的原则，可以享有优先权。

申请人自发明或者实用新型在中国第一次提出专利申请之日起十二个月内，又向国务院专利行政部门就相同主题提出专利申请的，可以享有优先权。

第三十条 申请人要求优先权的，应当在申请的时候提出书面声明，并且在三个月内提交第一次提出的专利申请文件的副本；未提出书面声明或者逾期未提交专利申请文件副本的，视为未要求优先权。

第三十一条 一件发明或者实用新型专利申请应当限于一项发明或者实用新型。属于一个总的发明构思的两项以上的发明或者实用新型，可以作为一件申请提出。

一件外观设计专利申请应当限于一项外观设计。同一产品两项以上的相似外观设计，或者用于同一类别并且成套出售或者使用的产品的两项以上外观设计，可以作为一件申请提出。

第三十二条 申请人可以在被授予专利权之前随时撤回其专利申请。

第三十三条 申请人可以对其专利申请文件进行修改，但是，对发明和实用新型专利申请文件的修改不得超出原说明书和权利要求书记载的范围，对外观设计专利申请文件的修改不得超出原图片或者照片表示的范围。

第四章 专利申请的审查和批准

第三十四条 国务院专利行政部门收到发明专利申请后，经初步审查认为符合本法要求的，自申请日起满十八个月，即行公布。国务院专利行政部门可以根据申请人的请求早日公布其申请。

第三十五条 发明专利申请自申请日起三年内，国务院专利行政部门可以根据申请人随时提出的请求，对其申请进行实质审查；申请人无正当理由逾期不请求实质审查的，该申请即被视为撤回。

国务院专利行政部门认为必要的时候，可以自行对发明专利申请进行实质审查。

第三十六条 发明专利的申请人请求实质审查的时候，应当提交在申请日前与其发明有关的参考资料。

发明专利已经在外国提出过申请的，国务院专利行政部门可以要求申请人在指定期限内提交该国为审查其申请进行检索的资料或者审查结果的资料；无正当理由逾期不提交的，该申请即被视为撤回。

第三十七条 国务院专利行政部门对发明专利申请进行实质审查后，认为不符合本法规定的，应当通知申请人，要求其在指定的期限内陈述意见，或者对其申请进行修改；无正当理由逾期不答复的，该申请即被视为撤回。

第三十八条 发明专利申请经申请人陈述意见或者进行修改后，国务院专利行政部门仍然认为不符合本法规定的，应当予以驳回。

第三十九条 发明专利申请经实质审查没有发现驳回理由的，由国务院专利行政部门作出授予发明专利权的决定，发给发明专利证书，同时予以登记和公告。发明专利权自公告之日起生效。

第四十条 实用新型和外观设计专利申请经初步审查没有发现驳回理由的，由国务院专利行政部门作出授予实用新型专利权或者外观设计专利权的决定，发给相应的专利证书，同时予以登记和公告。实用新型专利权和外观设计专利权自公告之日起生效。

第四十一条 国务院专利行政部门设立专利复审委员会。专利申请人对国务院专利行政部门驳回申请的决定不服的，可以自收到通知之日起三个月内，向专利复审委员会请求复审。专利复审委员会复审后，作出决定，并通知专利申请人。

专利申请人对专利复审委员会的复审决定不服的，可以自收到通知之日起三个月内向人民法院起诉。

第五章 专利权的期限、终止和无效

第四十二条 发明专利权的期限为二十年，实用新型专利权和外观设计专利权的期限为十年，均自申请日起计算。

第四十三条 专利权人应当自被授予专利权的当年开始缴纳年费。

第四十四条 有下列情形之一的，专利权在期限届满前终止：

(一) 没有按照规定缴纳年费的；

(二) 专利权人以书面声明放弃其专利权的。

专利权在期限届满前终止的，由国务院专利行政部门登记和公告。

第四十五条 自国务院专利行政部门公告授予专利权之日起，任何单位或者个人认为该专利权的授予不符合本法有关规定的，可以请求专利复审委员会宣告该专利权无效。

第四十六条 专利复审委员会对宣告专利权无效的请求应当及时审查和作出决定，并通知请求人和专利权人。宣告专利权无效的决定，由国务院专利行政部门登记和公告。

对专利复审委员会宣告专利权无效或者维持专利权的决定不服的，可以自收到通知之日起三个月内向人民法院起诉。人民法院应当通知无效宣告请求程序的对方当事人作为第三人参加诉讼。

第四十七条 宣告无效的专利权视为自始即不存在。

宣告专利权无效的决定，对在宣告专利权无效前人民法院作出并已执行的专利侵权的判决、调解书，已经履行或者强制执行的专利侵权纠纷处理决定，以及已经履行的专利实施许可合同和专利权转让合同，不具有追溯力。但是因专利权人的恶意给他人造成的损失，应当给予赔偿。

依照前款规定不返还专利侵权赔偿金、专利使用费、专利权转让费，明显违反公平原则的，应当全部或者部分返还。

第六章 专利实施的强制许可

第四十八条 有下列情形之一的，国务院专利行政部门根据具备实施条件的单位或者个人的申请，可以给予实施发明专利或者实用新型专利的强制许可：

(一) 专利权人自专利权被授予之日起满三年，且自提出专利申请之日起满四年，无正当理由未实施或者未充分实施其专利的；

(二) 专利权人行使专利权的行为被依法认定为垄断行为，为消除或者减少该行为对竞争产生的不利影响的。

第四十九条 在国家出现紧急状态或者非常情况时，或者为了公共利益的目的，国务院专利行政部门可以给予实施发明专利或者实用新型专利的强制许可。

第五十条 为了公共健康目的，对取得专利权的药品，国务院专利行政部门可以给予制造并将其出口到符合中华人民共和国参加的有关国际条约规定的国家或者地区的强制许可。

第五十一条 一项取得专利权的发明或者实用新型比已经取得专利权的发明或者实用新型具有显著经济意义的重大技术进步，其实施又有赖于前一发明或者实用新型的实施的，国务院专利行政部门根据后一专利权人的申请，可以给予实施前一发明或者实用新型的强制许可。

在依照前款规定给予实施强制许可的情形下，国务院专利行政部门根据前一专利权人的申请，也可以给予实施后一发明或者实用新型的强制许可。

第五十二条 强制许可涉及的发明创造为半导体技术的，其实施限于公共利益的目的和本法第四十八条第(二)项规定的情形。

第五十三条 除依照本法第四十八条第(二)项、第五十条规定给予的强制许可外，强制许可的实施应当主要为了供应国内市场。

第五十四条 依照本法第四十八条第(一)项、第五十一条规定申请强制许可的单位或者个人应当提供证据，证明其以合理的条件请求专利权人许可其实施专利，但未能在合理的时间内获得许可。

第五十五条 国务院专利行政部门作出的给予实施强制许可的决定，应当及时通知专利权人，并予以登记和公告。

给予实施强制许可的决定，应当根据强制许可的理由规定实施的范围和时间。强制许可的理由消除并不再发生时，国务院专利行政部门应当根据专利权人的请求，经审查后作出终止实施强制许可的决定。

第五十六条 取得实施强制许可的单位或者个人不享有独占的实施权，并且无权允许他人实施。

第五十七条 取得实施强制许可的单位或者个人应当付给专利权人合理的使用费，或者依照中华人民共和国参加的有关国际条约的规定处理使用费问题。付给使用费的，其数额由双方协商；双方不能达成协议的，由国务院专利行政部门裁决。

第五十八条 专利权人对国务院专利行政部门关于实施强制许可的决定不服的，专利权人和取得实施强制许可的单位或者个人对国务院专利行政部门关于实施强制许可的使用费的裁决不服的，可以自收到通知之日起三个月内向人民法院起诉。

第七章　专利权的保护

第五十九条 发明或者实用新型专利权的保护范围以其权利要求的内容为准，说明书及附图可以用于解释权利要求的内容。

外观设计专利权的保护范围以表示在图片或者照片中的该产品的外观设计为准，简要说明可以用于解释图片或者照片所表示的该产品的外观设计。

第六十条 未经专利权人许可，实施其专利，即侵犯其专利权，引起纠纷的，由当事人协商解决；不愿协商或者协商不成的，专利权人或者利害关系人可以向人民法院起诉，也可以请求管理专利工作的部门处理。管理专利工作的部门处理时，认定侵权行为成立的，可以责令侵权人立即停止侵权行为，当事人不服的，可以自收到处理通知之日起十五日内依照《中华人民共和国行政诉讼法》向人民法院起诉；侵权人期满不起诉又不停止侵权行为的，管理专利工作的部门可以申请人民法院强制执行。进行处理的管理专利工作的部门应当事人的请求，可以就侵犯专利权的赔偿数额进行调解；调解不成的，当事人可以依照《中华人民共和国民事诉讼法》向人民法院起诉。

第六十一条 专利侵权纠纷涉及新产品制造方法的发明专利的，制造同样产品的单位或者个人应当提供其产品制造方法不同于专利方法的证明。

专利侵权纠纷涉及实用新型专利或者外观设计专利的，人民法院或者管理专利工作的部门可以要求专利权人或者利害关系人出具由国务院专利行政部门对相关实用新型或者外观设计进行检索、分析和评价后作出的专利权评价报告，作为审理、处理专利侵权纠纷的证据。

第六十二条 在专利侵权纠纷中，被控侵权人有证据证明其实施的技术或者设计属于现有技术或者现有设计的，不构成侵犯专利权。

第六十三条 假冒专利的，除依法承担民事责任外，由管理专利工作的部门责令改正并予公告，没收违法所得，可以并处违法所得四倍以下的罚款；没有违法所得的，可以处二十万元以下的罚款；构成犯罪的，依法追究刑事责任。

第六十四条 管理专利工作的部门根据已经取得的证据，对涉嫌假冒专利行为进行查处时，可以询问有关当事人，调查与涉嫌违法行为有关的情况；对当事人涉嫌违法行为的场所实施现场检查；查阅、复制与涉嫌违法行为有关的合同、发票、账簿以及其他有关资料；检查与涉嫌违法行为有关的产品，对有证据证明是假冒专利的产品，可以查封或者扣押。

管理专利工作的部门依法行使前款规定的职权时，当事人应当予以协助、配合，不得拒绝、阻挠。

第六十五条 侵犯专利权的赔偿数额按照权利人因被侵权所受到的实际损失确定；实际损失难以确定的，可以按照侵权人因侵权所获得的利益确定。权利人的损失或者侵权人获得的利益难以确定的，参照该专利许可使用费的倍数合理确定。赔偿数额还应当包括权利人为制止侵权行为所支付的合理开支。

权利人的损失、侵权人获得的利益和专利许可使用费均难以确定的，人民法院可以根据专利权的类型、侵权行为的性质和情节等因素，确定给予一万元以上一百万元以下的赔偿。

第六十六条 专利权人或者利害关系人有证据证明他人正在实施或者即将实施侵犯专利权的行为，如不及时制止将会使其合法权益受到难以弥补的损害的，可以在起诉前向人民法院申请采取责令停止有关行为的措施。

申请人提出申请时，应当提供担保；不提供担保的，驳回申请。

人民法院应当自接受申请之时起四十八小时内做出裁定；有特殊情况需要延长的，可以延长四十八小时。裁定责令停止有关行为的，应当立即执行。当事人对裁定不服的，可以申请复议一次；复议期间不停止裁定的执行。

申请人自人民法院采取责令停止有关行为的措施之日起十五日内不起诉的，人民法院应当解除该措施。

申请有错误的，申请人应当赔偿被申请人因停止有关行为所遭受的损失。

第六十七条 为了制止专利侵权行为，在证据可能灭失或者以后难以取得的情况下，专利权人或者利害关系人可以在起诉前向人民法院申请保全证据。

人民法院采取保全措施，可以责令申请人提供担保；申请人不提供担保的，驳回申请。

人民法院应当自接受申请之时起四十八小时内作出裁定；裁定采取保全措施的，应当立即执行。

申请人自人民法院采取保全措施之日起十五日内不起诉的，人民法院应当解除该措施。

第六十八条 侵犯专利权的诉讼时效为二年，自专利权人或者利害关系人得知或者应当得知侵权行为之日起计算。

发明专利申请公布后至专利权授予前使用该发明未支付适当使用费的，专利权人要求支付使用费的诉讼时效为二年，自专利权人得知或者应当得知他人使用其发明之日起计算，但是，专利权人于专利权授予之日前即已得知或者应当得知的，自专利权授予之日起计算。

第六十九条 有下列情形之一的，不视为侵犯专利权：

(一) 专利产品或者依照专利方法直接获得的产品，由专利权人或者经其许可的单位、个人售出后，使用、许诺销售、销售、进口该产品的；

(二) 在专利申请日前已经制造相同产品、使用相同方法或者已经作好制造、使用的必要准备，并且仅在原有范围内继续制造、使用的；

(三) 临时通过中国领陆、领水、领空的外国运输工具，依照其所属国同中国签订的协议或者共同参加的国际条约，或者依照互惠原则，为运输工具自身需要而在其装置和设备中使用有关专利的；

(四) 专为科学研究和实验而使用有关专利的；

(五) 为提供行政审批所需要的信息，制造、使用、进口专利药品或者专利医疗器械的，以及专门为其制造、进口专利药品或者专利医疗器械的。

第七十条 为生产经营目的使用、许诺销售或者销售不知道是未经专利权人许可而制造并售出的专利侵权产品，能证明该产品合法来源的，不承担赔偿责任。

第七十一条 违反本法第二十条规定向外国申请专利，泄露国家秘密的，由所在单位或者上级主管机关给予行政处分；构成犯罪的，依法追究刑事责任。

第七十二条 侵夺发明人或者设计人的非职务发明创造专利申请权和本法规定的其他权益的，由所在单位或者上级主管机关给予行政处分。

第七十三条 管理专利工作的部门不得参与向社会推荐专利产品等经营活动。

管理专利工作的部门违反前款规定的，由其上级机关或者监察机关责令改正，消除影响，有违法收入的予以没收；情节严重的，对直接负责的主管人员和其他直接责任人员依法给予行政处分。

第七十四条 从事专利管理工作的国家机关工作人员以及其他有关国家机关工作人员玩忽职守、滥用职权、徇私舞弊，构成犯罪的，依法追究刑事责任；尚不构成犯罪的，依法给予行政处分。

第八章 附则

第七十五条 向国务院专利行政部门申请专利和办理其他手续，应当按照规定缴纳费用。

第七十六条 本法自1985年4月1日起施行。

附录B 《建立世界知识产权组织公约》

缔约各国

有志于在各国之间尊重主权和平等基础上，为谋求共同利益增进了解与合作而贡献力量。

有志于为鼓励创造性活动而加强世界知识产权的保护。

有志于在充分尊重各联盟独立性的条件下，使为保护工业产权和文学艺术作品而建立的各联盟的管理趋于现代化并提高效率。

特协议如下：

第一条 成立本组织

兹成立世界知识产权组织。

第二条 定义

本公约中：

(1)“本组织”系指世界知识产权组织(缩写WIPO)；

(2)“国际局”系指知识产权国际局；

(3)“巴黎公约”系指1883年3月20日签订的保护工业产权公约及其一切修订本；

(4)“伯尔尼公约”系指1886年9月9日签订的保护文学艺术作品公约及其一切修订本；

(5)“巴黎联盟”系指根据巴黎公约成立的国际联盟；

(6)“伯尔尼联盟”系指根据伯尔尼公约成立的国际联盟；

(7)“各联盟”系指根据第四条(3)由本组织经营其行政事务的巴黎联盟及与之有关的专门联盟和协定、伯尔尼联盟以及其他促进知识产权保护的国际协定；

(8)“知识产权”包括：

——关于文学、艺术和科学作品的权利；

——关于表演艺术家的演出、录音和广播的权利；

——关于人们努力在一切领域的发明的权利；

——关于科学发现的权利；

——关于工业品式样的权利；
——关于商标、服务商标、厂商名称和标记的权利；
——关于制止不正当竞争的权利；
以及在工业、科学、文学或艺术领域里一切其他来自知识活动的权利。
第三条 本组织的宗旨
本组织的宗旨是：
(1) 通过各国间的合作，并与其他有关国际组织适当配合，促进在全世界保护知识产权；
(2) 保证各联盟间的行政合作。
第四条 职权
为了实现第三条所述的宗旨，本组织通过其适当机构，并根据各联盟的权限：
(1) 促进旨在便利在全世界对知识产权的有效保护和协调各国有关这方面的法令的措施的发展；
(2) 执行巴黎联盟及其有关专门联盟和伯尔尼联盟的行政任务；
(3) 可同意担任或参加其他旨在促进知识产权保护的国际协定的行政工作；
(4) 鼓励缔结旨在促进知识产权保护的国际协定；
(5) 对请求知识产权方面的法律——技术援助的国家给予合作；
(6) 收集和传播有关知识产权保护的情报，从事并促进这方面的研究，并公布这些研究的成果；
(7) 提供促进知识产权国际保护的服务，并适当办理这方面的注册并公布有关注册的资料；
(8) 采取其他适当的行动。
第五条 成员资格
(1) 凡属第二条(7)款所规定的任何联盟的成员国都可以参加本组织。
(2) 没有参加任何联盟的国家，具备以下条件者，也可以参加本组织：
① 联合国、联合国专门机构、国际原子能组织成员或国际法院成员；
② 应大会的邀请参加本公约的国家。
第六条 大会
(1) ①大会由参加本公约的各联盟成员国组成。
② 每一个国家政府应有一名代表，可辅以副代表、顾问和专家。
③ 各代表团的开支应由派遣国政府负担。
(2) 大会的职责：
① 根据协调委员会提名，任命总干事；
② 审核并批准总干事关于本组织的报告，并给其一切必要的指示；
③ 审核并批准协调委员会的报告及活动，并给其指示；
④ 通过各联盟共同的三年开支预算；
⑤ 批准总干事提出的关于第四条(3)款所指的国际协定的行政管理措施；

⑥ 通过本组织的财务条例；

⑦ 参照联合国的惯例，决定秘书处的工作语言；

⑧ 邀请第五条(3)款②所指的国家参加本公约；

⑨ 决定那些没有参加本组织的国家和那些政府间和非政府性的国际组织可派观察员参加会议；

⑩ 行使其他合于大会公约的适当职权。

(3) ①每一个国家，无论其是一个或几个联盟的成员，在大会中应有一票表决权。

② 大会成员国的半数构成法定人数。

③ 尽管有②小段的规定，如遇出席会议的国家数目不够半数，但相当于或多于大会成员国的三分之一时，大会可以作出决议，但是，除关于其本身程序的决议外，所有这些决议只有符合下列条件才能生效：国际局应将这些决议草案通知未出席的大会成员国，并应请它们在通知书发出之日起三个月内以书面表示投什么票或弃权。如在上述期限届满时，已这样表示投什么票或弃权的国家数目达到会议法定人数所缺少的数目，这些决议只要同时也取得了规定的多数票，即应生效。

④ 除⑤和⑥小段的规定者外，大会决议应由三分之二多数票通过。

⑤ 批准关于第四条(3)款所指的国际协定的行政管理措施，需四分之三多数票通过。

⑥ 批准根据联合国宪章第57和63条，与联合国签订的协定需十分之九多数票通过。

⑦ 任命总干事[第2款(1)]，批准总干事提出的关于国际协定的行政管理措施(第2款(5))，以及迁移总部(第十条)，不仅须经本组织大会，以规定的多数票通过，而且须经巴黎联盟大会和伯尔尼联盟大会以规定的多数票通过。

⑧ 弃权应不视为投票。

⑨ 一名代表只代表一国，并只能以一国名义投票。

(4) ①大会例会每三年由总干事召开一次。

② 大会特别会议应由总干事按协调委员会的请求，或按大会四分之一的成员国的请求召开。

③ 会议应在本组织总部举行。

(5) 已参加本公约，但并非任何联盟成员的国家应允许作为观察员参加大会的会议。

(6) 大会应通过自己的议事规则。

第七条 成员国会议

(1) ①成员国会议由参加本公约的国家，不论其是否为任何联盟的成员组成。

② 每一个国家政府应有一名代表，可辅以副代表、顾问和专家。

③ 各代表团的开支应由派遣国政府负担。

(2) 成员国会议的职责：

① 讨论知识产权方面共同有兴趣的事项，并且可在尊重各联盟的权限和自主的条件下，就此类事项通过建议；

② 通过成员国会议的三年预算；

③ 在成员国会议预算的限度内，制定三年法律——技术援助计划；

④ 按第十七条规定，通过对本公约的修订；

⑤ 决定那些没有参加本组织的国家和那些政府间的和非政府性的国际组织可派观察员参加其会议；

⑥ 行使其他合于本公约的适当职权。

(3) ①每一个成员国在成员国会议中应有一票表决权。

② 成员国的三分之一构成法定人数。

③ 除第十七条的规定外，会议应以三分之二的多数票作出决定。

④ 对参加本公约但没有参加任何联盟的国家的会费数目的决定，只有这类国家的代表有表决权。

⑤ 弃权应不视为投票。

⑥ 一名代表只可代表一国，并仅可以一国名义投票。

(4) ①成员国会议例会应由总干事召开，与大会同期同地举行。

② 成员国会议的特别会议应由总干事按多数成员国的请求召开。

(5) 成员国会议应通过自己的议事规则。

第八条 协调委员会

(1) ①协调委员会由担任巴黎联盟执行委员会委员或伯尔尼联盟执行委员会委员或二委员会委员的本公约参加国组成。然而，如果一个执行委员会的委员数超过选举它的联盟大会成员国总数的四分之一，则该执行委员会应从其委员中选出参加协调委员会的国家，数目不得超过上述四分之一。计算上述四分之一数目时，本组织总部所在国不应包括在内。

② 协调委员会每一个委员国政府应有一名代表，可辅以副代表、顾问和专家。

③ 每当协调委员会审议直接关系到成员国会议的计划或预算及其议事日程，或审议关于本公约的修订建议时，如其将影响到已参加本公约但没有参加任何联盟的国家的权利和义务，应有这类国家的四分之一参加协调委员会的会议并享有与该委员会委员同样的权利。这些国家应由成员国会议在每届例会上指定。

④ 各代表团的开支应由派遣国政府负担。

(2) 如本组织经管的其他联盟希望也参加协调委员会，其代表必须从协调委员会的委员国中指派。

(3) 协调委员会的职责：

① 就一切有关行政、财务以及其他对两个以上联盟，或一个以上联盟与本组织共同有关的事项，特别是关于各联盟共同开支预算事项，向各联盟的机构、本组织成员国大会、成员国会议和总干事提出意见；

② 拟订本组织大会的议程草案；

③ 拟订本组织成员国会议的议程草案以及计划和预算草案；

④ 以各联盟三年共同开支预算和本组织成员国会议三年预算以及法律——技术援助三年计划为基础，制定相应的年度预算和计划；

⑤ 在总干事任期即将届满，或总干事缺位时，提名一候选人以待成员国大会任命；

如大会未任命其所提名的人，协调委员会应另提一名候选人；这一程序应反复进行直到其最后提名的人被大会任命为止；

⑥ 如总干事在两届成员国大会之间缺位，在新任总干事就职前任命一代理总干事；

⑦ 行使本公约赋予的其他职权。

(4) ①协调委员会例会每年由总干事召开一次，一般都在本组织总部举行。

② 协调委员会特别会议，可由总干事以其个人名义创议或应协调委员会主席的请求或四分之一的委员国的请求召开。

(5) ①每个国家，无论其是第(1)款①所指的一个或两个执行委员会的委员，在协调委员会中都只有一票表决权。

② 协调委员会委员的半数构成法定人数。

③ 一名代表仅能代表一国，并仅能以一国名义投票。

(6) ①协调委员会可以简单多数票表示意见和作出决议。弃权应不视为投票。

② 尽管取得了多数，协调委员会的任何委员可以在表决后立即要求按下列办法对票数作一次特别重新计算，将巴黎联盟执行委员会委员国和伯尔尼联盟执行委员会委员国分别列成两个名单，将每个国家的投票记入所属名单中自己名称的旁边。如果这样的特别重新计算表明不是在每个名单中都取得了简单多数，则该项建议就应视为未通过。

(7) 非协调委员会委员的本组织成员国可派观察员参加本委员会会议，有权参加辩论，但无表决权。

(8) 协调委员会应制定自己的议事规则。

第九条 国际局

(1) 国际局为本组织的秘书处。

(2) 国际局由总干事指导，并辅以两个以上副总干事。

(3) 总干事应有一定的任期，不得少于六年，可以连任。初次任期和可能的连任期以及其他任命条件由成员国大会规定。

(4) ①总干事为本组织的行政首脑。

② 他代表本组织。

③ 他应向大会提出关于本组织内外事务的报告，并遵从其指示。

(5) 总干事应准备计划和预算草案及定期的活动报告，并应将这些草案和报告寄送有关国家政府和各联盟及本组织的主管机构。

(6) 总干事及其指派的工作人员应参加成员国大会、会议、协调委员会和其他委员会或工作组的一切会议，但无表决权。总干事或提派的一名工作人员应为这些机构的当然秘书。

(7) 总干事应任命为有效执行国际局任务所必需的工作人员；应在协调委员会批准后任命副总干事。任用条件应在由总干事提出并经协调委员会批准的工作人员条例中规定。任用工作人员和决定服务条件应首先考虑必须保证最高标准的效率，能力和品德，并应适当注意在尽可能广泛地域分布上任用工作人员的重要性。

(8) 总干事和工作人员职责的性质应是纯国际性的。在他们执行职务时，不应寻求或接受任何政府或本组织以外的任何机关的指示。他们应不做可能妨碍其国际职员身份的任何行为。每一个成员国都要尊重总干事和工作人员职责的纯国际性。在他们执行任务时不去影响他们。

第十条 总部

(1) 本组织总部设在日内瓦。

(2) 其迁移可按第六条(3)款④和⑦的规定来决定。

第十一条 财务

(1) 本组织应有两项不同的预算：各联盟共同开支预算，和本组织成员国会议预算。

(2) ①各联盟共同开支预算应包括有关几个联盟的开支预算。

② 这项预算的资金来源是：

(Ⅰ) 各联盟的分摊，但是每个联盟分摊金额应由该联盟大会根据其在共同开支中所享受的利益来决定；

(Ⅱ) 国际局所做的与各联盟无直接关系的服务项目的收费，或国际局所做的不属于法律——技术援助方面的服务项目的收费；

(Ⅲ) 国际局的与任何联盟都没有直接关系的出版物的售款和版税；

(Ⅳ) 给本组织的赠款、遗赠或补贴，第(3)款②(Ⅳ)所指的款项除外；

③ 本组织的租金，利息及其他杂项收入。

(3) ①成员国会议的预算应包括该会议举行会议的开支和法律——技术援助计划的费用。

② 这项预算的资金来源如下：

(Ⅰ) 参加本公约但没有参加任何联盟的国家的会费；

(Ⅱ) 各联盟为这项预算提供的款项。但每个联盟所提供的款项金额应由各该联盟大会决定，而且各联盟可以不为这项预算摊款。

(Ⅲ) 国际局关于法律——技术援助方面服务项目的收费；

(Ⅳ) 为了前述①小段所指的目的，给本组织的赠款、遗赠或补贴。

(4) ①为了规定对成员国会议预算应缴的会费，参加本公约但没有参加任何联盟的国家应照以下规定按所属等级的单位数为基础缴纳年度会费：

A级10个单位

B级3个单位

C级1个单位

② 各国应在按照第十四条(1)的规定采取行动的同时说明自己希望属于哪一级。任何国家都可改变等级，如要改为较低的等级必须在成员国会议举行例会时声明。这种改动应于该届会议后的下一历年开始时生效。

③ 每一个这类国家的年度会费金额在所有这类国家对成员国会议预算交费总额中所占的比例应相当于它的单位数在所有这类国家的总单位数中所占的比例。

④ 会费应于每年1月1日缴纳。

⑤ 如在新的财政年度开始时，预算尚未被通过，根据财务条例，应按上一年度预算

的水平执行。

(5) 参加本公约但没有参加任何联盟的国家欠缴本条所规定的会费者和参加本公约的任何联盟的成员国欠缴该联盟会费者，如其所欠金额相当于或超过前两个整年的会费金额，就不能在它是其成员的本组织的任何机构内行使表决权。但这些机构，只要查明该国拖延缴费系由于特殊的、不可避免的情况，仍可允许其在该机构内继续行使其表决权。

(6) 国际局关于法律——技术援助方面服务项目收费标准应由总干事制定，并报告协调委员会。

(7) 本组织协调委员会批准，可以直接接受各国政府、公共或私人机构、协会或私人的赠款、遗赠或补贴。

(8) ①本组织应有一项周转基金，由各联盟和参加本公约但没有参加任何联盟的国家一次缴纳。该项基金不足时，应予增加。

② 各联盟一次缴纳的金额及可能增加的金额应由各该联盟大会决定。

③ 参加本公约但没有参加任何联盟的国家一次缴纳的金额及在基金增加时的份额，应依基金成立或决定增加一年该国会费的比例计算。缴费的比例和条件应由成员国会议根据总干事的建议，并听取协调委员会的意见后规定。

(9) ①在与本组织总部所在国缔结的总部协定中，应规定遇周转基金不足时，该国应予垫款。该项垫款的金额和条件，应由该国和本组织根据具体情况另订协定。该国在承担垫款义务期间，应在协调委员中有当然席位。

② 上述①小段所指的国家和本组织都有权以书面通知废止垫款约定，废约应从发出通知那年年底起三年以后生效。

(10) 账目稽核工作应按财务条例的规定由一个或一个以上成员国或外界查账员进行，他们应由大会征得其同意后指派。

第十二条 法律能力：特权和豁免

(1) 本组织在各成员国领土上应遵照各该国的法律，享受为完成本组织的宗旨和行使其职能所必需的法律能力。

(2) 本组织应与瑞士联邦，或与总部今后可能设在的其他国家，缔结一项总部协定。

(3) 本组织可与其他成员国，就本组织、其工作人员及一切成员国的代表享有为完成本组织的宗旨和行使其职能所必需的特权和豁免，缔结双边或多边协定。

(4) 总干事可谈判，并经协调委员会批准后代表本组织缔结和签订上述第(2)和(3)款所指的协定。

第十三条 与其他组织的关系

(1) 本组织应在必要时与其他政府间组织建立工作关系和合作。总干事经协调委员会批准后可与这些组织缔结这类一般协定。

(2) 本组织可就其权限内的事项，适当安排与非政府性国际组织，或经有关国家政府同意与该国的政府性或非政府性组织进行协商与合作。有关这方面的安排应由总干事经协调委员会批准后进行。

第十四条 加入本公约

(1) 第五条所指的国家办理下列手续可以加入本公约，并成为本组织的成员：

① 签字，没有关于批准的保留

② 签字，并于批准后递交批准书

③ 递交加入书。

(2) 尽管有本公约的其他规定，但参加巴黎公约或伯尔尼公约或参加两公约的国家只有同时批准或加入，或者已经批准加入：

巴黎公约斯德哥尔摩议定书的全文或仅有其第二十条(1)款②小段(Ⅰ)所规定的限制；

或者伯尔尼公约斯德哥尔摩议定书的全文或仅有第二十八条(1)款②小段(Ⅰ)所规定的限制，才可以成为本公约的缔约国。

(3) 批准书或加入书应递交总干事保存。

第十五条 本公约的生效

(1) 本公约应在有十个巴黎联盟成员国和七个伯尔尼联盟成员国按第十四条(1)款规定采取行动三个月以后生效，但如一个国家同时兼为该两联盟的成员，应在该两组内都计数。在生效那天，本公约应对于那些在此日期三个月以前按第十四条(1)款规定已采取行动的非该两联盟成员的国家也生效。

(2) 对于其他国家，本公约应在这类国家按第十四条(1)款规定采取行动之日三个月以后生效。

第十六条 保留

对本公约不允许有保留。

第十七条 修正

(1) 关于修正本公约的建议可由任何成员国，由协调委员会或由总干事提出。此类建议应在成员国会议进行审议至少六个月以前由总干事通知各成员国。

(2) 修正案应由成员国会议通过。修正案会影响到参加本公约但没有参加任何联盟的国家的权利和义务时，这些国家也有表决权。对于一切其他修正案，只有已参加本公约的各联盟成员国才有表决权。修正案应由简单多数表决通过，唯成员国会议仅能对那些以前已由巴黎联盟大会和伯尔尼联盟大会分别根据各该大会关于通过各该公约行政条款修正案的规则通过的修正案建议进行表决。

(3) 任何修正案应在总干事收到在成员国会议通过该项修正案时，根据上述(2)款规定对该修正案有表决权的本组织成员国的四分之三分别根据各该国宪法程序签署的接受通知书后一个月生效。这样通过的任何修正案一旦生效即应对当时的或后来加入的本组织所有成员国都有约束力，但涉及增加成员国财务负担的修正案应只对通知接受该修正案的国家有约束力。

第十八条 退约

(1) 任何成员国可以书面通知总干事退出公约。

(2) 退约应在总干事收到通知书之日起六个月后生效。

第十九条 通知

总干事应向一切成员国政府通知：

① 本公约生效日期；

② 签字和递交批准书或加入书；

③ 接受本公约修正案，以及修正案生效日期；

④ 退出本公约。

第二十条 最后条款

(1) ①本公约应在一个用英、法、俄、西四种文字做成的约本上签字，并应交由瑞典政府保存。四种文本有同等效力。

② 本公约在斯德哥尔摩继续开放签字到1968年1月13日截止。

(2) 正式文本应由总干事经与有关国家政府协商后，以德、意、葡以及成员国会议可能指定的其他文字制定。

(3) 总干事应将经过正式认证的本公约副本和由成员国会议通过的每项修正案副本各二份分送巴黎联盟或伯尔尼联盟各成员国政府、其他加入本公约的国家政府，以及要求得到这些文件的国家政府。分送各国政府的本公约正本的副本应由瑞典政府予以认证。

(4) 总干事应将本公约交联合国秘书处登记。

第二十一条 过渡条款

(1) 在第一任总干事就职前，本公约中凡提到国际局或总干事之处应视为系指保护工业、文学和艺术产权联合国际局(亦称：保护知识产权联合国际局BIRPI)或其总干事。

(2) ①凡属任何联盟的成员但尚未参加本公约的国家，如果它们希望的话，在从本公约生效之日起五年内，可行使如同它们参加了本公约一样的权利。凡希望行使这样权利的国家应以书面通知总干事；该项通知书应于收到之日生效。这类国家在上述期限届满前应视为大会成员国会议的成员。

② 当这五年期限届满时，这类国家在大会、成员国会议和协调委员会中应不再有表决权。

③ 当这类国家参加本公约后，应再取得这种表决权。

(3) ①在巴黎联盟和伯尔尼联盟的成员国尚未全部参加本公约以前，国际局和总干事应分别兼管保护工业、文学和艺术产权联合国际局及其总干事的职责。

② 该联合国际局任用的工作人员，自本公约生效之日起在上述①小级所指的过渡期间，应被认为也是由国际局任用的。

(4) ①一旦巴黎联盟所有成员国全部成为本组织成员后，该联盟事务局的权利、义务和财产应移交给本组织国际局。

② 一旦伯尔尼联盟所有成员国全部成为本组织成员后，该联盟事务局的权利、义务和财产应移交给本组织国际局。

附录C 《保护工业产权巴黎公约》

(1883年3月20日签署；1900年12月14日在布鲁塞尔、1911年6月2日在华盛顿、1925年11月6日在海牙、1934年6月2日在伦敦、1958年10月31日在里斯本、1967年7月14日在斯德哥尔摩修订；1979年9月28日修正)

第1条 本联盟的建立；工业产权的范围[①]

(1) 适用本公约的国家组成本联盟，以保护工业产权。

(2) 工业产权的保护对象有专利、实用新型、工业品外观设计、商标、服务商标、厂商名称、产地标志或者原产地名称和制止不正当竞争。

(3) 对工业产权应当作最广义的理解，它不仅适用于工业和商业本身，而且也应同样适用于农业和采掘业，适用于一切制成品或者天然产品，例如葡萄酒、谷物、烟叶、水果、家畜、矿物、矿泉水、啤酒、花卉和谷粉。

(4) 专利应当包括本联盟国家的法律承认的各种工业专利，如输入专利、改进专利、增补专利和增补证书等。

第2条 本联盟各国国民的国民待遇

(1) 关于工业产权的保护，本联盟任何国家的国民在本联盟所有其他国家内应当享有各该国法律现在授予或者今后可能授予国民的一切利益；一切都不应损害本公约特别规定的权利。因此，他们应当享有和国民同样的保护，在他们的权利被侵犯时享有同样的法律救济手段，但是以他们遵守对国民规定的条件和手续为限。

(2) 对于本联盟国家国民不得规定在其要求保护的国家必须有住所或营业所才能享有工业产权。

(3) 本联盟每一国家法律中关于司法和行政程序、关于管辖权以及关于指定送达地址或委派代理人的规定，工业产权法律中可能有要求的，均明确地予以保留。

第3条 某类人与本联盟国家的国民同样待遇

本联盟以外各国的国民，在本联盟国家之一的领土内设有住所或者有真实和有效的工商业营业所的，应当享有与本联盟国家国民同样的待遇。

第4条 A.至Ⅰ.专利、实用新型、工业品外观设计、商标、发明人证书：优先权。G.申请的分案

A

(1) 任何人，或者其权利继受人，已经在本联盟国家之一正式提交专利、实用新型注册、工业品外观设计注册或者商标注册的申请的，为了在其他国家提交申请，在以下规定的期间内应当享有优先权。

(2) 任何申请，凡是根据本联盟任何国家的本国立法或者根据本联盟各国之间缔结的双边或多边条约，与国家的正规申请等同的，应当承认为产生优先权。

(3) 国家的正规申请是指，在有关国家中足以确定申请提交日期的任何申请，而不问该申请以后的结局如何。

B

因此，后来在本联盟任何其他国家在上述期间届满前提交的任何申请，不应当由于在这期间完成的任何行为，尤其是另外一项申请的提交、发明的公布或利用、外观设计复制品的出售或者商标的使用，而成为无效，而且这些行为不能产生任何第三方的权利或者个

---

① 为了便于识别各条的内容，WIPO国际局特地增加了标题，法语签署文本中无此标题。

人占有的任何权利。第三方在作为优先权基础的第一次申请的日期以前所取得的权利，应当根据本联盟每一国家的国内立法予以保留。

C

(1) 上述优先权的期间，对于专利和实用新型为12个月，对于工业品外观设计和商标为6个月。

(2) 这些期间应当自第一次申请的申请日开始；申请日不应包括在期间以内。

(3) 如果期间的最后一日在要求保护地国家是法定假日或者是主管局不接受申请的日子，期间应当延至其后的第一个工作日。

(4) 在本联盟同一国家内就上述第2款所称的以前第一次申请同样主题所提交的后一申请，如果在提交后一申请时前一申请已经被撤回、放弃或者被拒绝，没有提供公众查阅，没有遗留任何权利，而且前一申请还没有作为优先权要求的基础，则该后一申请应当认为是第一次申请，其申请日为优先权期间的开始日。在这以后，前一申请不得作为要求优先权的基础。

D

(1) 任何人希望利用一项在先申请的优先权的，应当作出声明，说明提出该申请的日期和受理该申请的国家。每一国家应当确定作出该项声明的最后日期。

(2) 这些事项应当在主管机关的出版物中，尤其是应当在专利和有关专利说明书中予以载明。

(3) 本联盟国家可以要求作出优先权要求声明的任何人提出以前提交的申请(说明书、附图等)的副本。该副本需要经原受理申请的机关证明属实，但不需要经任何认证，无论如何可以在提交后一申请后3个月内的任何时候提交，不需缴纳费用。本联盟国家可以要求该副本附有上述机关出具的载明申请日的证明书和译文。

(4) 对提交申请时要求优先权的声明不得规定其他的手续。本联盟每一国家应当确定，不遵守本条规定的手续的应有什么效果，但这种效果决不应超过优先权的丧失。

(5) 以后，可以要求提供进一步的证明。

任何人利用以前申请的优先权的，应当要求其写明该申请的号码；这种号码应当依照第2款的规定予以公布。

E

(1) 依靠以实用新型申请为基础的优先权而在一个国家提出工业品外观设计申请的，优先权的期间应当与对工业品外观设计规定的优先权期间相同。

(2) 而且，依靠以专利申请的提交为基础的优先权而在一个国家提出实用新型的申请是许可的，反之也一样。

F

联盟的任何国家不得以申请人要求享有多项优先权为理由(即使这些优先权产生于不同的国家)，或者以要求享有一项或数项优先权的申请中有一个或数个构成部分没有包括在作为优先权基础的申请中为理由，而拒绝给予优先权或拒绝专利申请，但是以上述两种情况都有该国法律所称的发明单一性为限。

关于作为优先权基础的申请中没有包括的构成部分，以后提出的申请应当根据通常条件产生优先权。

G

(1) 如果审查发现一项专利申请包含一项以上的发明，申请人可以将该申请分为若干分案申请，保留原申请的日期为各分案申请的日期，如果有优先权，并保有优先权的利益。

(2) 申请人也可以主动将一项申请分案，保留原申请的日期为各分案申请的日期，如果有优先权，并保有优先权的利益。本联盟每一国家有权决定允许这种分案的条件。

H

不得以要求享有优先权的发明中某些构成部分没有包含在原属国申请列举的权利要求中为理由，而拒绝给予优先权，但是以申请文件的整体已经明确公开这些构成部分为限。

I

(1) 在申请人有权自行选择申请专利或申请发明人证书的国家提交发明人证书的申请，应当根据与专利申请同样的条件产生本条规定的优先权，并具有与专利申请同样的效力。

(2) 在申请人有权自行选择申请专利或申请发明人证书的国家，发明人证书的申请人，根据本条关于专利申请的规定，应当享有以专利、实用新型或发明人证书的申请为基础的优先权。

第4条之二 专利：在不同国家就同一发明取得的专利的独立性

(1) 本联盟国家的国民在本联盟各国申请的专利，与在其他国家(不论是否本联盟的成员)就同一发明所取得的专利是相互独立的。

(2) 上述规定应当以不受限制的意义来理解，尤其是指在优先权期间申请的各项专利，就其无效和丧失权利的理由以及其正常的期间而言，是相互独立的。

(3) 本规定适用于在其开始生效时已经存在的一切专利。

(4) 同样，在有新国家加入的情况下，本规定应当适用于加入时新加入国和其他国家两方面已经存在的专利。

(5) 在本联盟各国，因享有优先权利益而获得专利的期间，与没有优先权的利益而申请或授予的专利的期间相同。

第4条之三 专利：在专利上记载发明人

发明人享有在专利中被记载为发明人的权利。

第4条之四 专利：在法律限制销售情况下的可享专利性

不应当以专利产品的销售或者依专利方法获得的产品的销售受到本国法律的限制或限定为理由，而拒绝授予专利或者宣告专利无效。

第5条 A.专利：物品的进口；不实施或不充分实施；强制许可B.工业品外观设计：不实施；物品的进口C.商标：不使用；不同的形式；共有人的使用D.专利、实用新型、商标、工业品外观设计：标记

A

(1) 专利权人将在本联盟任何国家制造的物品进口到对该物品授予专利的国家的，不应导致该专利的丧失。

(2) 本联盟的每一国家有权采取立法措施规定授予强制许可，以防止由于专利赋予的

排他权而可能产生的滥用，例如，不实施。

(3) 除强制许可的授予不足以防止上述滥用的情况以外，不应当规定专利的丧失。自授予第一个强制许可之日起两年届满以前，不得提起使专利丧失或者撤销专利的诉讼。

(4) 自提交专利申请之日起4年期间届满以前，或者自授予专利之日起3年期间届满以前，以届满在后的期间为准，不得以专利不实施或者不充分实施为理由申请强制许可。如果专利权人证明其不作为有正当理由，强制许可的申请应当予以拒绝。这种强制许可不应当是排他性的，而且除与利用该许可的企业部分或商誉一起转移外，不应当是可转移的，甚至以授予分许可的形式也在内。

(5) 上述各项规定应当比照适用于实用新型。

B

对工业品外观设计的保护，在任何情况下，不得以不实施或者以进口物品与受保护的外观设计相同为理由，而使之丧失。

C

(1) 如果，在任何国家，注册商标的使用是强制的，只有经过适当的期间，而且只有有关人员并未证明其不使用有正当理由，才可以取消注册。

(2) 商标所有人使用的商标，在形式上与其在本联盟国家之一所注册的商标的形式有一些构成部分不同，而并未改变商标的显著性的，不应导致注册无效，也不应减少对商标的保护。

(3) 根据请求保护地国家的本国法认为是商标共同所有人的数个工商企业，在相同或类似商品上同时使用同一商标，在本联盟任何国家内不应阻止其注册，或者以任何方式减少对该商标所给予的保护，但是以这种使用并未产生误导公众的结果，而且不违反公共利益为限。

D

不应要求在商品上标示或载明专利、实用新型、商标注册或工业品外观设计保存，作为承认取得保护权利的条件。

第5条之二：一切工业产权：缴纳权利维持费的宽限期；专利：恢复

(1) 为维持工业产权而规定缴纳费用，应当给予不少于6个月的宽限期，但是，如果本国法律有规定，应当缴纳附加费。

(2) 本联盟各国对因未缴纳费用而终止的专利有权规定予以恢复。

第5条之三 专利：构成船舶、飞机或陆地车辆一部分的专利器械

在本联盟任何国家内，下列情况不应认为构成对专利权人权利的侵犯：

1. 本联盟其他国家的船舶暂时或偶然地进入上述国家的领水时，在船舶的船体、机械、船具、装备及其他附件上使用构成专利对象的器械，但以专为该船的需要而使用这些器械为限；

2. 本联盟其他国家的飞机或陆地车辆暂时或者偶然地进入上述国家时，在该飞机或陆地车辆的构造或机制中，或者在该飞机或陆地车辆附件的构造或机制中使用构成专利对象的器械。

第5条之四 专利：用进口国的专利方法制造的产品的进口

一种产品进口到对该产品的制造方法有专利保护的本联盟国家时，专利权人对该进口产品应当享有与根据进口国法律对在该国依照专利方法制造的产品的一切权利。

第5条之五 工业品外观设计

在本联盟所有国家，工业品外观设计均应受到保护。

第6条 商标：注册条件；同一商标在各国所受保护的独立性

(1) 商标的申请和注册条件，在本联盟各国由其本国法律决定。

(2) 但是，本联盟任何国家对本联盟国家的国民提出的商标注册申请，不得以未在原属国申请、注册或续展为理由而予以拒绝，或者宣告注册无效。

(3) 在本联盟一个国家正式注册的商标，与在联盟其他国家(包括原属国在内)注册的商标，应当认为是相互独立的。

第6条之二 商标：驰名商标

(1) 本联盟各国承诺，如果申请注册的商标构成对另一商标的复制、仿制或者翻译，容易产生混淆，而注册国或使用国主管机关认为该另一商标在该国已经驰名，是有权享受本公约利益的人的商标，并且用于相同或类似的商品，该国将依职权(如果本国法律允许)，或者应有关当事人的请求，拒绝或取消注册，并禁止使用。这些规定，在商标的主要部分构成对上述驰名商标的复制或者仿制，容易与该商标产生混淆时，也应适用。

(2) 允许提出取消这种商标注册请求的期间，自注册之日起至少为5年。本联盟各国可以规定一个期间，禁止使用这种商标的请求必须在该期间内提出。

(3) 对于依恶意取得注册或者使用的商标提出取消注册或者禁止使用的请求，不应规定时间限制。

第6条之三 商标：禁止使用国徽、官方检验印章和政府间组织徽记

(1)(a) 本联盟各国同意，对未经主管机关许可，而将本联盟国家的国徽、国旗和其他的国家徽记，各该国用以表明监督和保证的官方符号和检验印章，以及从徽章学的观点看来的任何仿制，作为商标或者作为商标的组成部分的，拒绝予以注册或者宣告注册无效，并采取适当措施禁止使用。

(b) 上述(a)项规定应当同样适用于本联盟一个或数个国家参加的政府间国际组织的徽章、旗帜、其他徽记、缩写、和名称，但是现行国际协定已经规定予以保护的徽章、旗帜、其他徽记、缩写、和名称除外。

(c) 本联盟任何国家无须适用上述(b)项规定，而损害本公约在该国生效前善意取得权利的所有人。如果上述(a)项所指的商标的使用或注册性质上不会使公众理解为有关组织与这种徽章、旗帜、徽记、缩写、和名称有联系，或者如果这种使用或注册在性质上大概不会使公众误解为使用人与该组织有联系的，本联盟国家无须适用该项规定。

(2) 关于禁止使用表明监督、保证的官方符号和检验印章的规定，应当只适用于在相同或类似商品上使用包含该符号或印章的商标的情形。

(3)(a) 为了适用这些规定，本联盟国家同意，将它们希望或者今后可能希望完全或在一定限度内受本条保护的国家徽记与表明监督、保证的官方符号和检验印章的清单，以及

以后对该项清单的一切修改，经由国际局相互通知。本联盟各国应当在适当时候使公众可以利用以这样方法通知的清单。

(b) 本条第1款(b)项的规定，仅适用于政府间国际组织经由国际局通知本联盟国家的徽章、旗帜、其他徽记、缩写、和名称。

(4) 本联盟国家如有异议，可以在收到通知后12个月内经由国际局向有关国家或政府间国际组织提出。

(5) 关于国旗，上述第1款规定的措施仅适用于1925年11月6日以后注册的商标。

(6) 关于本联盟国家国旗以外的国家徽记、官方符号和检验印章，以及关于政府间国际组织的徽章、旗帜、其他徽记、缩写、和名称，这些规定仅适用于接到上面第3款规定的通知超过两个月后所注册的商标。

(7) 在有恶意的情形，各国有权取消即使是在1925年11月6日以前注册的含有国家徽记、符号和检验印章的商标。

(8) 任何国家的国民经批准使用其本国的国家徽记、符号和检验印章的，即使与其他国家的国家徽记、符号和检验印章相类似，仍可使用。

(9) 本联盟各国承诺，如有人未经批准而在商业中使用本联盟其他国家的国徽，具有使人对商品的产地产生误解的性质的，应当禁止其使用。

(10) 上述各项规定不应当妨碍各国行使第6条之五B第3款所规定的权利，即对未经批准而含有本联盟国家所采用的国徽、国旗、其他国家徽记，或者官方符号和检验印章，以及上述第1款所述的政府间国际组织的显著符号的商标，拒绝予以注册或者宣告其无效。

第6条之四 商标：商标的转让

(1) 根据本联盟国家的法律，商标的转让只有在与其所属的企业或商誉同时移转才有效时，如果该企业或商誉坐落在该国的部分，连同在该国制造或者在该副销售标有被转让商标的商品的专有权一起移转于受让人，即足以承认其转让为有效。

(2) 如果受让人使用受让的商标事实上会具有使公众对使用该商标的商品的产地、性质或者主要品质发生误解的性质，本联盟各国并不因上述规定而负有承认该商标转让为有效的义务。

第6条之五 在本联盟一个国家注册的商标在其他国家所受的保护

A

(1) 在原属国正规注册的每一商标，除应符合本条规定的保留外，本联盟其他国家应当与在原属国注册那样接受申请和给予保护。各该国家在最终注册前，可以要求提供原属国主管机关发给的注册证书。对该证书不应要求认证。

(2) 原属国是指申请人设有真实、有效的工商业营业所的本联盟国家，或者，如果他在本联盟内没有这样的营业所，指他在本联盟内设有住所的国家，或者，如果他在本联盟内没有住所，但是他是本联盟一个国家的国民，则指他有国籍的国家。

B

除有下列情况外，对本条所适用的商标既不得拒绝注册，也不得宣告该注册无效：

1. 在要求对其给予保护的国家，商标具有侵犯第三人的既得权利的性质的；

2. 商标缺乏显著性，或者完全是由商业中用以表示商品的种类、质量、数量、预定用途、价值、产地或者生产时间的符号或标记所组成，或者在要求给予保护的国家的现代语言中或者在善意和公认的商务实践中已经成为惯用的；

3. 商标违反道德或公共秩序，尤其是具有欺骗公众的性质的。这一点应当理解为，不得仅仅因为商标不符合商标立法的规定即认为该商标违反公共秩序，除非该规定本身同公共秩序有关。

但是，本规定只有在符合第10条之二的前提下，才能适用。

C

(1) 在决定商标是否符合受保护的条件时，必须考虑一切实际情况，尤其是商标已经使用时间的长短。

(2) 商标中有些构成部分与在原属国受保护的商标有所不同，但并未改变其显著性，也不影响其与原属国注册的商标形式上的同一性的，本联盟其他国家不得仅仅以此为理由而予以拒绝。

D

任何人要求保护的商标，如果未在原属国注册，则不得享受本条各项规定的利益。

E

但是，在原属国商标注册的续展，决不包含在该商标已经注册的本联盟其他国家续展注册的义务。

F

在第4条规定的期间内提出商标注册的申请，即使原属国在该期间届满后才进行注册，其优先权利益也不受影响。

第6条之六 商标：服务商标

本联盟各国承诺保护服务商标。不应要求各国对该项商标的注册作出规定。

第6条之七 商标：未经所有人授权而以其代理人或代表人名义注册

(1) 如果本联盟一个国家的商标所有人的代理人或代表人，未经该所有人授权，而以自己的名义向本联盟一个或数个国家申请该商标的注册，该所有人有权反对所申请的注册或者要求取消注册，或者，如果该国法律允许，该所有人可以要求将此项注册转让给他，除非该代理人或代表人证明其行为是正当的。

(2) 商标所有人如未授权使用，在符合上述第1款规定的前提下，有权反对其代理人或者代表人使用其商标。

(3) 各国立法可以规定商标所有人行使本条规定权利的合理期限。

第7条 商标：使用商标的商品性质

使用商标的商品性质决不应当成为该商标注册的障碍。

第7条之二 商标：集体商标

(1) 如果社团的存在不违反其原属国的法律，即使该社团并没有工商业营业所，本联盟各国也承诺受理其申请，并保护属于该社团的集体商标。

(2) 每一国家应当自行审定关于保护集体商标的特别条件，如果商标违反公共利益，可以拒绝给予保护。

(3) 如果社团的存在不违反原属国的法律，不应当以该社团在其请求保护的国家没有设立营业所，或者不是根据该国的法律所组成为理由，拒绝对该社团的这些商标给予保护。

第8条 厂商名称

厂商名称应当在本联盟所有国家受到保护，没有申请或注册的义务，也不论其是否为商标的一部分。

第9条 商标、厂商名称：对非法标有商标或厂商名称的商品在进口时予以扣押等

(1) 一切非法标有商标或厂商名称的商品，在进口到此种商标或厂商名称有权受到法律保护的本联盟国家时，应当予以扣押。

(2) 在发生非法粘附上述标记的国家或者在进口此种商品的国家，扣押应当同样予以执行。

(3) 扣押应当根据检察官、任何其他主管机关或者任何有关当事人(无论为自然人或法人)的请求，遵照各国本国法的规定执行。

(4) 各机关对于过境商品没有执行扣押的义务。

(5) 如果一国的法律不准许在进口时扣押，应当代之以禁止进口或者在国内加以扣押。

(6) 如果一国法律既不准许在进口时扣押，也不准许禁止进口或在国内扣押，则在法律作出相应修改以前，应当代之以该国国民在此种情况下可以采取的诉讼和救济手段。

第10条 虚伪标记：对标有虚伪的产地或生产者标记的商品在进口时予以扣押

(1) 前条各款规定应当适用于直接或间接使用虚伪的商品产地、生产者、制造者或商人标记的情形。

(2) 凡从事此项商品的生产、制造或贸易的生产者、制造者或商人，无论为自然人或法人，其营业所设在被虚伪标为商品产地的地方、该地方所在的地区、被虚伪标明的国家或者在使用此项虚伪产地标记的国家的，无论如何均应视为有关当事人。

第10条之二 不正当竞争

(1) 本联盟各国有义务对此种国家的国民保证给予制止不正当竞争的有效保护。

(2) 凡在工商业事务中违反诚实习惯做法的竞争行为均构成不正当竞争行为。

(3) 下列各项尤其应当予以禁止：

1. 具有以任何手段对竞争者的营业所、商品或工商业活动产生混淆性质的一切行为；

2. 在经营商业中，具有损害竞争者的营业所、商品或工商业活动的信用性质的虚伪陈述；

3. 在经营商业中，使用会使公众对商品的性质、制作方法、特征、用途或数量易于产生误导作用的表示或陈述。

第10条之三 商标、厂商名称、虚伪标记、不正当竞争：救济手段和起诉权

(1) 本联盟各国承诺保证本联盟其他国家的国民获得有效地制止第9条、第10条、和第10条之二所述一切行为的适当的法律上救济手段。

(2) 而且，本联盟各国承诺规定措施，准许不违反其本国法律而存在的联合会和社

团，代表有利害关系的工业家、生产者或商人，在其请求保护地国家的法律允许该国的联合会和社团提出控诉的限度内，为了制止第9条、第10条、和第10条之二所述的行为，向法院或行政机关提出控诉。

第11条 发明、实用新型、工业品外观设计、商标：在某些国际展览会的临时保护

(1) 本联盟各国应当按照其本国法律，对在本联盟任何国家领土内举办的官方的或者经官方承认的国际展览会中展出的商品中，可以取得专利的发明、实用新型、工业品外观设计、和商标，给予临时保护。

(2) 此项临时保护不应延展第4条规定的期间。如以后要求优先权，任何国家的主管机关可以规定其期间应当自该商品搬入展览会之日开始。

(3) 每一个国家认为必要时，可以要求提供证明文件，证实展出的物品及其引进展览会的日期。

第12条 国家工业产权专门机构

(1) 本联盟各国家承诺设立工业产权专门机构和中央管理机关，向公众传达专利、实用新型、工业品外观设计、和商标的信息。

(2) 这一机关应定期出版公报，按时公布：

(a) 被授予专利的所有人的姓名或名称，和专利发明的简单名称；

(b) 注册商标的复制。

第13条 本联盟大会

(1) (a) 本联盟设大会，由本联盟中受第13条至第17条约束的国家组成。

(b) 每一国政府由一人代表，该代表可以由若干副代表、顾问和专家协助。

(c) 每一代表团的费用由委派该代表团的政府负担。

(2) (a) 大会的职权如下：

(i) 处理有关维持和发展本联盟及执行本公约的一切事项；

(ii) 对建立世界知识产权组织(以下简称“本组织”)公约中所述的知识产权国际局(以下简称“国际局”)作关于筹备修订会议的指示，但应当考虑本联盟各国中不受第13条至第17条约束的国家所提的意见；

(iii) 审查和批准本组织总干事有关本联盟的报告和活动，并就本联盟权限内的事项对总干事作一切必要的指示；

(iv) 选举大会执行委员会的委员；

(V) 审查和批准执行委员会的报告和活动，并对该委员会作指示；

(vi) 决定本联盟计划和通过两年预算，并批准决算；

(vii) 通过本联盟的财务条例；

(viii) 为实现本联盟的目的，成立适当的专家委员会和工作组；

(ix) 决定接受哪些非本联盟成员国的国家以及哪些政府间组织和非政府间国际组织以观察员身份参加本联盟会议；

(x) 通过第13条至第17条的修改；

(Xi) 采取旨在促进实现本联盟目标的任何其他适当的行动；

(xii) 履行按照本公约是适当的其他职责；

(xiii) 行使建立本组织公约中授予并经本联盟接受的权利。

(b) 关于对本组织管理的其他联盟也有利害关系的事项，大会应当在听取本组织协调委员会的意见后作出决定。

(3) (a)在适用(b)项规定的前提下，一名代表仅能代表一个国家。

(b) 本联盟一些国家根据一项特别协定的条款组成一个共同的、对各该国家具有第12条所述的国家工业产权专门机构性质的机构的，在讨论时，可以由这些国家中的一国作为共同代表。

(4) (a) 大会每一成员国应有一个投票权。

(b) 大会成员国的半数构成开会的法定人数。

(c) 尽管有(b)项的规定，如果任何一届会议出席的国家不足大会成员国的半数，不过等于或者超过大会成员国三分之一时，大会可以作出决议，但是，除有关其本身的议事程序的决议外，所有其他决议只有符合下述条件才能生效。国际局应当将这些决议通知未出席的大会成员国，请其在通知之日起3个月的期间内以书面表示其投票或弃权。在该期间届满时，如果这些表示投票或弃权的国家数目达到会议本身开会的法定人数所缺少的数目，只要同时也取得了规定的多数票，这些决议即属有效。

(d) 在适用第17条第2款规定的前提下，大会决议需有所投票数的三分之二票。

(e) 弃权不应认为是投票。

(5) (a) 在适用(b)项规定的前提下，一名代表只能以一国名义投票。

(b) 第3款(b)项所述的本联盟国家，一般应尽量派遣本国的代表团出席大会的会议。然而，如果这些国家中的任何国家由于特别的理由不能派出本国代表团，可以授权这些国家中的其他国家代表团以其名义投票，但每一代表团只能为一个国家代理投票。代理投票的权限应由国家元首或主管部长签署的文件授予。

(6) 不是大会成员的本联盟国家应当被允许作为观察员出席大会的会议。

(7) (a) 大会通常会议每两历年召开一次，由总干事召集，如无例外情况，应当和本组织的大会同时间同地点召开。

(b) 大会临时会议由总干事应执行委员会或占四分之一的大会成员国的要求召开。

(8) 大会应通过其自己的议事规程。

第14条 执行委员会

(1) 大会应设执行委员会。

(2) (a) 执行委员会应由大会从大会成员国中选出的国家组成。此外，本组织总部所在地国家，在适用第16条第7款(b)项规定的前提下，在该委员会中应有当然的席位。

(b) 执行委员会各成员国政府应各有一名代表，该代表可以由副代表、顾问和专家协助。

(c) 各代表团的费用应由委派该代表团的政府负担。

(3) 执行委员会成员国的数目应相当于大会成员国的四分之一。在确定席位数目时，用4除后余数不计。

(4) 选举执行委员会委员时，大会应适当注意公平的地理分配，以及组成执行委员会的国家中有与本联盟有关系的特别协定的缔约国的必要性。

(5) (a) 执行委员会的任期，应当自选出委员会的大会会期终了后开始，直到下一届通常会议会期终了为止。

(b) 执行委员会委员可以连选连任，但其数目最多不得超过委员的三分之二。

(c) 大会应制定有关执行委员会选举和可能连选的详细规则。

(6) (a) 执行委员会的职权如下：

(i) 拟定大会的议事日程草案；

(ii) 就总干事拟订的本联盟计划草案和二年预算向大会提出建议；

(iii) (已删除)

(iv) 将总干事的定期报告和年度会计检查报告，附具适当的意见，提交大会；

(v) 根据大会决议，并考虑到大会两届通常会议中间发生的情况，采取一切必要措施保证总干事执行本联盟的计划；

(vi) 执行本公约所规定的其他职责。

(b) 关于对本组织管理的其他联盟也有利害关系的事项，执行委员会应在听取本组织协调委员会的意见后作出决议。

(7) (a) 执行委员会每年举行一次通常会议，由总干事召集，最好和本组织协调委员会同时间同地点召开。

(b) 执行委员会临时会议应由总干事依其本人的倡议或者应委员会主席或四分之一委员的要求而召开。

(8) (a) 执行委员会每一成员国应有一个投票权。

(b) 执行委员会委员的半数构成开会的法定人数。

(c) 决议需有所投票数的简单多数。

(d) 弃权不应认为是投票。

(e) 一名代表仅能代表一个国家，并以一个国家名义投票。

(9) 非执行委员会委员的本联盟国家可以派观察员出席执行委员会的会议。

(10) 执行委员会应通过其自己的议事规程。

第15条 国际局

(1) (a) 有关本联盟的行政工作由国际局执行。国际局是由本联盟的局和由保护文学艺术作品国际公约的联盟所建立的局联合的继续。

(b) 国际局尤其应执行本联盟各机构的秘书处职务。

(c) 本组织总干事为本联盟的最高行政官员，并代表本联盟。

(2) 国际局汇聚有关工业产权的信息并予以公布。本联盟各成员国应迅速将一切有关保护工业产权的新法律和正式文本送交国际局；此外，还应向国际局提供其工业产权机关发表的与保护工业产权直接有关、并对国际局工作有用的出版物。

(3) 国际局应当出版月刊。

(4) 国际局应当根据请求，向本联盟任何国家提供有关保护工业产权问题的信息。

(5) 国际局应当进行研究，并提供服务，以促进对工业产权的保护。

(6) 总干事及其指定的人员应参加大会、执行委员会以及任何其他专家委员会或工作组的一切会议，但无投票权。总干事或其指定的职员为这些机构的当然秘书。

(7) (a) 国际局应当根据大会的指示，与执行委员会合作，筹备对本公约第13条至第17条以外的其他条款的修订会议。

(b) 国际局可以就修订会议的筹备工作与政府间组织和非政府间国际组织协商。

(c) 总干事及其指定的人员应当参加这些会议的讨论，但无投票权。

(8) 国际局应当执行分配给它的任何其他任务。

第16条 财务

(1) (a) 本联盟应当有预算。

(b) 本联盟的预算应当包括本联盟本身的收入和支出，对各联盟共同开支预算的捐款，以及在适用的情况，对本组织成员国会议预算提供的款项。

(c) 不是专属于本联盟、同时也属于本组织所管理的其他一个或数个联盟的开支，应当认为各联盟的共同开支。本联盟在该项共同开支中的捐款应当与本联盟在其中所享有的利益成比例。

(2) 本联盟预算的编制应适当考虑本组织管理的其他联盟预算相协调的需要。

(3) 本联盟预算的财政来源如下：

(i) 本联盟国家的捐款；

(ii) 国际局提供有关联盟的服务所得的费用或收款；

(iii) 国际局有关本联盟出版物的售款或版税；

(iv) 赠款、遗赠和补助金；

(v) 租金、利息和其他杂项收入。

(4) (a) 为了确定对预算应缴的捐款，本联盟每一个国家应当属于下列的一个等级，并以所属等级的单位数为基础缴纳年度捐款：

等级Ⅰ……………………………25

等级Ⅱ……………………………20

等级Ⅲ……………………………15

等级Ⅳ……………………………10

等级Ⅴ……………………………5

等级Ⅵ……………………………3

等级Ⅶ……………………………1

(b) 除已经指定等级外，每一国家应在交存批准书或者加入书的同时，表明自己属于哪一等级。任何国家都可以改变其等级。如果选择较低的等级，必须在大会的一届通常会议上声明。这种改变应在该届会议的下一历年开始时生效。

(c) 每一国家的年度捐款的数额在所有国家向本联盟预算缴纳的捐款中所占的比例，应当与该国的单位数额在所有缴纳捐款国家的单位总数中所占的比例相同。

(d) 捐款应当于每年1月1日缴纳。

(e) 一个国家欠缴的捐款数额等于或超过其前两个整年的捐款数额的，不得在本联盟的任何机构(该国为其成员)内行使投票权。但是如果证实该国延迟缴款系由于特殊的和不可避免的情况，则在这样的期间内本联盟的任何机构可以允许该国在该机构继续行使其投票权。

(f) 如果预算在新的财政期间开始前尚未通过，按财务条例的规定，预算应当与上一年预算的水平相同。

(5) 国际局提供有关本联盟的服务应得的费用或收款的数额由总干事确定，并报告大会和执行委员会。

(6) (a) 本联盟应设工作基金，由本联盟每一国家一次缴纳的款项组成，如基金不足，大会应决定予以增加。

(b) 每一国家向上述基金初次缴纳的数额或在基金增加时分担的数额，应当与建立基金或决定增加基金的一年该国缴纳的会费成比例。

(c) 缴款的比例和条件应当由大会根据总干事的建议，并听取本组织协调委员会的建议后予以规定。

(7) (a) 在本组织与其总部所在地国家缔结的总部协定中应当规定，工作基金不足时该国应当给予垫款。每次垫款的数额和条件应由本组织和该国签订单独的协定。该国在承担垫款义务期间，应当在执行委员会中有当然席位。

(b) 上述(a)项所指的国家和本组织都各自有权以书面通知废除垫款的义务。该项废除应当于发出通知当年年底起3年后生效。

(8) 账目的审计工作应当按财务条例的规定，由本联盟一个或数个国家或者由外界审计师进行。他们应当由大会在征得其同意后予以指定。

第17 第13条至第17条的修正

(1) 修正第13、14、15、16条和本条的提案，可以由大会任何一个成员国、执行委员会或者总干事提出。这类提案应当由总干事至少在提交大会审议6个月前通知大会成员国。

(2) 对第1款所述各条的修正案须由大会通过。通过需要有所投票数的四分之三票，但第13条和本款的修正案需要有所投票数的五分之四票。

(3) 第1款所述各条的修正案，在总干事收到大会通过修正案时四分之三的大会成员国依照各该国宪法程序接受修正案的书面通知1个月后发生效力。各该条的修正案在经接受后，对修正案生效时大会成员国以及以后成为大会成员国的所有国家都有约束力，但有关增加本联盟国家的财政义务的修正案，仅对通知接受该修正案的国家有约束力。

第18条 第1条至第12条和第18条至第30条的修订

(1) 本公约应当交付修订，以便采用一些旨在改善本联盟制度的修正案。

(2) 为此目的，将陆续在本联盟国家之一举行本联盟国家代表的会议。

(3) 对第13条至第17条的修正案应当按照第17条的规定办理。

第19条 专门协定

不言而喻，本联盟国家在与本公约的规定不相抵触的限度内，保留有相互间分别签订关于保护工业产权的专门协定的权利。

第20条 本联盟国家的批准或加入；生效

(1) (a) 本联盟任何国家已在本文本上签署者，可以批准本文本，未签署者可以加入本文本。批准书和加入书应当递交总干事保存。

(b) 本联盟任何国家可以在其批准书或加入书中声明其批准或加入不适用于：

(i) 第1条至第12条，或者

(ii) 第13条至第17条。

(c) 本联盟任何国家根据(b)项的规定声明其批准或加入的效力不适用于该项所述的两组条文之一者，以后可以随时声明将其批准或加入的效力扩大至该组条文。该项声明书应当递交总干事保存。

(2) (a) 第1条至第12条，对于最早递交批准书或加入书而未作上述第1款(b)项第(i)目所允许的声明的本联盟10个国家，在递交第10份批准书或加入书3个月后，发生效力。

(b) 第13条至第17条，对于最早递交批准书或加入书而未作上述第1款(b)项第(ii)目所允许的声明的本联盟10个国家，在递交第10份批准书或加入书3个月后，发生效力。

(c) 以第1款(b)项第(i)目和第(ii)目的两组条文按照(a)项和(b)项的规定每一组开始生效为条件，以及适用第1款(b)项为条件，第1条至第17条，对于(a)项和(b)项所述的批准书或加入书的国家以外的或者按照第1款(c)项递交声明的任何国家以外的本联盟任何国家，在总干事就该项递交发出通知之日起3个月后，发生效力，除非所递交的批准书、加入书或声明已经指定以后的日期。在后一情况下，本文本对该国应当在其指定的日期发生效力。

(3) 第18条至第30条，对递交批准书或加入书的本联盟任何国家，应当在第1款(b)项所述的两组条文中任何一组条文，按照第2款(a)、(b)或(c)项对该国生效的日期中比较早的那一日发生效力。

第21条 本联盟以外国家的加入；生效

(1) 本联盟以外的任何国家都可以加入本文本，成为本联盟的成员国。加入书应当递交总干事保存。

(2) (a) 本联盟以外的任何国家在本文本的任何规定发生效力前1个月或1个月以上递交加入书的，本文本应当在该规定按照第20条第2款(a)项或(b)项最先发生效力之日对该国发生效力，除非该加入书已经指定以后的日期；但是应当遵守下列条件：

(i) 如第1条至第12条在上述日期尚未发生效力，在这些规定发生效力以前的过渡期间，作为代替，该国应当受里斯本文本第1条至第12条的约束；

(ii) 如第13条至第17条在上述日期尚未发生效力，在这些规定发生效力以前的过渡期间，作为代替，该国应当受里斯本文本第13条、第14条第3、4和5款的约束。

如果一个国家在其加入书中指定了以后的日期，本文本应当在其指定的日期对该国发生效力。

(b) 本联盟以外的任何国家递交加入书的日期是在本文本的一组条文发生效力以后，或者发生效力前一个月内的，除应受(a)项规定的约束外，本文本应当在总干事就该国加入发出通知之日起3个月后对该国发生效力，除非该加入书已经指定以后的日期。在后一情况下，本文本应当在其指定的日期发生效力。

(3) 本联盟以外的任何国家在本文本全部发生效力后或发生效力前一个月内递交加入书的，本文本应当在总干事就该国加入发出通知之日起3个月后对该国发生效力，除非该加入书已经指定以后的日期。在后一情况下，本文本应当在其指定的日期对该国发生效力。

第22条 批准或加入的效果

除适用第20条第1款(b)项和第28条第2款的规定可能有例外，批准或加入应当自动导致接受本文本的全部条款并享受本文本的全部利益。

第23条 加入以前的文本

在本文本全部发生效力以后，各国不得加入本公约以前的文本。

第24条 领地

(1) 任何国家可以在其批准书或加入书中声明，或者以后任何时候以书面通知总干事，本公约适用于该国的声明或通知中所指定的有该国负责其对外关系的全部或部分领地。

(2) 任何国家已经作出上述声明或者提出上述通知的，可以在任何时候通知总干事，本公约停止适用于上述的全部或部分领地。

(3) (a) 根据第1款提出的声明，应当与包括该项声明的批准书或加入书同时发生效力；根据该款提出的通知应当在总干事通知此事后3个月发生效力。

(b) 根据第2款提出的通知，应当在总干事收到此项通知12个月后发生效力。

第25条 在国内执行本公约

(1) 本公约无限期地有效。

(2) 任何国家可以通知总干事退出本文本。该项退出也构成退出本公约以前的一切文本。退出仅对通知退出的国家发生效力，本公约对本联盟其他国家仍完全有效。

(3) 自总干事收到退出通知之日起一年后，退出发生效力。

(4) 任何国家在成为本联盟成员国之日起5年届满以前，不得行使本条所规定的退出权利。

第26条 退出

(1) 本公约无限期地有效。

(2) 任何国家可以通知总干事退出本文本。此项退出也构成退出本公约以前的一切文本，并且仅仅影响发出该通知的国家。本公约对本联盟其他国家仍完全有效。

(3) 自总干事接到通知之日起一年后，退出发生效力。

(4) 任何国家在成为本联盟成员国之日起五年届满以前，不应行使本条规定的退出权。

第27条 以前文本的适用

(1) 关于适用本文本的各国之间的关系，并且在其适用的限度内，本文本取代1883年3月20日的巴黎公约和以后的修订文本。

(2) (a)对于不适用或不全部适用本文本，但适用1958年10月31日的里斯本文本的国家，里斯本文本仍全部有效，或者在按第1款的规定本文本并未取代该文本的限度内有效。

(b) 同样，对于既不适用本文本或其一部分，也不适用里斯本文本的国家，1934年6月

2日的伦敦文本仍全部有效，或者在按第1款的规定本文本并未取代该文本的限度内有效。

(c) 同样，对于既不适用本文本或其一部分，也不适用里斯本文本，也不适用伦敦文本的国家，1925年11月6日的海牙文本仍全部有效，或者在按第1款的规定本文本并未取代该文本的限度内有效。

(3) 本联盟以外的各国成为本文本的缔约国的，对非本文本的缔约国或者虽然是本文本的缔约国但按照第20条第1款(b)项第(i)目提出声明的本联盟任何国家，应当适用本文本。各该国承认，上述本联盟国家在其与各该国的关系中，可以适用该联盟国家所参加的最近文本的规定。

第28条 争议

(1) 本联盟两个或两个以上国家之间对本公约的解释或者适用有争议不能依谈判解决时，有关国家之一可以按照国际法院规约将争议提交该法院，除非有关国家就某一其他解决办法达成协议。将争议提交国际法院的国家应当通知国际局；国际局应当将此事提请本联盟其他国家注意。

(2) 每一国家在本文本上签署或者递交批准书或加入书时，可以声明它认为自己不受第1款规定的约束。关于该国与本联盟任何其他国家之间的任何争议，上述第1款的规定概不适用。

(3) 任何国家根据上述第2款提出声明的，可以在任何时候通知总干事撤回其声明。

第29条 签署、语言、保存职责

(1) (a) 本文本的签署本为一份，用法语写成，由瑞典政府保存。

(b) 总干事在与有关政府协商后，应当制定英语、德语、意大利语、葡萄牙语、俄罗斯语、西班牙语以及大会指定的其他语言的正式文本。

(c) 如对各种文本的解释有不同意见，应当以法语本为准。

(2) 本文本在1968年1月13日以前在斯德哥尔摩开放签署。

(3) 总干事应当将经瑞典政府证明的本文本签署本二份分送本联盟所有国家政府，并根据请求，送给任何其他国家政府。

第30条 过渡规定

(1) 直至第一任总干事就职为止，本文本所指本组织国际局或总干事应当分别视为本联盟的局或其局长。

(2) 凡不受第13条至第17条约束的本联盟国家，直到建立本组织公约生效以后的5年期间内，可以随其自愿行使本文本第13条至第17条规定的权利，如同各该国受这些条文的约束一样。愿意行使该项权利的国家应当以书面通知总干事；该通知自其收到之日起发生效力。直至该项期间届满为止，这些国家应当视为大会的成员国。

(3) 只要本联盟所有国家没有完全成为本组织的成员国，本组织国际局也应行使本联盟的局的职责，总干事也应行使该局局长的职责。

(4) 本联盟所有国家一旦都成为本组织成员国以后，本联盟的局的权利、义务和财产均应移交给本组织国际局。

附录D 《与贸易有关的知识产权协议》

(1993年12月15日)

各成员方：

本着减少国际贸易中的扭曲及障碍的愿望，考虑到有必要促进对知识产权有效和充分的保护，以及确保实施保护产权的措施及程序本身不致成为合法贸易的障碍，

认识到为此目的，有必要制定下列新规则及规范：

(1) 1994关贸总协定基本原则及有关的国际知识产权协议和公约的适用性；

(2) 关于与贸易有关的知识产权的效力、范围和使用的适当标准及原则的规定；

(3) 关于在考虑到各国法律体系差异的同时，使用有效并适当的方法，实施与贸易有关的知识产权的规定；

(4) 关于采取多边性的防止和解决各国间争端的有效并迅捷的程序的规定；

(5) 旨在使谈判结果有最广泛的参加者的过渡安排。

认识到建立应付国际仿冒商品贸易的原则、规则及规范的多边框架的必要性；

认识到知识产权为私有权；

认识到保护知识产权的国家体制基本的公共政策目标，包括发展和技术方面的目标；

认识到最不发达国家成员方为建立一个稳固可行的技术基础而在国内实施法律和条例方面对最大限度的灵活性具有特殊需要；

强调通过多边程序为解决与贸易有关的知识财产问题争端作出更加有力的承诺以缓解紧张局势的重要性；

希望在世界贸易组织及世界知识产权组织(本协议中称“WIPO”之间以及其他有关国际组织之间建立一种相互支持的关系。

兹协议如下：

第一部分　总则和基本原则

第1条 义务的性质和范围

1. 各成员方应使本协议的规定生效。各成员方可以，但不应受强制地，在其本国法律中实行比本协议所要求的更加广泛的保护，只要这种保护不与本协议条款相抵触。各成员方应在各自的法律体系及惯例范围内自由确定实施本协议各条款的适当方法。

2. 本协议所称的”知识产权”一词系指第二部分第1至第7节所列举所有种类的知识财产。

3. 各成员方应给予其他成员方国民以本协议所规定的待遇。就相关的知识产权而言，如果所有世界贸易组织成员方已是这些公约的成员方，则其他成员方国民应被理解为符合《巴黎公约》(1967)、《伯尔尼公约》(1971)、《罗马公约》及《有关集成电路知识产权条约》所规定的受保护资格标准的自然人或法人。任何利用由《罗马公约》第5条第3款或第6条第2款所提供之可能性的成员方应如那些条款所预见的那样，向与贸易有关的知识产权理事会作出通报。

第2条 知识产权公约

1. 关于本协议第二、第三及第四部分，各成员方应遵守《巴黎公约》(1967)第1条至第12条以及第19条规定。

2. 本协议第一至第四部分的所有规定均不得减损各成员方按照《巴黎公约》《伯尔尼公约》《罗马公约》和《有关集成电路知识产权条约》而可能相互承担的现行义务。

第3条 国民待遇

1. 在服从分别在《巴黎公约》(1967)、《伯尔尼公约》(1971)、《罗马公约》或《有关集成电路知识产权条约》中已作的例外规定的条件下，在保护知识产权方面，每一成员方应给予其他成员方的待遇其优惠不得少于它给予自己国民的优惠。对于录音及广播机构的表演者、制作者，本项义务只对本协议中规定的权利适用。任何利用由《伯尔尼公约》(1971)第6条或《罗马公约》第16条第1款第(2)子款所规定之可能性的成员方均应向与贸易有关的知识产权理事会作出在那些条款中预知的通报。

2. 第1款所允许的与司法及行政程序有关的例外，包括在一成员方司法管辖权范围内指定服务地址或委任代理人，只有在为确保与本协议规定不一致的法律、规章得到遵守所必要的，并且此种做法不以一种可能对贸易构成变相限制的方式被采用的条件下，各成员方方可利用。

第4条 最惠国待遇

在知识产权的保护方面，由一成员方授予任一其他国家国民的任何利益、优惠、特权或豁免均应立即无条件地给予所有其他成员方的国民。一成员方给予的下列利益、优惠、特权或豁免，免除此项义务：

(1) 得自国际司法协助协定或一种一般性的并非专门限于保护知识产权的法律实施的；

(2) 按照认可所给予的待遇，只起在另一国所给予的待遇的作用，而不起国民待遇作用的《伯尔尼公约》(1971)或《罗马公约》的规定授予的；

(3) 有关本协议未作规定的录音与广播组织的表演者及制作者权利的；

(4) 得自世界贸易组织协定生效之前已生效的与知识产权保护有关的国际协定的，条件是此类协定已通报与贸易有关的知识产权理事会，并且不得构成一种对其他各成员方国民随意的或不公正的歧视。

第5条 关于保护的获得或保持的多边协定

第3条和第4条规定的义务，不适用在世界知识产权组织主持下达成的有关知识产权获得或保持的多边协定规定的程序。

第6条 失效

就本协议下争端的解决而言，按照第3条及第4条，本协议中的任何条款均不得用以提出知识产权失效问题。

第7条 目标

知识产权的保护和实施应当对促进技术革新以及技术转让和传播作出贡献，对技术知识的生产者和使用者的共同利益作出贡献，并应当以一种有助于社会和经济福利以及有助于权利与义务平衡的方式进行。

第8条 原则

1. 各成员方在制订或修正其法律和规章时，可采取必要措施以保护公众健康和营养，并促进对其社会经济和技术发展至关重要部门的公众利益，只要该措施符合本协议规定。

2. 可能需要采取与本协议的规定相一致的适当的措施，以防止知识产权所有者滥用知识产权或借以对贸易进行不合理限制或实行对国际的技术转让产生不利影响的做法。

第二部分 关于知识产权的效力、范围及使用的标准

第1节 版权及相关权利

第9条 与《伯尔尼公约》的关系

1. 各成员方应遵守《伯尔尼公约》(1971)第1至第21条及其附件的规定。然而，各成员方根据本协议对公约第6条副则授予的权利或由其引申出的权利没有权利和义务。

2. 对版权的保护可延伸到公式，但不得延伸到思想、程序、操作方法或数学上的概念等。

第10条 计算机程序和数据汇编

1. 计算机程序，无论是信源代码还是目标代码均应根据《伯尔尼公约》(1971)的规定作为文献著作而受到保护。

2. 不论是机读的还是其他形式的数据或其他材料的汇编，其内容的选择和安排如构成了智力创造即应作为智力创造加以保护。这种不得延及数据或材料本身的保护不应妨碍任何存在于数据或材料本身的版权。

第11条 出租权

至少在计算机程序和电影艺术作品方面，一成员方应给予作者及其权利继承人以授权或禁止将其拥有版权的作品原著或复制品向公众作商业性出租的权利。除非此类出租已导致了对该作品的广泛复制，而这种复制严重损害了该成员方给予作者及其权利继承人的独家再版权，否则在电影艺术作品方面一成员方可免除此项义务。在计算机程序方面，当程序本身不是出租的主要对象时，此项义务不适用于出租。

第12条 保护期

电影艺术作品或实用艺术作品以外作品的保护期，应以不同于自然人的寿命计算，此期限应为自授权出版的日历年年终起算的不少于50年，或者若作品在创作后50年内未被授权出版，则应为自创作年年终起算的50年。

第13条 限制和例外

各成员方应将对独占权的限制和例外规定限于某些特殊情况，而不影响作品的正常利用，也不无理妨碍权利所有者的合法利益。

第14条 对录音(音响录音制品)的保护

1. 在表演者的表演在录制品上的录制方面，表演者应能阻止下列未经其许可的行为：录制和翻录其尚未录制的表演；表演者也应能阻止下列未经其许可的行为：将其现场表演作无线电广播和向公众传播。

2. 录音制品制作者应享有授权或禁止直接或间接翻制其录音制品的权利。

3. 广播机构应有权禁止下列未经其许可的行为：录制、翻录、以无线广播手段转播，

以及向公众传播同一录音制品的电视广播。若各成员方未向广播机构授予此种权利，则应依照《伯尔尼公约》(1971)，向广播内容的版权所有者提供阻止上述行为的可能性。

4. 第11条关于计算机程序的规定经对细节作必要修改后，应适用于录音制品的制作者及经一成员方法律确认的录音制品的任何其他版权所有者。若一成员方在1994年4月15日实行了在出租录音制品方面向版权所有者提供合理补偿的制度，则它可在录音制品的商业性出租未对版权所有者的独占翻录权造成重大损害的条件下，维持该项制度。

5. 录音制品制作者和表演者根据本协议可以获得的保护期至少应持续到从录音制品被制作或演出进行的日历年年终起算的50年期结束时。按照第3款给予的保护期至少应从广播播出的日历年年终起算持续20年。

6. 有关按第2款及第3款授予的权利，任何成员方可在《罗马公约》允许的范围内对按第2款及第3款授予的权利规定条件、限制、例外及保留。

但是，《伯尔尼公约》(1971)第18条的规定经对细节作必要修改后，也应适用于录音制品表演者和制作者的权利。

第2节 商标

第15条 保护事项

1. 任何能够将一个企业的商品和服务与另一企业的商品和服务区别开来的标志或标志组合，均应能够构成商标。此种标志，尤其是包含有个人姓名的词、字母、数目字、图形要素和色彩组合以及诸如此类的标志组合，应有资格注册为商标。若标志没有固有的能够区别有关商品及服务的特征，则各成员方可将其通过使用而得到的独特性作为或给予注册的依据。各成员方可要求标志在视觉上是可以感知的，以此作为注册的一项条件。

2. 第1款不得理解为阻止一成员以其他理由拒绝商标注册，只要这些理由不减损《巴黎公约》(1967)的规定。

3. 各成员方可将使用作为给予注册的依据。然而，商标的实际使用不应是提出注册申请的一项条件。申请不得仅由于在自申请之日起的3年期期满之前未如所计划那样地加以使用而遭拒绝。

4. 商标所适用的商品或服务的性质在任何情况下，均不得构成对商标注册的障碍。

5. 各成员方应在每一商标注册之前或之后立即将其公布，并应为请求取消注册提供合理机会。此外，各成员方可为反对一个商标的注册提供机会。

第16条 授予权利

1. 已注册商标所有者应拥有阻止所有未经其同意的第三方在贸易中使用与已注册商标相同或相似的商品或服务的，其使用有可能招致混淆的相同或相似的标志。在对相同商品或服务使用相同标志的情况下，应推定存在混淆之可能。上述权利不应妨碍任何现行的优先权，也不应影响各成员方以使用为条件获得注册权的可能性。

2. 《巴黎公约》(1971)第6条副则经对细节作必要修改后应适用于服务。在确定一个商标是否为知名商标时，各成员方应考虑到有关部分的公众对该商标的了解，包括由于该商标的推行而在有关成员方得到的了解。

3. 《巴黎公约》(1971)第6条副则经对细节作必要修改后应适用与已注册商标的商品

和服务不相似的商品或服务，条件是该商标与该商品和服务有关的使用会表明该商品或服务与已注册商标所有者之间的联系，而且已注册商标所有者的利益有可能为此种使用所破坏。

第17条 例外

各成员方可对商标所赋予的权利作些有限的例外规定，诸如公正使用说明性术语，条件是此种例外要考虑到商标所有者和第三方的合法利益。

第18条 保护期

商标首次注册及每次续期注册的期限不得少于7年。商标注册允许无限期地续期。

第19条 使用规定

1. 如果注册的保持要求以商标付诸使用为条件，则除非商标所有者提出了此类使用存在障碍的充分理由，否则注册只有在商标至少连续三年以上未予使用的情况下方可取消。

2. 当商标由其他人的使用是处在该商标所有者的控制之下时，这种使用应按是为保持注册目的之使用而予以承认。

第20条 其他要求

商标在贸易当中的使用不得受到一些特殊要求不正当的妨碍，比如与另一商标一道使用，以特殊形式使用，或以有害于该商标将一个企业的商品或服务与其他企业的商品或服务区分开来的能力之方式使用等。这并不排除规定识别生产某种商品或服务的企业的商标与识别该企业同类特殊商品或服务的商标一道但不联在一起使用的要求。

第21条 许可与转让

各成员方可以确定商标许可与转让的条件，同时，不言而喻，强制性的商标许可是不应允许的，已注册商标的所有者有权将商标所属企业与商标一同转让或只转让商标不转让企业。

第3节 地理标志

第22条 对地理标志的保护

1. 本协议所称的地理标志是识别一种原产于一成员方境内或境内某一区域或某一地区的商品的标志，而该商品特定的质量、声誉或其他特性基本上可归因于它的地理来源。

2. 在地理标志方面，各成员方应向各利益方提供法律手段以阻止：

(1) 使用任何手段，在商品的设计和外观上，以在商品地理标志上误导公众的方式标志或暗示该商品原产于并非其真正原产地的某个地理区域；

(2) 作任何在《巴黎公约》(1971)第10条副则意义内构成一种不公平竞争行为的使用。

3. 若某种商品不产自某个地理标志所指的地域，而其商标又包含该地理标志或由其组成，如果该商品商标中的该标志具有在商品原产地方面误导公众的性质，则成员方在其法律许可的条件下或应利益方之请求应拒绝或注销该商标的注册。

4. 上述第1、2、3款规定的保护应适用于下述地理标志：该地理标志虽然所表示的商品原产地域、地区或所在地字面上无误，但却向公众错误地表明商品是原产于另一地域。

第23条 对葡萄酒和烈性酒地理标志的额外保护

1. 每一成员方应为各利益方提供法律手段，以阻止不产自某一地理标志所指地方的葡萄酒或烈性酒使用该地理标志，即使在标明了商品真正原产地或在翻译中使用了该地理标志或伴以“种类”“类型”“风味”“仿制”等字样的情况下也不例外。

2. 对于不产自由某一地理标志所指的原产地而又含有该产地地理标志的葡萄酒或烈性酒，如果一成员方的立法允许或应某一利益方之请求，应拒绝或注销其商标注册。

3. 如果不同的葡萄酒使用了同名的地理标志，则根据上述第22条第4款规定，每一种标志均受到保护。每一成员方应确定使同名地理标志能够相互区别开来的现实条件，同时应考虑到确保有关的生产者受到公正待遇并不致使消费者产生误解混淆。

4. 为了便于对葡萄酒地理标志进行保护，应在与贸易有关的知识产权理事会内就建立对参加体系的那些成员方有资格受到保护的葡萄酒地理标志进行通报与注册的多边体系进行谈判。

第24条 国际谈判与例外

1. 成员方同意进行旨在加强第23条规定的对独特地理标志的保护的谈判。成员方不得援用下述第4至8款的规定，拒绝进行谈判或缔结双边或多边协定。在此类谈判中，成员方应愿意考虑这些规定对关于其使用是此类谈判之议题的独特地理标志的连续适用性。

2. 与贸易有关的知识产权理事会应对本节规定之适用情况实行审查，首次此类审查应在世界贸易组织协定生效2年之内进行。任何影响履行该规定义务的事项均可提请理事会注意。应一成员方之请求，理事会应就经有关成员方之间双边磋商或多组双边磋商仍无法找到令人满意的解决办法的问题，同任何一个或多个成员方进行磋商。理事会应采取可能被一致认为有助于本节之实施及促进本节目标之实现的行动。

3. 在实施本节规定时，成员方不得在世界贸易组织协定生效日即将来临之际减少对该成员方境内的地理标志的保护。

4. 本节中无任何规定要求一成员方阻止其国民或居民继续或类似地使用另一成员方与商品或服务有关的用以区别葡萄酒或烈性酒的特殊地理标志。这些国民或居民在该成员方境内：

(1) 在1994年4月15日之前至少已有10年；

(2) 在上述日期之前已诚实守信地连续使用了标示相同或相关商品或服务的地理标志。

5. 若一商标已被诚实守信地使用或注册：

(1) 在如第六部分中所确定的这些规定在那一成员方适用之日以前；

(2) 在该地理标志在其原产国获得保护之前，通过诚实守信的使用而获得一商标的权利，则为实施本节而采取的措施就不得以该商标同某一地理标志相同或类似为由而损害其注册的合格性和合法性，或使用该商标的权利。

6. 本节中无任何规定要求一成员方适用其关于任何其他成员方的商品和服务的地理标志的规定，这些商品或服务的相关标志与作为那一成员方境内此类商品或服务的普通名称在一般用语中是惯用的名词完全相同。本节中无任何规定要求一成员方适用其关于任何其他成员方的葡萄制品的地理标志的规定，这些葡萄制品与在世界贸易组织协定生效之日存在于该成员方境内的葡萄品种的惯用名称完全相同。

7. 一成员方可以规定，任何根据本节所提出的有关商标使用或注册的请求必须在对该受保护标志的非法使用被公布后5年之内提出，或在商标在那一成员方境内注册之日以后提出，条件是在注册之日商标已被公告。如果该日期早于非法使用被公布的日期，则条件就应是地理标志未被欺诈地使用或注册。

8. 本节规定丝毫不得妨碍任何个人在贸易中使用其姓名或其前任者姓名的权利，若该姓名的使用导致公众的误解则除外。

第4节 工业设计

第25条 保护的要求

1. 成员方应为新的或原始的独立创造的工业设计提供保护。成员方可以规定设计如果与已知的设计或已知的设计要点的组合没有重大区别，则不视其为新的或原始的。成员方可以规定此类保护不应延伸至实质上是由技术或功能上的考虑所要求的设计。

2. 每一成员方应保证对于获取对纺织品设计保护的规定不得无理损害寻求和获得此类保护的机会，特别是在费用、检查或发表方面。各成员方可自行通过工业设计法或版权法履行该项义务。

第26条 保护

1. 受保护工业设计的所有者应有权阻止未经所有者同意的第三方为商业目的生产、销售或进口含有或体现为是受保护设计的复制品或实为复制品的设计的物品。

2. 成员方可以对工业设计的保护规定有限的例外，条件是这种例外没有无理地与对受保护工业设计的正常利用相冲突，且没有无理损害受保护设计所有者的合法利益，同时考虑到第三方的合法利益。

3. 有效保护期限至少为10年。

第5节 专利

第27条 可取得专利的事项

1. 根据下述第2、3款的规定，所有技术领域内的任何发明，无论是产品还是工艺，均可取得专利，只要它们是新的、包含一个发明性的步骤，工业上能够适用。根据第65条第4款、第70条第8款和本条第3款的规定，专利的取得和专利权的享受应不分发明地点、技术领域以及产品是进口的还是当地生产的。

2. 若阻止某项发明在境内的商业利用对保护公共秩序或公共道德，包括保护人类、动物或植物的生命或健康或避免对环境造成严重污染是必要的，则成员方可拒绝给予该项发明以专利权，条件是，不是仅因为其国内法禁止这种利用而作出此种拒绝行为。

3. 以下情况，成员方也可不授予专利：

(1) 对人类或动物的医学治疗的诊断、治疗和外科手术方法；

(2) 微生物以外的动植物，非生物和微生物生产方法以外的动物或植物的实为生物的生产方法。然而，成员方应或以专利形式，或以一种特殊有效的体系，或以综合形式，对植物种类提供保护。应在世界贸易组织协定生效4年之后对本子款的规定进行审查。

第28条 授予的权利

1. 一项专利应授予其所有者以下独占权：

(1) 若一项专利的标的事项是一种产品，则专利所有者有权阻止未得到专利所有者同意的第三方制造、使用、出卖、销售或为这些目的而进口被授予专利的产品；

(2) 若专利的标的事项是一种方法，则专利所有者有权阻止未得到专利所有者同意的第三方使用该方法，或使用、出卖、销售或至少是为这些目的而进口直接以此方法获得的产品。

2. 专利所有者还应有权转让或通过继承转让该项专利，及签订专利权使用契约。

第29条 专利申请者的条件

1. 成员方应要求专利申请者用足够清晰与完整的方式披露其发明，以便于为熟悉该门技术者所运用，并要求申请者在申请之日指明发明者已知的运用该项发明的最佳方式，若是要求取得优先权，则需在优先权申请之日指明。

2. 成员方可要求专利申请者提供关于该申请者在国外相同的申请与授予情况的信息。

第30条 授予权利的例外

成员方可对专利授予的独占权规定有限的例外，条件是该例外规定没有无理地与专利的正常利用相冲突，也未损害专利所有者的合法利益，同时考虑到第三者的合法利益。

第31条 未经权利人授权的其他使用

若一成员方的法律允许未经权利人授权而对专利的标的事项作其他使用，包括政府或经政府许可的第三者的使用，则应遵守以下规定：

(1) 此类使用的授权应根据专利本身的条件来考虑。

(2) 只有在拟议中的使用者在此类使用前已作出以合理的商业条件获得权利人授权的努力，而该项努力在一段合理时间内又未获成功时，方可允许此类使用。在发生全国性紧急状态或其他极端紧急状态或为公共的非商业性目的而使用的情况下，成员方可放弃上述要求。即使是在发生全国性紧急状态或其他极端紧急状态的情况下，仍应合理地尽早通报权利人。至于公共的非商业性使用，若政府或订约人在未查专利状况的情况下得知或有根据得知，一项有效的专利正在或将要被政府使用或为政府而使用，则应及时通知权利人。

(3) 此类使用的范围和期限应限制在被授权的意图之内；至于半导体技术，只应用于公共的非商业性目的，或用于抵销在司法或行政程序后被确定的反竞争的做法。

(4) 此类使用应是非独占性的。

(5) 此类使用应是不可转让的，除非是同享有此类使用的那部分企业或信誉一道转让。

(6) 任何此类使用之授权，均应主要是为授权此类使用的成员方国内市场供应之目的。

(7) 在被授权人的合法利益受到充分保护的条件下，当导致此类使用授权的情况下不复存在和可能不再产生时，有义务将其终止；应有动机的请求，主管当局应有权对上述情况的继续存在进行检查。

(8) 考虑到授权的经济价值，应视具体情况向权利人支付充分的补偿金。

(9) 任何与此类使用之授权有关的决定，其法律效力应接受该成员方境内更高当局的司法审查或其他独立审查。

(10) 任何与为此类使用而提供的补偿金有关的决定，应接受成员方境内更高当局的司法审查或其他独立审查。

(11) 若是为抵销在司法或行政程序后被确定为反竞争做法而允许此类使用，则成员方没有义务适用上述第(2)和第(6)子款规定的条件；在决定此种情况中补偿金的数额时，可以考虑纠正反竞争做法的需要；若导致此项授权的条件可能重新出现，则主管当局应有权拒绝终止授权。

(12) 若此类使用被授权允许利用一项不侵犯另一项专利(第一项专利)就不能加以利用的专利(第二项专利)，则下列附加条件应适用：

① 第二项专利中要求予以承认的发明，应包括比第一项专利中要求予以承认的发明经济意义更大的重要的技术进步；

② 第一项专利的所有者应有权以合理的条件享有使用第二项专利中要求予以承认之发明的相互特许权；

③ 除非同第二项专利一道转让，否则第一项专利所授权的使用应是不可转让的。

第32条 撤销、收回

应提供对撤销或收回专利的决定进行司法审查的机会。

第33条 保护的期限

有效的保护期限自登记之日起不得少于20年。

第34条 工艺专利的举证责任

1. 在第28条第1款第(2)子款所述及关于侵犯所有者权利的民事诉讼中，若一项专利的标的事项是获取某种产品的工艺，则司法当局应有权令被告证明获取相同产品的工艺不同于取得专利的工艺。因此，各成员方应规定在下列情况中至少一种情况下，任何未经专利所有者同意而生产的相同产品若无相反的证据，应被视为是以取得专利的工艺获取的：

(1) 如果以该项取得专利的工艺获取的产品是新的；

(2) 如果该相同产品极有可能是以该工艺生产的，而专利所有者又不能通过合理的努力确定实际使用的工艺。

2. 只要上述第(1)或第(2)子款所述及的条件得到满足，任何成员方均应有权规定上述第1款所指明的举证责任应由有嫌疑的侵权者承担。

3. 在举出相反证据时，应考虑被告保护其生产和商业秘密的合法权益。

第6节 集成电路的外观设计

第35条 与有关集成电路的知识产权条约的关系

各成员方同意按有关集成电路的知识产权条约中第2条至第7条(第6条中第3款除外)、第12条和第16条第3款规定，对集成电路的外观设计提供保护，此外还服从以下规定。

第36条 保护范围

根据下述第37条第1款的规定，成员方应认为下列未经权利所有人授权的行为是非法的：进口、销售或为商业目的分售受保护的外观设计、含有受保护设计的集成电路或仅在继续含有非法复制的外观设计的范围内含有这种集成电路的产品。

第37条 不需要权利人授权的行为

1. 尽管有上述第36条的规定，但若从事或指令从事上条中所述及的关于含有非法复制的外观设计的集成电路或含有此种集成电路的任何产品的任何行为的人，在获取该集成电路或含有此种集成电路的产品时，未得知且没有合理的根据得知它含有非法复制的外观设计，则成员方不应认为这种行为是非法的。成员方应规定，该行为人在接到关于复制该设计是非法行为的充分警告之后，仍可从事与在此之前的存货和订单有关的任何行为，但有责任向权利人支付一笔与对自由商谈而取得的通过关于该设计的专利使用权所应付费用相当的合理的专利权税。

2. 若对该外观设计的专利权使用授权是非自愿的或者被政府使用或为政府而使用是未经权利人授权的，则上述第31条第(1)至(11)子款规定的条件在对细节做必要修改后应适用。

第38条 保护的期限

1. 在要求将登记作为保护条件的成员方，对外观设计的保护期限自填写登记申请表之日或自在世界上任何地方首次进行商业开发之日计起，应不少于10年。

2. 在不要求将登记作为保护条件的成员方，对外观设计的保护期限自在世界上任何地方首次进行商业开发之日计起，应不少于10年。

3. 尽管有上述第1、第2款规定，成员方仍可规定在外观设计被发明15年后保护应自动消失。

第7节 对未泄露之信息的保护

第39条

1. 在确保有效的保护以对付《巴黎公约》(1967)第10条副则所述及的不公平竞争的过程中，各成员方应对下述第2款所规定的未泄露之信息和下述第3款所规定的提交给政府或政府机构的数据提供保护。

2. 自然人和法人应有可能阻止由其合法掌握的信息在未得到其同意的情况下，被以违反诚信商业做法的方式泄露、获得或使用，只要此信息：

(1) 在作为一个实体或其组成部分的精确形状及组合不为正规地处理此种信息的那部分人所共知或不易被其得到的意义上说是秘密的；

(2) 由于是秘密的而具有商业价值；

(3) 被其合法的掌握者根据情况采取了合理的保密措施。

3. 成员方当被要求呈交本公开的试验或其他所获得需要付出相当劳动的数据以作为同意使用新型化学物质生产的药品或农用化学品在市场上销售的一项条件时，应保护该数据免受不公平的商业利用。此外，成员方应保护该数据免于泄露，除非是出于保护公共利益的需要，或采取了保证该数据免受不公平商业利用的措施。

第8节 在契约性专利权使用中对反竞争性行为的控制

第40条

1. 各成员方一致认为，与限制竞争的知识产权有关的一些专利权使用做法或条件对贸易可能产生不利影响，可能妨碍技术的转让和传播。

2. 本协议中无任何规定阻止成员方在其立法中详细载明在特定情况下可能构成对有关市场中的竞争具有不利影响的知识产权滥用的专利权使用做法或条件。如上述所规定，一成员方可按照本协议的其他规定，根据国内有关法律和规定采取适当措施阻止或控制此种做法。这些措施可能包括例如独占性回授条件、阻止否认合法性的条件和强制性的一揽子许可证交易。

3. 若一成员方有理由认为是另一成员方国民或居民的知识产权所有者正在从事违反该成员方关于本节主题事项的法律规章的活动，并希望使该另一成员方遵守此类法规，则在不妨碍两个成员方中任何一方依法采取任何行动和作出最终决定的充分自由的条件下，该另一成员方在接到该成员方的请求后，应与之进行磋商。被请求的成员方对与提出请求的成员方进行磋商应给予充分的同情的考虑，为此提供充分的机会，并应在服从国内法和令双方满意的关于提出请求的成员方保护资料机密性的协议之最后决定的条件下，通过提供与该问题有关的可以公开利用的非机密性资料和可供该成员方利用的其他资料进行合作。

4. 其国民或居民正在另一成员方接受关于所断言的违反该成员方关于本节主题事项的法律规章的诉讼的成员方，根据请求，应由另一成员方给予按照与上述第3款相同的条件进行磋商的机会

第三部分　知识产权的实施

第1节 一般义务

第41条

1. 成员方应保证由本部分所具体规定的实施程序根据国内法是有效的，以便允许对任何对本协议所涉及的知识产权的侵犯行为采取有效行动，包括及时地阻止侵权的补救措施和对进一步侵权构成一种威慑的补救措施。在运用这些程序时，应避免对合法贸易构成障碍，并规定防止其滥用的保障措施。

2. 知识产权的实施程序应公平合理，不应不必要地繁琐、消耗资财，也不应有不合理的时限及毫无道理的拖延。

3. 对一案件案情实质的裁决最好应以书面形式作出并陈述理由。至少应使诉讼各方没有不适当延迟地获知裁决结果。对该案件案情实质的判定应只以各方被提供机会了解的证据为依据。

4. 诉讼各方应有机会让司法当局对最终行政决定及根据一成员方法律中关于一案件重要程度的司法规定对至少是对一案件案情实质最初司法裁决的法律方面进行审查。然而，没有义务为对刑事案件中的判定无罪进行审查提供机会。

5. 显然，本部分未规定任何关于设置与实施大多数法律不同的实施知识产权的司法制度的义务，也不影响成员方实施其大多数法律的能力。本部分也未规定任何关于在实施知识产权和实施大多数法律之间进行资源分配的义务。

第2节 民事和行政程序及补救

第42条 公平合理的程序

成员方应使权利所有人可以利用关于本协议所涉及的任何知识产权之实施的民事司法程序。被告应有权及时获得内容充实的书面通知，其中包括控告的依据。应允许成员方由独立的法律辩护人充当其代表。关于强制性的亲自出庭，程序中不应规定过多烦琐的要求。该程序所涉及的各方应有充分的权利证实其要求，并提出所有相关的证据。该程序应规定一种识别和保护机密性资料的方法，除非该规定与现行的宪法要求相抵触。

第43条 证据

1. 若一当事方已提交了足以支持其要求的合理有效的证据，并具体指明了由对方掌握

的与证实其要求有关的证据，则司法当局应有权决定按照在此类案件中确保对机密性资料保护的条件，令对方出示该证据。

2. 若诉讼一当事方有意地并无正当理由地拒绝有关方面使用或在合理期限内未提供必要的资料，或严重地妨碍与某一强制行动有关的程序，则一成员方可授权司法当局根据呈交上来的信息，包括因被拒绝使用信息而受到不利影响的一方呈交的申诉和事实陈述，作出或是肯定的或是否定的最初和最终裁决。这一切须在向各方提供机会听到断言或证据的情况下进行。

第44条 禁令

1. 司法当局应有权命令一当事方停止侵权行为，特别是在涉及对知识产权有侵权行为的进口货物结关之后，立即阻止这些货物进入其司法管辖区内的商业渠道。各成员方对涉及由个人在得知或有合理的根据得知经营受保护产品会构成对知识产权的侵犯之前获得或订购的该产品不必提供此项授权。

2. 尽管有本部分的其他规定，若第二部分中专门阐述的关于未经权利人授权的政府使用或由政府授权的第三方的使用的各项规定得到遵守，则各成员方可将针对此类使用的可资利用的补救措施限制在依据第31条第(8)子款的补偿金支付上。在其他情况下，本部分的补救措施应适用，或者若这些补救措施与成员方的法律不符，则应适用宣告性判决和适当的补偿金。

第45条 损害

1. 司法当局有权令故意从事侵权活动或有合理的根据知道是在从事侵权活动的侵权人就因侵权人对权利所有人知识产权的侵犯而对权利所有人造成的损害向其支付适当的补偿。

2. 司法当局有权令侵权人向权利所有人支付费用，可能包括聘请律师的有关费用。在有关案件中，即使侵权人并非故意地从事侵权活动或有合理的根据知道其正在从事侵权活动，成员方仍可授权司法当局下令追偿利润和/或支付预先确定的损失。

第46条 其他补救

为了对侵权行为造成有效的威慑，司法当局有权令其发现正在授权的货物避免对权利所有人造成损害的方式不作任何补偿地在商业渠道以外予以处置，或者在不与现行法律要求相抵触的情况下予以销毁。司法当局还有权令在侵权物品生产中主要使用的材料和工具以减少进一步侵权危险的方式不作任何补偿地在商业渠道以外予以处置。在考虑此类请求时，应考虑侵权的严重程度与被决定的补救两者相称的必要性以及第三者的利益。对于仿冒商标产品，除例外情况，仅仅除去非法所贴商标还不足以允许将该产品放行到商业渠道之中。

第47条 告知权

成员方可规定，司法当局有权令侵权人将与侵权产品或服务的生产、销售有牵连的第三方的身份及其销售渠道告知权利所有人，除非这种授权与侵权的危害程度不成比例。

第48条 被告的赔偿

1. 司法当局有权令应其请求而采取措施并滥用实施程序的申诉方受到错误命令或抑制

的被告方因此种滥用而遭受的损害向其提供补偿。司法当局还应有权令申诉方支付被告的费用，可能包括聘请律师的有关费用。

2. 关于与知识产权的保护或实施有关的任何法律的实施，若政府机构和政府官员在实施法律过程中有诚意地采取了行动或打算采取行动，则应仅免除其对适当补救措施的责任。

第49条 行政程序

在能够决定以任何民事补救作为关于一案件案情实质的行政程序之结果的范围内，此类程序应遵守与本节中所规定的那些原则大体相等的原则。

第3节 临时措施

第50条

1. 司法当局应有权决定及时、有效的临时措施：

(1) 阻止任何对知识产权侵权行为的发生，特别是阻止包括刚刚结关的进口商品在内的侵权商品进入其司法管辖区内的商业渠道；

(2) 保护关于被断言的侵权行为的有关证据。

2. 在适当的情况下，特别是在任何延迟可能会给权利人带来不可弥补的损害或证据极有毁灭危险的情况下，司法当局有权采取适当的措施。

3. 司法当局有权要求申诉人提供合理有效的证据，以便司法当局充分肯定地确认申诉人就是权利人，申诉人的权利正在受到侵犯，或者这种侵犯即将发生。同时司法当局应要求申诉人提供足以保护被告和防止滥用的保证金或同等的担保。

4. 若临时措施已经采取，应在实施措施后最短时间内通知受影响的成员方。应被告之请求，应对这些措施进行重新审查，包括听取被告陈述，以便在关于措施的通报发出后的合理时间内决定这些措施是否应加以修正、撤销或确认。

5. 将要实施临时措施令的司法当局可以要求申诉人提供为鉴别相关产品所必需的其他资料。

6. 在成员方法律允许的情况下，导致对案件案情实质作出裁决的合理诉讼时间，由发布措施令的司法当局决定。在没有此种决定的情况下，该合理时间为不超过20个工作日或者31天，以长者为准。若此类诉讼在该合理时间内没有开始，则在不妨碍上述第4款规定的同时，按照上述第1、第2款所采取的临时措施，应根据被告的请求予以撤销或使其停止生效。

7. 若临时措施被撤销，或由于申诉人的任何作为或疏忽而失效，或随后发现对知识产权的侵犯或侵犯的威胁并不存在，则应被告之请求，司法当局应有权令申诉人就这些措施对被告造成的任何损害向被告提供适当的赔偿。

8. 在能够决定以任何临时措施作为行政程序之结果的范围内，此类程序应遵守与本节中所规定的那些原则大体相等的原则。

第4节 与边境措施相关的特殊要求

第51条 海关当局的中止放行

成员方应依照以下规定采纳程序，使有确凿根据怀疑仿冒商标商品或盗版商品的进口可能发生的权利人能够以书面形式向主管的行政或司法当局提出由海关当局中止放行该货物进入自由流通的申请。在本节的要求得到满足的条件下，成员方可使对含有其他侵犯知识产权行为货物的申请能够被提出。成员方还可规定关于海关当局中止放行从其境内出口的侵权货物的相应程序。

第52条 申请

应要求任何启动上述第51条程序的权利人提供适当的证据，以使主管当局确信，根据进口国的法律，确有对权利人知识产权无可争辩的侵犯，并提供对该货物充分详细的描述，以使海关当局可以迅速地对其加以识别。主管当局应在一个合理的时间内通知申请人是否接受其请求，若主管当局决定受理，应通知申诉人海关当局采取行动的时间。

第53条 保证金或同等担保

1. 主管当局应有权要求申请人提供一笔足以保护被告和有关当局并阻止滥用的保证金或同等担保。该保证金或同等担保不应无理地阻碍对这些程序的援用。

2. 假如根据本节关于申请的规定，对涉及工业设计、专利、外观设计或未泄露信息的货物进入自由流通的放行已由海关当局根据非由司法或其他独立机构作出的裁决中止，下述第55条规定的期限已到期而仍未获得主管当局暂时放行的许可，而且假如关于进口的所有其他条件均得到了遵从，则该货物的所有人、进口商或收货人在提交了一笔其数额足以保护权利人不受侵权损害的保证金的条件下，应有权使该货物放行。保证金的支付不应妨碍向权利人作其他有效的补偿。显然，如果权利人在一段合理的时间内没有寻求起诉权，则保证金应予免除。

第54条 中止通知

根据上述第51条的规定，货物放行一旦被中止，应立即通知进口商和申请人。

第55条 中止的持续期限

若在申请人被送达中止通知后不超过10个工作日之内，海关当局仍未接到关于被告以外的一方已开始将会导致对案件的案情实质作出裁决的诉讼，或者主管当局已采取延长对货物放行中止的临时措施的通知，则只要进口或出口的所有其他条件均已得到了遵从，该货物便应予放行。在适当的情况下，上述期限可再延长10个工作日。若导致对一案件案情实质作出裁决的诉讼已经开始，则应被告之请求，应进行审查，包括听取被告的陈述，以便决定在一段合理的时间内这些措施是否应加以修正、撤销或确认。尽管有上述规定，或货物的放行已经被中止，或根据临时司法措施继续被中止，则第50条第6款的规定应适用。

第56条 对商品进口商和货主的补偿

有关当局应有权令申请人就因错误扣押货物或扣押根据上述第55条规定应予放行的货物而对进口商、收货人和货主所造成的损害向其支付适当的赔偿。

第57条 资料和调查权

在不妨碍对机密资料进行保护的同时，成员方应授权主管当局给予权利人使被海关当局扣押的货物接受检查以证实权利人要求的充分机会。有关当局也应有权给予进口商使任何此类货物接受检查的同等机会。若对案件的案情实质已作出了积极的裁决，成员方可以授权主管当局将有关发货人、进口商和收货人的姓名和地址以及有关货物的数量通知权利人。

第58条 依职权之行为

若成员方要求主管当局主动采取行动，中止放行其已获得无可争辩的证据证明知识产权正在受到侵犯的货物，则：

(1) 主管当局在任何时候均可从权利人处寻求任何有助于其行使权力的资料；

(2) 应迅速地将该中止通知进口商和权利人。若进口商已就中止一事向主管当局呈交了上诉，则中止应按上述第55条规定的经对细节作了必要修改的条件进行；

(3) 若政府机构和政府官员有诚意地采取了行动或者打算采取行动，则成员方仅应免除其对适当补救措施所应承担的责任。

第59条 补救

在不妨碍权利人其他行动权和被告向司法当局寻求审查权利的同时，主管当局根据上述第40条的规定，应有权下令销毁或处理侵权货物，对于仿冒商标的货物，当局应不允许侵权货物原封不动地再出口，若使其按照不同的海关程序办理，例外情况除外。

第60条 少量进口

对于旅游者和私人行李中携带的或少量寄存的非商业性质的少量货物，成员方可免除上述条款的适用。

第5节 刑事程序

第61条

成员方应规定刑事程序和惩罚，至少适用于具有商业规模的故意的商标仿冒和盗版案件。可资利用的补救措施应包括足以构成一种威慑的与对相应程度的刑事犯罪适用的处罚水平相同的监禁和/或罚款措施。在适当的案件中，可资利用的补救措施还包括对侵犯货物及在从事此种违法行为时主要使用的材料和工具予以扣押、没收和销毁。成员方可规定适用于其他侵犯知识产权案件的刑事程序和惩罚，特别是对于故意和具有商业规模的侵权案件。

第四部分　知识产权的取得和保持及相关程序

第62条

1. 成员方可要求遵循合理的程序和手续，以此作为第二部分第2至第6节所规定的知识产权的取得和保持的一项条件。此类程序和手续应符合本协议的规定。

2. 若知识产权的取得以知识产权被授予或登记为准，则成员方应确保在符合取得知识产权的实质性条件的情况下，有关授予或登记的程序允许在一段合理时间内授予或登记权利，以避免保护期限被不适当地缩短。

3. 1967年《巴黎公约》第4条应在对细节作必要修改之后适用于服务标记。

4. 有关知识产权之取得和保持的程序、有关行政撤销的程序(若成员方的法律规定了这样的程序)，有关诸如抗辩、撤销和废除等的程序，应服从第41条第2款和第3款规定的总原则。

5. 上述第4款所涉及的任何程序中的最终行政决定应接受司法当局或准司法当局的审

查。然而，在抗辩和行政撤销不成功的情况下，假若此类程序的基础可能成为程序无效的原因，则没有任何义务为对裁决进行此类审查提供机会。

第五部分 争端的预防和解决

第63条 透明度

1. 由一成员方制度实施的关于本协议主题事项(知识产权的效力、范围、取得、实施和防止滥用问题)的法律和规章、对一般申请的最终司法裁决和行政裁决，应以该国官方语言，以使各成员方政府和权利人能够熟悉的方式予以公布；若此种公布不可行，则应使之可以公开利用。正在实施中的一成员方的政府或一政府机构与另一成员方政府或一政府机构之间关于本协议主题事项的各项协议也应予以公布。

2. 成员方应将上述第1款所述及的法律和规章通报与贸易有关的知识产权理事会，以协助理事会对本协议的执行情况进行检查。理事会应努力去最大限度地减轻成员方在履行该项义务方面的负担。若与世界知识产权组织就建立一份含有这些法律和规章的共同登记簿一事进行的磋商取得成功，理事会便可决定免除直接向理事会通报此类法律和规章的义务。理事会在这方面还应考虑采取本协议从1967《巴黎公约》第6条的各项规定派生出来的各项义务所要求的与通报有关的任何行动。

3. 应另一成员方的书面请求，每一成员方应准备提供上述第1款所述及的资料。一成员方在有理由相信知识产权领域中某个特定的司法裁决、行政裁决或双边协议影响到其由本协议所规定的权利时，也可以书面形式要求向其提供或充分详尽地告知该特定的司法裁决、行政裁决或双边协议。

4. 上述第1至第3款中无任何规定要求成员方泄露将会妨碍法律实施或违背公共利益或损害特定的国营或私营企业合法商业利益的资料。

第64条 争端解决

1. 由争端解决谅解所详细阐释并运用的1994关贸总协定第22条和第23条的各项规定应运用于本协议下的争端磋商与解决，本协议中另有规定者除外。

2. 在自世界贸易组织协定生效之日起的5年之内，1994关贸总协定第23条第1款第(2)和第(3)子款不应适用于本协议下的争端解决。

3. 在第2款所述及的期限内，与贸易有关的知识产权理事会应检查根据本协议提出的由1994关贸总协定第23条第1款第(2)和第(3)子款所规定的那种类型控诉的规模和形式，并向部长级会议提交建议请其批准。部长级会议关于批准此类建议或延长第2款中所述及时限的任何决定，只应以全体一致的方式作出，被批准的建议应对所有成员方生效，无须进一步的正式接受程序。

第六部分 过渡期安排

第65条 过渡期安排

1. 根据下述第2、第3和第4款的规定，成员方无义务在世界贸易组织协定生效之日后一般1年期满之前适用于本协议的规定。

2. 新兴国家成员方有权将第1款中所确定的本协议除第3、第4和第5条以外的各项规定的适用日期推迟4年时间。

3. 处于由中央计划经济向市场、私营企业经济转换进程中的和正在进行知识产权制度结构改革并在制定和实施知识产权法方面面临特殊困难的任何其他成员方，也可从上述第2款所述及的期限推迟中获益。

4. 一新兴国家成员方如果按本协议有义务在上述第2款所规定的本协议对该成员方适用之日将对产品专利的保护扩大到在其境内无法加以保护的技术领域，则可将第二部分第5节关于产品专利的规定对此类技术领域的适用再推迟5年时间。

5. 利用上述第1、第2、第3和第4款所规定过渡期的成员方、应保证在该时期内其法律、规章和做法中的任何变更不导致它们与本协议规定相一致的程度降低。

第66条 最不发达国家成员方

1. 鉴于最不发达国家成员方的特殊需要和要求，其经济、财政和行政的压力，以及其对创造一个可行的技术基础的灵活性的需要，不应要求这些成员方在自上述第65条第1款所规定的适用日期起的10年内适用本协议，第3、第4和第5条除外。应最不发达国家无可非议的请求，与贸易有关的知识产权理事会应将此期限予以延长。

2. 发达国家缔约方应给境内的企业和机构提供奖励，以促进和鼓励对最不发达国家成员方转让技术，使其能够建立一个稳固可行的技术基础。

第67条 技术合作

为便于本协议的实施，发达国家成员方应根据请求和双边达成的条件，向新兴国家和最不发达国家成员方提供对其有利的技术和金融合作。此类合作应包括协助制定对有关知识产权保护、实施及阻止滥用的法律和规章，还应包括对设方和加强与这些事项有关的国内机关和机构包括人员培训提供支持。

第七部分　机构安排和最后条款

第68条 与贸易有关的知识产权理事会

与贸易有关的知识产权理事会应对本协议的执行情况，尤其是成员方履行本协议所规定义务的情况进行监督，并应为成员方提供与贸易有关的知识产权事宜进行磋商的机会。理事会应履行成员方指定给它的其他职责，并尤其应在争端解决程序方面对成员方提出的请求提供帮助。在行使职能时，与贸易有关的知识产权理事会可与它认为合适的方面进行磋商，并从那里寻找资料。在与世界知识产权组织进行磋商时，理事会应谋求在其第一次会议的1年内作出与该组织所属各机构进行合作的适当安排。

第69条 国际合作

成员方同意相互进行合作，以消除侵犯知识产权商品的国际贸易。为此，它们应在其行政范围内设立和通报联络站，并随时交流关于侵权商品贸易的情报。它们尤其应促进海关当局之间在仿冒商标商品和盗版商品贸易方面的情报交流与合作。

第70条 对现有标的事项的保护

1. 对于某个成员方在本协议对其适用之日以前发生的行为，本协议不规定该成员方承担任何义务。

2. 本协议另有规定者除外，对于在本协议对有关成员方适用之日已存在的，及在该日期在该成员方受到保护的或在本协议规定的期限内达到或以后将要达到保护标准的所有标的事项，本协议规定义务。与本款和下述第3、第4款有关的关于现有著作的版权义务仅应根据《伯尔尼公约》(1971)第18条来决定，关于现有唱片的唱片制作商和表演者的权利仅应根据《伯尔尼公约》(1971)第18条来决定，该条的适用办法由本协议第14条第6款作了具体规定。

3. 对于在本协议适用之日处于无专利权状态的标的事项，没有对其恢复保护的义务。

4. 关于在按照与本协议相一致立法的条件已构成侵权的、并在有关成员方接受世界贸易组织协定之日以前已开始的或已对其进行了大量投资的体现受保护标的事项的特定对象方面的任何行为，任何成员方可为在本协议对那一成员方生效之日以后此类行为继续发生的情况下，权利人可以利用的补救措施规定一个限度。然而，在此情况下，该成员方至少应规定支付合理的补偿。

5. 成员方没有义务在本协议对其适用之日以前适用关于购买的原物或复制品的第11条和第14条第4款规定。

6. 不应要求成员方将第31条或第27条第1款关于对技术领域专利权的享用应一视同仁的规定适用于本协议生效之日以前未经权利人许可而经政府授权的使用。

7. 在以登记为保护条件的知识产权方面，对于在本协议对有关成员方适用之日仍未得到批准的保护申请，应允许对其作正式修改，以要求根据本协议的规定加强保护。此类修改不得包括新事项。

8. 若世界贸易组织协定生效之日已到而一成员方仍未能对药品和农用化学品提供与其根据第27条所承担义务相当的有效的专利保护，则该成员方应：

(1) 尽管有第五部分的规定，仍自建立世界贸易组织协定生效之日起，规定一种使关于此类发明的专利申请得以提出的方式；

(2) 自本协议适用之日起，将本协议所规定的授予专利权标准适用于这些申请，视这些标准已由成员方在申请提出之日，或若优先权有效并已被提出权利要求，则在优先权申请之日予以适用；

(3) 自专利被批准时起，并在自依照本协议第33条的申请提出之日计起的专利期的其余部分，对符合上述第(2)子款保护标准的申请提供专利保护。

9. 若按第8款第(1)子款，一项产品是一成员方内的专利申请对象，则尽管有第五部分的规定，应自在那一成员方获准进行市场销售之时计起给予其独占的市场销售权5年，或直到一项产品专利在那一成员方被批准或拒绝之时，以时间较短者为准，条件是在世界贸易组织协定生效之后，在另一成员方那项产品的专利申请已被提出，专利已被批准，并获准在该另一成员方进行市场销售。

第71条 审查和修正

1. 与贸易有关的知识产权理事会应在上述第65条第2款所述及的过渡期期满之后，对本协议的履行情况进行审查。理事会应参考在履行中获得的经验在过渡期期满之日2年后对本协议的履行情况进行审查，并在此后每隔两年审查一次。理事会也可根据可能成为对本协议进行修改或修正之理由的任何有关的新情况进行审查。

2. 仅为适应在已生效的其他国际协议中已达到的和根据那些国际协议为世界贸易组织所有成员方所接受的对知识产权更高的保护程度而提出的修正案可提交部长级会议，以便其根据与贸易有关的知识产权理事会一致同意的建议采取与世界贸易组织协定第10条第6款相符的行动。

第72条 保留

未经其他成员方的同意，不得对本协议的任何条款作出保留。

第73条 保障的例外规定

本协议中的任何内容均不应解释为：

(1) 要求一成员方提供他认为其泄露违背其根本安全利益的任何资料。

(2) 阻止任一成员方采取他认为是对保护其根本安全利益所必需的行动：

① 与裂变物质或从中获取裂变物质的物质有关的；

② 与枪支、弹药和战争工具走私有关的，以及与直接或间接为供给军方之目的而从事的其他货物和物资的走私有关的；

③ 在战时或在国际关系中出现其他紧急情况时采取的。

(3) 阻止任何成员方为根据《联合国宪章》所承担的维持国际和平与安全的义务而采取的行动。

附录E 《中华人民共和国技术进出口管理条例》

第一章　总则

第一条 为了规范技术进出口管理，维护技术进出口秩序，促进国民经济和社会发展，根据《中华人民共和国对外贸易法》(以下简称对外贸易法)及其他有关法律的有关规定，制定本条例。

第二条 本条例所称技术进出口，是指从中华人民共和国境外向中华人民共和国境内，或者从中华人民共和国境内向中华人民共和国境外，通过贸易、投资或者经济技术合作的方式转移技术的行为。

前款规定的行为包括专利权转让、专利申请权转让、专利实施许可、技术秘密转让、技术服务和其他方式的技术转移。

第三条 国家对技术进出口实行统一的管理制度，依法维护公平、自由的技术进出口秩序。

第四条 技术进出口应当符合国家的产业政策、科技政策和社会发展政策，有利于促进我国科技进步和对外经济技术合作的发展，有利于维护我国经济技术权益。

第五条 国家准许技术的自由进出口；但是，法律、行政法规另有规定的除外。

第六条 国务院对外经济贸易主管部门(以下简称国务院外经贸主管部门)依照对外贸易法和本条例的规定，负责全国的技术进出口管理工作。省、自治区、直辖市人民政府外经贸主管部门根据国务院外经贸主管部门的授权，负责本行政区域内的技术进出口管理工作。

国务院有关部门按照国务院的规定，履行技术进出口项目的有关管理职责。

第二章 技术进口管理

第七条 国家鼓励先进、适用的技术进口。

第八条 有对外贸易法第十六条、第十七条规定情形之一的技术，禁止或者限制进口。

国务院外经贸主管部门会同国务院有关部门，制定、调整并公布禁止或者限制进口的技术目录。

第九条 属于禁止进口的技术，不得进口。

第十条 属于限制进口的技术，实行许可证管理；未经许可，不得进口。

第十一条 进口属于限制进口的技术，应当向国务院外经贸主管部门提出技术进口申请并附有关文件。

技术进口项目需经有关部门批准的，还应当提交有关部门的批准文件。

第十二条 国务院外经贸主管部门收到技术进口申请后，应当会同国务院有关部门对申请进行审查，并自收到申请之日起30个工作日内作出批准或者不批准的决定。

第十三条 技术进口申请经批准的，由国务院外经贸主管部门发给技术进口许可意向书。

进口经营者取得技术进口许可意向书后，可以对外签订技术进口合同。

第十四条 进口经营者签订技术进口合同后，应当向国务院外经贸主管部门提交技术进口合同副本及有关文件，申请技术进口许可证。

国务院外经贸主管部门对技术进口合同的真实性进行审查，并自收到前款规定的文件之日起10个工作日内，对技术进口作出许可或者不许可的决定。

第十五条 申请人依照本条例第十一条的规定向国务院外经贸主管部门提出技术进口申请时，可以一并提交已经签订的技术进口合同副本。

国务院外经贸主管部门应当依照本条例第十二条和第十四条的规定对申请及其技术进口合同的真实性一并进行审查，并自收到前款规定的文件之日起40个工作日内，对技术进口作出许可或者不许可的决定。

第十六条 技术进口经许可的，由国务院外经贸主管部门颁发技术进口许可证。技术进口合同自技术进口许可证颁发之日起生效。

第十七条 对属于自由进口的技术，实行合同登记管理。

进口属于自由进口的技术，合同自依法成立时生效，不以登记为合同生效的条件。

第十八条 进口属于自由进口的技术，应当向国务院外经贸主管部门办理登记，并提交下列文件：

(一) 技术进口合同登记申请书；

(二) 技术进口合同副本；

(三) 签约双方法律地位的证明文件。

第十九条 国务院外经贸主管部门应当自收到本条例第十八条规定的文件之日起3个工作日内，对技术进口合同进行登记，颁发技术进口合同登记证。

第二十条 申请人凭技术进口许可证或者技术进口合同登记证，办理外汇、银行、税务、海关等相关手续。

第二十一条 依照本条例的规定，经许可或者登记的技术进口合同，合同的主要内容发生变更的，应当重新办理许可或者登记手续。

经许可或者登记的技术进口合同终止的，应当及时向国务院外经贸主管部门备案。

第二十二条 设立外商投资企业，外方以技术作为投资的，该技术的进口，应当按照外商投资企业设立审批的程序进行审查或者办理登记。

第二十三条 国务院外经贸主管部门和有关部门及其工作人员在履行技术进口管理职责中，对所知悉的商业秘密负有保密义务。

第二十四条 技术进口合同的让与人应当保证自己是所提供技术的合法拥有者或者有权转让、许可者。

技术进口合同的受让人按照合同约定使用让与人提供的技术，被第三方指控侵权的，受让人应当立即通知让与人；让与人接到通知后，应当协助受让人排除妨碍。

技术进口合同的受让人按照合同约定使用让与人提供的技术，侵害他人合法权益的，由让与人承担责任。

第二十五条 技术进口合同的让与人应当保证所提供的技术完整、无误、有效，能够达到约定的技术目标。

第二十六条 技术进口合同的受让人、让与人应当在合同约定的保密范围和保密期限内，对让与人提供的技术中尚未公开的秘密部分承担保密义务。

在保密期限内，承担保密义务的一方在保密技术非因自己的原因被公开后，其承担的保密义务即予终止。

第二十七条 在技术进口合同有效期内，改进技术的成果属于改进方。

第二十八条 技术进口合同期满后，技术让与人和受让人可以依照公平合理的原则，就技术的继续使用进行协商。

第二十九条 技术进口合同中，不得含有下列限制性条款：

(一) 要求受让人接受并非技术进口必不可少的附带条件，包括购买非必需的技术、原材料、产品、设备或者服务；

(二) 要求受让人为专利权有效期限届满或者专利权被宣布无效的技术支付使用费或者承担相关义务；

(三) 限制受让人改进让与人提供的技术或者限制受让人使用所改进的技术；

(四) 限制受让人从其他来源获得与让与人提供的技术类似的技术或者与其竞争的技术；

(五) 不合理地限制受让人购买原材料、零部件、产品或者设备的渠道或者来源；

(六) 不合理地限制受让人产品的生产数量、品种或者销售价格；

(七) 不合理地限制受让人利用进口的技术生产产品的出口渠道。

第三章　技术出口管理

第三十条 国家鼓励成熟的产业化技术出口。

第三十一条 有对外贸易法第十六条、第十七条规定情形之一的技术，禁止或者限制出口。

国务院外经贸主管部门会同国务院有关部门，制定、调整并公布禁止或者限制出口的技术目录。

第三十二条 属于禁止出口的技术，不得出口。

第三十三条 属于限制出口的技术，实行许可证管理；未经许可，不得出口。

第三十四条 出口属于限制出口的技术，应当向国务院外经贸主管部门提出申请。

第三十五条 国务院外经贸主管部门收到技术出口申请后，应当会同国务院科技管理部门对申请出口的技术进行审查，并自收到申请之日起30个工作日内作出批准或者不批准的决定。

限制出口的技术需经有关部门进行保密审查的，按照国家有关规定执行。

第三十六条 技术出口申请经批准的，由国务院外经贸主管部门发给技术出口许可意向书。

申请人取得技术出口许可意向书后，方可对外进行实质性谈判，签订技术出口合同。

第三十七条 申请人签订技术出口合同后，应当向国务院外经贸主管部门提交下列文件，申请技术出口许可证：

(一) 技术出口许可意向书；

(二) 技术出口合同副本；

(三) 技术资料出口清单；

(四) 签约双方法律地位的证明文件。

国务院外经贸主管部门对技术出口合同的真实性进行审查，并自收到前款规定的文件之日起15个工作日内，对技术出口作出许可或者不许可的决定。

第三十八条 技术出口经许可的，由国务院外经贸主管部门颁发技术出口许可证。技术出口合同自技术出口许可证颁发之日起生效。

第三十九条 对属于自由出口的技术，实行合同登记管理。

出口属于自由出口的技术，合同自依法成立时生效，不以登记为合同生效的条件。

第四十条 出口属于自由出口的技术，应当向国务院外经贸主管部门办理登记，并提交下列文件：

(一) 技术出口合同登记申请书；

(二) 技术出口合同副本；

(三) 签约双方法律地位的证明文件。

第四十一条 国务院外经贸主管部门应当自收到本条例第四十条规定的文件之日起3个工作日内，对技术出口合同进行登记，颁发技术出口合同登记证。

第四十二条 申请人凭技术出口许可证或者技术出口合同登记证办理外汇、银行、税务、海关等相关手续。

第四十三条 依照本条例的规定，经许可或者登记的技术出口合同，合同的主要内容发生变更的，应当重新办理许可或者登记手续。

经许可或者登记的技术出口合同终止的，应当及时向国务院外经贸主管部门备案。

第四十四条 国务院外经贸主管部门和有关部门及其工作人员在履行技术出口管理职

责中，对国家秘密和所知悉的商业秘密负有保密义务。

第四十五条 出口核技术、核两用品相关技术、监控化学品生产技术、军事技术等出口管制技术的，依照有关行政法规的规定办理。

第四章 法律责任

第四十六条 进口或者出口属于禁止进出口的技术的，或者未经许可擅自进口或者出口属于限制进出口的技术的，依照刑法关于走私罪、非法经营罪、泄露国家秘密罪或者其他罪的规定，依法追究刑事责任；尚不够刑事处罚的，区别不同情况，依照海关法的有关规定处罚，或者由国务院外经贸主管部门给予警告，没收违法所得，处违法所得1倍以上5倍以下的罚款；国务院外经贸主管部门并可以撤销其对外贸易经营许可。

第四十七条 擅自超出许可的范围进口或者出口属于限制进出口的技术的，依照刑法关于非法经营罪或者其他罪的规定，依法追究刑事责任；尚不够刑事处罚的，区别不同情况，依照海关法的有关规定处罚，或者由国务院外经贸主管部门给予警告，没收违法所得，处违法所得1倍以上3倍以下的罚款；国务院外经贸主管部门并可以暂停直至撤销其对外贸易经营许可。

第四十八条 伪造、变造或者买卖技术进出口许可证或者技术进出口合同登记证的，依照刑法关于非法经营罪或者伪造、变造、买卖国家机关公文、证件、印章罪的规定，依法追究刑事责任；尚不够刑事处罚的，依照海关法的有关规定处罚；国务院外经贸主管部门并可以撤销其对外贸易经营许可。

第四十九条 以欺骗或者其他不正当手段获取技术进出口许可的，由国务院外经贸主管部门吊销其技术进出口许可证，暂停直至撤销其对外贸易经营许可。

第五十条 以欺骗或者其他不正当手段获取技术进出口合同登记的，由国务院外经贸主管部门吊销其技术进出口合同登记证，暂停直至撤销其对外贸易经营许可。

第五十一条 技术进出口管理工作人员违反本条例的规定，泄露国家秘密或者所知悉的商业秘密的，依照刑法关于泄露国家秘密罪或者侵犯商业秘密罪的规定，依法追究刑事责任；尚不够刑事处罚的，依法给予行政处分。

第五十二条 技术进出口管理工作人员滥用职权、玩忽职守或者利用职务上的便利收受、索取他人财物的，依照刑法关于滥用职权罪、玩忽职守罪、受贿罪或者其他罪的规定，依法追究刑事责任；尚不够刑事处罚的，依法给予行政处分。

第五章 附则

第五十三条 对国务院外经贸主管部门作出的有关技术进出口的批准、许可、登记或者行政处罚决定不服的，可以依法申请行政复议，也可以依法向人民法院提起诉讼。

第五十四条 本条例公布前国务院制定的有关技术进出口管理的规定与本条例的规定不一致的，以本条例为准。

第五十五条 本条例自2002年1月1日起施行。1985年5月24日国务院发布的《中华人民共和国技术引进合同管理条例》和1987年12月30日国务院批准、1988年1月20日对外经济贸易部发布的《中华人民共和国技术引进合同管理条例施行细则》同时废止。

参考文献

[1] Edquist C., Johnson B. Institutions and Organisations in Systems of Innovation[M]// Edquist C. Systems of Innovation Technologies, Institutions and Organizations. London：Pinter, 1997.

[2] Freeman C. Technology Policy and Economic Policy：Lessons from Japan[J]. London：Pinter, 1987.

[3] Galli R.,Teubal M. Paradigmatic Shifts in National Innovation Systems[M]. //Edquist C. Systems of Innovation Technologies, Institutions and Organizations. London：Pinter, 1997.

[4] Goldscheider R., Jarosz J., Mulhern C. Use of the 25 per Cent Rule in Valuing IP[J]. Les Nouvelles, 2002, 37(4)：123-133.

[5] Hekkert M. P., Suurs R. A. A., Negro S. O., et al. Functions of Innovation Systems：A New Approach for Analysing Technological Change[J]. Technological Forecasting and Social Change, 2007, 74(4)：413-432.

[6] Johnson A. Functions in Innovation System Approaches[C]. Paper for DRUID’s Nelson-Winter Conference. Aalborg：Denmark, 2001.

[7] Lundvall B. A. National Systems of Innovation：An Analytical Framework[J]. London：Pinter, 1992.

[8] McKelvey M. Using Evolutionary Theory to Define Systems of Innovation[M]//Edquist C. Systems of Innovation Technologies, Institutions and Organizations. London：Pinter, 1997.

[9] Richard R. Nelson. National Innovation Systems：A Comparative Analysis[M]. Oxford：Oxford university press, 1993.

[10] OECD. Innovative Clusters：Drivers of National Innovation System[R]. Paris：OECD, 2001.

[11] OECD. Managing National Innovation System[R]. Paris：OECD, 1999.

[12] OECD. National Innovation System[R]. Paris：OECD, 1997.

[13] Porter A. L., Newman N. C., Jin X. Y., et al. High Tech Indicators Technology-based Competitiveness of 33 Nations 2007 Report[J]. Technology，2008.

[14] Ritter F. E., Schooler L. J. The Learning Curve[J]. International Encyclopedia of the

Social and Behavioral Sciences, 2001, 13：8602-8605.

[15] Teece D. J. Technology Transfer by Multinational Firms：The Resource Cost of Transferring Technological Know-how[J]. The Economic Journal, 1977, 87(346)：242-261.

[16] Wright T. P. Factors Affecting the Cost of Airplanes[J]. Journal of the Aeronautical Sciences, 1936, 3(4)：122-128.

[17] Young A. Learning by Doing and the Dynamic Effects of International Trade[R]. Oxford：Oxford University Press, 1991：369-405.

[18] 蔡四青. 国际技术贸易与知识产权[M]. 北京：中国社会科学出版社，2007.

[19] 曾忠禄. 国家竞争优势理论及其意义[J]. 当代财经，1997(5)：29-35.

[20] 陈弘. 企业跨国并购中的文化冲突与整合[J]. 求索，2006(7)：88-90.

[21] 陈双喜，潘海鹰. 中美服务贸易比较及中国服务贸易发展的对策[J]. 财经问题研究，2010(12)：106-112.

[22] 董新忠. 美国植物新品种的专利保护——基于Pioneer Hi-bred案看美国植物新品种的可专利性[J]. 知识产权，2006，16(5)：60-64.

[23] 杜奇华，陈萌. 国际技术贸易[M]. 2版. 北京：清华大学出版社，2012.

[24] 杜奇华，冷柏军. 国际技术贸易[M]. 北京：高等教育出版社，2006.

[25] 冯大同. 关于国际技术转让行动守则草案的几个问题[J]. 国际贸易问题，1979(2)：25-32.

[26] 傅瑶，孙玉涛，刘凤朝. 美国主要技术领域发展轨迹及生命周期研究——基于S曲线的分析[J]. 科学学研究，2013，31(2)：209-216.

[27] 高毅. 中国企业跨国并购方法研究[J]. 商业时代，2006(4)：74-75.

[28] 郭伟. 科技型企业并购战略研究[D]. 南京：南京工业大学管理科学与工程研究所，2003.

[29] 郭元胜. 品牌整合模型研究[J]. 企业研究，2003(1)：40-43.

[30] 国家计划委员会. 中华人民共和国技术引进四十年[M]. 上海：文汇出版社，1992.

[31] 黄中文，李玉曼，刘亚娟. 跨国并购实务[M]. 北京：中华工商联合出版社，2006.

[32] 经济合作与发展组织. 弗拉斯卡蒂手册[M]. 北京：科学技术文献出版社，2010.

[33] 李虹. 国际技术贸易[M]. 3版. 大连：东北财经大学出版社，2013.

[34] 李怀强，王国胜. 谈引进技术的选择与论证[J]. 经济经纬，1997(2)：60-61.

[35] 李惠. 思科公司的并购之道[J]. 新理财，2004(1)：32-34.

[36] 林举岱，陈崇武，艾周昌. 世界近代史[M]. 上海：上海人民出版社，1982：99-100.

[37] 刘凤朝. 科技企业跨国并购规制与实务[M]. 北京：科学出版社，2011.

[38] 迈克尔・波特. 国家竞争优势[M]. 北京：华夏出版社，2002.

[39] 潘爱玲. 企业跨国并购后的整合管理[M]. 北京：商务印书馆，2006.

[40] 潘士远. 最优专利制度研究[J]. 经济研究，2005(12)：113-118.

[41] 裴长洪，郑文. 国家特定优势：国际投资理论的补充解释[J]. 经济研究，2011(11)：21-35.

[42] 饶友玲. 国际技术贸易[M]. 2版. 天津：南开大学出版社，2003.

[43] 萨缪尔森，诺德豪斯，等. 经济学[M]. 12版. 北京：中国发展出版社，2004.

[44] 邵冲，冯晓青. 美国专利法最新修改评述[J]. 中国审判，2013(4)：47-49.

[45] 世界知识产权组织. 技术贸易手册[M]. 刘朝晋，等，译. 北京：中国财政经济出版社，1979.

[46] 苏永彪. 论跨国并购财务整合的风险及防范[J]. 财税金融，2009(2)：25.

[47] 孙玉涛，刘凤朝. 能力导向的中国技术引进溢出效应[J]. 科学学与科学技术管理，2011，32(9)：11-16.

[48] 孙玉涛，张帅，尹彤. 本土研发努力和国际技术流动模式演化及效应[J]. 科学学研究，2015，33(8)：1151-1160.

[49] 唐沈. 美国国家关键技术报告[J]. 全球科技经济瞭望，1996(1)：28-29.

[50] 王锡岩. 国际工程承包的发展的发展趋势与项目管理过程[J]. 项目管理技术，2007(2)：66.

[51] 王晓萍. 国际贸易与跨国公司的关系初探[J]. 兰州学刊，2005(2)：98-99.

[52] 王玉清，赵成璧. 国际技术贸易[M]. 4版. 北京：对外经济贸易大学出版社，2013.

[53] 魏彩慧. 我国企业跨国并购方式的选择[J]. 企业活力，2006(1)：8-9.

[54] 吴汉东. 科技、经济、法律协调机制中的知识产权法[J]. 法学研究，2001(6)：128-148.

[55] 吴添祖，陈利华. 跨国并购获取核心技术——中国企业核心竞争力的培育模式[J]. 科学学与科学技术管理，2006(4)：139-133.

[56] 谢柳芳. 刍议跨国战略并购财务整合的分析[J]. 经济师，2008(6)：90-91.

[57] 熊伟. 新国家竞争优势论：当今国际贸易的理论基础[J]. 财经理论与实践，2004(3).

[58] 杨展望. 我国计算机软件法律保护之我见[J]. 数字化用户，2013(11)：64.

[59] 张承耀. 品牌价值与企业价值[J]. 中国工业经济，1999(2)：70-74.

[60] 张雄辉. 日本技术引进的经验及对中国的启示[J]. 现代商业，2011(8)：100-101.

[61] 赵春明，张晓甦. 国际技术贸易[M]. 北京：机械工业出版社，2011.

[62] 周惠兴. 技术如何作价？国际技术转让中技术使用费的确定[J]. 中国科技信息，1991(1)：31-31.

[63] 周莳文，黄国健. 集成电路布图设计的法律保护及立法反思[J]. 商场现代化，2006(8)：269-271.

跋

2014年教师节，清华大学出版社编辑施猛来信，提到想策划出版《国际技术贸易》一书，并邀请我撰写。此时，我正在英国诺丁汉大学做Marie Curie Research Fellow的最后工作，经过慎重考虑之后回信询问了教材出版的相关事宜，但是一直没有等到回复，后来我才知道回复的邮件丢失。2015年5月，我已经回到国内工作，一天施猛编辑出现在我的办公室，再次邀请我撰写《国际技术贸易》一书，我虽然深知要撰写一本好的教材任务艰巨，但考虑到出版社的两次邀请，以及自己一直从事这方面的教学和研究，因此决定撰写本书。

2010年，我博士毕业之后就与刘凤朝教授一起承担本科生“知识产权与技术贸易”课程的建设和教学工作。刘凤朝教授在博采众家之长的基础上，将自己的深厚理论功底和丰富的教学经验融会贯通，形成“知识产权与技术贸易”课程的教学大纲，为本书的写作提供了重要的框架基础。自2008年以来，国际技术转移一直是我研究工作的主要内容之一，目前已经在国际国内学术期刊上发表了多篇学术论文，相关问题的研究经验为本书的撰写提供了第一手的学术前沿素材。

本书的编写得到了大连理工大学创新管理研究团队的协助，其中马艳艳和马荣康负责本书大纲的编写工作，臧帆负责第1章，栾倩负责第2章与第4章，尹彤负责第3章、第6章、第10章、第11章，张帅负责第5章、第7章、第9章，刘小萌负责第8章，尹彤负责全书的统稿，并最终由我进行仔细的校对与完善工作。我要衷心地感谢研究团队成员为本书的撰写而付出的努力。本书凝聚了他们的知识和劳动。最后，我还要特别感谢大连理工大学教授刘凤朝一直以来的指导和帮助，清华大学出版社编辑施猛和王旭阳的大力推荐和热心支持，以及大连理工大学教材建设出版基金的资助，才使得本书能够顺利出版。

作为创新管理领域的学者，我郑重地将本书推荐给广大读者，希望我们的工作能够对经济管理相关学科建设、人才培养和科学研究做出贡献。

受知识水平所限，本书难免存在错误和疏漏，文责自负，敬请读者谅解并批评指正。

孙玉涛

2016年4月18日于创新园大厦

质检5